中国药品生物制品检定所

年鉴2008

National Institute for the Control of Pharmaceutical and Biological Products Yearbook 2008

中国药品生物制品检定所

中国医药科技出版社

内 容 提 要

《中国药品生物制品检定所年鉴》2008 年卷是一部反映中国药品生物制品检定所 2008 年在药品、生物制品、医疗器械、食品、化妆品等方面的监督检验工作及科研成就的年度资料性工具书，由中国药品生物制品检定所编纂。书中包括特载及 1～13 部分，主要分为重要会议与报告、检验检测、标准物质、综合管理、质量管理、科研管理、安全评价与实验动物、党群工作、人事与教育、条件保障、国际交流与合作等。可供关心关注中国食品药品检验检测工作发展的人士、各级食品药品监管部门的管理者参阅。

图书在版编目（CIP）数据

中国药品生物制品检定所年鉴．2008/中国药品生物制品检定所组织编写．—北京：中国医药科技出版社，2011．12

ISBN 978－7－5067－5306－7

Ⅰ．①中…　Ⅱ．①中…　Ⅲ．①生物制品检定所－中国－2008－年鉴　Ⅳ．①R197．2－54

中国版本图书馆 CIP 数据核字（2011）第 248478 号

美术编辑　陈君杞

版式设计　郭小平

出版　中国医药科技出版社

地址　北京市海淀区文慧园北路甲 22 号

邮编　100082

电话　发行：010－62227427　邮购：010－62236938

网址　www. cmstp. com

规格　A4

印张　17

字数　415 千字

版次　2011 年 12 月第 1 版

印次　2011 年 12 月第 1 次印刷

印刷　三河市华新科达彩色印刷有限公司

经销　全国各地新华书店

书号　ISBN 978－7－5067－5306－7

定价　268．00 元

前　言

光阴荏苒，中国药品生物制品检定所（以下简称中检所）已经走过了近60周年的辉煌历程。回首60年漫漫长路，药检事业稳步发展，检验机制逐步完善，检验检测能力、科研水平、人才队伍建设、信息化建设等方面得到了全面提高和发展，国际间的交流与合作得到进一步加强。目前，中检所业务范围包括药品、生物制品、保健食品、医疗器械、药品包装材料和容器、药用辅料等领域的检验检测，药物安全评价，药品标准物质的研究、供应和管理等，成为满足药品监管需求的主要技术支撑力量。

然而，行进中既有收获和喜悦，也有疏漏和遗憾。为了今后发展走得更稳健、尽可能地减少失误，我们将及时、忠实地记录历史、总结过去，完整地记载中检所的发展历程，把珍贵史料留给后人。存史教化、鉴往知今，这就是我们编纂出版具有高密度、大容量特点，融知识、信息、文献、资料为一体的综合性工具书——年鉴的目的。年鉴作为百科全书式的文献性、资料性工具书，记载的是一年工作中出现的新进展、新情况、新问题，既是记录总结昨天，又是把握今天、创造明天的向导；年鉴也是一把标尺，能够衡量得失成败；借助年鉴还可分析事物的发展规律、科学地预测未来，充分发挥其在科学决策时的参考作用，是留给后世的一份财富，具有重要的现实意义和历史意义。编纂出版年鉴，不仅可以让关心药品医疗器械等检验检测工作的领导和同志全面了解我所的各项工作，了解药品检验检测工作所取得的巨大成就，更重要的是，可以使我们更加深刻地认识检验检测工作的发展规律，实现我所的跨越性、可持续性发展。

我所首次编纂出版年鉴，没有经验，时间仓促，水平有限，其中难免错漏，不当之处，敬请读者批评指正。

李云龙

2009年10月20日

编纂说明

《中国药品生物制品检定所年鉴》是由中国药品生物制品检定所编纂出版的一部综合反映中国药品生物制品检定所对药品、生物制品、医疗器械、食品、化妆品的监督检验工作和科研成就的大型年度资料性工具书。

《中国药品生物制品检定所年鉴》编委会主任、副主任由中国药品生物制品检定所所级领导担任；编委会委员由中国药品生物制品检定所各职能处（室）主要负责人组成。

《中国药品生物制品检定所年鉴》2008 年卷包括特载及 1 ~ 13 部分（主要分为重要会议与报告、检验检测、标准物质、综合管理、质量管理、科研管理、安全评价与实验动物、党群工作、人事与教育、条件保障、国际交流与合作等）。

本卷主要收载中国药品生物制品检定所 2008 年的重点工作情况等内容。

《中国药品生物制品检定所年鉴》从 2008 年卷开始连续出版。

▲ 2008年12月7日，中检所召开第七届学术委员会成立大会，原中检所所长，现全国人大副委员长桑国卫院士出席成立大会并致辞。桑国卫院士等9位中国工程院院士被聘为学术委员会高级技术顾问。

▲ 2008 年 12 月 7 日，中检所第七届学术委员会委员合影。

▲ 2008 年 5 月 29 日，国家食品药品监督管理局邵明立局长一行莅临中检所了解抗震救灾药品检验情况。

▲ 2008年5月29日，国家食品药品监督管理局邵明立局长一行莅临中检所，视察药品市场监督办公室并指导工作。

▲ 2008 年 10 月 20 日，中检所党委书记、所长李云龙在中检所深入学习实践科学发展观活动动员大会上讲话。

▲ 2008 年 10 月 20 日，中检所召开深入学习实践科学发展观活动动员大会。

▲ 2008年1月30日，全国药品检验工作会议在北京召开。

▲ 2008 年 9 月 19 日，中检所所长李云龙在中检所第七届药品标准物质委员会成立大会上与于德全院士亲密握手。

▲ 2008 年 2 月 15 日，中检所所长李云龙与英国驻华大使馆科技参赞 David Concar 博士签署了中英两国合作完善中国 GLP 体系项目合同。

▲ 2008 年 7 月 11 日，中检所所长李云龙为中检所博士后科研工作站揭牌。

2008 年 3 月，中检所国家药物安全评价检测中心通过国际实验动物评估和认可管理委员会（AAALAC）的全面评估。

获得 AAALAC 认证的特制木牌

◀ 2008 年 9 月 1 日，中检所兰州实训基地在兰州生物制品研究所揭牌。

▶ 2008 年 9 月 18 日，中检所扬子江实训基地在江苏泰州扬子江药业集团有限公司揭牌。

◀ 2008 年 6 月 18 日，科技支撑计划项目评审会议召开

▶ 2008 年 5 月 23 日，中检所广大党员为支援地震灾区缴纳特殊党费。

◀ 2008 年 5 月 23 日，中检所广大党员为支援地震灾区缴纳特殊党费。

▶ 2008 年 5 月 23 日，中检所广大团员为支援地震灾区，缴纳特殊团费。

◀ 2008年11月20～21日，中检所主办的首届全国药包材检验工作研讨会在北京召开。

▶ 2008年3月27日，中检所为保障2008年奥运会期间安全举办生物安全培训与演练。

◀ 中检所技术人员正在进行实验操作。

► 中检所技术人员正在进行实验操作。

◄ 中检所技术人员正在进行实验操作。

► 中检所组队代表 SFDA 参加中央国家机关工会联合会广播操比赛。

◀ 2008 年，中检所奥运志愿者风采。

▶ 2008 年，经中检所所长办公会决定，授予中检所医疗器械检验处等 11 个部门所级先进集体称号。

◀ 2008 年 5 月 15 日，中检所常务副所长金少鸿研究员陪同美国卫生与人类服务部莱维特部长一行参观实验室。

▶ 2008 年 6 月 27 日，中检所李云龙所长接待 WHO 生物制品生产用细胞基质组成员。

◀ 2008 年 10 月 14 日，中检所所长李云龙接待英国药品和健康产品管理局局长 Kent Woods 教授一行。

▶ 2008 年 10 月 14 日，中检所所长李云龙与英国药品和健康产品管理局局长 Kent Woods 教授一行合影。

◀ 2008 年 12 月 3 日，中检所所长李云龙、副所长王军志接待西班牙卫生和消费部部长 Bernat Soria Escoms 先生一行。

▶ 2008 年 12 月 4 日，中检所常务副所长金少鸿、副所长王军志接待欧洲药品质量管理局局长 Susanne Keitel 女士。

◀ 2008 年 12 月 4 日，欧洲药品质量管理局局长 Susanne Keitel 女士参观中检所实验室。

▶ 2008 年 12 月 9 日，中检所所长李云龙、副所长王军志接待世界卫生组织 David Wood 一行。

◀ 2008 年 12 月 10 日，WHO 与中检所共同举办生物仿制药品质量和临床评价卫星研讨会。WHO 专家 Ivana Knezevic 博士、王军志副所长、我所生检处负责人、国家药品审评中心有关领导及来自厦门特宝等企业的技术人员共约 30 人参加了会议。

目 录

特 载

生物制品检验检测

医疗器械检验检测

标准化研究

市场监督

应急检验

第三部分 标准物质

第四部分 综合管理

信息化建设

档案管理

期刊编辑与出版

基本建设

第五部分　质量管理

第六部分　科研管理

第七部分　安全评价与实验动物

安全评价

实验动物

第八部分 党群工作

第九部分 人事与教育

机构调整与人事管理

培训与教育

第十部分 条件保障

第十一部分 国际交流与合作

国际合作

国际会议

国际交流

第十二部分　大事记

第十三部分　附　　录

获奖与表彰

论文论著

标准物质供应

Contents

Feature Articles

Activity on Studying and Implementing the Scientific Concept of Development

The Relative Work of Beijing Olympiad in 2008

Part Two Testing and Examination

Pharmaceutical Product Testing and Examination

Biological Products Testing and Examination

Medical Devices Testing and Examination

Standardization Research

Market Compliance

Emergency Testing

Part Three Reference Standards

Part Four Comprehensive Management

Informationalization Construction

Archive Management

Journal Editing and Publishing

Basic Construction

Part Five Quality Management

Part Six Research Management

Part Seven Safety Evaluation and Experimental Animals

Safety Evaluation

Experimental Animals

Part Eight Party Work

Part Nine Personnel and Education

Organizational Structure Adjustment and Personnel Management

Training and Education

Part Ten Condition Assurance

Part Eleven International Exchange and Cooperation

International Cooperation

International Conference

International Exchange

Part Twelve Memorabilia

Part Thirteen Appendixes

Awards and Commendation

Papers and Books

Standard References Supply

全面贯彻党的十七大精神 开创食品药品监管工作新局面

——国家食品药品监督管理局局长邵明立在2008年全国食品药品监督管理工作暨党风廉政建设工作会议上的报告（节选）

这次全国食品药品监督管理工作会议与廉政会议、表彰会议一起召开。会议的主要任务是：认真学习贯彻党的十七大精神，全面落实中央经济工作会议和十七届中央纪委第二次全会要求，深入贯彻落实科学发展观，总结食品药品监管和廉政建设工作经验，研究今后一个时期改革和发展的总体思路，部署2008年工作。

党中央、国务院高度重视食品药品监管工作。吴仪副总理将在百忙之中出席会议，亲自为人事部、国家食品药品监督管理局联合表彰的食品药品监管系统“先进集体”和“先进工作者”颁奖，并作重要讲话。我们一定要认真学习、深刻领会、深入贯彻吴仪副总理的重要讲话精神，以更加饱满的工作热情、更加昂扬的精神状态，全力做好食品药品监管各项工作。下面，我讲三个问题。

一、食品药品监管工作总结与回顾

党的十六大以来，是我国食品药品监管事业改革与发展的重要时期。在党中央、国务院的高度重视和正确领导下，食品药品监管工作在探索中发展，在发展中创新，在创新中提高，取得了显著成效：建立和完善了食品药品监管体制，积极推进食品安全综合监督；建立了以《药品管理法》、《医疗器械监督管理条例》为基础的监管法律法规体系；形成了以《中国药典》和局颁标准为核心的国家药品标准，加快了技术支撑体系建设；完成了食品药品专项整治各项任务，严厉打击了制售假劣食品药品等违法犯罪行为；深入开展了治理药品医疗器械生产经营领域商业贿赂工作，大力加强党风廉政建设。在此期间，我们经历了一段极不平凡的特殊时期。面对压力与挑战，全国食品药品监管系统广大干部职工，不回避矛盾，不惧怕困难，以顽强的毅力，攻坚克难，使食品药品监管工作取得了重大的进展。

（一）树立和实践科学监管理念。在改革与发展的关键时期，我们以科学发展观为指导，科学分析和判断食品药品安全形势，认真总结食品药品监管工作正反两方面的经验与教训，及时提出了树立和实践科学监管理念的要求，全面回答了食品药品监管的全局性、根本性、方向性问题。我们坚持把人民利益放在至高无上的位置，将保障公众饮食用药安全作为监管工作的出发点和落脚点，正确处理监管与发展、公众利益与商业利益的关系，不断强化监管，促进食品药品产业又好又快发展。在实践科学监管理念的过程中，我们坚持用改革的思路、创新的办法，解决制约食品药品监管工作发展的一些突出问题。科学监管理念的树立和实践，使我们的监管方向更加明确，监管思路更加清晰，监管成效更加显著。

（二）全力推进食品药品专项整治。2006年7月以来，为保障人民群众饮食用药安全，国务院部署开展了整顿和规范药品市场秩序专项行动，开展了产品质量和食品安全专项整治。胡锦涛总书记、温家宝总理做出重要指示，吴仪副总理亲自指挥和部署专项整治工作，倾注了大量心血。地方各级党委政府加强对专项整治工作的领导，各有关部门密切配合，各级食品药品监管部门发挥了重要作用。在此期间，国家和省级食品药品监管部门共派出各类检查组1.2万个，共计

4.1万多人次，深入基层和监管一线进行检查、巡查和督查。在注册环节，基本完成现场核查和药品批准文号清查工作，监督企业撤回注册申请7999个，注销、撤销药品批准文号、医疗器械注册证1604个。重新审查药品标签和说明书，集中治理“一药多名”。在生产环节，对药品生产企业执行GMP情况，高风险品种以及所有血液制品、疫苗和血管支架生产企业进行检查、抽查和督查，向高风险品种生产企业派驻监督员1800多人，开展药品生产企业质量受权人试点，建成全国特殊药品监控信息网络。依法收回药品GMP证书157张，责令370多家药品、医疗器械生产企业停产整顿，依法吊销药品、医疗器械生产企业许可证27张。在流通环节，开展人血白蛋白、中药非法添加化学物质、中药材专业市场等专项检查。吊销经营许可证1210张，取缔无证经营5719家，取缔挂靠经营726家。与工商等部门一起整治虚假违法药品广告，撤销药品广告批准文号170多个，责令下架品种359个。查处各类药品、医疗器械违法案件32万多件，捣毁制假窝点1100多个，移交司法机关450多件。建立了覆盖全国90%以上乡村的药品监督网点和供应网点。选择10家企业和18个常用品种，开展城市社区、农村基本用药定点生产。此外，药品检验检测、药品不良反应监测和再评价工作得到进一步加强，为开展专项整治、处置突发事件提供了及时准确的技术支持，药品安全事件预警和应急能力有所提高。

食品安全专项整治继续深化。开展食品安全示范县创建活动，首批60个国家级食品安全示范县的示范效应已经显现。完善食品安全综合评价手段，推进食品安全监管责任落实。继续扩大食品安全信息监测和调查评价范围，评估安全隐患，整治问题产品。开展食品安全危害因素监控操作规范试点工作，积极推动食品安全信用体系建设。编写食品安全状况报告，推进食品安全信息统一发布，初步建成全国地（市）级食品安全分析预警系统。会同有关部门协调解决多宝鱼上市问题，妥善处理美国宠物食品污染、香港鱿鱼丝等突发事件，督查督办“注水牛肉”等重大事件。

这场维护人民群众利益的特殊战役，无论是重视的程度，参与的广度，还是整治的深度，都是历史上从未有过的。药品安全专项整治的八项任务和四项目标顺利完成，药品生产经营秩序明显好转，群众反映强烈的一些突出问题得到有效解决，食品药品安全保障水平全面提升。这次专项整治在我国食品药品监管发展史上留下了浓墨重彩的一笔。

（三）积极开展集中教育活动。中央纪委监察部严肃查处郑筱萸、曹文庄等人严重违法犯罪案件，充分表明了党中央、国务院惩治腐败的鲜明态度和坚强决心。为认真吸取案件教训，有效解决监管工作和队伍建设存在的突出问题，国家局组织开展了为期两个月的“整顿机关作风、整改监管工作、重塑队伍形象”的集中教育活动。这是食品药品监管系统组建以来第一次全面回顾和认真总结过去监管工作的得失成败，深入查找最突出的问题、最明显的漏洞和最薄弱的环节，下大力气进行整改的教育活动。

首先，端正了监管工作的指导思想，进一步解决“为谁监管”和“怎样监管”的根本问题。许多同志联系过去“既当运动员，又当裁判员”以及监管工作缺位、越位、错位的事例，总结教训，厘清思想，转变观念，进一步明确了监管工作的正确方向。这是集中教育活动最主要的收获。第二，解决了廉政工作存在的突出问题。对10个直属单位违规开办的22家企业作脱钩处理，清退部分工作人员持有的医药企业350多万股，部分工作人员上交了以各种名义接受的礼金、有价证券折合人民币260多万元。与此同时，对120多名干部进行轮岗、交流、调配。第三，及时制定廉洁从政制度和规定，出台了《食品药品监督管理工作人员八条禁令》和廉政工作五项制度。深化行政审批制度改革，实行行政受理、技术审评、行政审批相分离，实行药品审评主审集体负责制、审评人员公示制、审评审批责任追究制，加强网上受理、网上审批、网上监督。层层签订党风廉政建设责任书。集中教育和整改期间，共制定各种制度65项、修订59项、废止145项。这次集中教育活动，使广大干部职工受到了极为深刻的教育，对新时期反腐败重要性、艰巨性的认识更加清醒，对慎用手中权力、抵御各种风险考验的自觉性更加增强，对不辜负党和人民的重托、努力做好监管工作的信心更加坚定。

（四）加快监管法规制度建设步伐。认真贯彻落实《国务院关于加强食品等产品安全监督管理的特别规定》，结合监管实际，出台了《特别规定》的实施意见，修订了《药品注册管理办法》、《药品GMP认证检查评定标准》、《药品流通监督管理办法》等规定，制定了《药品召回管理办法》。这些部门规章和规范性文件，细化了监管措施，强化了企业责任，加大了对违法违规行为的惩治力度。与此同时，组织开展规范性文件审核备案和清理工作，落实行政执法责任制，完善行政处罚程序，推进依法行政。

按照《国务院办公厅关于进一步加强药品安全监管工作的通知》精神，积极推动建立“地方政府负总责，监管部门各负其责，企业是第一责任人”的药品安全责任体系，构建药品安全工作新格局。地方各级政府把药品安全纳入重要工作日程，成立组织机构，明确工作任务，落实工作责任，切实对药品安全担负总责。相关部门立足职能，加强协作，密切配合，增强合力，进一步提高了药品安全保障水平。

（五）全面推进监管能力建设。《国家食品药品安全“十一五”规划》经国务院审议通过并正式印发，已进入全面实施阶段。这是食品药品安全领域第一个国家级专项规划。实施《食品药品监督管理系统基础设施建设规划》成效显著，地方项目全面推进，完成中西部地区24个省（区、市）项目实施方案审批工作，累计安排建设资金16亿元，改善了地方食品药品监管机构的办公用房、执法装备条件和药检所仪器设备配备；中央项目可研编制和审批加快，重大项目前期工作取得重要进展。中央财政对食品药品监管系统的投入大幅增加，仅2006、2007两年，中央财政对食品药品监管系统的投入达到37亿多元，为1998年至2005年总和的1.3倍。

此外，我们高度重视新闻宣传工作，推出定时定点新闻发布制度，主动发布信息，强化舆论监督。积极参与医药卫生体制改革方案的制定。加大对外合作力度，在第三次中美战略经济对话框架下，与美国签署了关于药品医疗器械安全的合作协议，共同确定在加强进出口药品监管、打击假冒产品等方面加强合作，为国家间有效解决进出口药品质量安全问题提供了成功范例。与欧盟建立双边磋商与合作机制，与英国签署药品监管合作谅解备忘录，加强与国际组织、非政府组织的沟通和联系。加大干部培训力度，首期西部地区省局20名负责人境外培训圆满结束，全国地（市）局430名局长第一轮全员培训基本完成。

回顾过去，我们经受了各种困难的考验，应对了全方位的挑战。全系统广大干部职工团结一心、埋头苦干、负重前行，端正指导思想，堵塞监管漏洞，完善监管制度，规范市场秩序，严格队伍管理，重塑队伍形象，监管力度前所未有，整治成果前所未有，社会影响前所未有。我们用实际工作成效，扭转了被动局面，在食品药品监管和干部队伍建设两个战场打了翻身仗。实践表明，我们这支队伍是能打硬仗、经得起考验的队伍，是能够履行好党和人民赋予神圣职责的队伍！

我们之所以取得这样的成绩，归结起来最重要的一点就是：坚决贯彻执行党中央、国务院的重大部署，坚持全面贯彻落实科学发展观，牢固树立和实践科学监管理念。我们深刻体会到，做好食品药品监管工作必须把握监管的正确方向，始终坚持以人为本，立党为公，执政为民，依法行政，不断解决人民群众最关心、最直接、最现实的饮食用药安全问题。必须完善监管工作机制，紧紧依靠各级党委政府的领导，主动与有关部门协调配合，调动社会各方面的积极性，实行社会综合治理。必须加强法规制度建设，依法行政，实现科学、权威、高效执法，推动监管工作的长远发展。必须加强技术监督工作，充分应用现代科技，提高检验监测、审评认证、安全评价水平，提高产品标准，为科学监管提供强有力的技术支撑和保障。必须不断推进改革创新，用发展的眼光和改革的思路解决监管工作的问题，创新监管模式，完善监管手段，提升监管水平。必须建设高素质的队伍，提高科学判断形势、妥善处理矛盾、有效解决复杂问题的能力，始终把反腐倡廉建设摆在更加突出的位置，慎用监管权力，正确履行职责。

二、准确把握党的十七大对加强食品药品监管工作的总体要求

党的十七大是在我国改革发展关键阶段召开的一次十分重要的大会。胡锦涛总书记的报告，高举中国特色社会主义伟大旗帜，系统阐述了科学发展观的科学内涵和基本要求，明确提出了实现全面建设小康社会奋斗目标的新要求。报告做出了建设覆盖城乡居民的药品供应保障体系，建立国家基本药物制度，保证群众基本用药，扶持中医药和民族医药事业发展，确保食品药品安全等重大战略部署，这为我们做好今后一个时期的食品药品监管工作指明了前进方向。全系统广大干部职工要把学习贯彻党的十七大精神作为当前的首要政治任务来抓，把思想和行动统一到党的十七大精神上来，把智慧和力量凝聚到落实党的十七大所提出的各项重大战略部署上来，用党的十七大精神武装头脑、指导实践、推动工作，不断加强食品药品监管，确保公众饮食用药安全，促进经济社会又好又快发展。

第一，认真学习贯彻党的十七大精神，科学分析和判断食品药品监管形势，进一步增强做好食品药品监管工作的责任感和紧迫感。改革开放以来，我国的食品药品产业快速发展，食品药品监管得到进一步加强，食品药品安全水平明显提高。但我们必须清醒地认识到，目前食品药品安全仍处于风险高发期和矛盾凸显期，公众对食品药品安全的需求和食品药品产业发展水平之间的矛盾仍然比较突出；食品药品产业结构不合理，发展水平不高，一些企业责任意识和守法经营意识淡薄；监管法规制度不尽完善，基础设施和技术监督条件相对滞后，监管队伍的能力还不能完全适应形势发展的要求。随着经济全球化、贸易自由化的发展，我们必须有充分的思想和工作准备，我国将比发达国家面临更多的困难，承担更重的压力，应对更大的挑战。党的十七大对食品药品监管作出了重大部署，时代要求我们担此重任，人民期盼我们创造更多的工作成绩，我们必须进一步增强做好食品药品监管工作的责任感和紧迫感，全面完成食品药品监管的各项任务。

第二，认真学习贯彻党的十七大精神，深入贯彻落实科学发展观，大力实践科学监管理念。科学发展观是我国经济社会发展的重要指导方针，是发展中国特色社会主义必须坚持和贯彻的重大战略思想。在食品药品监管工作中深入贯彻落实科学发展观：一是要牢牢把握以人为本的核心目标。坚定不移地把保障广大人民群众的饮食用药安全作为食品药品监管工作的出发点和落脚点，不断提高食品药品行政监管和技术监督能力，努力满足广大人民群众日益增长的食品药品安全需求，使监管成果最大限度地惠及广大人民群众。二是要“严”字当头、“好”字优先，坚定不移地走科学发展、和谐发展的道路。“严”字当头，就是要通过严格的市场准入、严格的日常监管、严格的责任追究等，把那些不具备条件的企业坚决清除在食品药品生产经营领域之外，

使那些制售假劣食品药品的违法行为受到法律的严惩；“好”字优先，就是要通过监管政策和法律的不断完善，促进产业结构调整，引导企业技术创新，鼓励同行业兼并重组，走又好又快的发展道路。三是要积极推进监管工作的改革创新。我们要充分借鉴国际社会的有益经验，继续加大对外合作的力度，以更大的气魄和更鲜明的态度，创新监管思路、监管制度和监管机制，使食品药品监管工作与时俱进，不断创造出新的业绩。

第三，认真学习贯彻党的十七大精神，着力保障和改善民生，促进和谐社会建设。食品药品是民生之本、安邦之道。我们要立足我国的基本国情，加强政府部门的宏观调控和指导，从预防与控制疾病发生、满足基本医疗用药需求出发，不断提高人民群众的药物可获得性，保证基本药物安全、有效、质量可控与使用合理，减轻人民群众看病就医的经济负担。要大力扶持中医药和民族医药事业发展。鼓励利用现代科技，提高中药、民族药的质量控制水平，加强中药、民族药的安全性和有效性研究，促进中药、民族药的标准化、规范化和现代化。要继续推进和完善农村药品供应网和监督网建设，鼓励具有现代医药物流条件的药品批发企业向农村配送药品，使农民用上安全、方便、价廉的药品。

第四，认真学习贯彻党的十七大精神，加强反腐倡廉建设，进一步增强全系统的战斗力。党的十七大指出，坚决惩治和有效预防腐败，关系人心向背和党的生死存亡，是党必须始终抓好的重大政治任务。食品药品监管系统必须坚定不移地贯彻执行中央关于党风廉政建设的重要部署，必须始终把反腐倡廉建设放在更加突出的位置，坚持标本兼治、综合治理、惩防并举、注重预防的方针，坚持“两手抓，两手硬”，在坚决惩治利用职权收受贿赂，玩忽职守、失职渎职等违法违纪案件的同时，更加注重治本，更加注重预防，更加注重制度建设，不断拓展从源头上防治腐败的途径和方法。要下决心、花大力气推进食品药品监管系统惩治和预防腐败体系建设，形成拒腐防变教育长效机制、反腐倡廉制度体系、权力运行监控机制。要加强对反腐倡廉建设的领导，全面部署和完成反腐倡廉各项任务。

三、全力做好2008年食品药品监管工作

今年是全面贯彻落实党的十七大做出的战略部署的第一年，是实施“十一五”规划承上启下的一年，做好今年的工作，具有十分重要的意义。今年食品药品监管工作的主要任务是：认真学习贯彻党的十七大精神，全面落实中央经济工作会议、十七届中央纪委第二次全会要求，深入贯彻落实科学发展观，大力实践科学监管理念，巩固专项整治成果，着力解决影响和制约食品药品安全的重点难点问题，健全保障食品药品安全的长效机制，建立国家基本药物制度，完善药品供应保障体系，推进“十一五”规划的实施，加强干部队伍和反腐倡廉建设，努力开创食品药品监管工作新局面。

按照上述要求，重点抓好以下几方面工作：

（一）巩固食品药品专项整治成果。在药品方面，研制环节要深入开展药品注册现场核查工作，采取有力措施解决《药品注册管理办法》实施过渡期遗留的品种审批工作；在药品批准文号清查通过后，启动药品再注册工作；要加强医疗器械高风险产品的注册资料核查，改进医疗器械审评审批的操作规范。生产环节要全面完成大容量注射剂和静脉注射剂工艺核查，监督企业严格按照工艺和处方组织生产；推动GMP检查从按剂型、类别逐步转变为按品种工艺检查；完善派驻监督员制度，扩大药品生产企业质量受权人制度试点范围；继续强化医疗器械生产企业日常监管，加快医疗器械生产质量管理规范的实施工作。流通环节要改进药品、医疗器械监督抽验工作，完善评价抽验的指标体系；组织对邮售药品、狂犬疫苗等的专项检查；加强药品广告监测的针对性，对有严重违法广告问题的药品，采取暂停销售的行政强制措施；强化互联网药品交易服务监管，会同有关部门建立打击网上销售假药的联动机制；加强对重大案件的督查督办和组织协调，坚决查处各种违法违规行为。使用环节要继续加强药品不良反应监测和特殊药品监控，规范药品不良反应和医疗器械不良事件病例报告、调查、评价工作，提高安全事件预警和应急能力，将特殊药品监控信息网络向使用单位延伸。

在食品方面，要继续扩大国家食品安全示范县创建试点，以食品安全示范县创建工作为平台，充分调动和发挥地方政府的积极性、主动性，扩大农村食品安全示范县的辐射带动效应；开展农村食品安全整治，重点打击农村和城乡结合部制售假冒伪劣食品违法犯罪活动；组织开展水产品、肉及肉制品、蛋及蛋制品等高风险食品专项整治；加强食品安全信息监测和预警，推进食品安全信息统一发布和食品安全信息共享平台建设；加强食品安全调查评价，推进食品安全危害因素监控操作规范试点工作；进一步完善食品安全事故应急报告、应急处置、应急保障等制度；开展重大食品安全事故防范措施和食品安全隐患的监督检查，加强重大食品安全事故查处。

（二）解决食品药品监管热点难点问题。一是加强化学原料药监管。重点治理化工企业生产原料药和药品生产企业使用化工企业生产的原料药直接生产药品的问题。会同发展改革等部门对化工企业生产原料药情况进行全面调查，研究制定相关监管和整治措施。凡属于原料药的，生产企业必须依法获得药品生产许可证、药品生产批准文号和药品 GMP 证书。要加大执法力度，坚决查处化工企业违规生产原料药、药品生产企业违规使用化工企业生产的原料药生产药品的行为。二是加强出口药品监管。积极会同有关部门尽快制定出口药品监管规范性文件。出口药品监管的总体思路是实行目录管理，范围限定在药品制剂、仅用于直接生产制剂的原料药和符合药用要求的药用辅料。生产目录内品种的企业，必须获得药品生产许可证，品种必须经过注册。今年，将首批对 10 个品种实行出口监管，各地要根据国家局的部署，按照属地监管原则，认真把好出口药品资质审查关和委托检验关，维护监管部门的良好形象。三是严格企业和产品准入。配合有关部门，解决产业结构不合理和低水平重复的问题。要严格产品审评审批标准，严格执行药品研究技术指导原则，提高安全性评价、质量控制和生产工艺的审评要求。要严格审批新开办企业，把好生产企业和批发企业准入关。要健全企业的退出机制，药品生产企业必须强调规模，强调高水平的工艺，强调规范的检验检测，强调生产全过程的严格监控。对不能严格执行 GMP 要求，甚至发生重大药品质量安全事故的，必须依法严厉查处，直至吊销药品生产、经营许可证。要会同发展改革部门研究制定政策，鼓励同行业兼并重组，引导医药企业集约化、规模化生产。对开展兼并的企业，要有针对性地强化质量保证体系监管，确保产品质量安全。四是加强奥运食品药品安全保障。实施奥运会食品安全保障工程，加强地区间食品安全工作协作配合，督促建立健全奥运食品安全的科学评估、市场准入、监测与监督抽验、突发事件应急处理、信息收集发布和日常监督协调机制。开展兴奋剂专项整治，在全国范围彻底清查蛋白同化制剂、肽类激素生产经营情况。这里我要特别强调，兴奋剂整治工作，以 6 个奥运赛事举办城市为重点，其他省市统一行动，步调一致，共同把关。对违规生产、销售的企业，采取停产停业，直至吊销许可证。加强对执行《药品说明书和标签管理规定》情况的检查，含有兴奋剂目录中所列禁用物质的，必须在药品包装标识或产品说明书上注明“运动员慎用”字样，达不到要求的，必须依法召回。

（三）建立健全保障食品药品安全长效机制。今年要重点做好四项工作：一是加快法律制度建设。启动《药品管理法》修订工作，完成《医疗器械监督管理条例》、《中药品种保护条例》修订和《处方药和非处方药分类管理条例》制定，并做好法律法规的配套工作。配合“两高”加快修订关于打击制售假劣药品刑事案件的司法解释。积极做好《食品安全法》贯彻实施的准备工作。二是加快标准体系和技术支撑体系建设。加快实施“国家药品标准提高行动计划”，完成2000个品种的药品质量标准修订工作。组织2010版《中国药典》的编纂工作，拟增新品种1500个。完成2005版《中国药典》增补本的编纂工作，拟增新品种100个。加强中药标准化建设，完善技术标准体系。组建国家医疗器械标准技术委员会，制定发布有关医用电气安全、生物学评价等164项医疗器械标准。强化药品检验检测等技术支撑体系建设。三是进一步推进责任体系建设。深化食品安全综合评价，开展药品安全综合评价，健全食品药品监管绩效考评机制，将食品药品安全纳入政府目标考核体系，落实政府责任。加快食品药品企业信用体系建设。全面实施行政执法责任制，开展重点执法岗位考核，加强执法监督，落实监管责任。四是进一步加强队伍能力建设。启动第一轮全国地（市）药检所所长全员轮训，继续办好境外培训及全国县局局长培训示范班，着力建立高素质的领导班子。

（四）加快推进建立国家基本药物制度。按照国务院医药卫生体制改革的总体部署，会同有关部门，推进国家基本药物制度方案出台，有步骤、分阶段地推进配套措施落实和基本药物生产供应保障体系的不断完善。今年上半年，要会同有关部门，围绕影响人民群众健康的重点疾病、常见病和多发病，遴选国家基本药物品种，优化品种类别和结构比例，完善国家基本药物目录，制定监管配套政策。会同有关部门，做好基本药物的生产供应、流通配送、规范使用以及支付保障、价格控制等相关工作，提高基本药物的可供应性、可获得性和可支付性。发挥执业药师作用，促进合理用药。总结城市社区、农村基本用药定点生产试点工作经验，鼓励企业在保证药品质量的前提下，通过简化包装、统一配送等方式降低成本。继续深化“两网”建设，充分发挥农村“两网”建设在药品供应保障体系中的重要作用，提升“两网”运行效能，坚决防止假劣药品流入农村。

（五）加强基础设施建设。今年基础设施建设的重点是加强基层执法机构基础设施和技术监督能力建设。要加快《食品药品监督管理系统基础设施建设规划》的实施，力争完成中西部地区行政机构办公业务用房建设、行政机构执法装备配备和药检所实验室改造，完成药检所仪器设备的招标采购。大力推进《国家食品药品安全“十一五”规划》的实施，提出规划具体实施项目，争取中央财政和地方财政的更大投入。加快推进监管信息化建设，完成全系统“十一五”信息化建设项目立项，建成行政审批应用系统，对所有上市药品实行药品编码管理。今年完成高风险品种赋码进入中国药品电子监管网工作。

（六）加强反腐倡廉建设。首先，要认真学习贯彻胡锦涛总书记在十七届中央纪委第二次全会上的重要讲话。食品药品监管系统各级党组织要对学习总书记的讲话做出具体部署，引导广大干部职工把思想和行动统一到讲话精神上来，不断增强高举中国特色社会主义伟大旗帜的自觉性和坚定性，不断增强贯彻落实科学发展观的自觉性和坚定性，不断增强反腐倡廉的自觉性和坚定性。第二，要制定惩防体系2008～2012年工作规划，推进食品药品监管系统惩防体系建设。这是今年反腐倡廉建设的一项重要任务。工作规划要体现党的十七大对反腐倡廉的总体要求，要紧密结合食品药品监管工作的实际，要与食品药品监管发展的总体布局相适应，与完善监管体制机制相结合，正确处理惩治与预防、当前与长远、改革与发展、继承与创新的关系。第三，要切实加强对行政权力的监督。要严肃查处利用行政审批、技术审评、认证发证、检验检测、稽查处罚等权力以权谋私，以及玩忽职守、失职渎职等损害人民群众利益的行为。继续治理药品医疗器械生产经营领域商业贿赂。要下决心建立健全对权力监督制约的制度和工作机制。各级领导干部要带头执行“八条禁令”，同时对干部和职工严格教育、严格管理、严格要求、严格监督。第四，要切实加强对反腐倡廉建设的组织领导。全系统各级党组织和行政领导班子，要切实担负起全面领导反腐倡廉建设的政治责任，把反腐倡廉建设与监管业务、监管队伍、监管能力等建设紧密结合起来，融入到各项具体业务之中，做到一起部署、一起检查、一起落实。各级领导干部特别是领导班子主要负责人，要认真执行党风廉政建设责任制，对反腐倡廉建设中的重大问题要亲自组织、亲自督查、亲自落实；领导班子其他成员，要按照“谁分管、谁负责”的要求，认真抓好分管部门和单位的反腐倡廉建设，切实担负起分管范围内党风廉政建设的直接领导责任。各省（区、市）食品药品监管局要高度重视纪检监察工作，加强对纪检监察干部的培养、交流、选拔、任用，对成绩突出的优秀纪检干部，要大胆使用。各级纪检监察部门要认真履行职责，积极努力工作，推进食品药品监管系统反腐倡廉建设各项任务落到实处。(2008 年 1 月 30 日)

深入学习实践科学发展观活动

深入学习实践科学发展观活动动员大会

2008 年 10 月 20 日，中检所召开深入学习实践科学发展观活动动员大会。党委书记、所长、所深入学习实践科学发展观活动领导小组组长李云龙对全所开展深入学习实践科学发展观活动进行了全面动员部署。国家局学习实践活动第三指导组组长钟秀明同志、所领导班子全体成员出席大会。全所副处以上中层干部、在职党员、研究生党员以及离退休支委代表 260 多人参加了大会。动员大会由常务副所长金少鸿主持。

李云龙同志代表所党委和学习实践活动领导小组作了动员讲话，就中检所开展学习实践活动的重大意义、指导思想、主要原则、着力点、达到的效果以及实施步骤等进行了全面部署，并明确了学习实践活动的五点要求。他指出，深入开展学习实践科学发展观活动是党中央的重大战略部署，是中检所当前工作的重中之重，是一项重要的政治任务。通过学习实践科学发展观活动，进一步解放思想，更新观念、进一步推动科学发展，构建和谐，努力实现药检事业的新跨越，不断向国际一流迈进。

钟秀明同志代表国家局学习实践活动第三指导组对中检所开展学习实践活动提出几点要求：要深刻领会开展深入学习实践科学发展观的重大意义，认真学习贯彻党中央和国家局学习实践活动的精神，牢牢把握开展学习实践活动的正确方向。采取有力措施，在深化理论武装、解决突出问题、完善体制机制上下功夫，确保学习实践活动取得实效。

党委书记李云龙在开展深入学习实践科学发展观活动动员大会上的讲话（节选）

中央决定，从 2008 年 9 月开始，用一年半左右的时间，在全党深入开展学习实践科学发展观活动。这是认真落实党的十七大精神、推进全面建设小康社会、构建和谐社会的重大举措。本次学习实践活动自上而下分三批展开，国家局是第一批开展学习实践活动的单位。10 月 8 日，国家局党组召开了动员大会，邵明立局长对全局系统学习实践活动进行了动员和部署，提出了具体要求。

下面，我代表所党委，就贯彻落实中央和国家局党组的有关部署，切实做好中检所科学发展观学习实践活动讲三点意见。

一、认真领会，充分认识开展学习实践活动的重大意义

深入开展学习实践科学发展观活动，是中央

做出的战略性部署，是全党当前的一项重要政治任务，是各地区各部门各单位工作的头等大事。因此，我们必须充分认识开展学习实践活动的重大意义。

第一，深入学习实践科学发展观，是提高党的执政能力、推动经济社会又好又快发展、实现全面建设小康社会奋斗目标的迫切需要。改革开放30年来，我国的经济实力、综合国力、人民生活水平都的到了显著提高，国际地位和国际影响力不断上升。同时，我们也要清醒的看到，我国的发展还处于初级阶段，发展中还面临不少突出矛盾和问题，党的自身更建设面临许多新课题、新考验。开展学习实践活动，就是要用马克思主义中国化的最新成果武装全党，提高党的执政能力、保持和发展党的先进性，推动中国特色社会主义事业继续向前迈进。

第二，深入学习实践科学发展观，是以人为本，适应新形势，提高食品药品监管能力，保障人民群众生命健康安全的迫切需要。近十年来，在党中央和国务院的直接领导下，食品药品监管部门不辱使命，勇于进取、开拓创新，尤其是近年提出和树立了科学监管理念，人民群众饮食和用药安全得到了基本保障，较好地完成了党和人民赋予的神圣职责。但是，在社会主义市场经济体制逐步完善、人民群众健康生活要求进一步提高、科学技术日新月异的新形势下，食品药品监管工作也面临新的挑战。三鹿婴幼儿奶粉事件等近期接连发生的几起重特大安全事件，更是以惨痛的事实告诉我们当前食品药品监管的严峻形势。为了更好地践行科学监管理念，进一步提高食品药品监管能力，迫切需用科学发展观来武装头脑，总结汲取教训，提高和统一思想认识，推动食品药品监管工作迈上新台阶。

第三，深入学习实践科学发展观，是服务监管，提高检验检测能力，实现药检事业新跨越的迫切需要。药品检验工作是服务监管，确保人民群众药品安全有效的重要技术依托。近几年，尤其是一年多来，面对新形势和新挑战，中检所立足适应监管需要，在全面加强基础管理，制定发展规划纲要，整合检验职能，调整完善六大业务体系，妥善应对药害事件，进一步加强对全国药检系统业务指导方面都取得了明显进展。这些成绩毫无疑问是在全所干部职工付出了大量艰辛努力的情况下取得的，更是所党委践行科学监管理念，深入分析监管需要，实事求是、真抓实干的结果。同时，我们还应该看到，取得的成绩只是初步的，阶段性的。我们在检验质量和安全、学科建设、人才培养、科研能力、管理服务、文化建设等方面存在的不足，正影响和制约着中检所检验各项事业的发展，成为中检所履行服务监管职能，实现“国际一流、国内领先”目标的主要障碍。因此，迫切需要通过学习实践科学发展观，进一步解放思想，更新观念、进一步推动科学发展，构建和谐，努力实现我国药检事业新的跨越，不断向国际一流迈进。

二、周密安排，确保学习实践活动有条不紊地进行

按照中央和国家局党组的要求，所党委高度重视这次学习实践活动，结合实际，确定以“践行科学监管理念，适应食品药品监管需要，确保检验质量和安全，树立中国药检新形象”为主题，深入扎实地开展学习实践观活动。起草了《中检所关于深入学习实践科学发展观活动工作方案》，将在今天动员大会后印发。各处、室、中心和各支部要按照工作方案的要求，积极主动，自觉地参加到学习实践活动中来，务求达到学习实践活动的目的。

为开展好此次学习实践活动，全所要重点把握以下五方面的问题：

第一，要明确学习实践活动的指导思想。这次学习实践活动的指导思想是：全面贯彻党的十七大精神，高举中国特色社会主义伟大旗帜，以邓小平理论和“三个代表”重要思想为指导，组织全所广大党员干部深入学习实践科学发展观，

准确把握科学发展观的重大意义、科学内涵、精神实质和根本要求，切实增强贯彻落实科学发展观的自觉性和坚定性。紧紧围绕党员干部受教育、科学发展上水平、人民群众得实惠总体要求，以解放思想为先导，以体制机制创新为动力，着力解决药品检验检测工作中影响和制约科学发展的突出问题以及党员干部党性党风党纪方面群众反映强烈的突出问题，着力构建有利于科学发展的药品检验检测工作体制机制，着力提高广大党员干部做好检验工作、促进科学发展、推动社会和谐的能力，把科学发展观贯彻落实到检测检测的各项工作之中，把践行科学监管理念的要求落到实处，在新的起点上促进我国药检事业科学、健康、和谐发展。

第二，要明确学习实践活动的主要原则。根据中央要求，本次学习实践活动的主要原则：一是坚持解放思想。解放思想是先导，要结合工作实际，更新发展观念、转变发展思路，使我们的各项工作，尤其是使正在推进的各项改革更加符合检验检测规律，更加符合监管规律，更加符合人民群众的愿望。二是突出实践特色。要紧紧围绕活动主题，紧密结合工作实际，理论联系实践，实践推动理论学习。要把学习实践活动同监管工作的实际需要结合起来，同检验工作目前的热点和难点结合起来，同贯彻落实中检所2008～2015年发展规划纲要结合起来，务必取得实效。三是贯彻群众路线。学习实践活动要始终尊重干部职工的主体地位，广泛深入发动群众，充分听取普通职工的意见和建议，虚心接受群众监督，把广大职工群众的批评和建议作为对我们工作的鞭策。四是正面教育为主。按照中央的要求，本次学习实践活动既要严格要求，广泛开展批评和自我批评，又不搞人人过关，要坚持宣传教育，实事求是地查找问题，深刻分析原因，相互帮助，共同进步，注意保护好党员干部工作发展的积极性。

第三，要明确学习实践活动的着力点。中检所本次学习实践活动的着力点有以下三方面：

一是要以学习实践活动为契机，确保检验质量和安全。确保检验质量和安全是科学发展、践行科学监管理念的应有之义，坚持确保质量、安全发展是实现科学发展、践行科学监管理念的必然要求，也是实现科学发展、践行科学监管理念的基本前提。通过学习实践活动：第一，要突出解决好检验质量、安全、效率和问责问题；第二，要深刻理解我们提出的科学、独立、公正、权威的质量方针；第三，要切实做好全所安全稳定工作。确保检验质量安全万无一失，确保安全稳定万无一失。

二是要以学习实践活动为起点，着力推进检验能力建设。突出解决好三个问题：第一，切实加强优势学科建设。解决好学科发展不平衡，优势学科不明显，学科带头人、经验丰富的高端检验人才、技术和管理复合型人才缺乏等影响和制约中检所科学发展的主要问题。第二，抓好科研提升水平的工作。切实解决好技术创新能力和科研管理能力不强的问题。第三，狠抓管理服务于检验的工作，切实解决好职能部门的职责和定位，职能部门缺乏服务意识，管理体制机制不够科学，管理服务不能完全满足检验工作需要的问题。

三是要以学习实践活动为平台，着力创造优良环境。突出解决好党的建设和领导班子建设，形成真抓实干、人才辈出、风清气正的环境，鼓励争先创优氛围的问题，致力于构建和谐中检所。

第四，要确保学习实践活动达到应有效果。通过本次学习实践活动力争在以下八个方面大见成效：一是要在把握践行科学监管理念上见成效；二是要在确保检验质量和安全上见成效；三是要在优势学科建设上见成效；四是要在管理服务于检验上见成效；五是要在科研提升水平上见成效；六是要在厉行节约，建设节约型中检所上见成效；七是要在加强党组织及班子思想作风上见成效；八是在加强国际交流合作上见成效。

总之，在开展学习实践活动的学习调研阶段、查摆分析阶段和整改落实阶段都要紧紧围绕八个务见成效来开展，务必使学习实践活动取得实实在在的效果。

第五，要把握好学习实践活动的实施步骤。中检所学实践活动以副处级以上党员干部为重点，全体在职党员和离退休党员参加。活动从现在起持续半年时间，分为学习调研、分析检查、整改落实3个阶段。

第一阶段是学习调研（2008年10月8日~11月30日）。按照中央和国家局党组的部署，结合中检所实际，本阶段重点是抓好学习培训、深入调研、围绕科学发展观进行解放思想讨论三个环节。学习培训环节，要采取灵活丰富的形式，时间充分投入，确保学准、学透、学精。形式上，全体党员以自学为主，副处级以上党员和非党员干部还要参加一次集中学习讨论，各支部分头组织学习。每个党员及党员干部都要结合本人工作实际和全所工作实际撰写学习体会，提出工作建议。领导班子成员要结合分工，提出调研题目，进行调研并写出一份调研报告。

第二阶段是分析检查（2008年12月1日~2009年1月9日）。本阶段对学习实践活动能否取得实效具有决定性的意义。要采取调查研究、座谈会、向省市药检所书面征求意见等方式向职工群众、党员干部、民主人士、技术专家、离退职工广泛征求意见。在此基础上，所领导班子召开民主生活会，汇总分析，找出影响和制约本所科学发展的突出问题，深入分析原因，形成领导班子分析检查报告。分析检查报告要在一定范围内公布，组织党员和群众进行评议。

第三阶段是整改落实（2009年1月10日~2009年2月23日）。这是学习实践活动取得成效的阶段。所领导班子要根据分析检查报告，结合群众评议意见，制定整改方案。要实事求是，能在学习实践活动期间整改的，要坚决彻底解决，不能在学习实践活动期间整改的，要制定计划，分步骤分阶段整改。落实整改方案，要结合体制机制建设，以体制机制形式固定整改成果。

按照中央和局党组的要求，学习实践活动基本结束后，中检所要采取适当方式向党员、群众通报整改情况，对学习实践活动进行满意度测评，结果在一定范围内公布，并及时向局党组学习实践活动领导小组办公室报送总结报告。

三、扎实推进，确保学习实践活动取得实效

开展深入学习实践活动意义重大，是当前中检所各项工作的重中之重，要把开展学习实践活动作为头等政治任务来抓，必须引起高度重视，要精心组织安排，达到预期目标。为此，我再明确五点要求：

一要解决领导重视问题。学习实践活动自上而下开展，这就要求必须解决领导重视问题。中央和国家局党组就此也提出了明确要求。为此，所里成立了学习实践活动领导小组，由我任组长，常务副所长金少鸿同志、党委副书记丁丽霞同志任副组长。各部门、各支部也要解决领导问题，要指定专人负责，部门主要负责人和支部书记要亲自抓。领导干部尤其是党委委员和所领导班子成员要树立榜样，带头学习、带头检查、带头整改，确保每一阶段每一环节都扎扎实实开展下去。

二要解决长远发展问题。本次活动持续半年左右，是一次集中的学习整改活动，但必须通过集中学习解决长远问题。一方面，学习实践科学发展观是任何一个党员的使命和权利，不是短期行为；另一方面，药检事业面对的制约和挑战，其中有很多是深层次和长期性的体制机制问题，不能一蹴而就地解决。我们要树立长期努力、勇于创新、敢于胜利的观念，坚持学习和实践科学发展观，以人为本、统筹兼顾，因地制宜完善制度，实现中检所的全面协调可持续发展。

三要解决细致深入问题。本次学习实践活动，中央提出不搞人人过关，但决不表示就可以走过场、敷衍了事，必须解决细致深入的问题。如何深入开展？首先要明确学习实践活动的重点。中检所的重点是副处级以上的中层领导干部，各位中层负责同志要抓住学习实践活动这一宝贵机会，深入细致开展学习实践、注重调研，认真查找自身和本部门存在的问题，不断提高贯彻落实科学发展观的自觉性和坚定性，切实提高科学发展的能力。其次，所领导班子成员实行分片负责，指导各自分管部门开展学习实践活动，有针对性地开展学习、调研、整改活动。

四要着眼于群众是否满意。要把人民群众满意与否作为检验这次学习实践活动的重要标准。一方面，通过学习实践活动，我们的检验能力是否得到提高，是否为药品监管提供了更加强有力的技术依托，是否为保障药品安全有效恪尽职守，人民群众是否真正满意；另一方面，我们的各项工作是否尊重职工群众的主体地位，是否注意倾听了职工群众的意见，是否践行了时时为职工服务、处处为职工着想的观念，各项工作是否令职工群众满意。

五要解决统筹兼顾问题。学习实践活动期间，要正确处理学习实践活动与日常检验工作的关系，一手抓学习实践活动，一手抓日常工作，做到“两手抓、两不误”。要把学习实践活动与落实“规划纲要”相结合，把学习实践活动与加强能力建设相结合，把学习实践活动与塑造中国药检新形象相结合，切实提高全所党员干部科学发展的能力。(2008 年 10 月 20 日)

开展深入学习实践科学发展观活动工作方案

为贯彻落实《中共中央关于在全党开展深入学习实践科学发展观活动的意见》（中发〔2008〕14 号）和《国家食品药品监督管理局关于开展深入学习实践科学发展观活动工作方案》（国食药监学组发〔2008〕1 号）的要求，结合中检所工作实际，制定此工作方案。

一、指导思想

全面贯彻党的十七大精神，高举中国特色社会主义伟大旗帜，以邓小平理论和“三个代表”重要思想为指导，组织全所广大党员干部深入学习实践科学发展观，准确把握科学发展观的重大意义、科学内涵、精神实质和根本要求，切实增强贯彻落实科学发展观的自觉性和坚定性。紧紧围绕党员干部受教育、科学发展上水平、人民群众得实惠总体要求，以解放思想为先导，以体制机制创新为动力，着力解决药品检验检测工作中影响和制约科学发展的突出问题以及党员干部党性党风党纪方面群众反映强烈的突出问题，着力构建有利于科学发展的药品检验检测工作体制机制，着力提高广大党员干部做好检验工作、促进科学发展、推动社会和谐的能力，把科学发展观贯彻落实到检测检测的各项工作之中，在新的起点上促进我国药检事业科学、健康、和谐发展。

二、活动主题

从检验检测工作的实际出发，坚持以“践行科学监管理念，适应食品药品监管需要，确保检验质量和安全，树立中国药检新形象”为主题，牢牢把握以人为本的核心目标，坚定不移地把保障人民用药安全有效作为药品检验检测工作根本出发点和落脚点，坚定不移地走科学和创新发展之路，重点解决检验检测事业安全发展问题，把践行科学监管理念作为学习科学发展观的重要内容，落实到中检所发展和加强党的建设各项工作之中。

三、工作着力点

为了开展好深入学习实践科学发展观活动，要明确以下三个工作着力点：

（一）着力于推动安全发展

安全发展是科学发展的前提和必然要求，重点解决检验质量和安全方面存在的各种问题，不断完善和创新检验质量和安全工作机制，确保质量和安全万无一失。同时，加强日常安全稳定工作，清除安全隐患，为中检所科学健康发展营造稳定的环境。

（二）着力于推进能力建设重点解决以下三个方面存在的突出问题：

1. 解决学科建设方面存在的突出问题，大力实施人才兴检战略，努力培养和造就一大批学科领军人物，建设国内外有影响的优势学科。

2. 解决管理服务检验方面存在的突出问题

把对检验的保障是否有效；职能部门的服务是否令检验科室满意；检验科室负担是否得到减轻；资源是否实现节约利用；干部职工的能动性是否得到充分发挥等作为衡量管理服务检验任务的标准。

3. 解决科研提升水平方面存在的突出问题

不断加快药检科学研究的步伐，为检验技术创新提供保障，加快与国际先进水平接轨的步伐。

（三）着力于创造优良环境

重点解决以下三个问题：一是党的思想、作风建设方面的问题、二是积极推进文化建设方面存在的问题，三是鼓励争先创优中应解决的问题。努力营造真抓实干、人才辈出、风清气正的优良环境以及团结和谐、求真务实、积极进取、争先创优的良好氛围。

四、目标要求

学习实践活动以副处级以上党员领导干部为重点，全体党员参加。根据中央和国家局的总体要求，中检所开展学习实践活动要达到以下目标要求：

（一）思想观念有所更新。进一步加深广大党员、干部，特别是领导干部对科学发展观的理解，增强贯彻落实科学发展观的自觉性和坚定性；进一步按科学发展观要求解放思想，转变不适应、不符合科学发展要求的思想观念，真正把思想认识统一到中央精神上来，统一到践行科学监管理念的要求上来。

（二）突出问题有所解决。紧密联系检验工作实际，在深刻把握科学监管理念、确保检验质量和安全、优势学科建设、管理服务检验、科研提升能力、厉行勤俭节约和党的建设及班子建设等七个方面见成效。

（三）体制机制有所创新。完善检验检测体系，针对检验检测工作中存在的突出问题和薄弱环节，加强制度建设，建立健全中检所良性发展的机制，为树立中国药检新形象当好排头兵，做出应有的贡献。

五、实施步骤

学习实践活动从2008年10月上旬开始，到2009年2月基本结束。分学习调研、分析检查、整改落实三个阶段，每个阶段包括三个环节，共9个环节。

（一）学习调研阶段（2008年10月20日～11月30日）。

学习调研阶段是整个学习实践活动的基础，重点抓好学习培训、深入调查研究和开展解放思想讨论三个环节：

1. 学习培训

（1）学习形式：

①个人自学。全体党员紧密联系实际，认真自学党的十七大精神，认真学习《毛泽东邓小平江泽民论科学发展》、《科学发展观学习读本》和《科学发展观重要论述摘编》，学习胡锦涛等中央领导同志一系列重要讲话精神，副处级以上党员干部还要认真学习《深入学习实践科学发展观活动领导干部学习文件选编》，要在通读有关材料的基础上，对重点篇目进行精读；

②封闭学习。组织副处以上干部（包括党员和非党）进行封闭式学习三天，学习内容是胡锦涛同志在全党深入学习实践科学发展观活动动员大会上的讲话及邵明立局长关于科学监管理念的讲话。按集中学习、集中讨论、党委班子集中讨论的步骤进行；

③分头组织学习。在自学的基础上，以支部为单位，组织两次集中学习和讨论。

（2）学习要求：

①集中学习的时间累计不少于30小时，要

认真做读书笔记，撰写心得体会；

②每名党员同志读书笔记不少于2万字，要提交一份不少于2000字的心得体会；

③副处以上党员干部撰写的心得体会要从“七个见成效”方面提出具体工作建议；

④支部组织的学习要有学习记录。

2. 深入调研

（1）所领导班子成员要以“践行科学监管理念，适应食品药品监管需要，确保检验质量和安全，树立中国药检新形象”为主题，结合分管工作，确定重点课题，开展调研，调研中要广泛听取意见建议，初步梳理出在贯彻落实科学发展观方面存在的突出问题，并认真撰写一份专题调研报告。

（2）对各省市药检所发放征求意见函，同时召开检验专家座谈会及民主党派座谈会，广泛征集开展主题实践活动的意见和建议，认真听取对检验检测工作的意见和建议。

3. 组织解放思想讨论

在深入调研的基础上，采取党委理论中心组学习（扩大）会、演讲会、网上讨论等多种形式，紧密联系工作实际和党员干部的思想实际，组织全体党员开展解放思想讨论，引导广大党员特别是党员领导干部澄清模糊认识，把思想认识从那些违背科学发展观要求的观念、做法和体制机制的束缚中解放出来，增强贯彻落实科学发展观及科学监管理念的自觉性和坚定性。

（二）分析检查阶段（2008年12月1日～2009年1月9日）。

这是学习实践活动的关键阶段。主要任务是：在学习调研、听取意见的基础上，领导班子和副处级以上党员领导干部，要紧密联系本部门工作实际，认真查找贯彻落实科学发展观方面存在的突出问题，深入分析主观客观原因，总结经验教训，明确改进的方向和思路。重点抓好三个环节：

4. 召开领导班子专题民主生活会

领导班子班子专题民主生活会与年度民主生活会合并召开。开好以践行科学监管理念为重点、以推进中检所又好又快发展为主要内容的专题民主生活会。

（1）广泛开展谈心活动，领导班子成员之间要相互谈心，领导干部要主动听取群众意见；

（2）认真梳理归纳意见建议，找准个人和领导班子在贯彻落实科学发展观方面存在的突出问题，查找党性党风党纪方面群众反映强烈的突出问题；

（3）撰写发言材料，做好充分准备；

（4）认真开展批评与自我批评。针对查找出来的问题，深刻分析原因，开展认真的批评与自我批评。

5. 形成领导班子分析检查报告

领导班子分析检查报告要在充分运用学习调研、征求意见和专题民主生活会成果的基础上，认真查摆贯彻落实科学发展观方面存在的突出问题，深刻分析形成的主客观原因特别是主观原因，确定贯彻落实科学监管理念主要思路和加强领导班子自身建设的具体措施等。

6. 组织群众评议

（1）领导班子分析检查报告形成后，认真组织评议，广泛征求党员、群众的意见。参评人员既要有本所的党员，也应有一定的群众代表；

（2）参加评议人员可着重从对科学发展观的认识深不深、查找的问题准不准、原因分析得透不透、发展思路清不清、工作措施可行不可行等方面对分析检查报告进行评议；

（3）群众评议中提出的正确意见要体现到修改后的分析检查报告中来；

（4）所领导班子分析检查报告和评议结果在一定范围内公布。

（三）整改落实阶段（2009年1月10日～2月23日）。

这是学习实践活动取得实际成果的重要阶段。这一阶段要抓好三个环节：

7. 制定整改落实方案

在领导班子分析检查报告的基础上，对查摆出来的突出问题和需要完善的制度，按轻重缓急和难易程度，分析提出整改落实的明确目标、明确措施和明确时限要求，明确分管领导、分管部门，使整改落实工作有章可循。整改落实方案制定后，采取适当方式向党员、群众公布，接受监督，并切实按照规定的期限加以落实。

8. 集中解决突出问题

进一步明确科学发展的工作思路、工作方向和工作方法，切实解决查找出来且通过努力能够解决的突出问题，重点解决在检验质量和安全，党风廉政建设方面存在的突出问题。

9. 完善体制机制

（1）认真清理现有的规章制度，着重建立健全体现科学发展要求的规章制度。从促进科学发展的需要出发，积极稳妥地推进体制机制创新和制度建设，努力解决制度缺失和体制障碍等突出问题，逐步形成保障和促进科学发展的制度体系；

（2）学习实践活动基本完成时，做好活动的总结工作，并采取适当方式向党员、群众通报；

（3）在此基础上，要在一定范围内对学习实践活动进行满意度测评，测评结果要以适当方式向群众公布。根据测评情况，进一步完善落实整改的措施，确保学习实践活动中尚未解决的突出问题继续得到有效解决。

深入学习实践科学发展观活动集中学习

2008 年 10 月 23 日，中检所组织召开深入学习实践科学发展观活动中层干部集中学习。所深入学习实践科学发展观活动领导小组组长、党委书记、所长李云龙主持会议，所领导班子成员及副处以上干部参加了集中学习。

集中学习活动主要学习了《胡锦涛同志在全党深入学习实践科学发展观活动动员大会暨省部级主要领导干部专题研讨班上的讲话》、邵明立局长关于科学监管理念的讲话、邵明立局长关于进一步加强食品药品监管工作的讲话、邵明立同志在局党组理论学习中心组学习实践科学发展观活动集体（扩大）学习时的讲话（摘编）等文件及《科学发展观学习读本》。

李云龙指出，中检所开展学习实践活动，要从检验检测工作的实际出发，以“践行科学监管理念，适应食品药品监管需要，确保检验质量和安全，树立中国药检新形象”为主题，认真开展学习。在学习的基础上，还要围绕“八个见成效”进行讨论，每位党员都要撰写心得体会。同时，他还从如何转变发展观念、如何推进科学发展以及中检所的发展思路等三个方面同参会人员交流了自己在学习实践活动中的心得体会。首先，转变发展观念，就是要转变不讲大局的观念，转变大家大业、大手大脚、缺乏节俭的思想，转变夜郎自大、自以为是的封闭思想，转变部门主义思想，还要不断更新业务思想、技术观念。第二，要从安全发展、创新发展、节约发展、和谐发展四个方面推进中检所的科学发展。安全发展要保证检验的质量安全，要提高效率、落实问责，同时还要保证单位的安全稳定以及职工的个人安全，杜绝腐败，落实领导责任。创新发展既要在体制上创新，还要进行机制创新和管理创新。节约发展不但体现在对资源的优化配置上，还体现在要厉行节约、反对浪费，提高管理和业务效能上。和谐发展则包括了国内外的和谐发展、全国药检系统的和谐以及中检所内部的和谐三个部分。第三，“五是论”阐明中检所的总体发展思路。一是能力是核心，以能力论英雄；二是人才是关键，以人才论水平；三是管理是基础，以管理论作为；四是创新是灵魂，以创新论发展；五是安全是目标，以安全论责任。

深入学习实践科学发展观党委学习会议

2008 年 10 月 23 日，中检所召开深入学习实践科学发展观活动党委委员学习会议，认真学习

《科学发展观读本》。

党委书记、所长李云龙强调，党委委员学习深入学习实践科学发展观要围绕中检所开展深入学习实践科学发展观“践行科学监管理念，适应食品药品监管需要，确保检验质量和安全，树立中国药检新形象”的主题，从全所大局出发进行学习思考讨论，把当前工作与今后的工作结合起来，从而不断推进中检所更好发展。

李云龙提出几点要求：第一，党委委员要带头做好学习实践活动的学习，带头进行讨论。第二，学习要深入一些。从解决大局问题层面，对如何践行科学监管理念进行学习思考；从科学发展观层面，对如何推进今后工作进行学习思考；从工作层面，围绕“一条主线、四个支撑”进行学习思考。党委委员讨论要结合中检所实际，找出差距，找出存在的问题，对如何改进工作、推进中检所发展要进行认真思考。

专题调研活动

2008 年 10 月 24 日～11 月 6 日，中检所党委书记、所长李云龙、党委副书记丁丽霞、所长助理刘桂芬一行赴河南省、江西省、上海市、湖北省、辽宁省等地开展学习实践科学发展观专题调研，并邀请了广东、广西、湖南、海南、河北、天津等 12 省级药检所以及 10 个地市级药检所的所长参加座谈。调研采取实地考察、个别交谈、书面交流、集体座谈等方式进行。

本次调研是在我国市场经济体制的不断完善，人民群众对饮食用药安全提出了新的更高要求，食品药品监管任务发生了巨大变化的新形势下进行的。主要围绕药检机构的管理体制、市县药检机构的设置方式、职能定位、机构性质、能力建设等方面。通过调研，中检所对全国药检机构的现状，存在的突出问题有了更为全面客观的认识，对药检事业如何科学发展形成了广泛共识。李云龙强调，药检系统学习科学发展观，践行科学监管理念，要把科学发展观的实质与检验工作结合起来，实实在在找问题，认真研究加以解决，从而更好地履行技术监管职能，确保人民群众饮食用药安全。

第二次集中学习及解放思想大讨论活动

2008 年 11 月 13 日，中检所召开深入学习实践科学发展观活动第二次集中学习并开展了解放思想讨论。所领导班子成员及副处级以上中层干部参加了此次集中学习与讨论活动。

在集中学习活动中，中检所邀请了中国军事医学科学院秦伯益院士作了题为《坚持科学发展观，努力创新》专题辅导报告。秦院士将科学发展观与科技创新紧密结合起来，深入浅出地为大家阐述了科学发展观的内涵，使大家对科学发展观有了更加深刻的认识，对进一步实现科技创新有了更为正确的理解和把握，增强了贯彻落实科学发展观的自觉性和坚定性。

参会人员分为五个小组围绕深刻把握科学监管理念、确保检验质量和安全、优势学科建设、管理服务检验、科研提升能力、厉行勤俭节约、党的建设及班子建设、国际合作交流等八个方面见成效开展了解放思想大讨论。大家积极建言献策，联系药品检验检测工作实际，对工作中存在的问题以及药品检验检测事业的科学发展进行了充分地讨论。

学习调研阶段总结暨分析检查阶段动员大会

2008 年 12 月 1 日，中检所召开学习调研阶段总结暨分析检查阶段动员大会。中检所学习实践活动领导小组组长、党委书记、所长李云龙主持大会。所中层以上干部及各党支部支部委员 100 余人参加了大会。

根据局学习实践科学发展观活动领导小组安排，中检所学习实践科学发展观活动从 12 月 1 日起正式转入分析检查阶段。所学习实践活动领导小组成员、副所长王军志传达了国家局局长邵明立关于学习实践活动转段的要求。李云龙同志对中检所学习实践活动学习调研阶段的工作进行了总结，并对分析检查阶段的工作提出了具体要求。

会上，所学习实践活动领导小组副组长、常务副所长金少鸿交流了学习科学发展观的体会。六位中层干部代表结合学习科学发展观体会，介绍了在工作中落实科学发展观，查找存在的问题，不断改进工作的经验和做法。

党委书记李云龙在学习调研阶段总结暨分析检查阶段动员大会上的讲话（节选）

根据局学习实践科学发展观活动领导小组的安排，按照《中检所关于开展深入学习实践科学发展观活动工作方案》的具体要求，中检所学习实践科学发展观活动从今天开始转段。下面，我对中检所学习实践科学发展观第一阶段的学习调研工作进行总结，对第二阶段的分析检查工作进行部署。

一、认真总结学习调研阶段的工作，进一步巩固学习成效

中检所的学习实践科学发展观活动第一阶段学习调研工作在经过学习培训、深入调研、组织解放思想大讨论等三个环节的工作后已基本告一段落。总的来看，中检所的学习实践科学发展观活动发动及时，开局良好，进展顺利，取得了较好的成效。主要做了如下八个方面的工作：

（一）加强领导、周密部署，强化学习保障。坚持把学习实践活动作为凝心聚力、推进中检所各项工作发展的重要保证，摆在近期工作首要位置。

一是所党委高度重视，成立领导和办事机构。局动员大会后，中检所马上组织召开了由党委书记、副书记、党办负责人和所办负责人等参加的会议，研究布置相关工作。成立了以李云龙为组长、金少鸿、丁丽霞为副组长，由王军志、张永华及刘桂芬为成员的学习实践活动领导小组，领导中检所学习实践科学发展观活动。并成立了由党办、所办、纪委监察室相关工作人员组成了中检所学习实践科学发展观活动领导小组办公室，负责实践活动的相关组织实施事宜。

二是结合实际，研究制定工作方案。为使学习实践活动顺利开展、取得实效，中检所认真学习贯彻党中央和国家局有关精神，对开展学习实践活动进行深入细致研究，按照坚持主题，联系实际，突出特色，注重实效的要求，研究制订切实可行的工作方案。结合中检所实际，多次研究讨论《中检所关于开展深入学习实践科学发展观活动工作方案》，确定学习实践活动的主题、工作着力点及目标要求等。

三是深入动员，认真部署各项工作。10月20日，召开了中国药品生物制品检定所学习实践科学发展观活动动员大会，国家局学习实践活动第三指导组组长钟秀明同志、所领导班子全体成员出席大会，全所副处以上中层干部、在职党员、研究生党员以及离退休支委代表260多人参加大会。中检所党委书记、所长、所深入学习实践科学发展观活动领导小组组长李云龙同志代表所党委和学习实践活动领导小组对全所开展深入学习实践科学发展观活动进行了全面动员部署。他强调，开展深入学习实践科学发展观活动，要从检验检测工作的实际出发，坚持以“践行科学监管理念，适应食品药品监管需要，确保检验质量和安全，树立中国药检新形象”为主题，把握好三个着力点：一是要以学习实践活动为契机，确保检验质量和安全；二是要以学习实践活动为起点，着力推进检验能力建设；三是要以学习实践活动为平台，着力创造优良环境。通过学习调研、分析检查、整改落实三个阶段9个环节学习实践活动的开展，力争在以下七个方面见成效：一是要在把握践行科学监管理念上见成效；二是要在确保检验质量和安全上见成效；三是要在优势学科建设上见成效；四是要在管理服务于检验

上见成效；五是要在科研提升水平上见成效；六是要在厉行节约、建设节约型中检所上见成效；七是要在加强党组织及班子思想作风建设上见成效。同时明确了落实部门，保证学习活动取得实实在在的效果。李云龙书记对中检所开展学习实践活动提出了解决领导重视问题、解决长远发展问题、解决细致深入问题、着眼于群众是否满意问题以及解决统筹兼顾等五个方面的具体要求，为中检所扎实推进学习实践活动的开展奠定了扎实的基础。

（二）接受指导，联系支部，保证学习效果。按照局学习实践活动的安排，由以钟秀明为组长的局第三指导组负责指导中检所学习实践科学发展观活动的开展，这是保证活动取得实效的重要措施。我们虚心地接受指导组的督查和指导，落实好指导组提出的指示要求，向指导组汇报工作，指导组审阅了中检所学习实践科学发展观活动动员大会的报告草稿及工作方案，在动员大会上，指导组钟秀明组长代表国家局学习实践活动第三指导组对中检所开展学习实践活动提出具体指导，要求采取有力措施，在深化理论武装、解决突出问题、完善体制机制上下功夫，确保学习实践活动取得实效。

建立两条主线的党员联系点制度。一条主线是党委委员分别联系各支部，进入到各支部中参加学习，另一条主线是学习实践活动办公室成员中的专职党务干部继续承担原有的各支部联系人工作，深入支部做到及时了解支部学习活动情况。两条主线的党员联系点制度一方面保持了与各支部紧密顺畅的联系，另一方面切实将活动落实到实处，贯彻到基层。

（三）多渠道宣传，营造学习氛围。为了配合学习实践活动的开展，通过多种宣传形式，让大家及时了解中检所学习实践活动的进展情况。及时编发简报，到12月1日为止，已编发了14期简报；在所内滚动屏幕宣传活动内容；还在所内的宣传栏内宣传各支部的学习情况，使各支部之间能相互学习共同提高，不少有条件的支部在支部集中学习的会议室挂了党旗与横幅；另外，还在中检所网站专门开辟了学习实践活动专栏，将动员报告、方案、简报等在网上公布等。这些做法为学习实践活动营造了良好的氛围，使广大党员人人知晓，个个明白学习实践活动的总体要求和具体部署，极大地提高了大家的学习积极性。

（四）认真学习，扎实深入。学习调研阶段是整个学习实践活动的基础，为开展好学习实践活动，中检所为全体党员和中层干部购买了《毛泽东邓小平江泽民论科学发展》、《科学发展观重要论述摘编》及《科学发展观读本》，并以三种形式抓好党员及中层干部的学习。

第一，个人自学。紧密联系实际，认真自学党的十七大精神，学习《毛泽东邓小平江泽民论科学发展》、《科学发展观学习读本》和《科学发展观重要论述摘编》，学习胡锦涛等中央领导同志一系列重要讲话精神。副处级以上党员干部还学习了《深入学习实践科学发展观活动领导干部学习文件选编》，在通读有关材料的基础上，对重点篇目进行精读。要求每名党员读书笔记不少于2万字。在学习讨论结束后，每名党员提交一份不少于2000字的心得体会；副处以上党员干部撰写的心得体会要从“七个见成效”方面提出具体工作建议。

第二，集中封闭学习。10月23日，中检所组织副处以上干部进行集中学习。学习了《胡锦涛同志在全党深入学习实践科学发展观活动动员大会暨省部级主要领导干部专题研讨班上的讲话》、邵明立局长关于科学监管理念的讲话、邵明立局长关于进一步加强食品药品监管工作的讲话、邵明立同志在局党组理论学习中心组学习实践科学发展观活动集体（扩大）学习时的讲话（摘编）等文件及《科学发展观学习读本》。其间，召开党委委员学习会议，李云龙同志对党委委员参加学习实践活动学习讨论提出了要求。10

月 29 日，对因工作原因没能参加学习的中层干部专门组织了补课，保证了学习效果。11 月 13 日，组织副处以上干部第二次集中学习，还邀请了中国军事医学科学院秦伯益院士作了题为《坚持科学发展观，努力创新》的专题辅导报告，使大家对科学发展观有了更加深刻的认识，对进一步实现科技创新有了更为正确的理解和把握，增强了贯彻落实科学发展观的自觉性和坚定性。

第三，支部组织学习。在自学的基础上，以支部为单位，组织集中学习和讨论。中检所各支部按照中检所学习实践活动工作方案，认真组织党员开展深入学习实践科学发展观的集中学习。认真学习李云龙同志在动员大会上的讲话、开展学习实践活动的工作方案等文件。结合工作实际，就“七个见成效”等问题提出具体措施，开展学习讨论。

（五）组织主题实践活动，创新学习载体。10 月 17 日下午，在开展深入学习实践科学发展观活动伊始，所党委组织全所 100 余名党员前往军事博物馆参观了“万众一心、众志成城—抗震救灾主题展览”。党员们纷纷表示，抗震救灾主题展览为自己上了一堂生动而深刻的爱国主义的教育课。作为一名党员，要学习抗震救灾模范，将抗震救灾伟大精神转化为做好本职工作的动力，自觉投入到药品检验检测具体工作中，结合中检所深入学习实践科学发展观活动，为确保人民群众用药安全有效做出不懈的努力。

（六）明确主题，开展调研。按照中检所学习实践科学发展观活动工作方案安排，中检所领导班子围绕“践行科学监管理念，适应食品药品监管需要，确保检验质量和安全，树立中国药检新形象”的主题，结合各自分管工作，成立了五个调研组，确定了重点调研题目，制定调研方案，设计调查问卷和座谈访谈提纲，分别开展调研，广泛听取意见建议。具体分组调研情况如下：

李云龙、刘桂芬负责药检体制改革调研，金少鸿调研的内容是加强科学监管，保证药品质量安全，预防和应对高风险药品的药害事件；王军志负责生物制品质量控制工作方面的调研；丁丽霞调研药检文化建设方面的内容；张永华的调研题目为贯彻落实科学发展观，对仪器设备配置进行的一些思考。

调研结束后，已总结完成了领导班子调研报告，并上报局学习实践活动领导小组办公室。

（七）多途径征求意见，找准问题。在认真总结调研成果的基础上，为了切实找准问题，为分析检查阶段及整改落实阶段工作奠定坚实基础，中检所先后组织召开了三次座谈会，分别代表检验专家、党外人士及离、退休干部等不同方面，参加人员约 30 多人，他们开诚布公、畅所欲言，围绕中检所的发展等问题提出了许多积极的意见和建议。

中检所还针对不同的对象精心设计了不同的征求意见表，共发放征求意见表 494 份，涉及局机关各司室、局系统相关直属单位、省、市、县各级药检所等，80% 得到反馈，同时在外网设征求意见箱征求意见建议。

另外，在处以上干部集中讨论、支部讨论、所长专题讨论等过程也提出了许多的意见和建议。

截止 11 月 28 日为止，以上多种途径共征求到 789 条意见和建议，经多次梳理，现归纳总结为 52 条意见和建议。

（八）解放思想，深入讨论。在学习培训及深入调研的基础上，中检所认真组织了解放思想讨论，主要以以下四种形式进行讨论。

第一，支部分头组织讨论。各支部在深入学习的基础上，组织党员围绕检验检测工作实际开展讨论

第二，集中封闭讨论。11 月 13 日，组织副处以上干部集中封闭讨论，讨论内容主要围绕以下八个方面开展解放思想大讨论：一是在把握践行科学监管理念方面；二是在确保检验质量和安

全方面；三是在优势学科建设方面；四是在管理服务于检验方面；五是在科研提升水平方面；六是在厉行节约、建设节约型中检所方面；七是在加强党组织及班子思想作风建设方面；八是在国际合作交流方面。讨论会上，大家积极谏言献策，联系中检所检验工作实际，对中检所存在的问题以及如何更好地科学发展进行了充分讨论，从而做到了学习讨论与解放思想、查摆问题相结合。

第三，所领导专题讨论。为了使学习实践科学发展观活动落到实处，所领导把学习科学发展观与研究具体工作结合起来，开展专题讨论。如李云龙同志分别召开了收检办工作人员专题讨论、党办、纪检、保卫、老干部工作专题讨论、标准物质体系建设专题讨论、实验动物管理体系专题讨论、人才培养及人员培训专题讨论、科研工作专题讨论；丁丽霞同志召开了完善中检所质量手册专题讨论；张永华同志召开了仪器设备专题讨论等，从而实现了科学发展观深入讨论与改进当前工作相结合。

第四，党委委员深入支部学习讨论与党委会集中学习讨论相结合。党委委员一方面做为普通党员深入参加各支部学习讨论，另一方面还参加党委会的集中学习讨论，从而做到所党委能够及时深入基层，倾听大家的意见和建议，真正做到将活动落实到实处，贯彻到基层。在解放思想大讨论党委（扩大）会上，国家局学习实践活动第三指导组钟秀明、熊燕同志参加了讨论，并对中检所学习实践活动下一段的工作提出了具体要求。

二、高度重视，加强领导，扎实做好分析检查阶段各项工作

根据局学习实践科学发展观活动领导小组安排，从今天开始，中检所学习实践科学发展观活动将正式转入第二阶段，即分析检查阶段，下面，结合中检所实际情况再做一些具体要求：

根据《国家食品药品监督管理局直属机关基层党建工作考核评估办法》及中国药品生物制品检定所《民主评议党员制度》，各支部每两年搞一次民主评议党员活动，上一次民主评议是在2006年底搞的，今年年底前各支部要结合科学发展观学习，召开一次党员民主生活会，开展民主评议党员活动，具体评议细则会后党会会发具体通知到各支部。

各党支部要高度重视此项工作，支部书记要亲自把关，将其纳入年底支部的重要工作来抓。要发扬党内民主，引导党员自我总结、自我教育、自我评议，要坚持正面教育，客观公正地评价每一个党员，严肃认真地开展批评与自我批评，要结合科学发展观的学习，认真查找、解决突出问题，力求取得实效。

另外，按照《中检所关于深入学习实践科学发展观活动工作方案》要求，在12月5日请各支部负责检查审阅党员的学习调研阶段读书笔记及心得体会，副处以上党员中层干部的学习体会由支部统一交党办后，由党办转分管所领导审阅，所领导班子学习体会由党办统一交局学习实践领导小组审阅。（2008年12月1日）

领导班子专题民主生活会

按照国家局《关于开好以“学习实践科学发展观”为主题的党员领导班子专题民主生活会的通知》精神，2008年12月19日，中检所召开领导班子专题民主生活会。国家局直属机关党委常务副书记张耀华、人事教育司考核任免处处长段慧萍到会指导。中检所领导班子全体成员参加会议。

为开好这次专题民主生活会，中检所确定了以“践行科学监管理念，适应食品药品监管需要，确保检验质量和安全，树立中国药检新形象”为民主生活会的主题。各位领导班子成员在深入学习科学发展观、进一步统一思想认识的基础上，结合第一阶段调查研究、广泛征求的意见，更加深入地征求了干部、职工的意见，在会

前进行了谈心活动，并认真撰写了书面发言材料。

结合中检所学习实践活动，领导班子成员围绕民主生活会的主题，联系思想和工作实际，结合征求到的意见和建议，深入查找了问题和不足，对存在的问题分析思想根源，认真地进行了自我剖析、批评与自我批评，并提出了整改措施。

国家局直属机关党委常务副书记张耀华指出，中检所开展的学习实践活动主线清楚，实践性强。领导班子要认真完成分析检查报告，同时进一步解放思想，做好学习实践活动各项工作。

2008年北京奥运会期间相关工作

成立实验室生物安全管理和生物恐怖防范工作领导小组

为确保“平安奥运”目标的实现，所领导班子召开专题会议，对全所生物安全与生物恐怖防范工作提出总体要求，成立了由李云龙所长任组长，主管所领导王军志副所长、丁丽霞副书记任副组长的实验室生物安全管理和生物恐怖防范工作领导工作小组，加强奥运期间对实验室生物安全管理和生物恐怖防范工作的统筹协调，认真研究每一阶段部署，有效地加以指导、推进和督查。

奥运期间实验室生物安全管理和生物恐怖防范工作领导小组工作会议

2008年3月27日，中检所召开由相关主管处室负责人及病原微生物实验室全体人员参加的奥运期间实验室生物安全管理和生物恐怖防范工作领导小组工作动员大会。李云龙所长作动员讲话，从加强领导、高度重视、提高认识、明确责任四个方面进行了深入动员。会上传达了北京市奥运期间病原微生物实验室生物安全管理和生物恐怖防范工作的相关文件，王军志副所长就贯彻落实“奥运期间北京市病原微生物实验室生物安全管理和生物恐怖防范工作暂行规定及实施方案”提出了具体的工作要求。

同日，召开奥运期间实验室生物安全管理和生物恐怖防范工作领导小组工作会议，王军志副所长部署了近期贯彻实施“暂行规定及实施方案”的工作安排，并结合中检所的实际情况，研究讨论了贯彻实施暂行规定及实施方案的具体问题，明确要求，要在中检所现有各项管理制度与措施基础上，制定并组织实施奥运期间的特殊管理规定。

编制奥运安全实施方案应急预案

为确保平安奥运目标的实现，中检所制定了《奥运期间生物安全管理及生物恐怖防范工作实施方案》和《奥运期间药源性兴奋剂突发事件应急检验预案》。为进一步提升应对突发事件的能力，中检所有针对性地进行了演练，对突发事件的应急处理提供了有益的经验。对涉及的病原微生物菌（毒）种和样本等感染性材料的性质、数量、保存地点等进行全面清查，层层签订责任书。同时组织所内人员对试剂库、放射药品库、菌种库、SARS库、重点二级生物安全实验室及所监控室安排了24小时值守，任务落实到每个责任人。

全面加强奥运期间所内外安全保障工作

以平安奥运为契机，中检所重点解决了防盗设施、监控设施、报警设施、温度报警装置以及消毒设施、废弃物处理设施的配备与改造，完善了所内外的技防、物防措施。对所内、动物繁育场、安评中心以及家属宿舍区的监控设施进行了改造，对所内多个生物安全实验室加装了视频监控探头；对重点实验室、重点部位安装了红外报警系统；对放射源库和剧毒试剂库进行了防盗、监控改造；实施“关键制冷冰箱/冷库的温度监控项目”，建立多个冷库、冰箱监控点。利用现代化的手段，为奥运期间安全工作提供了有效的监控，全面提升了技术防范能力。

为进一步加大消防力度。维修、新购了各类灭火器具，并对所内全部室内、室外的固定消防栓进行了保养和维护。先后与国家局、崇文消防支队签订了《消防安全责任书》，并与全所职工签定了640余份《防火安全责任书》。

由于加强了病原微生物实验室生物安全管理和生物恐怖防范工作，经北京市卫生局实验室生物安全管理及生物恐怖防范工作专项督查小组的历次检查，均认为中检所对生物安全工作高度重视，各项规章制度完善，人防技防措施到位。

参加奥运医疗器械质量检验协作工作

2008年3月25日，在国家局的领导下，中检所与另外9个国家级医疗器械检验中心共同签署了“北京2008奥运会和残奥会医疗器械质量检验安全运行协作备忘录”，成立了医疗器械协作工作小组，建立了相应的应急机制，圆满完成了北京2008奥运会和残奥会医疗器械质量安全保障任务，收到“奥运医疗器械协作组办公室”的感谢信，得到协作组的好评。

选送奥运会兴奋剂检测志愿者

为了保障北京奥运会顺利举办，中检所选送了5名2008北京奥运会兴奋剂检测志愿者，经过3轮培训和考核，获得了上岗资格。7月21日~8月26日期间参加了奥运会兴奋剂检测中心利尿组和麻醉剂组的工作，完成奥运会赛前及赛期2716例样品的检测，达到零失误率。

完成储备产品检验，为北京奥运会提供支持

为保障2008年北京奥运会顺利举办，奥运开幕前，中检所分别受理了北京、青岛药监局为奥运储备的破伤风抗毒素、类毒素、破免血清、人免疫球蛋白及疫苗，以最短时限完成以上储备产品的检验，及时发出检验报告；同时，完成了授权药检所委托的人凝血因子Ⅷ储备产品的部分项目检验。另外，按照北京奥组委的要求，根据生物安全防控的需要，及时调整涉及生物安全的特异性人免疫球蛋白检验项目，确保了奥运期间产品及时上市。

奥运工作先进集体及先进个人

2008年，中检所积极投入到奥运工作中，为奥运做出了应有的贡献，获得了集体和个人的多项表彰。在北京市奥运应急无偿献血志愿者队伍建设工作中成绩显著，受到北京市公民献血委员会表彰。保卫处荣获北京市公安局颁发的“2008年度暨奥运安保集体嘉奖”，左宁同志被第29届奥林匹克运动会组织委员会、北京奥运会志愿者工作协调小组授予“北京奥运会、残奥会志愿者先进个人”称号。王恒同志荣获北京市崇文区委天坛街道工作委员会“天坛地区驻街单位的奥运志愿者先进个人”。刘宁同志荣获北京市崇文区交通安全委员会办公室“北京奥运会（残奥会）交通安全先进个人”。

抗震救灾工作

概　况

2008年5月12日汶川特大地震以来，中检所在国家局党组和局抗震救灾工作领导小组的领导下，积极投入到抗震救灾的工作之中，发挥重要的技术支撑作用，做好药品检验检测工作。

地震发生之后，中检所启动一级应急响应，多次召开会议研究部署抗震救灾工作。5月13日、5月20日向7个批签发授权所发出两个“紧急通知”，要求在保障制品质量的前提下加快批签发工作。同时要求各业务科室加快检验工作。

5月21日，派出3个工作组分赴武汉、浙江、兰州、上海等地，对灾区急需药品的生产企业进行同步检验指导。5月24~25日，由中检所药品检验、生物制品检验及医疗器械检验等领域的5位专家组成的国家局四川抗震救灾药品检验专家组及药品快检技术工作组赶赴灾区，为抗震救灾药品检验工作提供技术支援。四川省食品药品检验所专门写来感谢信，对中检所的援助表示感谢。

中检所在抗震救灾工作中全力以赴，为确保灾区药品、医疗器械安全做出了应有的贡献，获得了多项集体和个人表彰。

动员部署抗震救灾工作

四川汶川地震发生后，5月13日、5月21日，中检所召开党委会议、所长办公会议，动员部署抗震救灾工作。李云龙所长指出：第一，明确中检所抗震救灾指导思想是：尽责任、献爱心、做贡献。第二，明确抗震救灾工作的要求是：质量第一、特事特办、绿色通行。要求相关部门，凡是救灾需要的标准物质和相关药品检验，在保证质量的前提下，一律特事特办、优先处理、绿色通行。第三，要求全所，尤其是与抗震救灾密切相关的业务处室，要认真研究落实中检所“应急工作方案”，涉及到的人员和设备必须就位待命，确保能随时支援抗灾药品相关工作的需要。第四，要求生检处着力督促各生物制品检验授权所落实灾区急需生物制品同步检验工作，相关授权所必须派出得力人手深入企业，加快批签发工作。同时，要求各授权所将派入企业的人员姓名、同步检验批次、数量等情况随时上报中检所，由中检所汇总后及时上报国家食品药品监督管理局应急办。第五，采取措施保障与灾区联系畅通。要求相关部门密切关注四川、甘肃、陕西、云南等所有灾区情况，与灾区药检所保持信息畅通。党办、工会要全面掌握本所职工包括临时工受灾情况，做好抚慰工作。第六，由党办负责按国家局直属机关党委文件要求，做好党员缴纳赈灾“特殊党费”的组织工作。第七，按照国家局要求，中检所各种会议一律推迟。副处级以上干部外出请假从严掌握。第八，全力做好安全稳定工作。保卫处要加强抗震救灾期间值班巡逻，各负责人必须保持24小时可联络，确保全所安全。同时，通过各种渠道加强宣传，引导职工情系灾区、坚守岗位，维护稳定大局。第九，继续与国家局保持紧密联系。所办负责将本所抗震救灾工作及时上报国家食品药品监督管理局应急办，并抄送局新闻办。6月6日，召开由全所各部门负责人参加的所务会议，传达邵局长5月28日、5月29日讲话精神，统一思想，再次部署抗震救灾工作。

特殊党费、团费献爱心

四川汶川特大地震发生后，中检所高度重视，迅速落实，立即通知各部门精心组织职工开展向地震灾区“送温暖、献爱心”活动，为受灾群众捐款。所领导率先垂范，带头捐款，发挥了表率作用；各部门迅速动员部署，职工积极响应，全所共捐款13.7万元。

2008年5月23日，中检所举行“情系灾区特殊党费”交纳仪式。所领导带头，党员们纷纷走到“特殊党费交纳箱”前，将自愿交纳的“特殊党费”投入交纳箱。一些因工作原因不能到现场的职工委托其他人员代交了“特殊党费”，许多年迈的离退休老同志也来到现场，奉献对灾区人民的一片爱心。所团委也积极开展了交纳“特殊团费”活动。团员青年纷纷交纳“特殊团费”，特别是一些青年党员在交纳“特殊党费”的同时，又主动交纳了“特殊团费”。全所党员、团员交纳“特殊党费”、“特殊团费”27.7万元，两次捐款共计41.4万元。

药品检验专家组和药品快检技术工作组支援地震灾区

根据2008年5月23日国家局抗震救灾工作

领导小组会议的部署，国家局四川抗震救灾药品检验专家组及药品快检技术工作组分别于5月24日和5月25日赴四川，为抗震救灾药品检验工作提供技术支援。工作组由国家局中检所的药品检验、生物制品检验及医疗器械检验等领域的5位专家组成，中检所党委副书记丁丽霞带队。

为提高灾区药品快检能力，使药品尽快用于抢救治疗，中检所出资配置药品快检车升级组件，并派出技术人员携带组件前往灾区升级灾区快检车。

李云龙了解灾区急需生物制品批签发工作情况

2008年5月22日，所党委书记、所长李云龙看望慰问了血清室、病毒三室、血液制品室等检验科室的工作人员，了解灾区急需的生物制品检验情况。李云龙所长认真听取了科室实验人员的介绍，了解目前灾区急需的疫苗类制品和血液制品批签发实验情况。李云龙指出，抗震救灾工作已经进行到一个关键时期，要在保证质量的前提下加快生物制品批签发工作。保障灾区群众及时、安全用药的任务非常艰巨，必须继续发扬特别能吃苦、特别能战斗的精神，努力做好相关生物制品的批签发工作。李云龙勉励工作人员继续战斗，为夺取抗震救灾工作的最后胜利做出新的贡献。

李云龙赴四川灾区慰问药检系统干部职工指导工作

2008年6月23～24日，党委书记、所长李云龙所长一行赴四川地震灾区，看望慰问药检系统干部职工，并深入绵阳灾区药检所指导灾后重建工作。

6月23日，李云龙所长一行来到四川省食品药品检验所，亲切慰问全所干部职工并到实验室查看设备受损情况，指导检验工作，听取四川省所所长王野关于抗震救灾工作的汇报。李云龙所长充分肯定了省所干部职工在应急抢险工作中所表现出的良好的精神风貌和顽强的工作作风，认为该所取得了突出成绩，为全系统做出了表率，并代表中检所对四川省所在抗震救灾关键时刻的优异表现表示衷心的感谢，并就下一步工作提出了希望和要求。

6月24日，李云龙所长一行赴灾区一线，到绵阳药检所查看灾情。该所实验大楼损毁严重，经鉴定为危房须限期拆除。但大家仍以饱满的工作热情坚守岗位，在租借的临时办公场所恢复正常检验。李云龙所长向绵阳所干部职工表示亲切慰问，并向绵阳药监局局长王涛和药检所所长何兴富仔细询问恢复重建中遇到的困难，勉励大家认真做好本职工作，搞好灾后重建规划，中检所也将提供必要的帮助。随后，李云龙所长一行在省局苏海红局长和王野所长的陪同下，专程到成都市药检所，看望慰问了正在工作的干部和职工。

抗震救灾先进集体及先进个人

在抗震救灾工作中，中检所涌现出一批优秀的集体和个人，并获得了多项表彰。

中检所被卫生部、国家食品药品监督管理局、国家中医药管理局、总后勤部卫生部联合授予“抗震救灾医药卫生先进集体”称号。化学药品室荣获“中央国家机关抗震救灾先进青年集体”称号。

丁丽霞同志荣获中共中央、国务院、中央军委授予的“全国抗震救灾模范”称号，全国妇联授予的“全国三八红旗手”称号。丁丽霞、周勇、马仕洪、邹文博四位同志荣获卫生部、国家食品药品监督管理局、国家中医药管理局、总后勤部卫生部联合授予的“抗震救灾医药卫生先进个人”称号。黄志禄同志荣获中国农工民主党中央委员会授予的“抗震救灾优秀党员”荣誉称号。

南方冰雪灾害的应急反应

概　况

2008年初，我国南方大部分省市大面积遭受冰雪灾害，公共场所人员拥挤，密集，为了防止春季传染病的发生，保证疫苗预防类制品的有效供应，中检所领导高度重视，紧急启动生物制品快速反应系统，并发文至国家局授权承担批签发工作的药品检验所要求在确保质量的前提下，加快批签发工作，为生物制品的及时上市提供保障。

发展规划

《发展规划纲要》(2008年~2015年)发布实施

为了树立和实践科学监管理念，加强中检所能力建设，充分发挥中检所在我国食品药品监管工作中的技术支撑作用，确保人民群众饮食用药安全，根据检验检测事业发展的要求，新一届所领导班子着手制订《发展规划纲要》(2008年~2015年)。

2008年3月17日，《发展规划纲要》(2008年~2015年)发布实施。《发展规划纲要》明确了中检所今后8年发展的总体目标，确立了2010年、2015年两个阶段性发展目标。

《发展规划纲要》明确提出，经过3~8年的努力，完成基础设施建设项目，实现建设检验资源配置合理，检验检测运行体系完善，药品监督抽验机制科学，队伍素质全面提高，“设施一流、功能完备、管理科学、与国际检验检测先进水平接轨”的中检所，力争达到“国际一流、国内领先”的目标。同时，构建世界领先的技术平台，建立完善的药品检验检测体系、生物制品检验检测体系、医疗器械检验检测体系、标准物质管理体系、实验动物管理、相应技术支撑体系以及药品安全评价管理体系。为确保落实各项任务，《发展规划纲要》提出了相关保障措施：加强人才队伍建设，为发展规划目标的实现提供人才保障；加强科技管理工作，为检验技术创新提供保障；加快信息化建设步伐，努力构建“数字药检”；加强质量保证体系建设，确保检验质量和安全；加强基础设施建设，为实现发展规划目标提供条件保障；加强国际合作与交流，为赶超世界先进创造条件。

中检所《发展规划纲要》(2008年~2015年)

为全面贯彻落实科学发展观，构建社会主义和谐社会，以科学监管理念为指导，不断加强中国药品生物制品检定所（简称中检所）检验检测能力建设，充分发挥其在我国药品监管中的职能作用，确保人民群众用药安全有效，依据《中华人民共和国药品管理法》及实施条例、《医疗器械监督管理条例》和《国家食品药品安全“十一五”规划》的有关规定和要求，制定2008年~2015年中检所发展规划纲要。

一、指导思想与基本原则

（一）指导思想

以邓小平理论和“三个代表”重要思想为指导，认真落实科学发展观，树立和实践科学监管理念，全面履行法定检验检定职能，服务于全国食品药品监管工作的大局。以检验检测能力建设为核心，以推进自主创新为灵魂，以加强规范管理为基础，以科学研究和教育培训为依托，实施“人才兴检”战略，全面加强基础设施建设，完善技术标准体系，提高检验检测技术水平，规范技术监督行为，不断推进制度创新、技术创新和管理创新。在确保药品、医疗器械安全有效、质量可控，促进我国医药产业又好又快发展中，更好地发挥技术支撑、技术保障和技术服务作用，为构建社会主义和谐社会做出新贡献。

（二）基本原则

1. 坚持服务监管的原则

必须始终把保证公众用药安全有效、质量可控作为一切工作的出发点和落脚点。紧紧围绕药品、医疗器械监督管理的大局，以“科学、改革、创新”的精神，为监管提供强有力技术支撑、技术保障和技术　服务。

2. 坚持科学检验的原则

必须始终坚持“科学、独立、公正、权威”的质量方针。加强质量保证体系建设，确保检验数据和检验结论的科学性、准确性、公正性和权威性，确保检验报告和标准物质的公信力。

3. 坚持赶超先进的原则

必须始终坚持通过检验检测实践和技术研究，瞄准国际先进技术水平，促使自身能力和水平的提升。加强国际交流与合作，积极参与国际实验室间的能力验证与比对，用国际先进实验室的标准来评价检验工作的质量，创建“国际一流、国内领先”的实验室。

4. 坚持人才为本的原则

必须始终把培养和引进人才、强化学科建设作为发展的关键，鼓励创新，在制度、机制、政策和管理等方面创造稳定宽松的人才成长环境。充分调动广大职工干事创业的积极性，造就一支高水平的检验技术队伍和高素质的管理队伍。

5. 坚持统筹兼顾的原则

必须始终坚持全国一盘棋的思想。全面加强全国药检系统的整体功能建设，通过在技术、科研、教育培训和管理等方面的有组织、有计划、有实效的业务协作和交流，提升全系统检验检测能力和水平，合力打造“中国药检”的新形象。

二、发展目标

（一）总体目标

经过3～8年的努力，完成基础设施建设项目，实现检验资源配置合理，检验检测运行体系完善，药品监督抽验机制科学，队伍素质全面提高，“设施一流、功能完备、管理科学、与国际检验检测先进水平接轨”的中检所，力争达到“国际一流、国内领先”。

（二）2010年发展目标

——现行的《中国药典》和其他国家药品标准规定项目的全项检验能力达到100%；

——药品评价抽验品种累计达到国家基本用药目录品种的50%；

——进口药品检验能力达到95%以上；

——进口生物制品检验能力达到95%以上；

——材料类医疗器械检验能力达到85%以上，光机电类器械通用电气安全检测能力达到80%以上，归口管理的体外诊断试剂产品检验能力达到90%以上；

——药品包装材料和药用辅料检验能力达到国家标准规定项目的85%以上；

——保健食品检验能力达到常规检验项目的95%以上；

——建立起比较完善的药品、医疗器械应急检验体系；

——《中国药典》2010版收载品种所涉及的标准物质的提供率达到100%；

——检验检测设备基本满足国家药品标准所载项目的检验检测需要，其中大型尖端仪器设备基本满足相关科学研究需要；

——检验检测业务网络化率达到90%以上，行政管理网络化达到80%以上；

——档案、图书等资源网络化检索率达到80%以上，实现省以上药检所网络联通，基本建立全国药检系统信息化整合与推进机制；

——力争培养出1～3名在国际上有影响的学科带头人，15～20名在国内有影响的学科带头人；

——力争获得国家级科学技术奖1～2项，省部级科学技术奖3～5项。

（三）2015年发展目标

——药品、生物制品实验室检验能力达到国际同类先进实验室水平；

——药品评价抽验品种累计达到国家基本用药目录品种的80%；

——材料类医疗器械检验能力达到100%，通用电气安全项目检验能力达到100%，小型光机电类器械检测能力达到60%以上；进口医疗器械检验能力达到80%以上；

——体外诊断试剂产品检验能力达到100%；

——保健食品检验能力达到100%；

——药品包装材料和药用辅料检验能力达95%以上；进口药品包装材料和药用辅料检验能力达到90%以上；

——《中国药典》2015版收载品种所涉及的标准物质的提供率到达100%；

——建设国际一流的中药标本馆；

——建立起比较完善的国内药品监管所需的检验方法数据库，检验方法和检验技术达到国际先进水平；

——仪器设备完全满足检验检测工作需要，其中核磁共振等大型尖端仪器设备完全满足课题研究的需要，并达到国际一流水平；

——检验检测业务网络化达到100%，实现全国省以上药检所在统一的技术平台上互联及信息资源共享；

——行政管理办公网络化达到95%以上，档案、图书等资源共享率达到95%以上；

——力争培养出1~2名院士、培养出3~5名在国际有影响的学科带头人，20~25名在国内有影响的学科带头人；

——力争获得国家级科学技术奖3~5项，省部级科学技术奖5~10项。

三、主要任务

（一）完善药品检验检测体系

1. 建立和完善药品、保健食品质量标准和检测技术平台，全面提高药品检验检测能力。

（1）开展药品检验检测领域，特别是与各种新剂型、新药质量标准有关的新方法、新技术的研究。加强蛋白质、核苷酸、多糖类、酶类、脂类等类药品的分析检验方法的研究。开展常用麻醉药品、放射药品等特殊药品的安全控制检验技术研究，满足创新药物和特殊药物的质量控制要求。

（2）重点完善注射剂安全检测技术体系，对高风险注射剂的安全性影响因素及安全指标进行研究，改进并修订注射剂的安全控制标准、安全性检查方法、有害残留物检测方法、有关物质检测方法、制剂配方中非活性成分的鉴别、含量测定方法和生物学活性测定方法。为从根源上降低注射剂的临床使用风险提供技术依据。

（3）完善药用辅料和直接接触药品的包装材料和容器的国家标准体系。开展药用新辅料临床前安全性评价及药品与包装材料的相容性安全研究。

（4）进一步加强对保健食品检验检测相关方法的研究，提高对保健食品安全性、有效性的评价水平。

2. 开展中药标准化示范研究，提高中药质量控制技术水平。

（1）开展中药相关质量控制的关键性技术研究，建立完善有关安全控制指标的检测方法，特别是外源性、内源性有害残留物的检测方法，加强对中药注射剂中涉及安全性等质量控制项目的检测方法研究，完善中药质量控制的技术手段。

（2）积极参加中药质量研究相关技术指导原则的制订和完善。紧密围绕饮片炮制标准、中药对照物质制备与标定、中药检测技术与应用、中药分析方法学验证、中药材（尤其是濒危、珍稀、毒性品种）使用及替代、中药稳定性试验研究、中药命名等指导原则以及中药和天然药物质量标准国际协调原则等各项标准和原则的制订与完善，积极开展相应的技术研究，为中药标准化提供技术准则。

（3）参照上述指导原则，积极参加常用民族药质量标准的起草、建立和完善。重点围绕中药材种质标准、中药材标准、中药饮片标准和中成药标准的制订与完善，开展标准化示范研究，促进中药走向世界。

3. 加强药品快速检验技术研究，提高应急检验能力。

（1）开展药品快速检验技术研究，如微生物相似性快速分析法、体外热原检测法、液相色谱快检法、近红外化学成像技术、拉曼光谱技术等，为拓宽快速检验方法的应用范围进行技术储备。

（2）积极普及推广新技术、新方法在药品（包括生物制品）快检工作中的应用，建立相应的应用平台。特别是积极推进液相色谱技术在药品快检中的应用，使其覆盖面达到国家基本药物中适于使用液相色谱方法品种的80%。开展实验室确证技术研究，特别是液相色谱－质谱联用数据库和气相色谱－质谱联用数据库，完善药品快检技术平台。进一步增强快检技术平台对伪、劣药品的检出能力。

（3）更新、完善已有药品（包括生物制品）快检方法，加强对已有方法的培训，以国家基本药物目录收载药品为目标，积极扩大现有数据平台，如近红外数据库等的覆盖面，力争达到国家基本药物目录的95%。

（4）搭建、完善多个检测平台，完善、更新、新建相应数据平台，加强药品突发性群体不良事件应急能力建设，重点提高应急检验检测能力。

——建立国家药品标准中具有确定化学结构的药品的质谱数据库，覆盖面达到100%，实现数据库的全国药检系统共享。

——建立中药和保健食品中农药残留、黄曲霉素及微量元素的检测平台。采用液相色谱－质谱、气相色谱－质谱、X－荧光及电感偶合等离子质谱等现代分析技术，建立相应的数据库。

——完善中药、保健食品中非法添加化学药品的检测平台，完善液相色谱－质谱联用数据库。建立曾经或可能出现社会危害的有害物质检测平台。

——建立药品包装材料、药用辅料、保健食品添加剂中的阴、阳离子的检测平台，同时建立发色剂、防腐剂、抗氧化剂的检测平台。

（二）完善生物制品检验检测体系

4. 发展生物制品检验优势学科，促进生物制品质量标准提高。

以国际标准为基点，以国际先进检验技术为目标，集中在疫苗、血液制品、重组生物技术产品等制品的质量标准、检验方法及标准物质标定等方面的技术优势，开展相关制品的质量标准研究，使建立的质量标准与国际先进水平一致。通过质量标准研究成果促进我国传统生物制品的更新换代以及检验方法的提高。

5. 完善生物制品检验技术平台，提高质量控制技术能力。

（1）建立和完善疫苗（重点是新发和重大传染病疫苗，真菌、原虫及各类过敏源疫苗）质量控制平台，加强疫苗诱导机体应答的机制和免疫效果研究、体外生物学活性检测方法、细菌和病毒感染动物模型及细胞免疫和体液免疫功能评价等技术研究。

（2）建立和完善血液制品、重组生物技术产品等制品质量控制平台。加强蛋白质结构分析技术、血液制品核酸测定技术等生物制品质量控制新技术研究。

（3）建立和完善生物制品原辅料质量控制及安全性评价技术平台，开展主要原辅料检验方法、质量标准以及安全性评价研究；开展以细胞基质和工程菌制备的生物制品残留蛋白及核酸新检测技术研究。

6. 建立和完善医学菌（毒）种、细胞库，为生物制品质量控制提供资源支撑。

（1）完善医学细菌保藏管理中心收集、保藏和管理工作，建立以表型和分子生物学为主的分型方法，不断收集和保藏有价值的医学菌种，加强国家医学细菌保藏管理中心建设，为我国药品检验、医学研究、生产、临床检验和教学提供资源支持。

（2）建立和完善生产、检定用毒种、细胞株检测的技术平台，建立细菌、病毒和细胞三为一体资源保藏库、数据库和信息网络系统，做到资源历史清楚、溯源性强，与美国ATCC和英国NCTC管理接轨，建成国内最大、设备完备、品种齐全的资源保藏库。

（三）建全和完善医疗器械检验检测体系

7. 提高医疗器械检验检测技术指导能力。

组建国家医疗器械标准化委员会及其办事机构。通过医疗器械检测和管理能力的全面发展和提高，特别是在对各种医疗器械先进检验技术的提高和储备的基础上，组织起草全国统一的医疗器械检测作业指导书；组织开展全国医疗器械检验机构协调合作的检测新方法的科学研究工作。依托国家医疗器械标准化委员会，组织开展医疗器械标准研究起草和规范化工作。提高医疗器械检验检测技术在全国的指导作用。

8. 建全和完善医疗器械检验检测技术平台。

（1）完善生物学评价检测平台。通过进一步完善提高医疗器械生物安全性检测能力，特别是带药复合器械和组织工程等新产品的检测，建立适应医疗器械发展的生物学安全性评价新方法，达到国际先进水平。

（2）完善生物医用材料化学表征检测平台。按照国际发展趋势，重点提高医疗器械材料表征检测能力，在现有能力基础上，建立各种生物医用材料（高分子材料、生物衍生材料、金属材料、陶瓷材料、复合材料）及其制品的组成成分、残留物、有害物、材料降解产物的分析方法，实现与国际接轨。

（3）完善医疗器械产品物理性能检测平台。通过配备相应检测设备和提高人员检测能力，逐步强化对各种产品物理性能、使用性能、环境要求的检测能力，在高风险医疗器械机械性能、疲劳、磨损、耐久性以及老化等复杂性能检测方面达到国内领先水平。

（4）建立光机电检测平台。实现医疗器械电气安全性、电磁安全性的检测能力从无到有，逐步开展有源类器械的电气安全通用要求、专用要求、性能指标、电磁兼容性能、光学类器械性能检测，在有源类器械检验方面形成特色。

（5）建立体外诊断试剂检测平台。整合所内资源优势，到2010年，建立体外诊断试剂产品市场准入的技术检验体系。到2015年，掌握和储备免疫学、血液学、生物化学、分子生物学等体外诊断试剂质量检验的先进检测方法和检验技术。

（四）完善标准物质管理体系

9. 建立标准物质统一管理机构。

进一步加强和完善标准物质管理。组建标准物质管理机构。成立标准物质管理委员会和标准物质专业技术委员会。按照“完善机制、提高质量、保证供应”的总体要求，从制备、标定、审核、分装、分发到意见反馈的收集处理，对药品及医疗器械标准物质按类别实施系统统一管理。

10. 提高标准物质标定和管理能力和水平。

（1）完善国家药品标准物质库，提高药品标准物质的质量，保证国家药品标准中标准物质的供应，适应市场监督需求。扩大国家标准物质的覆盖范围，从效力、毒力等单项到主要控制项均能适用的国家标准物质。

（2）加强标准物质制备生产能力建设，尤其是加强医疗器械标准物质制备能力，到2010年，具备制备全部生物材料类医疗器械标准物质的能力；开展医用电气设备性能标准器、模拟器的研究和标准化工作；建立我国体外诊断试剂标准物质研究技术平台。到2015年，建立30种体外诊断试剂标准物质；建立能满足体外诊断试剂注册检验需要的体外诊断试剂标准物质；完善我国体外诊断试剂标准物质平台。

11. 加快与国际接轨的步伐。

（1）积极参与国际合作计划、国际标准物质协作标定。选取我国独有的标准物质，积极组织国际上有资质的实验室进行协作标化。

(2) 加强统计学科建设，提高标准物质研究的水平，争取与 WHO 生物标准物质的溯源和接轨。参与国际标准物质的质量标准和相关法律法规制定等有关活动。跟踪转化国际标准，组织研究制定国际上未有的产品标准，尤其是溯源性标准。

（五）完善实验动物管理和技术支撑体系

12. 建立实验动物统一管理机构。

成立实验动物质量管理机构，通过内部职能整合和资源优化配置，进一步加强实验动物生产、动物实验服务和动物质量检测工作，完善并落实制度保障措施，打造学科优势和技术优势，形成统一规划、合理分工和效能最大发挥的实验动物技术服务保障体系。

13. 完善实验动物资源和动物实验服务平台。

(1) 完善和落实三级保种体系、定期净化制度、定期质量检测制度和标准操作规范，保证实验动物质量，进一步加强实验动物资源平台建设，提升实验动物工作对药品检验工作的支撑服务能力和技术保障水平。

(2) 以“动物实验资源共享平台”为基础，进一步整合、优化动物实验技术资源，完善动物实验管理规范和操作技术，落实定期环境检测制度，逐步实行 GLP 管理，建立满足药品检验工作要求的动物实验服务平台。

(3) 根据药品检验的特点和需要，建立遗传工程动物研发平台，开展药品检验和安全性评价动物模型的研究。

(4) 开展实验动物和动物实验技术福利化研究，推进实验动物伦理审查制度的完善与落实，力争通过 AAALAC 认证，为药品检验工作的国际交流和认证提供保障。

14. 强化实验动物及相关产品质量检测技术平台。

(1) 根据国家标准和相关质量规范的要求，加强实验动物遗传学、微生物学、寄生虫学和生物学特性检测技术的标准化研究，提高实验动物质量检测能力和检测水平。

(2) 跟踪国际发展趋势，结合我国实验动物工作发展要求，开展实验动物质量检测新技术和新方法的研究。

(3) 根据国际有关标准和我国相关技术规范，开展动物源性生物技术药物病毒检测指导原则和相关技术研究。

15. 建成国家实验动物资源和质量检测技术的研究与指导中心。

(1) 通过国外引进、国内收集等不同方式，以及国内资源单位的有效整合，不断增加实验动物的品种（系），形成以国家啮齿类实验动物种子中心为核心的资源保存与供应网络，为国内用户提供标准化实验动物种子，提供相关技术服务和技术指导。

(2) 开展实验动物保种、育种和新品系培育的新技术和新方法研究。开展实验动物质量检测关键技术研究，在国家实验动物质量（微生物、遗传）检测中心的基础上，在我国实验动物质量检测体系建设和检测工作开展方面发挥技术指导作用。

（六）完善药品安全评价管理体系

16. 加强创新能力建设，重点开展新技术方法研究。

强化国家药品安全评价中心建设。组织技术力量，加强对药物安全评价技术领域发展快速的前沿技术的研究，开展免疫毒性技术、毒理基因组学、代谢组学、毒性生物标志物、体外早期毒性筛选等技术的研究，为将来完成从传统的药物安全评价技术体系向新技术新方法的转换打下基础，进一步提高在该学术领域的优势地位。

17. 强化学科优势，完善药物安全评价技术平台。

继续完善“十五”期间建立的药物安全评价技术体系，加强相对比较薄弱的毒代动力学、遗传和生殖毒性等技术领域的研究，确保安评中心成为国内技术水平一流、专业技术门类齐全，能够对化学药物、中药和生物技术药物等各类药物开展各类毒性实验的临床前安全性评价的技术平台，以满足国家药品监督检验中有关安全性的评价要求。在生物技术药物的安全评价领域，重点开展重组蛋白类、基因治疗类、单克隆抗体类、疫苗类生物技术药物的安全评价技术研究，强化已经形成的学科优势，培养一批技术专家，使之成为该技术领域的品牌学科。

18. 完善符合国际规范的GLP管理体系。

完善符合国际规范的GLP管理体系，强化技术人才的培养，保持国内领先。加强与发达国家的技术交流与合作，力争达到OECD或美国FDA的GLP认可，达到国际一流水平。

四、保障措施

（一）加强人才队伍建设，为发展规划目标的实现提供人才保障

1. 加强学科带头人队伍建设。

加强学科带头人梯队建设。引进国内外高级人才5～8名。选派技术骨干到国外先进实验室做访问学者、进修学习，开展技术研究，加大联合培养博士研究生的力度，力争设立博士后工作站。培育在国内外有影响的检验技术创新型和领军型人才。

2. 完善技能型和管理型人才训练。

强化对实验技术人员进行有关学科专门技术、仪器分析应用和实验室操作等业务技能培训和考核。开展技术比武、验证比对、报告评比和论文评选活动。每年选派20～30名检验人员到医药生产企业进行现场培训。培养和造就一大批高技能检验人才。有计划地选拔技术型干部进行行政和业务管理方面的培训和深造，努力打造一支政治可靠、业务过硬的行政管理、业务管理和党群管理的复合型人才队伍，为国家培养、输送管理干部。

3. 建立人才奖励机制。

优化人才成长环境。形成尊重知识、尊重劳动、尊重人才、尊重创造的良好氛围，为优秀人才脱颖而出创造条件。制定科研奖励办法，重奖有突出贡献的人员。设立“中检所终身贡献奖”，奖励在检验检测工作中做出突出贡献的人员；鼓励在社会兼职的本所专家发挥作用，形成良好社会影响；鼓励技术人员在国际相关机构和学术组织兼职，增强“中国药检”的国际影响。

（二）加强科技工作管理，为检验技术创新提供保障

4. 重视科学研究工作。

依靠科技提高检验检测能力和水平，形成“检验依托科研，科研提升检验”的运行机制。通过大力推进自主创新，抢占检验检测技术的制高点。加快与国际先进水平接轨的步伐。建立科技管理制度和科研奖励机制，完善科研经费管理办法。充分调动广大技术人员开展科研、勇于创新的积极性，力争获得一批高水平、有影响的科研成果。

5. 加大科技推进力度。

充分利用科技管理办公室的力量，制定科技发展规划。利用技术优势，整合全国相关资源，主动参与建立国家基本药物制度、国家创新药物等相关课题的攻关。规划和争取一批涉及药品安全性、质量研究与评价、技术和方法研究、药品监督抽验、快速筛查新方法、政策研究类等科技计划项目，争取在国家重大科技专项、支撑计划、科技基础条件平台等科技计划中立项。建立适应药品安全监管需求的科研课题库和检验检测不同领域的专家库，为药品、医疗器械检验检测能力的提高夯实技术基础。

6. 组织全系统联合攻关。

组织完成好“药品安全科技行动”等相关科技项目。不断提高全国检验系统的整体检验检测能力和水平。提高科研成果的转化率，重点加强安全性标准、检验检测技术、安全评价技术、打假技术、不良反应监测、再评价及预警等技术问

题的研究和应用，更好地适应行政监管的需要。

（三）加快信息化建设步伐，努力构建“数字药检”

7. 建立工作推进机制。

组建全国药检系统信息化建设技术委员会及其信息化工作组，建立全国药检系统信息化建设工作推进及整合机制，推动信息化工作的有效、快速开展。制定技术规范，加快互联互通，在国家局信息系统整体框架下，建立完整畅通的药检网络信息体系。建立覆盖国家、省、地（市）三级药品检验信息平台，集药品检验信息检索、药品检验资源、药品质量信息、药品研究信息和药品监督信息等多种信息系统为一体的网络系统。

8. 整合信息资源。

建立检验检测工作急需的药品等数据库和数据共享平台。建立数据信息综合分析系统。开发信息资源，与国际主要的国家和地区建立相关技术信息交流合作框架，并建立国际药品监管信息的跟踪机制。完善国际药品质量信息交流平台。建设具有药品检验工作特点的电子图书馆和电子档案馆。进一步加强网站建设。

9. 推进办公自动化进程。

加强所内网络中心、数据中心建设和软件研发，实现所内检验检测业务和行政管理办公的网络化；研发、推广并普及适合全国药检系统的集实验室管理、行政管理、数据共享于一体的全国药检系统综合管理信息化平台，进一步推进全国药检系统办公自动化。

（四）加强质量保证体系建设，切实提升检验检测水准

10. 更新质量管理观念，着眼于国际化发展趋势。

跟踪国际实验室合格评定规则和相关标准的发展，采用国际标准和准则，完善实验室质量保证体系。积极配合国家认证认可部门研究制定认可准则在药品检验领域的应用说明等技术文件，通过国际化实验室认可准则的应用，促进全系统实验室质量管理体系的不断完善与加强。

11. 强化质量意识，规范质量监督和管理。

着力培养支撑药检事业发展所需要的专家队伍，推广先进的质量管理理念，集中力量研究解决药品检验测量不确定度、仪器校准等质量管理中的关键问题，组织编制统一的管理文件和技术规范。进一步完善规范与引导、自律与监督的质量管理运行机制，不断提升适应检验技术发展和药品监管形势变化的技术监督检验能力。

（五）加强基础设施建设，为实现发展规划目标提供条件保障

12. 认真规划和实施迁建项目。

高质量的完成中检所迁建项目。按“国际一流，国内领先”的要求建设实验室相关设施，使各类实验室条件在现有基础上得到根本性的改善。填补因为受各种因素制约而无法建设的一些特殊实验室的空白和相关方面的能力空缺，并留有发展空间。

13. 加强仪器设备的配备。

加强和完善对仪器设备装备的组织管理工作，建立科学管理模式，及时装备、更新和淘汰仪器设备，实现实验室仪器设备资源的科学配置、合理和有效利用，从而满足检验检测和研究工作的实际需要，使实验室技术装备达到国际一流水平。

14. 拓展经费渠道，保障事业发展的经费需求。

（1）在国家食品药品监督管理局的指导下，建立与药检事业发展相适应的经费保障机制，认真做好项目预算，争取国家财政经费加大投入。严格执行国家有关规定，建立规范的经费使用管理制度，按照预算合理使用经费。

（2）抓住国家实施科教兴国战略增加科技投入的机遇期，把药品、医疗器械技术监督检验的技术研究和国家鼓励技术创新的科技战略结合起来，争取更多的科研经费支持。

（3）做好技术服务和技术开发工作，充分发

挥技术优势，利用北京市技术市场的优惠政策，开拓发展空间，增加收入，提高职工待遇和职工福利，促进中检所的全面协调发展。

15. 完善后勤保障服务体系，稳步推进后勤服务社会化。

（1）紧紧围绕全所的中心工作，以服务检验和服务职工为宗旨，不断优化后勤管理运行机制，积极探索后勤管理、后勤保障和后勤服务的新模式、新机制。

（2）深化后勤服务社会化改革。不断提高管理水平、保障能力和服务质量，建立优质、高效的后勤服务体系；加强后勤保障服务队伍建设。

（六）加强基础管理，促进药检文化建设

16. 加强制度建设，推进各项工作的顺利开展。

（1）深化人事制度改革，建立健全岗位设置和管理制度，明确岗位名称、职责任务、工作标准和任职条件，坚持按需设岗、竞聘上岗、按岗聘用、合同管理，实现人事管理的科学化、规范化和制度化。

（2）建立责任分解、责任考核和责任追究等环节的工作责任制和责任追究制。定期分析和研究规划落实中存在的突出问题。

（3）建立健全各项规章制度，明确工作程序，健全各类激励机制，调整和优化分配制度，赏罚分明，充分调动广大职工的积极性和创造性。

17. 加强药检文化建设，努力构建和谐药检

（1）树立"中国药检人"的精神风貌。建立适应药品检验事业发展的理念、精神、准则、目标、形象等。以服务监管、保证药品质量安全为落脚点，以提升技术能力和管理能力为手段，把履行职能和关心职工切身利益结合起来，倡导协作、奉献的精神，确立全系统共同守信的价值取向。

（2）组织开展争先创优活动，开展全国药品检验系统先进集体和先进个人评比表彰活动，充分调动广大职工干事创业的积极性。

（七）加强国际合作和交流，为赶超世界先进创造条件

18. 加强对外交流与合作，促进技术监督能力与国际接轨。

（1）全方位、多领域、深层次地开展国际（地区）交流与合作。加大国外智力及人才引进力度，通过政府间相关机构及国际组织合作项目，研究探索建立具有实效性的长期双边合作与人才培训机制。引进消化吸收国外先进技术和管理经验。

（2）积极参加国际技术合作计划、相关技术规范制定等与药品检验技术相关的国际活动；充分利用国际资源，以请进来和派出去的方式，加强国外先进技术、监管理念、标准体系、管理方式的引进、消化吸收和再创新，提升技术监督检验能力。

《为国把关　为民尽责——中国药检改革开放30年成就与发展》出版

2008年9月，中检所负责编写国家局部署的《改革开放30年食品药品监管成就》一书"第九篇　药品检验检测体系建设"工作。中检所组织成立编写组，向全国各省、自治区、直辖市（食品）药品检验所征集相关材料，对征集到的上百万字材料梳理汇总后于10月中旬形成初稿；经数次召开多层次、多方面的座谈会、讨论会，征求意见和建议形成讨论稿；讨论稿两次面向全国药检系统征求意见和建议，对稿件进行了补充和完善。编写组在编写过程中，切实感受到全国广大药检工作者30年来辛勤耕耘和无私奉献的精神，经请示有关领导，决定将第九篇编印成册，经多次修改，集结成这册《为国把关　为民尽责——中国药检改革开放30年成就与发展》。

为国把关　为民尽责

——中国药检改革开放30年成就与发展

前　言

中国改革开放走过了三十年波澜壮阔的历

程。三十年的蓬勃发展不仅使国民经济得到飞速发展，也为中国药检事业发展注入了强大的推动力。历经三十年风风雨雨，走过的每一个脚步、耕耘的每一片土地，都留下了药检人辛勤的汗水，凝结了药检人无私奉献的精神，全国广大药检工作者在平凡的岗位上默默耕耘，用实际行动践行着“为国把关为民尽责”的神圣职责。

三十年来，在卫生部和国家家药品监督管理局的指导下，我国药检事业稳步发展，在提高检验检测能力，完善检验机制和管理体系，加强人才、制度、科研和信息化建设，推进国际间交流与合作等方面取得长足进步。回顾和总结改革开放30年来我国药品检验检测工作取得的成绩和成功经验，对于继续解放思想、深入贯彻科学发展观，践行科学监管理念，推动我国药检事业的又好又快发展，无疑具有重要意义。

在新的发展时期，我们又站在新的历史起点上，面对繁重艰巨的确保人民群众饮食用药安全的神圣使命，全国药检系统的广大干部职工要以科学发展观为指导，继续解放思想，更新观念，践行科学监管理念，坚持“科学 改革 创新”的精神，坚持“科学 独立 公正 权威”的质量方针，大胆开拓，勇于创新，努力实现中国药检事业的新跨越、新发展。

第一章 以改革开放的旗帜引领药检体系健康发展

我国药品检验检测系统，总体上包括药品（生物制品）检验机构和医疗器械检验机构两部分。新中国成立以来，特别是改革开放30年来，在党中央、国务院的领导和各级政府的大力支持下，几经变迁，我国药品检验检测体系从小到大，不断壮大，至今建立了完整的支撑公众饮食用药安全监管的坚强技术网络，成为促进我国医药经济健康发展不可或缺的力量。

一、药品检验机构的发展和总体布局

新中国诞生后，全国各地开始筹建药品检验所（以下简称药检所），逐步形成了从中央到省、地（市）、县四级药检网络。1978年后得到了全面发展，并逐步与国际接轨。1998年机构改革后，药检机构成建制划转药品监督管理部门（以下简称药监部门），按照“统一、精简、效能”的原则实施全面调整。2001年修订的《中华人民共和国药品管理法》（以下简称《药品管理法》）明确药检机构由药品监督管理部门设置或确定，国家级药品检验机构即中国药品生物制品检定所（以下简称中检所）由国家食品药品监督管理局（以下简称国家局）设置；省级及省级以下药品检验机构由相应的药品监管部门按需要设置。除广西、海南、上海等少数省市按区域设置药检机构和部分省会城市药检所与省药检所合并外，绝大部分省在地级以上市设置了药检所，基本确立了我国中央、省、地（市）三级政府药品检验体系，各级药检所实行属地化管理，在业务上接受上级药检所的指导。

到目前为止，全国共有地（市）级以上药检所386个，其中国家级药检所1个，省级药检所33个，副省级药检所14个，地（市）级药检所338个。根据实际需要，18个药检所被确定为口岸药检所，8个药检所被授权承担生物制品批签发工作。此外，随着食品药品监督管理机构职能的进一步调整，全国有8个省级药检所更名为“食品药品检验所”，各地药检所之间开展了广泛的合作。

目前，绝大多数省级以上的药检所逐步从单一的药品检验检测扩展到生物制品、食品、化妆品、保健食品、医疗器械、洁净区域、药品包装材料和容器产品等领域的检验检测以及不良反应监测和药物警戒，成为满足食品药品监管需求的主要技术支撑单位。

二、医疗器械检测机构的发展和总体布局

我国医疗器械检验监督检测机构从20世纪80年代初开始逐步建立，中检所与北京、上海等10家国家级医疗器械质量检测机构最先成立，承担全国及所在省市医疗器械产品质量监督的任务和各自归口专业医疗器械的国际标准跟踪、国家标准和行业标准制定、修订组织工作。其他医疗器械检测机构为单独成立的或挂靠在药检所的医疗器械检测机构，还有隶属于大专院校、科研院所、技术监督部门和卫生部门的检测机构。

国家级医疗器械检测机构承担医疗器械质量标准及标准物质的研究、制定和实施，医疗器械产品注册检验及质量监督检验和评价，以及企业质量管理体系监控。地方医疗器械检测单位，除完成国家局的医疗器械检测任务外，主要负责当地医疗器械质量监督，承担部分国家质监部门的检测工作。

2003年，国家局出台《医疗器械检验机构资格认可办法（试行）》。依照该办法，国家局对医疗器械检测机构实行认可。目前，通过国家局医疗器械检验机构资格认可的共有48家，其中国家级10家，省级29家，其他9家。

三、药品检验检测体系发挥着不可替代的技术支撑作用

药品监管的技术监督体系包括药品标准制定、审评认证、质量检验、安全评价、不良反应监测等环节。全国检验检测机构的检验检测范围和能力，总体上与药品、医疗器械的发展变化相适应。

中检所主要承担新药注册检验、进口药品注册检验、国家药品评价和监督检验、生物制品注册、评价和监督检验、生物制品批签发、药品标准物质的标定、医学菌（毒）种保管、药品检验检测技术科学研究等职能。省级药检所主要承担部分新药和已有国家药品标准的药品注册检验、国家评价和省级药品监督检验等工作。地市级药检所主要承担药品监督抽验。部分药检所还承担了保健食品注册检验、医疗器械监督检验、药品包装材料和容器产品、食品和化妆品检验。

药品检验与药品审评、药品标准、药品不良反应监测、药品质量认证等，都是保证药品安全有效和质量可控的重要技术支撑。但同时，药品检验又处在技术监督的基础地位，承担着为药品行政监管、技术审评等提供科学、公正的检验数据的职责。就保证药品安全有效上市，防范和减轻药品质量问题的危害而言，药品检验机构发挥着以下四大作用：一是保证药品质量可控，使质量标准既能保证药品安全、有效，又具有科学性、经济性、适用性；二是发现药品质量问题，既要监督药品是否符合质量标准要求，又要能及时准确发现引发药品质量问题的内在原因；三是评价药品质量状况，通过对药品质量分析研究，评价药品的总体质量、水平及其内在价值，为药品的监管、生产、使用、再评价提供信息；四是促进药品质量提升，通过对控制药品质量的项目、方法的研究和运用，为完善法律法规、提高质量标准、改善质量规范等提供科学依据。

三十年来，全国广大药检工作者在平凡的岗位上默默耕耘，用实际行动践行着“为国把关为民尽责”的神圣职责，取得了丰硕成果，得到了国家和人民的充分肯定。据不完全统计，全国药检系统共获得国家级“先进集体”荣誉奖15项，省部级“先进集体”荣誉奖164项；共有29人获得国家级荣誉表彰，186人获得省部级荣誉表彰，享受国务院政府特殊津贴专家110人，有突出贡献专家60人。

第二章　以科学公正的技术数据确保药品质量安全可靠

药品是用于防病治病的一种特殊商品，具有不同于一般商品的特殊性，必须保证其安全、有效、质量可控。确保药品的质量，要从药品的研发、注册、生产、流通、使用、监管、再评价等方面齐抓共管，在各个环节药品检验检测都起着不同程度的技术支撑作用。

一、开展药品注册检验，加强技术审核，确保上市药品安全有效

药品注册是一项政策性和技术性都很强的工作，实质上是对药品内在质量的确证过程，是保证上市药品安全有效所采取的技术控制手段。药品注册检验，包括样品检验和药品标准复核，是药品注册工作的重要环节之一。药品检验复核是

对申报的药品质量标准中检验方法的可行性、科学性、设定的指标能否控制药品质量等进行实验检验和审核工作，为药品注册提供必要的科学数据和技术支持，是从源头上确保符合风险预期的药品上市的重要技术防线。

（一）把好药品注册检验关，标准统一技术规范日趋完善

药品注册检验在前期被称为新产品报批检验、新药审批检验，1998～2002年，将此类检验称为复核检验；2003年后则统称为注册检验。改革开放30年来，药品注册检验工作随着新药管理法规制度的变化，经历了一个逐步完善，不断提高的过程。

1978年国务院颁布实施《药政管理条例（试行）》，规定药检所是执行国家对中西药品质量监督检验的法定性专业机构，“条例”将药品标准分为国家标准（中国药典）、卫生部标准（部颁标准）和地方标准三类。规定地方标准的制定、修订需经省级药检所审查并进行必要的复核试验，中国药典和部颁标准在地方标准的基础上，由中检所进行必要的复核试验。1979年由卫生部和国家医药管理总局联合下发的《新药管理办法（试行）》明确了药检所对各类新药质量标准的复核要求。省级药检所成立药品标准室，负责有关药品标准的制定与修订工作，加强标准的审核工作，严格药品质量标准复核。

1984年，国务院颁布了《药品管理法》，1985年，卫生部发布了《新药审批办法》，并于同年成立了卫生部药品审评委员会（简称药审委），办公室设在中检所。当年，按中美医药卫生科技合作协议，“药审委”组织部分专家赴美国食品药品管理局（FDA）学习新药审批制度，为我国新药审评工作的开展打下基础。1988年，自辽宁省于全国率先设立了省级“药品审评委员会办公室（简称药审办）”后，其他省市也相继成立了“药审办”。1999年，国家局颁布了《新药审批办法》。在这个时期，药品注册检验的主要任务，是对申报新药的质量标准（草案）进行技术复核修订，并对新药样品按其质量标准草案进行检验。

2002年施行的《药品注册管理办法（试行）》，要求复核单位对复核检验过程中发现的问题，及时与企业沟通解决，保证检验结果的准确可靠，起草标准科学、规范、可控。

2007年，新施行的《药品注册管理办法》，明确规定“药品检验所进行新药标准复核时，除进行样品检验外，还应当根据药物的研究数据、国内外同类产品的药品标准和国家有关要求，对药物的药品标准、检验项目等提出复核意见”，制定了注册复核工作程序、技术要求、时限保证等措施，药品注册检验进一步规范和完善。

（二）把好生物制品注册关，实行国家实验室检验

生物制品注册检验现有临床前检验、临床检验、批生产检验、进口注册检验、补充申请检验几种形式。1985年9月卫生部颁布《新生物制品审批办法》，第一次明确规定了新生物制品申请人体观察及生产前须经中检所检定后方可报卫生部审批。卫生部1993年7月颁布实施的《生物制品管理规定》、国家药品监督管理局1999年5月颁布实施的《仿制药品审批办法》、《新生物制品审批办法》、《进口药品管理办法》，进一步规定新生物制品临床研究用制品必须经中检所检验合格，批生产前必须经中检所抽样检定合格。2001年12月施行的《中华人民共和国药品管理法》及2002年9月施行的《中华人民共和国药品管理法实施条例》规定生物制品注册检验由中检所承担。

（三）把好进口药品注册关，统一检验技术规范

改革开放以后，特别是1984年《药品管理法》颁发以来，全面加强和提高了进口药品的检定和注册工作。作为中国药品检验总所，中检所组织全国口岸药检所坚持统一的检验指导原则，严把药品进口注册申报的质量标准复核技术关。

统一的技术要求、统一格式、以企业申报标准为基础，参照WHO规程、国际通用药典及中国药典的有关规定，按就高不就低的原则，严把质量关，以保证进口药品的质量。同时建立网络联系，及时传递检验信息，从1999年开始到2003年，每年将进口药品注册标准进行整理汇总装订，发给各口岸药检所，便于进关检验。尤其是从2000年开始，建立起进口药品注册检验系统，实现了进口药品注册检验各环节的电子化管理，为国家局、中检所、口岸药检所、申报单位等相关单位提供公开、高效、优质服务的平台。

（四）充分利用专业技能，从源头上控制药品质量

在药品注册检验中，药检工作者以一贯严格认真的态度，出具科学公正的检验结果，降低药品上市的风险。结合申报药品生产工艺、试制和现场考核情况、企业检验结果与样品复核结果的重现性，以及质量标准关键项目方法学验证的结果，参考国内外同类产品的质量和标准水平，对药品注册申报企业制订的质量标准，分析项目设置、检验方法的科学性、准确性、专属性、可行性和可控性，提出复核修订意见。从技术上提出评价，如原料药的有关物质、残留溶剂、晶型、含量测定等；制剂的溶出度、有关物质、生物活性试验、含量测定等。推动药品标准的规范化，使建立的质量标准能真正控制产品的内在质量，从源头上把好药品的安全有效关。

新药质量标准复核工作，是卫生部、国家局交给药品检验机构的重要技术监督工作，全国药检系统除了在工作中严格把关外，还利用技术上的优势，帮助企业解决问题，完善质量标准，提高药品质量，促进我国医药事业的发展。国家局党组书记、局长邵明立同志在2006年全国药检所所长培训班的讲话中指出“注册检验的目的是通过技术手段确认所申报药品安全、有效、质量可控，是评价一个药品是否能够上市销售的根本依据，必须严格把关，从源头上保证产品的安全有效”。

二、加强药品监督检验，发挥技术监督作用，打击制售假冒伪劣药品的违法行为

对药品质量进行监督检验，是发现和打击假劣药品，保障上市后药品质量安全的重要手段，也是药品行政监督、技术监督部门的法定职责。根据《药品管理法》和两高“司法解释”的有关规定，对假劣药品危害程度的裁定，必须有省级药监部门设置的药检所出具的药品危害性鉴定意见。

（一）不断调整监督检验模式，积极适应药品监管变化

建国以来，药品监督检验随着药品监管政策的变化而变化，在满足药品监管需求的同时得到了长足的发展。从由药品检查人员临时决定的抽验，发展到有计划的抽验与检查人员临时决定的抽验相结合的方式；从侧重对药品生产环节的抽验，发展为同时重视对药品生产和流通环节的抽验；从监督抽验行为的“各自为战”，发展到有计划、有组织、有分工的协同监督抽验。改革开放以后，药品监督检验工作得到了进一步的加强、规范和发展。

1978年《药政管理条例（试行）》，对药品抽验工作提出“取缔伪劣药品”的新任务——为查处假劣药品提供技术支持。1979年《药品检验所工作条例》进一步明确了药检所的药品抽验职责，1984年《中华人民共和国药品管理法》第一次从法律上明确了药品监督抽验工作的地位，使此项工作走上法制化轨道。

进入20世纪90年代，我国药品监督抽验工作进入全面发展期。1993年，国家规定对连续跟踪抽验两年不合格的药品吊销其药品批准文号，监督抽验的威慑力和效能大大提升。2000年，国家首次将计划抽验分为“重点监督抽验品种”和“评价性抽验品种”两类，分别兼顾药品抽验的两个功能——了解我国药品质量水平和发挥对药品质量的监督效能。2001年修订的《药品管理法》重申对药品质量进行抽查检验的规定。2003年国家局下发《药品质量监督抽验管理规定》，

国家依法对生产、经营和试用的药品质量进行监督抽验，抽验分为计划抽验和日常监督抽验。2006年，国家局下发了《药品质量抽查检验管理规定》，规定国家药品抽验以评价抽验为主，省级药品抽验以监督抽验为主。这一变化，突出了药品质量抽查检验工作的针对性，使药品抽查检验工作目标更清晰，任务更具体，方向更明确，实施更到位。

药品检验机构在药品监督抽验的发展中，一直承担着药品抽验计划的草拟、药品抽验结果的统计、药品质量公告的起草和分析等技术性工作。

（二）严格进口药品口岸检验，确保进口药品质量

一直以来，对进口药品实行口岸检验，有效保证了药品在严格的监管下进口。具体抽样、检验等业务技术工作主要由口岸药检所承担，在2004年新《进口药品管理办法》实施前，口岸药检所还承担着进口药品通关报验的任务。为有效控制进口药材的质量，严把进口药品质量关，拒不合格药品于国门之外，在中检所的组织下，1960年建立了49种《进口药材标准规格资料》，1975年制定了进口药材的卫生部部颁标准，1987年出版了《进口药材质量分析研究》一书，对进口药材法定检验的严格把关起到了良好的规范化作用。1999年始，中检所统一印制“进口药品报验单”、“进口药品报验证明”、“进口药品抽验记录单”，保证各口岸药检所开出的报关单一致。和中国海关协商，整理报关的进口药品目录1500多条，基本覆盖全部进口药品，保证进口药品在海关的监管下进口，防止以化工原料或食品添加剂冒进关等药监部门无法监控的问题。

1998～2007年全国18个口岸药检所进口药品检验情况

年度	检验总批次	合格批数	不合格批数	不合格率
1998年	6783	6719	64	0.95%
1999年	11111	11061	50	0.45%
2000年	10677	10615	62	0.58%
2001年	11532	11402	130	1.13%
2002年	12340	12212	128	1.04%
2003年	13138	13056	82	0.62%
2004年	13037	12989	48	0.37%
2005年	15322	15299	23	0.15%
2006年	16199	16162	37	0.23%
2007年	20144	20082	62	0.31%

（三）控制体外免疫诊断试剂质量，严格采取批批国家检定

通过血液可以传播多种疾病，其中，乙肝、丙肝、艾滋病、梅毒对患者和社会的危害最严重。为了控制这些疾病的传播，保障临床用血安全，提高血液制品的质量，防止供血者与受血者之间产生交叉感染，保护采血及血液制品工作者的健康，必须加强对血源的严格管理和提高诊断试剂的质量。针对相关体外免疫诊断试剂生产单位多，质量良莠不齐的现状，卫生行政部门决定对乙肝、丙肝、艾滋、梅毒等四种诊断试剂和血型定型试剂实行批批国家检定。自1994年5月1日开始对5种诊断试剂实行批批国家检定以来，共对70多个厂家上万批、40多亿人份的试剂进行检定和管理，合格率从20%～63%，提高到99%～100%，总体合格率在99%以上。多年来，通过各方努力，不仅使生产、销售、使用的混乱局面得到改善，而且促进试剂质量得到明显提

高，有效地降低了多种疾病血液传播的风险。

（四）综合运用科学技术手段，提高监督检验效率效能

面对市场上15万个品种的药品，传统的药品监督方法成本高、时间长，在社会利益格局深刻变化，制售假劣药品的花样不断翻新，高科技造假屡禁不止的状况下，显然无法确保群众用药安全。通过科技创新，综合运用科学技术发展的成果，建立低成本、易操作、强机动、高效能甄别假劣药品的利器，是新时期药品监管技术支撑工作的新任务。

1. 创造性应用多种打假手段，满足快速开展药品检测的需要

针对市场上药品造假手段，药品检验人员积极主动运用掌握的技术方法，及时创造简便、快速、准确的假劣药品快筛快检工具，满足药品监管的需要。比如，在较短的时间内研发出适合药品检测车应用的二甘醇定性及定量近红外光谱筛查模型，并装配到每台药品检测车上，为迅速控制“齐二药”假药危害提供了强有力的技术保障和坚实后盾；如由中检所建立的人血白蛋白的蛋白沉淀快速检验方法，经验证成功应用于药品检测车对该品种快速筛查检验。

又如，面对补肾壮阳类、减肥类中成药或保健食品中违法添加枸橼酸西地那非、盐酸西布曲明情况，创建简易、经济、环保、灵敏、准确的试管试剂技术分离、鉴定目标成分的快速筛查方法，产生了良好监管效能。再如，应用酶联免疫技术，研制出通过特异性鉴别狂犬病疫苗真伪的快速检测方法——狂犬病毒抗原ELISA检测试剂，检测时间从1～2个月缩短到1天之内，有力地打击了非法制售人用狂犬病疫苗的行为。

2. 建立灵活机动的“移动实验室”，快速开展药品真伪筛查

从2003年起，在财政部、国家局的大力支持下，中检所会同有关药检所研制出车载药品快速检测系统，初步建立了由以药品检测车为载体的现场快速初筛平台、以授权方法为基础的实验室快速确证平台、药品检测车车载数据信息管理网络平台组成的药品快速检测系统。药品检测车集现代信息、经典化学等检测方法于一体，将近红外技术与计算机技术结合起来，将车载近红外鉴别方法的原始创新与车载其他鉴别方法的集成创新合成于行进的专用车辆，形成了以车载近红外鉴别技术为核心的快速检测方法，创建并实行“监督检查、掌握信息、初筛取样、快速鉴别、靶向抽样、目标检验、行政处罚”的运转模式。在初筛环节，这种模式就显现出鉴别药品便捷、准确及对样品无损伤等诸多技术优势，开启了初筛合格的药品样品无损伤退还监管相对人的和谐执法局面，提高了药品抽验的针对性。目前已为26个省（自治区、直辖市）配备了346辆药品检测车，产生了显著的社会经济效益，受到基层药监工作者的普遍欢迎。

快筛快检技术的创造和应用，是技术监督与行政监督的有效结合，体现了“服务基层，服务监管”的宗旨，最直观、最现实地展现了药检技术的作用。

（五）既要严格按标准检验，又要善于发现隐藏的异常现象

药品检验检测体系是我国药品质量安全保证体系的重要组成部分，是确保药品安全有效和高质量的重要技术支撑，是解决药品质量问题的重要技术手段，也是化解影响药品质量危险因素的重要技术措施。在药品监督检验中，不仅是简单判断药品与药品标准是否符合，更重要的是要以高度负责的态度、高超的专业技术排除质量标准之外的安全隐患。在监督检验中，发现存在的主要质量问题大体分为高科技制假、异常物质干扰和违法添加等情况。

1. 利用高科技手段，针对药品标准的专属性不强造假

药品质量标准，是根据药品生产工艺和药品特性建立的控制药品安全隐患最基本的、最经济

的、适用性最广的控制指标和手段。有的造假分子利用药品的这种特性，生产按照药品标准检验符合规定的假药，妄图逃避监管。

魔高一尺，道高一丈。针对造假分子利用高科技手段制造假药的特点，药品检验人员巧妙运用专属性较强的方法进行检验，从而准确地发现假药隐藏的异常现象。在1998年抗洪救灾药品检测中，药品检验人员发现造假者在假冒诺氟沙星胶囊中掺入有机或无机碱性物质，以使假药符合标准规定的问题。与之类似的还有某种“酒石酸美托洛尔片”，其样品检验结果完全符合《中国药典》2005版二部的规定，但经进一步鉴别，药品检验人员识别出该样品的主要成分并非酒石酸美托洛尔，从而让假药现形。

2. 按标准检验合格，但查出标准外的安全隐患

有时候，受到生产工艺水平、检验检测能力以及对药品安全认识程度的限制，正常注册的药品标准往往不能完全控制正常生产的药品质量，存在安全隐患，需要在检验中及时发现问题、修补标准漏洞。2007年，在医用透明质酸钠凝胶“乙醇残留量”检验过程中发现较大不明异物残留，通过气相色谱、质谱标准物质比对和质谱检索，并经其他实验室复验，确定该检品含有414mg/L的甲醇，超过人眼睛刺激性接触限量的83倍，因此，报请国家局展开对医用透明质酸钠凝胶甲醇残留的专项抽验。在某企业乙型脑炎减毒活疫苗异常毒性的检验中，发现豚鼠出现异常反应，通过对比发现，是离子强度过高（渗透压高）所引起的反应，因此，建议生产企业调整生产工艺、降低稀释液的离子强度，报国家局审批，以避免临床应用时出现不良反应。

3. 利用药品标准空隙，违法添加标准之外的其他物质

在常规药品或保健食品中违法添加化学功效成分，往往按正常质量标准检验也是合格的，但出现超常疗效的“药品”，一般隐含着种种致命因素。

2008年，广东省药检所发明的“药品、保健品和食品中枸橼酸西地那非掺杂的测定方法”荣获第十届中国专利优秀奖。运用该方法能快速筛查出中药制剂、保健品和食品中违法添加的“伟哥”成分，从而满足了农村地区和检验技术条件落后的中小城市开展药品、保健品和食品监督检验的需要。对类似的在镇痛药中违法添加双氯芬酸，在抗风湿药中违法添加非甾体类抗炎药，在降糖药中违法添加格列本脲，在减肥药中违法添加西布曲明等造假方法，全国药品检验机构均采用新技术，补充新方法和新项目，给予造假者有力的打击。

改革开放30年以来，药品监督检验工作为药品监管提供了强有力的技术支撑，为规范药品市场秩序，净化药品市场做出了突出的贡献。如在某生物技术工程公司制售假乙肝疫苗案、某血站弄虚作假案、某公司假干扰素案、晋江假药案、河北假牛黄案、安徽阜阳白武松假药案、河南周口假药案以及多地方出现的假劣麦迪霉素案等大案、要案的查处中，药品检验技术数据为行政执法提供了有力支持。

三、应对突发事件，组织应急检验，及时准确提供检验结果

药品是高风险产品，药品的使用会带来风险和危机，紧急从技术上找出内在原因，或者确定用药质量问题，是药品检验机构有时会面临的不确定检验任务之一。在组织进行药品质量不良事件应急检验排查过程中，常常要对药品的处方、工艺、标准、生产条件甚至使用情况等相关要素进行分析和了解，从中查出或排除引起危害的疑点，是药品检验综合能力的体现。

（一）争分夺秒抢时间，保证灾区及时用上安全药

一方有难，八方支援。在发生严重自然灾害时，最重要的是保证人民群众的健康安全，要防止发生不必要的群体性饮食用药不良事件。在灾

难面前，药品检验机构同时承担着国内国外大量救援药械的紧急检验任务，肩负着保障灾区人民用药安全有效的责任。

2003年“非典”期间，药检系统建立绿色通道，加强了对防治“非典”的中药材、中成药、化学药、抗生素类药品的抽验工作，确保抗“非典”药物紧急安全投放市场。在震惊中外的汶川大地震发生后，全国药检系统紧急建立绿色通道，加速对救灾药械、生物制品等检验签发，四川省药检系统克服精密仪器受损等困难，启动应急预案，应用快检技术，发现中药材伪品36个，问题药品9批，清理出不符合要求的国外捐赠物约300吨，有效地保障了灾区药械使用安全。

2008年北京奥运会开幕前，北京市组成了40人的奥运药品应急检验小组，负责保障奥运期间药品和医疗器械使用安全。北京市药检所和医疗器械检验所对检验装备进行了全面升级，根据奥组委提供的产品目录制定了整体检验方案，对检验所需时间、检品数量、检验标准、人员配置、培训、高通量快速检验方案等进行了全方位落实，有效确保了奥运药械检验质量和用药安全。

青岛市药检所作为2008年奥帆赛、残奥帆赛赛事药品质量检测指定机构，接到任务后第一时间启动药检所奥帆赛药品应急预案，调动全部检验力量，加班加点，克服一切困难，圆满完成全部检验任务。

（二）针对药品不良反应事件，查找药害根源

在发生药品不良事件后，当务之急就是要查清导致药害的原因，为控制事态的发展，正确处理问题提供科学依据。在这个关键时刻，药品检验机构承担着关键技术支撑的作用。

2001年9月，湖南省发生黄柏胶囊“梅花K”中毒事件。在证实假药掺有四环素后，中检所和湖南省药检所先后用TLC、HPLC等多种方法对“梅花K”样品进行比对分析，查明中毒原因在于造假过程中干燥温度过高，导致掺入的四环素降解为毒性很高的脱水四环素、差向脱水四环素。在药品不良事件发生时，药品检验机构总是在最短的时间内查清导致药害原因，为监管部门控制事态发展、正确处理问题提供科学的依据。

2006年5月，广东发生“齐二药”药害事件。广东省药检所接受应急检验任务后，在查阅大量中外文献资料的基础上，根据产品处方工艺，设计了比对实验方案，以急性毒性预试验为突破口，先后采用了紫外光谱、高效液相色谱、红外光谱、气相色谱等一系列现代仪器分析技术进行排查，历时5天5夜，查出致命根源是企业将“二甘醇”作为“丙二醇”投产，为国家局处理事件提供线索。

2007年，发生上海华联“甲氨蝶呤”事件，通过对药品生产记录的排查，认为可能是污染硫酸长春新碱后，中检所、上海市药检所、北京市药检所三地实验室同时应用LC-MS联机技术进行了确认，为事件的查处提供了科学依据。随后，对可能受污染的80批注射用甲氨蝶呤和注射用阿糖胞苷进行检测，有效控制了风险的扩散。

此外，在新疆“二十五味阿魏胶囊”假藏药案、河北“小活络丹中毒事件”以及2006年6月安徽华源“欣弗事件”、2008年5月的江西“博雅事件”、2008年黑龙江完达山“刺五加事件”等药品不良事件中，药检机构都启动应急系统，实施联合行动，对送检问题样品快速检验，迅速查出问题药品的根源，为正确处理药害事件提供技术支撑。

（三）排除药品安全隐患，防范药品危害扩散

在药品质量存在安全隐患，造成不良社会影响时，科学、客观、公正的数据和事实，是消除社会疑问最有力、最有效的工具。

2007年初，发生了企业使用污染原料血浆生产静注人免疫球蛋白的广东“佰易事件”，各地药监部门在短期内报送了数百批次的相关血液制品，中检所紧急组织力量检验，为有关部门对该案件的及时处理提供了重要的技术数据，平息了对社会造成的恶劣影响。在“肝素钠”事件中，中检

所组织全国药检所，紧急全面抽样排查，运用醋酸纤维膜电泳法、毛细管电泳、液质联用等多种方法进行杂质检测，用准确、科学的数据，有根、有据地驳斥了国外对我国出口肝素钠含硫酸软骨素致美国81例患者死亡的怀疑和责难，维护了国家的尊严，展示了中国药检过硬的技术实力。

在一次次实践的考验中，药品检验系统应急检验的理论也得到升华——应急检验要把握“必要性、统一性、针对性、准确性、科学性、权威性、规范性、积累性、评价性”等九项原则，明确“职责导向、循症溯源、循证系统”三条思路，确立“信息资料、标准检验和实验设计”三种手段。从感性转向理性，从随机转向预案，从分散转向系统，推动了应急检验能力和水平不断提高。

四、标准物质的提供满足药品检验的需要

开展检测检验，除了必备的仪器设备，还要有一些支撑实验的其他物质，主要包括标准物质、实验动物、脱水培养基、医学菌（毒）种等。药品标准物质是用来检查药品质量的特定物质，主要包括标准品、对照品、对照药材、参考品。作为法定的标准物质标化机构，中检所设置了药品标准物质委员会，制定了药品标准物质管理办法和系列管理文件，建立了涵盖研究、制备、标定、质量控制、分装、销售的完整供应体系。

（一）自力更生刻苦钻研，不断填补标准物质供应的空白

药品标准物质是检验检测工作必不可少的条件之一。从1956年仅能提供3种标准物质，到2007年的2153种（药典品种996种）；从药品到生物制品再到医疗器械，从满足药品标准到药品的生产和研究，从容量分析、色谱分析到杂质检查和仪器校正，药品标准物质的品种及范围不断扩大。标准物质工作严格按照国家药典的要求，参考、借鉴WHO、USP、EDQM技术规范执行，保持量值的准确性、可靠性和溯源性。

到20世纪70年代末，中检所已初步建立了国家药品标准物质体系。先后研制出多种类型的化学对照品、中药化学对照品和对照中药材，建立起包括细菌性疫苗、病毒性疫苗、类毒素、抗毒素和免疫血清、血液制品和诊断血清等标准品及标准毒种在内的较完整的生物制品标准物质体系，基本满足了全国药品、生物制品检定工作需要。

改革开放以来，药品标准物质的研究和制备快速发展。十一届三中全会的胜利召开，极大地促进了药品标准物质的研究和制备工作。仅1978年一年，便完成了结核菌素纯蛋白衍化物、抗眼镜蛇毒血清等7个生物制品国家标准品的制备任务，成为历史上建立标准物质最多的一年。到2008年，中检所通过和有关单位协作，研制化学对照品、中药化学对照品及中药对照药材、生物标准物质等达2117种，累计发放数量超过300万支（套）。“非典”暴发期间，中检所及时组织力量，突击奋战，在短短的2个月，便研制出SARS病毒抗体IgM国家参考品和SARS病毒抗体（总抗体或IgG）国家参考品，为全国抗击“非典”提供了有效的诊断依据。

1978～2008年我国药品标准物质供应品种数量统计表

年份	化学对照品	中药化学对照品	中药对照药材	生物标准物质	总计
1978	43	0	0	114	157
1983	81	0	0	124	205
1988	175	64	16	132	387
1993	291	140	94	107	525
1998	313	210	152	111	786
2003	577	282	229	118	1206
2008	1053	435	660	132	2280

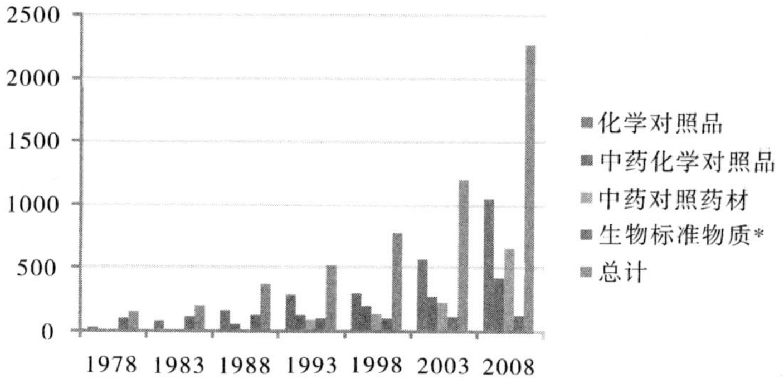

1978～2008 年我国药品标准物质供应品种数量图

二十年来，中药标准物质从建立到发展，使我国成为第一个建立国家级天然产物标准物质的国家。不仅保证了国家药品标准的实施，基本满足了中药科研与新药研制需求，同时也得到了世界卫生组织及有关国家的极大关注，对促进我国中药质量标准、检测水平的迅速提高，促进传统中药的规范化生产以及中药产业化、现代化的进程做出了重要的贡献。

20 世纪 90 年代初，第一次与 WHO 合作，协作标定人抗破伤风毒素免疫球蛋白国际标准品。之后陆续参加凝血因子Ⅷ国际标准品、重组人干扰素效力国际标准品、无细胞百白破效力国际标准品、重组人甲状旁腺激素国际标准品等 20 余次国际协作标定。在 2004 年与 WHO 最主要的国际生物标准物质分发机构英国 NIBSC 签订国际合作研究协议备忘录。近年来，多次为世界卫生组织提供青蒿素等国际标准物质的原料，并最终作为标准物质在全球广泛使用，为中国赢得了声誉。经过一代又一代药检人的努力和积累，我国药品标准物质的研发水平不断提高，无论是质还是量，均与药品研发、生产、检定等发展要求相适应，甚至在某些领域达到国际水平。

（二）建立和供应标准化实验动物，为验证药品安全实验提供物质保障

实验动物和动物实验是药品检验的重要实验载体和技术手段，是保证药品检验结果科学可靠不可或缺的支撑保障条件。实验动物因质量不高、饲养环境不稳定会对检验工作造成不可预见的影响，从而降低检验结果的准确性和可靠性。

1990 年，中检所建立了面积达 2600 平方米、我国第一个能够规模化批量生产 SPF 级动物的屏障系统，在国内率先全部取消普通级小鼠、大鼠和豚鼠，建立起能够规模化生产和供应 SPF 级实验动物的基地。这标志着我国在推进动物实验质量和水平上迈出了重大一步。由此，中检所形成了特有的 SPF 级实验动物生产管理和质量保证体系，实现了检验用动物全部由普通级上升为清洁级和 SPF 级的转变。目前，中检所具备保种、生产、供应清洁级和 SPF 级大鼠、小鼠、豚鼠、家兔等国内外常用啮齿类封闭群动物和 20 余种近交系小鼠的能力，年生产量达 15 万～20 万只，推动了我国药品检验用实验动物整体水平的提升，最大限度地发挥实验动物这一基础条件对药品检验的支撑作用。

1997 年和 1998 年，中检所被国家科学技术部指定为“国家实验动物质量（遗传、微生物）检测中心”和“国家啮齿类实验动物种子中心”。开展实验动物新品种（品系）和保种新技术研究，建立了胚胎冷冻保存和复苏技术，解决了因重复引进造成的浪费问题，提高了实验动物资源共建共享水平。开展实验动物及相关条件的检测方法、检测技术研究，研制出实验动物遗传和病毒抗体检测试剂盒，解决了国外诊断试剂价格高、订货周期长等问题，促进了我国实验动物质量检测工作的全面开展，提高了检测工作水平和标准化程度。

（三）建设医学细菌保藏中心，为防治传染病蔓延提供战略资源

标准医学细菌菌种，是国家食品、药品、生物制品安全保障、重大疾病（包括传染病）防治和医药生物技术产业的重大基础性战略资源。1979年，国家指定在中检所建立中国医学细菌保藏管理中心，中检所因此承担起保藏国家细菌菌（毒）种的重任。30年来，库藏国家标准菌（毒）种数量不断增加，品种越来越全面、多样。目前保藏有190多属、500多种、8000多株、170，000多份国际或国家标准医学菌（毒）种。每年从国内外收集、引进、入库20，000多份国际或国家标准医学菌（毒）种，并向全国数百家药品和生物制品生产企业、药品检验和质量检验检疫机构、疾病控制部门、医学科研院所、教学单位以及临床医院提供近万份国家标准医学细菌菌种。

作为我国唯一的国家标准医学细菌菌（毒）种保藏库，自成立以来，中国医学细菌保藏管理中心不断发展壮大，为保障药品质量安全，预防控制各类传染病，促进医学科研和生物技术产业的发展，提供了坚实的物质基础，为保障我国人民生命健康和国家安全与稳定，促进科技自主创新和进步以及社会经济发展做出了不可替代的贡献。

（四）制备供应脱水培养基，为验证药品细菌成分提供物质基础

1963年国家科委和卫生部指定在中检所建立国家微生物培养基中心站。自20世纪80年代初，率先开始研制脱水培养基，在国内首次研制出支原体脱水培养基。通过30年坚持不懈的努力，脱水培养基的品种数量不断增加，目前已有一百多个品种。中检所培养基中心站制定了我国培养基原材料的质量标准、建立了检定方法，同时，与企业联合研制、发展、推广培养基新品种。与武汉肉联厂联合研制的503型蛋白胨，奠定了我国细菌学蛋白胨质量标准制定的基础。协调组织具有丰富原材料来源、拥有一定设备和技术力量的企业，定点、定型生产胰酪胨、牛肉胨、琼脂粉、牛肉膏粉、酵母浸膏粉，促进干燥培养基的研制、生产和发展。我国脱水培养基的快速发展，大大缩短了与国外发达地区国家的差距，促进了国内原材料质量的提高，保证了药品生物制品检验及科研工作顺利开展。

五、开展对基层药检业务指导，构筑保证药品质量安全堤坝

上级药检所对下级药检所，法定药检机构对辖区涉药单位检验检测技术的指导，是法律规定的职责，也是建立政府主导、企业主体的药品质量安全技术体系，从源头把好药品质量关，正确划分政府和企业职责的重要举措。

（一）组织开展技能比武竞赛，锤炼基层药检所技术队伍

在锤炼基层药品检验机构技术队伍方面，近年来各地积极组织开展技能比武竞赛等活动，促进了药品检验技术人员经验交流，在药品检验系统内营造出钻研业务、勤学苦练的良好氛围，有效提升了药品检验工作能力和水平。2008年，河南省开展了历时7个月的全省药品检验技术大比武；江苏省开展了“确保用药安全，情系百姓健康”为主题的全省药品检验技能竞赛；安徽、山东、浙江、河北省也组织全省药品检验系统开展“技术比武”活动，对专业理论、操作技能、报告记录等药品检验能力进行比试。实践证明，药检技能竞赛活动不但加强了药品检验机构内部的相互学习交流，形成了认真钻研业务知识、勤学苦练专业技术的良好氛围，而且有效提升了全系统药品检验工作的能力和水平。在技术比武中，基层药品检验机构技术人员的专业理论水平和实际操作技能都得到显著提升。

直接派专家和干部到基层蹲点，也是药检系统进行业务技术指导、加强药检业务管理的一个优良传统，比如，海南口岸药检所的建设、西藏区药检所管理体系的完善，都得到了中检所的直

接指导。

（二）举办各种类型业务培训，推广药检新技术实际应用

组织业务培训学习，是全国药检系统普及新技术和新方法、统一技术规范、实现共同提高的一种行之有效的方法。

比如，2006年2月～2007年9月，受国家局的委托，中检所共派出教员560人次，为26个省市837名学员举办了23期“药品检测车技术培训班”，分别进行了信息系统培训、化学药品快速鉴别系统培训、中药快速鉴别系统培训、近红外快速鉴别系统培训，并上车实习，推动了药品检测车项目的顺利实施。又如，2000年～2007年期间，中检所国家药物安全评价监测中心（以下简称中检所安评中心）共举办了12届全国性学术研讨会和7次技术培训班，邀请了近百位来自日本、美国、韩国、英国等国的著名学者及部分国内资深专家进行了学术演讲，共同就GLP体制下生殖毒性试验、特殊毒性、毒性病理、实验动物管理、安全性药理学研究、生物技术药物等安全评价方面的专题进行报告和讨论，显著推动了全国药物安全评价中GLP规范的建立和实施，提高了全国药物安全性评价机构的GLP水平。

（三）利用药检系统资源优势，协助企业解决检验检测难题

企业药品检验部门，是保障药品质量的有机组成部分，是保证安全有效药品上市的重要检验环节。药品检验机构运用掌握药检技术和政策法规的优势，加强对地方企业的技术指导，有利于共同提高药品检验检测水平。比如，药品检验人员针对复方丹参片检验不合格情况，分别从生产管理、质量管理、现场管理等方面进行分析，指出不合格原因是企业在浓缩时随意提高温度，导致丹参酮ⅡA挥发甚至破坏所致。又如，针对企业按规定投料生产的胶囊，但溶出度值总是偏低的情况，药品检验人员经过对样品的分析，发现是企业质检人员在溶出度测定过程中未按规范要求在样品溶液和空白溶液中加入磷酸盐缓冲液，避免了结果的误判。实行业务指导，履行药品检验机构的法定职责，有力地促进了保证药品质量的安全网、技术链的建设，形成了具有中国特色的技术保证体系。

多年来，全国药品检验检测系统在对食品药品实行科学监管、效能监管的过程中，发挥了应有的积极的技术支撑作用。正如国家局党组书记、局长邵明立指出技术检验和行政监督有着不可分割的关系，好比“鸟之两翼、车之两轮，两者缺一不可”。

第三章　以开放进取的改革精神实现系统跨越发展

三十年来，特别是近10年来，随着《药品检验所实验室质量管理规范（试行）》等一系列法规的颁布实施，药品检验机制逐步完善，药品检验检测能力显著提高，药品检验队伍整体素质明显提升，药品检验机构的建设逐步走向现代化、专业化、规范化、信息化、知识化和国际化。在确保人民群众用药安全有效、促进医药事业的健康发展、支撑药品行政监管科学实施中，不断与时俱进，实现药品检验检测事业的跨越发展。

一、基础设施装备得到明显改善，现代化水平逐步提高

“工欲善其事，必先利其器”。三十年来，各级药品检验系统的基础建设、仪器装备、质量管理等方面得到了显著改善，较好地适应药品检验检测工作的需要。

（一）实验和办公用房得到改善，基础设施得到极大充实

在我国，一些药检所经历了从借房、租房“居无定所”的状况到拥有自主产权办公用房的漫长艰辛历程；三十年来从面积狭小“一目了然”的实验室到搬入“先进、环保、标准”的现代化实验大楼。各地药检机构实验和办公用房得到修缮、扩建，甚至整体搬迁，大多数药检机构已符合《省级、地市级药检机构实验室建设指导

意见》的要求。

近年来，国家和地方对药检系统的建设越来越重视、投入力度越来越大。2004年，国家局立项申请国债资金88亿，用于中检所迁址建设、中西部地区药检所改造、国家口岸药检所改造、国家级医疗器械质量监督检测中心和23个省级医疗器械质量监督检测中心等食品药品监督管理系统基础设施建设。同时，各级地方政府也投入了部分资金加强药检系统业务用房等硬件建设，共同推动药品检验机构基础建设的发展。

（二）仪器设备紧跟时代步伐，门类齐全基本满足需求

检验检测装备是检验检测水平的物质保证。改革开放之初，药检系统的仪器设备普遍缺乏，重点仪器缺口更大，有的省药检所的“大型精密仪器”只是2台紫外分光度计，设备总值不过几万元。改革开放30年，特别是近10年，药检系统的仪器装备发生了量的积累和质的飞跃，从瓶瓶罐罐为主到光电设备为主，从天平紫外当家到液相气相主导。如今，中检所和很多省级药检所装备了超效（超快速）液相色谱仪、质谱仪、X－衍射仪、电感耦合等离子质谱仪（ICP—MS）等先进的仪器设备。可以说，在常规分析仪器方面，有的实验室基本上与国际接轨了。这一点，可以从中检所三十年装备的变化轨迹明显看出来。

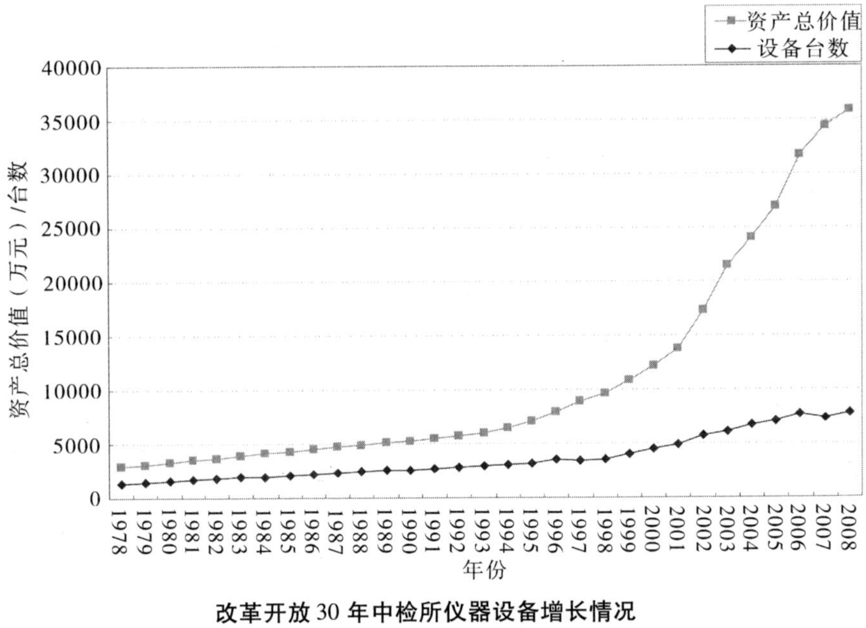

改革开放30年中检所仪器设备增长情况

自改革开放至现在，由于药品检验业务量不断扩大及药检事业不断创新发展，各级药检所仪器设备得到了不断的充实与加强，有力促进了药检事业的发展。特别是近年来，各级药检机构积极争取地方财政支持，按照《全国药品检验机构基本配置标准》（2000年～2005年）、（2005年～2010年）要求，有目的、有重点、有层次地装备药检仪器设备，不断缩小仪器装备与监督检验任务需求的差距、与国家药品标准的差距、与国内外药检科学技术发展的差距，推动药检机构更好地发挥技术作用、履行法定职责。

二、人才队伍素质得到整体提升，专业化水平与日俱增

药品检验检测是一个人才密集型、知识密集型的行业，建设一支专业技术人员队伍，是药检系统履行职责、发展壮大的关键。经过多年的努力，药检系统人员结构得到改善，整体素质明显提升。中检所1981年起成为国务院首批硕士学位授予单位，至2008年已培养硕士研究生173名，2008年，经国家人事部批准中检所设立博士

后工作站。

（一）采取国外培训有效途径，培养高端技术人才

改革开放初期，打开国门，直面国际一流检验检测技术挑战，明显感到与先进国家的差距。因此，派遣专家学者出国学习、考察、交流也就成为当时培养锻炼药检人才的一条重要途径。多年来，通过国家公派、项目合作等途径在国外大学科研院所及检验检测机构接受长期或短期培训、学习专业技术、从事科研工作、攻读学位，造就了一大批具有国际视野的高素质检验人才，有力推进了我国实验室管理水平、检验检测能力与国际接轨。

（二）组织与高校联合办学，培养高层次药检人才

上世纪末和本世纪初，中检所组织与中国药科大学和沈阳药科大学联合开办全国药检系统硕士研究生课程进修班；2007年又与沈阳药科大学联合开办了针对地（市）级药检所的研究生培训班。至今，已为全国药检所培养了300余人，其中137人获得硕士学位。这些在职培训的研究生现大都成为了各所的技术骨干和学科带头人，其中许多人还陆续走上了管理岗位。药检系统高层次技术、管理人员的迅速充实，为整个药检队伍素质提高产生了极大的推动作用。

（三）狠抓领导层培训，打造高绩效管理团队

自2001开始，每年举办全国药检所所长培训班，就政治理论、时事形势、法律法规、科学管理、药检新知识等方面对全国省级、计划单列市、口岸药检所所长进行培训，促进相互交流。几年来，接受培训的药检所所长已达300人次，极大地提高了药检系统的整体领导管理水平。2008年，在国家局领导下，中检所又与国家局培训中心共同开展全国地市级药检所所长培训，这是新中国药品检验史上第一次由国家局组织对全国地市级药检所所长进行集中培训，将在两年时间内分四期对全国地市级药检所所长进行培训。通过举办所长培训班，打造了一支政治素质高、管理能力强的领导团队。

（四）组织东、西对口交流，推动药检系统均衡发展

药品检验系统面向基层的培训，始终秉承“中国药检”这个大理念，树立全国“一盘棋”思想。为消除不同地区药品检验机构的检验能力差距，2006~2007年间，在国家局的支持下，中检所与北京、上海、江苏、广东、黑龙江等5个药检所分4期共同对139名新疆药品检验系统的专业技术人员开展了对口培训。2008年5月开始，中检所组织北京、上海、天津、山东、江苏、广东、浙江、黑龙江、辽宁、广州等10个药检所共同对甘肃、青海、宁夏西北三省（自治区）药检所的业务技术人员开展了对口培训。这些培训推动了全国药品检验系统均衡发展，为西部地区药品监督管理水平提高打下了基础。

多年的积累和发展，全国药检系统拥有两位中国工程院院士，多位世界检验权威和专家。一批知名专家被聘为WHO专家委员会会委员，还有一大批专家担任GMP、GLP检查员以及在国家新药审评委员会、国家药典委员会、生物制品委员会、中药保护品种委员会担任委员。人才队伍的发展壮大不仅带动了国内药检技术和管理水平的提升，也扩大了中国药检的国际知名度和影响力。

三、实验室管理体系逐步完善，规范化水平日益显现

从某种意义上讲，药品检验机构也是一个生产部门，其产品就是检验报告书。多年来，药检系统积极汲取国内外先进的品质管理理念，通过优化质量管理的组织、程序、职责、资源，建立了控制实验室运作的质量、行政和技术体系，满足了检验报告书科学、公正的内在要求，使药检机构成为值得公众和政府信赖的部门。

（一）通过了计量认证，取得了出具检验报告的合法资格

依据1984年《药品管理法》、1987年《中华人民共和国计量法》及其《实施细则》，各级药检部门以“科学、公正、优质、高效”为核心，建立起各自的质量管理方针和目标，制定《质量手册》，建立了质量保证体系。1990年前后，各级药检所均首次通过了当地技术监督局组织的计量认证评审，从制度和程序上保证出具数据的公正性、科学性和法定性，使药品监督检验数据具有了法律效力。之后，又通过了历次国家计量认证中期检查、复查，使检验检测质量管理工作步入法制化、标准化、规范化、科学化轨道。

（二）通过了实验室认可，打开了检测数据国际互认通道

自1999年武警药检所、2002年中检所和上海药检所率先通过国家实验室认可后，许多药检所也按照国际通行的ISO/IEC17025实验室认可准则要求完善自身质量管理体系。到目前为止，全国已有58个药检所通过了实验室认可。获得实验室国家认可，标志着取得了参与国际间实验室双边、多边合作的“通行证”，其出具的数据和检验报告能够在亚太实验室认可合作组织（APLAC）和国际实验室认可合作组织（ILAC）60多个国家和地区之间互认。目前，中检所通过认可的检测能力达到药品、生物制品、实验动物、医疗器械、保健食品、药品包装材料与容器6类876项。

（三）率先通过国内外GLP认证，建立符合国际GLP标准的药物非临床安全评价技术平台

药物非临床安全研究是直接保证公众用药安全的关键技术。自1976年发达国家相继采用国际公认的GLP（Good Laboratory Practice）标准体系管理药物安全性研究过程，目前已成为新药注册国际互认的前提。我国如不建立符合国际GLP标准的药物安全评价技术体系，势必成为从根本上保证公众用药安全的一个重大缺陷，也直接阻碍了我国医药产业走向世界。为保障公众用药安全，突破国际技术壁垒，自1993年在科技部等部门立项支持下，中检所安评中心通过国际合作，引进国际GLP标准，整合毒理、药理、病理、分析等多学科技术力量，率先在国内创建了符合国际GLP标准的安全评价技术体系，先后通过国家GLP认证、日本JICA认证和国际AAALAC认证，为目前国内唯一获得国际认可的安全评价机构。已按照OECD、美国FDA标准完成了64项国外委托及国内一类药物的安全性研究，通过对全国245家2493人次技术骨干的培训，为我国推行GLP规范发挥了重要的示范和辐射作用，为我国自主创新药物走向世界打下了基础。

生物技术药物的安全性研究在国际上尚无成熟、公认的技术方法，是国内外均面临的技术难题。中检所安评中心针对疫苗、基因治疗、单抗和蛋白多肽四类创新生物药物，建立了免疫毒性、生物分布、组织交叉反应、PK/TK等评价技术体系，并运用该体系完成了29项创新生物药物的安全评价，其中8项已通过国家新药审评，为国内外评价同类药物提供了重要技术手段与方法，为国家制定药物评价指导原则提供了依据，并为该类药物研发提供了重要技术支撑。

此外，在甲氨蝶呤、鱼腥草、欣弗等重大药物不良事件的应对与技术处置中，发挥该平台技术优势，建立了犬、猴神经毒性模型，及时、准确确定药害原因，为不良事件的科学定性及行政执法提供了重要依据，保障了公众用药安全。在GLP体系下，新技术、新方法的建立，标志着我国在生物技术药物安全性评价领域已迈入国际先进行列，为我国创新药物的研发提供了重要的技术支撑。

此外，辽宁省药检所通过德国巴伐利亚州政府对中药饮片及单方制剂的认证；上海市药检所参加了新加坡政府进口中药检测实验室认证，还成为了国家商务部和中国医药保健品进出口商会认定的“中药定点检测机构”。重庆市药检所通过中国国际货运航空有限公司“航空运输危险品检测条件和能力”的认可和授权。中检所档案管理达到科技事业

单位“国家一级”标准；河北、广东等省药检所所档案管理也达到“国家二级”标准。通过各种认证认可，既加强了实验室内部管理，也在国内外展现了药检系统的综合能力和水平。

四、信息化技术手段明显改进，检验工作效率明显加强

对于大多数药检所来说，在20世纪80年代才开始接触和引入计算机。虽然起步较晚，但从无到有，从单一到综合，药检信息化系统日趋完善，极大地促进了药品检验系统的规范化建设、提高了检验检测的效能。

（一）信息系统基础设施持续改善，提供了良好的硬件基础

从20世纪90年代开始，全国各级药检所在自筹资金和申请财政支持的基础上，充分发挥主观能动性，持续改善计算机硬件设备，目前，全国药检系统平均每百人约拥有86台（套）计算机。全国各省级和口岸药检所都建成了局域网，购置了独立的服务器，接入了国际互联网。同时，全国一半以上的地市级药检所也建成了局域网。部分省级药检所与地市级药检所实现了全区域的联网，也有部分省级药检所已经实现了与当地省局的联网。各级药检所目前拥有良好的硬件设备，为实现全国药检系统的联网奠定了坚实的基础。

（二）应用软件系统开发不断深入，有效提升检验工作效能

从中检所推广应用第一套“全国药检所信息化管理系统”单机版，到中检所、上海市药检所、广东省药检所三个版本并存，又到引入国际先进的实验室信息管理系统（LIMS），药品检验业务管理系统不断得到升级和完善。信息管理业务功能也从最初的单纯打印报告书发展到现在的包括业务办公、行政办公在内的全流程、全方位的管理，不断适应药检工作发展变化的需要。信息技术的应用，优化了内部运作程序，提升了药检服务质量和效率。

（三）信息服务系统能力日益提高，公众服务意识显著加强

随着药检系统信息化软硬件建设的不断深入，全国90%的药检所实现了互联网访问，另外有59个药检所建立了公众门户网站。在中检所组织协调下，实现了全国进口药品检验数据的定期报送和互联网检索功能。通过公共网站，有的药检机构可以提供药品检验业务受理、检验进度查询、检验报告书查询等服务，提高工作效率和工作质量。同时，通过公共网站，有的药检所还设立了工作动态、政策法规、学术交流等诸多栏目，有效地促进了与社会公众的信息沟通，扩大了对药品检验检测的宣传力度，取得了很好的社会效益。

五、科研领域取得突出成就，科研技术水平显著提高

“科技是第一生产力”，作为技术机构，药品检验科学研究是药品检验机构的内在要求，通过对药品检验新技术、新方法的探索，提升控制药品质量安全有效的能力、水平和效能。改革开放后，广大药品检验人员迎来了科学的春天，在检验中开展科研，用科研促进检验，取得了丰硕的成果。改革开放30年来，全国药检系统共获得科研成果奖国家级43项，省部级355项。

（一）以标准研究为契机，实现了药检技术新的突破

作为人才密集的药检机构，在履行检验职责的同时，主动与药物研究机构、药品生产企业合作，研制新药，共同填补制剂空白，许多科研成果得到应用，极大地促进和保障了药品的监督检验工作，满足人民群众用药需求。以中检所为例，取得了“流行性出血热灭活疫苗研究”、“流行性乙型脑炎减毒活疫苗的研制”、“中国抗生素标准品的研制与建立”、“β－内酰胺类抗生素过敏反应的研究”、“乙型肝炎基因工程疫苗免疫原性和免疫效果的研究”、“我国生物技术药物的质控标准、标准品的研究和制订”、“符合国际GLP

标准的药物非临床安全评价平台关键技术的建立与应用”等多项科研成果。不但实现了技术突破，而且丰富了我国药品制剂品种，取得了良好社会和经济效益。

（二）以方法改进为前提，提升了药品质量控制水平

“中国药品卫生标准的研制”、“常用中药材品种整理和质量研究”、“青霉素质量和过敏反应的研究”、“^{60}Co 辐照中药灭菌剂量标准的应用研究”、“进口药材质量标准制订与检验方法研究”、“大肠杆菌分类学和病原学研究及应用”、“无胸腺裸鼠饲养繁殖的研究”、“中药复方制剂质量标准控制方法的研究”，以及“中药中有机磷及有机氯农药残留量系统测定研究”、“中药筛选的红外光谱分析方法论”、“原子荧光法测定砷汞的方法学验证研究”、“十三种出口中成药中微量重金属检测方法与限量标准研究”、“细菌内毒素检查法推广应用”、“中药材指纹图谱信息库”和“中成药中违法添加快速筛查法”等课题的研究，为我国药品的生产、检定和贸易做出了重要贡献。

（三）以标准起草为纽带，促使相关工作迈上新台阶

药检所在起草或审核药品质量标准中，充分地应用了最新科研成果。在中国药典、局（部）颁标准、局（部）颁补充标准、中药材和中药饮片标准、民族药和民族药材标准、医院制剂规范等的起草、复核、评审、转正、提高、再评价中，药品检验机构都发挥着重要作用。同时，主持或参与了“中国药品检验标准操作规范”、“药品检验仪器操作规范”、“药品技术指导原则”、“红外光谱图集”、“中药材真伪鉴别彩色图谱”、“地方或民族药志”等的编撰工作，推动了我国药品质量标准制订水平的提高。

近两年来，在国家局和科技部的大力支持下，围绕药品安全这一主题，国家局负责组织实施了“十一五”国家科技支撑计划重点项目“药品安全关键技术研究”、“我国当前急需建立和提高的药品监督检验技术研究”和“生物制品安全性评价技术及原辅料安全性研究”，正在组织申报国家科技重大专项“艾滋病和病毒性肝炎等重大传染病防治”和“重大新药创制”中相关药品安全项目，获得国家科技经费支持两亿多元。同时，全国药品检验系统也积极承担国家、地方各类科技计划项目，在完成科研任务保证人民用药安全有效及我国医药产业发展的同时，促进了科研设施建设、人才队伍建设和能力建设。

六、国际交流合作日益密切，迈向世界实现新的跨越

党的十一届三中全会以来扩大对外开放的形势发展迅猛，也为我国药检领域的国际交流与合作提供了良好契机。多年来，开展了不同层次、不同形式、不同途径的对外交流合作，拉动了全国药检系统整体水平的提升，实现了通向世界先进行列的新跨越。

（一）利用技术合作项目，引进国外资金和装备

1980 年 7 月，我国政府与联合国开发计划署（UNDP）签署了“国家药品标准化研究中心”合作项目，根据项目规定，中检所获得联合国开发署 18 万美元的投资。1985 年卫生部在世界银行卫生贷款项目“卫Ⅱ——农村卫生与预防医学项目”中为上海、北京、天津三个直辖市药检所争取到共约 200 万美元的“分析检验仪器购置及专业技术人员培训”低息贷款，使我国药检所仪器设备落后的面貌得到局部改善。90 年代初，在国家科委、卫生部及天津市政府的支持下，天津市药检所与日本国际协力事业团（JICA 项目）建立“中日天津药品检验技术合作项目”，日方提供约 3.8 亿日元的仪器设备 62 台/套，极大地充实和提高了天津市药检所实验室仪器设备水平。

2000 年 6 月国家局与日本国际协力事业团（JICA），分别代表中日两国政府签署“中日友好国家药物安全评价监测中心技术合作项目”，项目

合作期限5年。日方提供了约1.5亿日元经费，用于购置仪器设备176台/套，为国家药物安全评价监测中心达到国际GLP规范奠定了坚实的基础。2004年，中检所参加中国药用气雾剂淘汰氟利昂国际合作项目，编制了非吸入式气雾剂（non－MDI）和吸入式气雾剂（MDI）淘汰氟利昂的行业计划，作为非吸入式气雾剂行业计划国内执行机构，在技术及政策上指导和监督非吸入式气雾剂淘汰项目的实施，以上工作获得经费25万美元，在该合作项目中很好地发挥了技术优势，为我国药用气雾剂氟利昂的淘汰做出了贡献。

（二）搭建国际交流平台，深入开展实质性合作

多年来，中检所和部分省级药检所积极开展对外交流与合作项目，努力搭建国际交流平台、深入开展实质性合作，不断拓宽技术交流渠道与合作范围。到目前为止，中检所已同美国药典会、德国国家疫苗和血清研究所、丹麦王国政府、日本国立卫生试验所、日本医药品食品卫生研究所、英国国家生物制品检定所、联合国开发计划署、世界卫生组织等政府间组织及机构和非政府间组织建立了合作关系。2000年，中检所与日本国际协力事业团（JICA）签署了“中日友好药物安全评价监测中心技术合作项目协议”，2008年，又与美国BIODURO公司签订了“药物临床前研究项目合作协议”，这对我国药品研发等方面与国际接轨，有着积极的意义。

（三）努力扩大对外交流，日益加强国际影响力

改革开放，不仅解放了科技人员的思想意识，也拓宽了技术人员的视野心胸。随着近年来国内外的科技交流不断扩大，大批专家学者不断走出国门，迈上了国际舞台，在越来越多的国际组织和国际会议上，出现我国专家学者的身影。一大批专家学者在WHO等国际组织机构中担任不同层次的职务，对扩大中国药检在国际上的影响发挥了重要作用。当今，在全球化、国际化、一体化的发展潮流下，通过各种渠道开展的对外技术交流日益密切。

（四）密切国际合作关系，促进检测技术相互提高

改革开放带来了中国药检事业的飞速发展，经过多年历练，中国药检人已把目光转向了世界，近十年来，国内许多药品检验机构纷纷走出国门，开拓市场。寻求合作共建实验室，承担双边或地区间技术合作，已成为一种趋势，也标志着中国药检正在向更高层次、更大领域发展。如，与美国药典委员会成立联合标定对照品实验室；成为香港特区政府中成药注册指定检测实验室等等。

通过这些实质性国际合作，不仅为打造高水平专业技术队伍和培养科技领军人物创造了良好条件，也为中国药检机构增强综合实力和发展活力、提升国际竞争力和国际知名度奠定了坚实的基础。

第四章　以科学发展观为指导，全面推进药检事业持续协调发展

2008年，是我国改革开放30年，更是继往开来的一个重要时刻。站在新的历史起点上，面对繁重艰巨的改革发展任务，全国药检系统必须要深入落实科学发展观，践行科学监管理念，继续解放思想，增强忧患意识，坚持“科学 改革 创新”的精神，在继承的基础上谋求创新，在创新的基础上谋求发展，树立发展理念，转变思维模式，努力实现药检事业的新跨越。

一、深化改革促进发展，是药检事业取得成功的宝贵经验

回顾三十年的风风雨雨，全国药检系统在建设有中国特色的社会主义伟大旗帜的指引下，取得了辉煌成就，积累了宝贵的经验。多年来，全国药检系统坚持以确保安全为根本、以适应监管为中心、以能力建设为基础、以科学规范为前提，以统筹兼顾为原则，实现药品检验与药品监管协调发展，为中国医药经济的发展，为维护人

民用药安全有效发挥了重要作用。

（一）只有以确保安全为根本，药检事业的发展才能方向明确。确保人民群众用药安全有效、质量可控是药检机构的基本职责，也是我们一切工作的出发点和落脚点。只有牢牢把握好大方向，药品检验事业才能得到又好又快发展。

（二）只有以适应监管为中心，药检事业的发展才能作用突出。作为承担药品检验的专业技术机构，必须紧紧围绕药品监管的中心任务开展工作，与时俱进、开拓创新，才能为依法实施药品监管提供强有力的法定依据，才能在药品检验的技术支撑、技术保障和技术服务中发挥突出的职能作用。

（三）只有以能力建设为基础，药检事业的发展才能紧跟时代。要通过积极争取财政支持，加大基础设施投入，提升装备水平，锻造技术队伍，形成强大的检验综合实力，努力拓宽技术领域和业务范围，才能紧跟时代要求，才能做大做强药检事业。

（四）只有以科学规范为前提，药检事业的发展才能有效进行。科学的技术手段是检验工作的支撑，规范的管理模式是质量保证的前提。只有建立科学规范、高效透明的工作机制，才能从根本上确保检验检测数据实现科学性、公正性、准确性和可靠性，才能使药检所真正建成具有公信力的技术监督检验机构。

（五）只有以统筹兼顾为原则，药检事业的发展才能持续和谐。药检领域主要面临工作任务重、涉及范围广、责任压力强的局面，任何“单向突破”、“孤立运行”势必难以达到全药检系统的和谐发展，只有科学发展理念，以统筹兼顾的方法整合资源、整体推进，才能实现药检体系全面协调和可持续发展。

二、提升能力完善体系，是合力打造“中国药检”的努力方向

“风物长宜放眼量”，新时期，新挑战，新起点。未来的药检系统将面临体制创新、市场竞争、国际接轨的三大新压力，承受保障安全与健康、防范风险与危机、履行职能与职责的三大新考验，同时将迎来科学发展、科学监管、科学药检的三大新机遇。面对新的机遇，必须始终坚持全国一盘棋的思想，全面加强全国药检系统的整体功能建设，通过在技术、科研、教育培训和管理等方面的有组织、有计划、有实效的业务协作和交流，提升全系统检验检测能力和水平，合力打造“中国药检”新形象。

（一）努力实现规划纲要发展目标，带动全系统药检事业又好又快发展

作为药品检验国家最高权威机构，中检所的发展具有基础作用、示范作用和推动作用，因此，在未来中国药检发展中，应实行“雁阵战略”，以实现中检所“十一五”发展规划纲要为基础，经过努力，完成基础设施建设项目，打造出检验资源配套合理，检验检测运行体系完善，队伍素质全面提高，“国际一流、国内领先”的药检龙头，领航“中国药检”展翅腾飞。

（二）持续完善药检领域九大体系，努力构筑药品监管技术支撑平台

完善化学药品检验检测体系。建立和完善化学药品质量标准和检测技术平台，开展化学药品检验检测领域，特别是与各种新剂型、新药质量标准有关的新方法、新技术的研究；开展化学药品快速检验技术研究，为拓宽快速检验方法的应用范围进行技术储备。

完善中药检验检测体系。开展中药相关质量控制的关键性技术研究，建立完善有关安全控制指标的检测方法，特别是外源性、内源性有害残留物的检测方法；加强对中药注射剂中涉及安全性等质量控制项目的检测方法研究。

完善生物制品检验检测体系。以国际标准为基点，以国际先进检验技术为目标，集中在疫苗、血液制品、重组生物技术产品等生物制品的质量标准、检验方法及标准物质标定等方面的技术优势，开展相关制品的质量标准研究；完善生

物制品检验技术平台，建立和完善医学菌（毒）种、细胞库。

完善医疗器械检验检测体系。进一步加强生物学评价检测平台、生物医用材料化学表征检测平台、医疗器械产品物理性能检测平台建设；推进医疗器械检验检测技术平台建设。

完善实验动物管理体系。建立实验动物统一管理机构，完善实验动物资源和动物实验服务平台，强化实验动物及相关产品质量检测技术平台，建成国家实验动物资源和质量检测技术的研究与指导中心。

完善药品安全评价管理体系。强化国家药物安全评价监测中心建设；开展新技术方法研究；完善药物安全评价技术平台，完善符合国际规范的 GLP 管理体系。

完善药品标准物质管理体系。按照“完善机制、提高质量、保证供应”的总体要求，建立标准物质统一管理机构，提高标准物质标定和管理的能力和水平，加快与国际接轨合作。

完善标准化管理体系。强化标准管理，建立统一的标准管理部门，完善检验检测标准和计量检测仪器的标准化管理，及时跟踪标准变化，为准确使用检验检测标准提供保障。

完善食品化妆品检验检测体系。进一步加强对保健食品、化妆品检测相关方法的研究，提高对保健食品、化妆品安全性、有效性的评价水平；完善药用辅料和直接接触药品的包装材料和容器的国家标准体系。

三、团结奋进共谋大业，是药检系统实现跨越的有力保障

建立覆盖城乡居民的药品供应保障体系、建立国家基本药物制度、保证群众基本用药、确保食品药品安全，是党的“十七大”提出加快社会建设、改善民生的重要举措，也是赋予新时期药检工作的重要使命和任务。药品检验检测体系的建设，必须以“科学发展观”为统领，以检验检测能力建设为核心，以推进自主创新为灵魂，以加强规范管理为基础，以科学研究和教育培训为依托，实施“人才兴检”战略，全面加强基础设施建设，完善技术标准体系，提高检验检测技术水平，规范技术监督行为，不断推进制度创新、技术创新和管理创新，实现又好又快的发展。

（一）以确保安全为目的，大力加强药检文化建设。药检工作的出发点和落脚点就是要保证质量，没有确保质量为前提的发展，最终只能带来破坏和危害。因此，药检系统文化建设必须树立确保安全的核心价值观，正确处理公众利益、社会利益和商业利益之间的关系，通过保证药品安全来保障公众健康、通过保证产品质量来促进产业发展。

（二）以拓宽领域为前提，大力加强技术体系建设。因为历史变迁、机构设置等原因，药品检验检测机构是我国食品药品监管的主要技术支撑队伍。但随着药品监管职能和范围的发展，药品检验检测机构，必须调整人员结构、技术能力，适应综合监管的需要，建设涵盖药品、食品、医疗器械、化妆品、药包材等的综合技术保障能力。

（三）以强化技能为基础，大力加强检验能力建设。在具备一般的按质量标准、技术规范、操作规程检验能力的基础上，检验的思维要积极转变。从简单的是否符合药品质量标准向深层次的是否对人体安全有效转变。综合建设并充分运用标准检验能力、评价检验能力、应急检验能力、快筛快检能力和业务指导能力。

（四）以精细管理为重点，大力加强质量体系建设。在质量体系的建设上，不是简单地按条文、按规定、按要求做，以符合标准、通过检查为目标，而是要真正理解管理规范的精神实质，结合工作实际，积极主动调整，消除影响检验报告质量的因素，使全面质量管理的理念深入人心、覆盖各个领域和环节，融入检验各要素。

（五）以研究检验为途径，大力加强人才队伍建设。对药品检验人员实行分层培养和分类管

理，既要培育熟练的检验操作人员，确保日常检验的效率和稳定性；又要培育具有思考能力、探索能力的研究型人才，提高分析、查找、解决检验中的难题的能力；同时吸收引进填补空白的应用型人才，实现药检各学科人力资源的全覆盖。

（六）以规范标准为带动，大力加强标准研究建设。以往传统的药检思维过度关注药品标准本身，习惯于直接从事本应属于企业责任的药品标准的起草制定工作，在明确职能、区分利益主体后，药检工作应将重点转移到制定“标准的标准”，也就是按“药品标准制定起草指导原则和技术要求”规范药品标准的起草，以及按技术要求施行“标准的仲裁”。

（七）以数字检验为方向，大力加强信息技术建设。信息化建设，不是简单的信息网络技术的运用，更不是简单地将传统工作转移到计算机上，而是一种检验思维模式、检验组织模式、检验管理模式、检验行为模式的根本转变，必须积极探索数字药检的发展方向和发展路径，形成先进生产力，避免落后于时代的发展。

（八）以自主创新为突破，大力加强药检科研建设。科研能力的转化，不要单纯满足于将容量分析提升到仪器分析、将紫外光谱法提升到液相色谱法，将先进的技术运用于药品检验中，而是要积极创新，开拓能够方便、经济、快速、准确控制药品质量的新技术、新方法。

（九）以赶超先进为纽带，大力加强对外合作交流。对外合作与交流，不是单纯的国际之间，还包括国内不同区域、不同行业、不同层次之间，以及与政府部门、企事业单位之间的交流。突破保守的“等、靠、要”、“自力更生”思想，实现技术、人才、资金等因素的流动，达到共赢。建立从药品研发、临床、生产、流通、使用到再评价，从行政监管、技术监管到企业内控的确保药品质量的完整技术链条和网络。

（十）以共同发展为目标，大力加强系统整体建设。突破目前按行政区域划分，缺少有机联系，缺少内在沟通交流的现状，积极探索机构的设置、资源的配置、任务的分工、各级的协调、科研的合作、信息的共享等新方法、新路径，实现中国药检全系统的整体发展。

在未来的建设和发展中，全国药品检验检测系统，必须以邓小平理论和“三个代表”重要思想为指导，认真落实科学发展观，树立和实践科学监管理念，全面履行法定检验检定职能，服务于全国食品药品监管工作的大局。在确保药品、医疗器械安全有效、质量可控，促进我国医药产业健康发展中，更好地发挥技术支撑、技术保障、技术服务和技术带动作用，为构建社会主义和谐社会做出新的贡献。

第一部分　重要会议与报告

2008 年全国药品检验工作会议

2008 年 1 月 30 日 ~2 月 1 日，全国药品检验工作会议在北京召开。党委书记、所长李云龙、常务副所长金少鸿、副所长王军志、党委副书记丁丽霞、纪委书记张永华、所长助理刘桂芬出席了会议。参加会议的代表有来自全国 41 个省、自治区、直辖市、口岸所、计划单列市、总后、武警药品检验所的所长以及中检所部分处室主要负责人。大会还邀请了国家局有关司室的领导。会议期间，参会代表还列席了 2008 年全国食品药品监督管理工作暨“双先”表彰会议。

李云龙同志在会上作了题为《坚持和实践科学监管理念，推动药品检验事业全面协调发展》的工作报告，对过去工作的简要回顾，部署了 2008 年要重点抓好的九方面工作，并强调要全面加强管理、加强基础设施建设、加强文化建设、加强廉政建设。

代表们围绕吴仪副总理在全国食品药品监督管理工作会议上的讲话、国家局党组书记、局长邵明立的工作报告及中检所所长李云龙的工作报告进行了分组讨论。大家一致认为，参加这次大会收获很大，特别是吴仪副总理、邵明立局长都高度评价了药检系统的工作，这对大家是一种鼓舞。通过听取李云龙所长的报告，更加明确了对做好当前药品检验工作重要性和紧迫性的认识。做好药品检验工作，确保人民用药安全有效，促进医药事业又好又快发展，是法律赋予大家的神圣职责，是党中央、国务院和人民群众对大家的重托，也是国家局以及各级药监部门对大家的要求，一定要按照李所长报告中提出的全国药检系统总的指导思想的要求，努力推动我国药品检验检测工作再上新台阶。另外，代表们还提出了许多建设性的意见。

国家局党组书记、局长邵明立及国家局部分司室领导看望全国药品检验工作会议代表并合影留念，邵明立局长还发表了简短的讲话，充分肯定了全国药检系统的工作并提出殷切期望。

坚持和实践科学监管理念
推动药品检验事业全面协调发展

——党委书记、所长李云龙在 2008 年全国药品检验工作会议上的讲话（节选）

为深入学习贯彻党的十七大精神，全面落实科学发展观，努力践行科学监管理念，进一步推动全国药品检验事业全面协调发展，更好地适应我国食品药品监管工作的需要，我们召开这次全国药品检验工作会议。下面，我讲三个问题：

一、过去工作的简要回顾

全国药检机构隶属药品监管部门后的这一时期，是各级党和政府最重视、资金投入最大、药品检验事业得到全面快速发展的时期。各级药检机构设施设备条件明显改善，药品检验检测能力显著提高，药检队伍整体素质不断提升，在药品监管工作中技术支撑的作用日益突出，为我国药品监管事业的发展做出了重要贡献。主要表现在：

（一）药品检验检测能力不断提高

全国药检系统忠实履行法定职责，自觉服从、服务于药品监管的大局，不断提高检验检测能力和水平。省以上药检机构全项检验能力已基本达到 90%，市（地）级达到 60%。随着药品监管工作的深入发展，检验检测的任务量逐年增加，检验业务范围也在不断扩展。在整顿和规范药品市场秩序、打击假劣药品行为和药品专项整治等工作中，各级药检机构付出了艰辛努力，充分发挥了技术支撑和技术保障作用。

中检所实现了药品监督抽验职能的有效整合，监督抽验、案件协查和广告监测等工作进展顺利。研发并推广了药品检测车。已经能够提供98%以上《中国药典》收载品种所涉及的标准物质。医疗器械已从早期的高分子材料检验扩展到生物医用材料产品、组织工程产品、带药医疗器械、诊断试剂和小型植入体内的机电产品的检验检测，能力和水平也在不断提高。

（二）在应对药品安全事件中经受了考验

近年来，全国药检系统在各级药监部门的领导下，积极应对一系列药品安全事件，发挥了作用，经受了考验，得到了锻炼，推动了应急检验能力建设。各级药检机构都制定了《应急预案》，对药品安全事件发生原因进行判断的能力不断提升。在应对“齐二药”、“欣弗”、“甲氨蝶呤”、“佰易”、“人用狂犬疫苗”等事件中，全系统干部职工日夜奋战，攻坚克难，为各类药品安全事件的处置提供了及时、准确的技术依据。

针对近年来假冒人血白蛋白、中成药非法添加化学物质以及中药材质量混乱等突出问题，中检所组织全国药检系统进行了8个专项抽验工作。针对阿奇霉素注射液及克林霉素磷酸酯注射液发现的质量问题，中检所研究建立了新的检验检测方法，及时向国家局提出意见和建议，为国家局行政决策提供了技术参考。

（三）科研和培训工作取得可喜成绩

几年来，在国家和各级地方科技项目支持下，药品技术监督系统在药品质量标准及检验技术等方面进行了大量的科学研究，并取得了很好的成果。自2000年以来，全系统共承担国家“863”、“973”以及各类攻关计划、支撑计划项目177项，共获得经费约2亿元，其中国家级科技项目82项约1.7亿元，省部级及其他项目95项约3千万元。共获得科技奖励31项，其中国家科技进步二等奖5项，省部级奖项26项。启动了“十一五”国家科技支撑计划项目“药品安全关键技术研究”。

系统教育培训工作也在不断加强。中检所自2001年起举办了六期全国省级药检所所长培训班，培训人员达220余人次。每年承担各省所、地（市）级所派来进修的技术人员达百余人次。自1997年开始，中检所与中国药科大学联合举办了“全国药检系统硕士研究生课程进修班”，有196名学员参加了学习，目前已有106名获得硕士学位，其中大部分学员已经成为各自单位的管理或业务骨干。2007年又与沈阳药科大学联合举办了针对地（市）级药检所的研究生培训班，首批42人已经入学。从2006年开始，中检所组织部分省市药检所对西藏、云南等西部地区药检技术人员进行了培训。按照国家局的指示，中检所从2006年起联合北京所、广东所、江苏所、黑龙江所和上海所共同对新疆药检机构的上百名骨干技术人员进行了全面的业务培训。

（四）信息化建设跃上新台阶

全系统信息化水平不断提高，90%的药检所实现了互联网访问，有143个药检所与地方政府部门或者其他单位建立了网络联系。有188个药检所建立了局域网络，有28个药检所已规划立项。业务软件的应用得到广泛推广，有239个药检所已使用计算机软件对药检所业务进行管理。从2004年开始，在中检所的组织协调下，实现了全国进口药品检验数据的定期报送和互联网检索功能。中检所基本形成了局域网系统以及药品检验系统广域网络中心，初步搭建起内部办公、对外交流、信息共享的网络平台。

（五）质量管理体系建设取得新进展

作为出具公证性数据的机构，全系统均严格执行《计量法》，按照ISO 17025准则的要求建立并不断完善质量管理体系。到目前为止，继中检所在2002年率先通过了国家实验室认可之后，全国共有50个药检所通过了国家实验室认可。中检所多次组织国内研究机构参加国际实验室比对及能力验证，组织开展了全国医疗器械检测机构实验室比对实验，取得了满意结果。2005 年中检所接受并通过了 WHO 的实验室和生物制品批签发的考评。中检所安评中心在国内率先通过 GLP 认证，还通过了日本政府国际协力事业团（JICA）的验收、国际实验动物评估和认可管理委员会（AAALAC）的认证。

（六）国际（地区）合作与交流不断扩展

全系统每年派出上百名专家及技术人员，赴世界各地参加世界卫生组织及其他国际组织和国外机构召开的国际会议、专家会议、学术研讨会和技术培训等，并多次应邀作学术报告。接待了上百名来自世界卫生组织（WHO）、美国药典委员会（USP）等十余个国家及地区的专家学者来华进行学术交流。举办了百余起学术讲座及研讨会，培训了 5000 余名技术骨干。

中检所作为世界卫生组织药品质量保证合作中心，5 次得到了 WHO 总部的再确认，在 WHO 基本药物基础测试、药品标准物质提供及协作标定、国际药典的修订、WHO 药品技术指导原则的制订及其标准修订、打击伪劣药品的国际合作等的工作中取得了显著的成效，得到 WHO 总部的认可。中检所自主成功研制的乙脑减毒活疫苗被 WHO 正式纳入其生物制品规程。先后与 WHO 合作举办了“细菌耐药性监测培训班”、与美国药典委员会共同举办了“中美药品分析技术和药品质量检测方法研讨会”，成功地承办了“WHO 无细胞百日咳疫苗标准化工作组会议”。培训了 24 名来自越南、新加坡、古巴、伊朗、朝鲜等国外相关机构的技术人员。在不断扩展国际（地区）合作与交流工作的同时，双边合作也取得了实质性进展。协助香港和澳门开展了相关工作。

（七）对系统的业务指导工作得到加强

中检所牵头组织全国药检系统编写了 1990、1995、2000 和 2005 版《中国药品检验标准操作规范》与《药品检验仪器操作规程》。多次举办业务工作会议和学术会议，建立了从业务科长到药检所长的按部门、按职能的业务培训模式和机制。针对口岸检验、生物制品批签发、测定方法和仪器检测技术等专项进行了培训，并根据需要组织了人血白蛋白、人用狂犬疫苗打假的专项培训等等。根据国家局的要求，中检所组织北京、济南、杭州医疗器械检测中心等 11 家医疗器械检验机构编写了 23 项生物学试验规程，提高了医疗器械检测报告的质量，规范了全国医疗器械检测机构的生物学检测工作。系统的凝聚力得到进一步加强。

这些成绩的取得，是国家局及各级食品药品监管部门的正确领导和大力支持的结果。各级药检机构忠实履行法定职能，充分发挥了技术支撑、技术保障和技术服务作用，为人民群众用药安全做了大量卓有成效工作，付出了艰辛努力的结果。地（市）级药检所在市场监督抽验工作中做出了突出贡献。在此，我代表中检所向全系统的干部职工表示衷心的感谢和深深的敬意！

同时，我们也应该看到，过去虽然取得了一些成绩，但仍然存在一些不容忽视的问题：一是药品检验体制还需要进一步理顺和完善。二是药检系统的整体功能发挥得还不够。三是检验检测能力尚不能完全适应食品药品监管工作的需要。这些问题在一定程度上制约了药检职能的充分发挥，应该逐步加以解决。

二、2008 年主要工作任务

2008 年，全国药检系统工作总的指导思想是：深入学习贯彻党的十七大精神，落实科学发展观，自觉服从和服务于全国食品药品监管工作的大局，以科学监管理念为指导，以检验检测能力建设为核心，以科学研究和教育培训为依托，实施“人才兴检”战略，全面加强行政和业务管理，强化药检系统的整体功能，不断适应食品药品监管工作的需要，逐步建立起符合中国国情的药品监管技术支撑体系，推动我国药品检验检测工作再上新台阶。

（一）进一步全面落实科学监管理念

全面落实科学监管理念，必须结合自身职能性质和工作实际，不断探索并建立富有鲜明药检特色的实践科学监管理念的思维和路径。一要牢固树立着眼大局的思想观念。药检系统要服务大局，按照十七大提出的加快推进以改善民生为重点的社会建设的要求，在建立覆盖城乡居民的药品供应保障体系、建立国家基本药物制度、保证群众基本用药、确保食品药品安全等方面，以“科学、改革、创新”的精神，充分发挥药品检验的技术支撑、技术保障和技术服务作用，为构建和谐社会做出新贡献。二要牢固树立服务监管的主题思维。作为药品监管部门设置的药品检验机构，各级药检所必须紧紧围绕药品监管的中心任务来开展工作。要始终把确保人民群众用药安全有效、质量可控作为我们一切工作的出发点和落脚点，为依法实施药品监管提供强有力的检验检测技术支撑和法定依据。三要牢固树立科学检验的技术模式。应始终把握“科学、独立、公正、权威”的质量准则。科学是根本，独立是基础，只有科学、独立的检验检测数据才能从根本上实现公正性，最终只有是科学、独立、公正的，才能是最具权威的，才能真正建成具有公信力的技术监督检验机构。四要牢固树立促进提高的目的意识。要克服“就检验搞检验”的传统观念。应通过检验检测的实践和技术研究，促进自身能力和水平的提升，逐步实现与世界先进水平接轨。应通过检验检测工作，为打击假劣药品提供法定技术依据，为规范和净化医药市场、提高行政监管水平做贡献。应通过对质量标准的可控性、有效性、安全性和经济性进行研究，不断提高我国药品质量的技术标准和控制水平，为促进国药走向世界做贡献。

（二）进一步提高检验检测能力

不断提高检验检测能力是药检机构永恒的主题。为了实现建设一批具有国际水平的检验机构的目标，一要在整合资源上狠下功夫。要本着“合理布局、突出重点、特色发展”的思路，不断加强各级药检机构的能力建设。要积极创造条件，加大系统职能整合、人员整合和设备整合的力度，逐步形成学科优势和技术优势，不断扩展检验检测业务，进一步加强药品标准物质的标定与管理，全面提高我国药品检验检测的整体水平。二要在提高应急检验能力上狠下功夫。制定并不断完善全系统的《应急预案》，建立统一的应急协调指挥系统，组建比较稳固的专家组和专家库，建立药品安全事件案例库、药品分析图谱库等等，形成资源共享机制。开展药品应急检验检测相关技术研究，从工作和技术两个层面，形成全国药检系统“统一协调、上下联动、整体支援”的应急检验组织管理模式。三要在出口药品检验把关上狠下功夫。认真落实国家局与美国卫生与人类服务部共同签署的关于药品、医疗器械安全的《协议》。各省级药检所和口岸药检所应高度重视此项工作，承担好出具出口药品检验报告的神圣职责，经得起国内外检验机构的检验和考验，树立起“中国药检”良好的声誉和形象。四要在配合专项整治工作上狠下功夫。全系统要按照国家局以及各级药监部门的部署，充分发挥技术优势，积极参与和配合专项整治行动，为促进药品生产经营秩序的好转和药品安全水平的进一步提高作出应有的努力。

（三）进一步改进和完善药品抽验工作

要加大药品质量抽验机制改进和完善的力度。一要明确重点。药品评价抽验的重点要放在公众基本用药的质量状况和水平上，并及时做出质量综合分析。监督抽验的重点主要放在对药品不良反应或广告监测发现的问题、突发事件涉及、涉嫌在中成药中添加化学物质和评价抽验发现问题的品种上。二要改进方式。要从统一集中抽样，改为聘请各省有关药检专业人员进行抽样。三要定点检验。药品抽验任务实行系统内公开申报，根据各省级药检所的检验能力、技术水平和设备状况，确定承担药品检验任务的单位。在国家计划制定的评价抽验品种中，选择1~3

个品种进行集中检验。安排部分专项监督抽验任务，分配给没有承担国家评价抽验任务的省级药检所。四要改进经费分配。从过去以检验批次为基数的分配方法，逐步向抽样经费与检验经费相分离的分配方向改进。

（四）进一步加强人才培养工作

加强能力建设，人才是关键。应在制度、机制、政策和管理等层面创造一个稳定宽容的环境，努力培养和造就一支专业化的检验技术队伍和高素质的管理队伍。一应加强技能型队伍训练。应加强对基层药检机构及涉药单位的实验技术人员的培训工作，进行各学科专门技术、仪器分析应用和实验室操作培训。召开各级业务专业技术会议，研究解决工作中的实际问题。完善技术操作规范，开展技术比武、验证比对、报告评比等活动，培养和造就一批高技能检验人才。二应加强研究型人才培养。加大人才引进力度。通过选派高级技术人员到国外先进实验室做访问学者、进修学习、技术研究等，培育在国内外有影响的检验创新型人才和领军型人才。中检所要继续与中国药科大学、沈阳药科大学联合举办分别针对省、地（市）级药检所的硕士研究生课程进修班，加大联合培养博士研究生的力度，积极探索在中检所设立博士后工作站的可行性。三应加强复合型管理人才培养。协助国家局完成好对地（市）级药检所所长的轮训。有计划地选拔技术型干部进行行政和业务管理方面的培训和深造，努力打造一支政治可靠、业务过硬的行政管理、业务管理和党群管理的复合型人才队伍。

（五）进一步加强科学研究工作

科研工作是药品检验能力和水平提高的重要依托。应按照国家创新体系建设的要求，进一步加快药检科学研究的步伐。一应加强组织管理。组织完成好“国家药品安全科技行动”等相关科技项目。大力推行科研项目招投标制度。中检所要组织好全国性的协作攻关研究，带动整个药检系统科研能力和水平的提高，发挥好龙头和示范作用。二应制定科研规划。抓紧编制与国家中长期科学和技术发展规划纲要相对接的药品检验科学和技术发展规划。利用技术优势，主动参与建立国家基本药物制度、国家创新药物等相关课题的攻关。规划和争取一批涉及药品安全性、质量研究与评价、技术和方法研究、政策研究类软课题、药品监督抽验、快速筛查新方法等前瞻性科技支撑计划项目。三应建立奖励机制。通过建立科技成果评价机制、鉴定机制和奖励机制，调动全系统积极参与科研、钻研业务、勇于创新的积极性，力争取得一批高水平、有影响的科研成果。

（六）进一步加快信息化建设步伐

建设“数字化药检”。加快以网络化推动药检整体化，以数字化推动药检现代化的步伐。一要加强组织协调。在中检所成立全国药检系统信息化建设技术委员会和信息化工作组，推动工作的有效、快速开展。二要加快互联互通。在国家局信息系统整体框架下，建立完整畅通的药检网络信息体系。加快完成省级药检所与中检所的广域网联接，促进省级药检所与所辖地（市）级药检所的网络联接。建立监督检验数据的共享平台。三要制定技术规范。制定并完善适合药品检验系统特点的网络建设管理规范、信息管理规范、数据安全管理规范等药品检验系统信息化相关技术规范，确保信息的交流与共享。四要整合信息资源。建立检验检测工作急需的数据库和数据共享平台。建立国内外药品质量监管信息和药品质量安全信息的收集、交流机制，建设具有药品检验工作特点的电子图书馆。按照“服务监管、服务检验、服务公众”的要求，进一步加强网站建设。五要开展信息化建设的科研。围绕药检系统信息化建设标准、技术规范和涉药信息的整合、分析、利用开展研究，形成高速、通畅、规范、准确、丰富的药品检验信息平台。

（七）进一步加强质量管理体系建设

加强质量管理体系建设，是确保药品检验报

告和药品标准物质质量的技术保障，更是与国际认证认可接轨的现时需要。一要建立管理组织。协调有关部门，力争在中检所成立药检系统计量认证管理小组，统一管理各省级药检所的计量认证工作，成为药检系统与计量认证、实验室认可权威机构之间沟通的桥梁和纽带。二要开展质量管理协作研究。针对目前药检系统质量管理体系中存在的药品检验测量不确定度、仪器自校准、试剂的有效期等难点问题，组织专项协作研究。制定实验室认可准则在药品检验领域的应用说明等技术文件，按照《中国药典》附录的方法分类，逐项开展药品检验测量不确定度评定工作。三要构建合作交流平台。建立药检系统质量管理工作会议制度，组织编制统一的管理文件和技术规范。组织开展国内质量管理学术研讨活动，加强对质量管理人员和内审员的培训。按照国际通行的实验室认可准则不断强化质量体系的建设。

（八）进一步加强国际（地区）交流与合作

必须全方位、多领域地开展药品质量控制的国际（地区）合作与交流，推动药品检验检测国际化。一应推动与国际接轨。加强参与世界卫生组织、外国药典会和检定所、药品检测专业机构的合作交流，扩大学科领域及其覆盖面。拓宽参加国际标准物质的质量标准与技术规范制订相关工作的渠道。积极参加世界卫生组织、欧洲药品质量管理局（EDQM）、德国联邦血清与疫苗研究所（PEI）组织的国际标准物质协作标定。促进实验室国际认证与互认工作，开展药物安全评价监测技术合作。二应提升国际地位与形象。争取发展与亚洲、非洲相关机构及组织的合作，提供技术援助及培训。结合 WHO 基础测试项目，推广具有我国自主知识产权的“药品检测车”以及其他药品快速检测技术，合作打击假劣药品和跨国犯罪行为。三应促进国药国际化。开展中药质量标准和检测技术的国际合作研究，加强中药质量控制、疗效机制的研究，以标准化推动国际化。推动企业提高原料药、生物制剂等优势产品的质量标准，以一流的水平促进国药国际化。

（九）进一步强化系统的整体功能

要高度重视药检系统的整体功能建设。一应进一步加强业务指导。充分发挥中检所的职能作用，创新业务指导模式和机制，通过有组织、有计划、有内容和有实效的系统带动，在技术、管理、科研和培训等方面开展业务协作与交流，及时总结和推广业务和技术管理的先进经验。要加强技术法律法规和政策理论研究，强化系统的宣传工作。组织全国药检机构加强对企业，特别是生产企业质量管理体系的业务指导。二应形成系统整体功能。积极推动行政区域、经济区域、专门项目药检合作。不断研究和丰富发挥整体功能的内容、形式及途经。积极推动全系统的技术创新、制度创新和管理创新，形成自身的特色和优势，争取在某项技术、某一领域达到国内或国际领先，不断提高“中国药检”的整体实力和竞争力。三要加强中检所的工作。形成和发挥药检整体功能，中检所是关键。随着形势发展和监管的需要，中检所要向高端检验和技术研究为主的方向发展，发挥好龙头和带动作用，实施好《发展规划纲要》，努力实现建成“国际一流，国内领先”的中检所的目标。

三、进一步加强自身建设

打铁必须自身硬。要履行好药品技术监督检验的法定职能，必须不断强化我们的自身建设。

（一）应全面加强管理

药检机构要想能够具有持续的发展潜力、竞争力和整体力量，最重要的是强化管理。一是强化班子管理。努力把领导班子真正建设成为政治过硬、顾全大局，既能够把握国内外技术政策方向，又能够带领检验检测技术发展的综合型管理团队。二是强化技术管理。管理是技术的重要组成部分，因此要把加强药检技术管理放在更加突出的位置来重视，来抓。三是强化行政管理。行政管理工作的根本是协调和服务，药检系统行政管理工作尤其要注重为检验检测工作服务，应努力做到热情服务、主动服务，创建科学、高效、节约的行政管理体系。

（二）要加强基础设施建设

药检事业的可持续发展，物质基础是保障。要继续争取各级政府对药检机构的支持，加快基础设施建设的步伐，努力提高经费保障水平。一要加快项目实施进度。要按照国家局的总体要求，加快国债建设项目的设施进度，尽早投入使用，发挥效益。二要加大争取力度。继续争取各级财政对药检机构的经费投入，确保药检任务的顺利完成。中检所也将配合国家局积极争取中央财政转移支付对药检机构的支持，争取尽快改变地方药检所，尤其是地（市）级药检所设施设备相对还比较落后的现状。三要加大信息化投入。继续争取各级财政对信息化建设的资金支持。各级药检机构也要千方百计筹措资金，确保药检系统信息化建设的顺利实施。

（三）要加强文化建设

努力建设和谐药检。一要克服重技术轻管理，重管理轻文化的倾向，努力打造“中国药检人”的精神风貌。二要按照科学监管理念的要求，谋划系统理念、精神、准则、目标、标识、形象和创作药检之歌等文化内涵，以服务监管、保证质量安全为落脚点，以提升技术能力和管理能力为手段，把履行职能和关心职工切身利益结合起来，确立全系统共同守信的价值取向。三要组织开展全系统的争先创优活动，施行两年一次的全国检验系统先进集体和先进个人评比表彰活动。充分调动全系统干事创业的积极性。

（四）要加强廉政建设

药检系统必须在各级党委和纪委的领导下，按照十七大以及胡锦涛总书记 1 月 15 日在中国共产党第十七届中央纪律检查委员会第二次全体会议上发表的重要讲话的要求，切实抓好反腐倡廉工作。一要把握重点。坚持“标本兼治、综合治理、惩防并举、注重预防”的方针。以检验公正为目标，以杜绝“以检谋私”为重点，抓党风，促政风，带行风。二要加强制度建设。建立反腐倡廉的长效机制，从制度上控制和堵塞腐败因素的生成，从源头上抑制和消除产生腐败的诱因。三要坚持两手抓，两手都要硬。强化“廉洁从检、执检为民”的意识。既要抓业务建设，又要抓思想和职业道德建设，建设一支政治可靠、业务过硬、廉洁自律、人民放心的队伍。（2008 年 1 月 30 日）

李云龙在 2008 年工作总结表彰大会上的讲话（节选）

今天会议要总结中检所 2008 年的工作，部署今年（2009 年）的重点任务。下面，我代表所党委和行政班子讲两个问题：

一、2008 年工作简要回顾

2008 年是中检所全面实施《发展规划纲要》的第一年。在国家局党组的正确领导下，全所干部职工深入贯彻落实科学发展观，大力践行科学监管理念，团结一心，开拓进取，奋发有为，比较圆满地完成了各项检验检测任务，各项工作均取得了明显成效，为中检所进一步发展进步奠定了良好基础。在这里，我重点回顾以下 10 个方面的工作。

（一）成功召开了第一次全国药品检验工作会议

2008 年全国药品检验工作会议是中检所新一届领导班子成立以来的第一次全系统工作会议。国家局党组和邵明立局长高度重视，批准会议代表列席全国食品药品监管工作会议并形成惯例。吴仪副总理、邵明立局长对药检系统工作的评价极大地鼓舞了全系统。会议达到了统一思想，凝聚力量，明确任务的目的，为全国药检系统今后的工作和发展奠定了良好基础。

（二）制定并发布 2008 年～2015 年《发展规划纲要》

我们在反复研究的基础上制订了中检所《发展规划纲要》（2008 年～2015 年），明确了今后

8 年各项工作的指导思想与基本原则、发展目标、主要任务、保障措施等等。这是实现“国内一流，国际领先”目标的总体部署，为中检所今后的发展指明了前进方向。

（三）制定、修订和完善了 25 项管理规章制度

进一步完善了各项规章制度，相继制订或修订了《会议管理办法》、《仪器设备管理办法》、《收入分配管理办法》、《资金使用和管理办法》、《工作人员管理办法》、《实验室工作人员健康管理制度》等包括行政管理、业务管理在内的 19 项规章制度，使相关工作有章可循，为用制度管事、管人创造了制度基础。

（四）整合、建立和完善相关的检验检测体系

对体外诊断试剂，药理等职能作了整合。独立设置质量管理处，增加了法律法规等职能。经国家局批准，于 2008 年 4 月整合建立了实验动物管理体系，于 2008 年 6 月成立了标准物质管理体系，成立了新一届标准物质管理委员会。为中检所更好更快发展奠定了体制基础。

（五）积极应对冰雪灾害、抗震救灾、奥运安全和药品安全事件

年初南方大部分省市大面积遭受冰雪灾害，迅速启动了生物制品快速反应系统。5. 12 汶川地震发生后，中检所在第一时间与四川省药检所联系，并立即启动一级应急响应，紧急通知 7 个批签发授权所在保障制品质量的前提下加快批签发工作。派出三个工作组，对灾区急需药品的生产企业进行同步检验指导。按照国家局的要求，紧急组建了抗震救灾药品检验专家组和药品快检技术工作组赴四川灾区指导工作。为实现确保平安奥运目标，落实各项安全保卫措施，重点配备和改造了防盗、监控、报警、废弃物处理等设施，技术防范能力全面提升。受到北京市有关部门的嘉奖。应急能力明显提高，在处置肝素钠事件、静注人免疫球蛋白事件、刺五加注射液事件等药害事件中，能够迅速、妥善应对，经受住了考验，受到了国家局的充分肯定。

（六）深入开展学习实践科学发展观活动

按照国家局的部署，紧紧围绕“践行科学监管理念，适应食品药品监管需要，确保检验质量和安全，树立中国药检新形象”的活动主题，将学习实践活动与检验检测工作相结合，突出实践特色。学习调研阶段和分析检查阶段任务较好完成，受到国家局好评。

（七）加强系统业务指导和培训工作

年初制订了全所培训计划，努力争取，积极配合国家局对地市药检所长进行集中培训，目前已完成两期，共培训 186 名。组织 10 个条件较好的药检所承担西北三省检验人员的培训任务。在扬子江药业和兰州生物制品研究所设立了实训基地，先后派出 5 批 45 名技术人员，全面了解生产过程和工艺流程中可能影响到产品质量的各环节，开阔了视野，拓展了检验思路。

（八）迁建项目可研报告取得批复

迁建工作取得阶段性成果，可行性研究报告自 2007 年 12 月上报国家发改委后，积极沟通争取，做了大量工作，最终于 2008 年 11 月取得国家发改委批复，确定中检所在大兴的建设规模为 92512 平方米，比立项批复规模略有增加，实现了预期目标。

（九）对外合作与交流日趋活跃

全年共接待来自美国、英国、德国、新加坡、古巴、加拿大、越南、世界卫生组织及我国港澳台等 10 余个国家和地区政府官员、技术专家等 209 人次。与来访的英国驻华使馆、德国 PEI、英国 NIBSC 代表团签署了合作协议书 1 项、合作谅解备忘录 2 项。2008 年 2 月，中检所正式成为美国药典委员会大会成员。接受新加坡，越南等相关 6 名技术人员进修。共联合举办或承办较大规模国际学术会议 6 次，派出专家、技术骨干 119 人次赴美国、港澳台等 30 余个国家和地区考察访问、学术交流及研修。初步树立了“中

国药检”新形象。

（十）开展年终综合考评和学术成果交流活动

圆满地完成了年终综合考评工作。结果作为评先选优、干部考核任用的重要依据，以此强化责任，督促各部门不断提高工作能力和水平。开展了所内学术成果交流活动，共有91人报告了各自领域的学术成果，推荐了19人参加全所统一交流。北京所、天津所、总后和武警药检所共55人也参加了此次学术成果交流活动。

同志们，回顾2008年工作，感触良多。其中有几个情况值得珍视：一是国家局的重视、信任；二是中检所工作和发展思路比较明确清楚；三是各项和各方面工作开始走向良性发展轨道；四是基础性制度建设基本完成，所容所貌和干部职工面貌都发生了改善；五是全国系统凝聚力，向心力和感召力有所增强；六是各级领导班子努力和广大干部职工的理解、支持，这是最重要的。这些变化大家都有目共睹，感同身受。这是全所干部职工理解支持，共同努力的结果，我代表所党委和行政班子向大家表示衷心的感谢！（2009年2月17日）

中检所2008年工作要点

2008年，中国药品生物制品检定所工作总的指导思想是：深入学习贯彻党的十七大精神，落实科学发展观，大力实践科学监管理念，自觉服从和服务于全国食品药品监管工作的大局，以科学监管理念为指导，以检验检测能力建设为核心，以科学研究和教育培训为依托，实施“人才兴检”战略，全面加强体系建设，强化管理，发挥中检所的优势，不断适应食品药品监管工作的需要，逐步建立起符合中国国情的药品监管技术支撑体系，推动我国药品检验检测工作再上新台阶。

一、认真学习贯彻党的十七大精神，全面落实科学监管理念

（一）把学习贯彻党的十七大精神作为首要政治任务来抓，深刻理解科学发展观的科学内涵、精神实质和根本要求，不断增强实践科学监管理念的自觉性和坚定性。密切结合药品检验工作实际，组织开展多种形式的学习活动，加强督促检查，学实、学深、学透十七大精神。

（二）进一步落实科学监管理念，结合岗位职责和工作实际，不断探索并建立富有鲜明药检特色的实践科学监管理念的思维和路径。

二、加强能力建设，进一步提高检验检测水平

（三）不断加强检验检测的能力建设。积极创造条件，加大职能整合、人员整合和设备整合的力度，逐步形成学科优势和技术优势，不断扩展检验检测业务。进一步加强药品标准物质的管理及有关职能的整合工作。

（四）制定并不断完善全系统的《应急预案》，建立统一的应急协调指挥系统，组建专家组和专家库，建立药品安全事件案例库、药品分析图谱库等等，形成资源共享机制。开展药品应急检验检测相关技术研究，从工作和技术两个层面，形成全国药检系统“统一协调、上下联动、整体支援”的应急检验组织管理模式。

（五）认真落实国家局与美国卫生与人类服务部共同签署的关于药品、医疗器械安全的《协议》，做好药品、医疗器械出口的检验工作。

（六）落实完成“国家药品标准提高行动计划”的有关工作。完成2010版《中国药典》的有关工作。

三、加强奥运药品安全保障工作

（七）落实国家局强化兴奋剂整治工作。做好全面治理蛋白同化制剂、肽类激素的相关检验检测工作，在国家局部署的全面治理蛋白同化制剂、肽类激素生产经营行为工作中，进一步发挥技术支撑作用。

四、配合国家局做好药品市场监管和专项整治工作

（八）完善药品抽验工作，规范药品、医疗器械抽验程序，完善评价抽验的指标体系，将评价抽验与监督抽验有机结合，改进评价抽验工作。加大对发生不良事件、发布虚假广告、存在违规生产、高风险等企业的产品的抽验和质量监督力度。推广应用药品、医疗器械抽验信息化管理系统。

（九）按照国家局的部署，积极开展邮售药品、制售假冒狂犬疫苗，以及电疗、磁疗、光疗等物理治疗设备市场监督专项检查工作。

（十）完善药品广告审查监督机制，改进广告监测方法，建立违法广告“黑名单”制度，重点监测以公众人物名义做功效宣传的产品。

（十一）落实国家局完善国家基本药物目录，研究基本药物遴选原则、标准和程序，完成国家基本药物品种遴选的相关工作任务。

五、进一步加强人才培养和技术交流工作

（十二）加强对基层药检机构及涉药单位的实验技术人员的培训工作，进行各学科专门技术、仪器分析应用和实验室操作培训。召开各级业务专业技术会议，研究解决工作中的实际问题。

（十三）完善技术操作规范，开展能力验证、实验室比对、报告评比等活动，培养和造就一批高技能检验人才。

（十四）加大人才培养引进力度。通过选派高级技术人员到国外先进实验室做访问学者、进修学习、技术研究等，培育在国内外有影响的检验创新型人才和领军型人才。

（十五）加大联合培养博士研究生的力度，积极探索在中检所设立博士后工作站的可行性。

（十六）协助国家局有关部门完成好对地（市）级药检所所长的轮训，继续办好省级药检所长培训班。有计划地选拔技术型干部进行行政和业务管理方面的培训和深造。

六、进一步加强科学研究工作

（十七）启动“十一五”国家科技支撑计划的“我国当前急需建立和提高的药品监督检验技术研究”和“生物制品安全性评价技术及原辅料安全性研究”两个重点项目。

（十八）建立科技成果评价机制、鉴定机制和奖励机制，调动全所积极参与科研、钻研业务、勇于创新的积极性，力争取得一批更高水平、更有影响的科研成果。

七、进一步加快信息化建设步伐

（十九）筹备成立全国药检系统信息化建设技术委员会和信息化工作组，加快完成省级药检所与中检所的广域网联接，促进省级药检所与所辖地（市）级药检所的网络联接。建立监督检验数据的共享平台。

（二十）做好建立检验检测工作急需的数据库和数据共享平台及建立国内外药品质量监管信息和药品质量安全信息的收集、交流机制的有关工作，建设具有药品检验工作特点的电子图书馆。

八、进一步加强质量管理体系建设

（二十一）协调有关部门，力争在中检所成立药检系统计量认证管理小组。争取成立实验室认可医疗器械技术委员会。

（二十二）制定实验室认可准则在药品检验领域的应用说明等技术文件，按照《中国药典》附录的方法分类，开展药品检验测量不确定度评定工作。

（二十三）建立药检系统质量管理工作会议制度，组织编制统一的管理文件和技术规范。组织开展国内质量管理学术研讨活动，加强对质量管理人员和内审员的培训。按照国际通行的实验室认可准则不断强化质量体系的建设。

九、进一步加强国际（地区）交流与合作

（二十四）加强参与世界卫生组织、外国药典会和检定所、药品检测专业机构的合作交流，扩大学科领域及其覆盖面。拓宽参加国际标准物质的质量标准与技术规范制订相关工作的渠道。积极参加世界卫生组织（WHO）、欧洲药品质量管理局（EDQM）、德国联邦血清与疫苗研究所（PEI）组织的国际标准物质协作标定。

（二十五）参加美国药典委员会大会，与美国药典委员会签署新一轮合作谅解备忘录。

（二十六）举办“疫苗质量控制与安全性评价国际研讨会”，邀请英国国家生物制品检定所、美国药典会、加拿大卫生部等国际权威机构和国内疫苗生产、研究及安全性评价机构和企业的专家对疫苗的研究、开发、质量控制、批签发、临床前以及临床研究等方面进行研讨。

（二十七）承办世界卫生组织细胞基质质量标准技术指南修订会。世界卫生组织及中检所专家将参加此次技术指南修订会。

（二十八）与英国医学与健康产品管理机构、英国亨廷登生命科学公司等机构共同举办 GLP 管理研讨会，将邀请英国医学与健康产品管理机构 GLP 中心负责人、英国著名的安全性评价机构亨廷登生命科学公司管理人员。

（二十九）为将来中检所实验室国际认证与认可作基础准备工作。

十、加强基础设施建设

（三十）在国家局的领导下做好迁建项目相关工作。

（三十一）落实实施国家局加快《食品药品监督管理系统基础设施建设规划》的相关内容。

十一、加强文化建设，努力建设和谐药检

（三十二）谋划系统理念、精神、准则、目标、标识、形象和创作药检之歌等文化内涵。

（三十三）以服务监管、保证质量安全为落脚点，以提升技术能力和管理能力为手段，把履行职能和关心职工切身利益结合起来，确立全系统共同守信的价值取向。

十二、加强党风廉政和队伍建设

（三十四）认真学习贯彻落实十七届中央纪委第二次全会精神，深刻认识反腐倡廉工作的长期性、复杂性、艰巨性，深入开展理想信念教育和党纪国法教育。

（三十五）切实加强反腐倡廉制度建设。全面落实党风廉政建设责任制和责任追究制。严格执行食品药品监管工作人员八条禁令和廉政工作五项制度。

（三十六）完善干部综合考核评价制度、选拔任用制度、监督制约制度。

2008 年全国药检工作座谈会

2008 年 7 月 18～19 日，全国药检工作座谈会在兰州市召开。来自全国 41 个省、自治区、直辖市、口岸、计划单列市药检所、总后卫生部药检所、武警药检所的主要负责人，中检所李云龙所长、金少鸿常务副所长、王军志副所长、丁丽霞副书记、张永华纪委书记、刘桂芬所长助理及有关业务、职能处室负责人参加会议。甘肃省食品药品监管局党委书记、副局长高建邦、副局长丁永辉等出席会议。国家食品药品监管局办公室规划处王三虎处长出席会议并讲话。四川省所王野、北京市所王志斌、甘肃省所赵建邦、湖北省所陈维信等 10 个省（市）药检所所长分别就加强抗震救灾时期的药检技术支撑、全力确保奥运药品安全、改革创新整合优势资源、文化建设等话题进行交流发言。

李云龙所长在会上做了题为《进一步加强药品检验能力建设》的报告。他指出，加强药品检验能力建设，就必须强化对药检工作地位和作用的认识。在药检工作中，要坚持服务监管、科学检验、人才为本、赶超先进、统筹兼顾的原则，自觉服从监管大局，坚持“人才兴检”战略，瞄准国际先进水平，遵循国际先进标准，提高数据和报告的公信力，坚持健康、协调、可持续发展。要切实提高药品检验检测能力和水平，要做好思想保证、人才保证、科研保证、信息保证、系统保证。

与会代表就体制改革、标准物质管理工作、信息化建设等内容展开热烈讨论，并一致认为，要建立全国一盘棋的思想，强化系统观念、整体思维，合理设置职能，健全协同机制，不断提升药品检验检测能力，树立起“中国药检”科学、独立、公正、权威的良好声誉和形象。

第七届学术委员会成立

2008年12月7日，中检所召开第七届学术委员会成立大会，全国人大副委员长桑国卫院士等九位中国工程院院士被聘为高级技术顾问。桑国卫副委员长出席成立大会并致辞。会议由学术委员会秘书长王军志研究员主持，学术委员会主任委员、所长李云龙为受聘的高级技术顾问、副主任委员、委员颁发了证书并致辞。李连达院士、于德泉院士、陈志南院士、俞永新院士以及学术委员会副主任委员金少鸿、王军志、丁丽霞和全体委员共30余人参加了大会。会议讨论并通过了《中检所第七届学术委员会章程》。

成立第七届学术委员会，旨在为进一步提高检验检测的技术能力，营造浓厚的学术氛围，创造优良的人才成长环境，并首次聘请在药品、生物制品、医疗器械等相关检验检测领域的知名专家－9位中国工程院院士作为高级技术顾问，指导学术委员会的工作，引领学术发展方向，对相关领域的学术问题提出指导意见和建议。

附1：学术委员会高级顾问组成员

附2：中检所第七届学术委员会成员

附3：学术委员会秘书处成员

学术委员会高级技术顾问组

组长：

桑国卫（中国工程院院士、中国药品生物制品检定所资深研究员）

成员：

陈志南（中国工程院院士、第四军医大学）

肖培根（中国工程院院士、中国医学科学院药用植物研究所名誉所长、研究员）

李连达（中国工程院院士、中医科学院西苑医院研究员、中医科学院首席研究员）

刘昌孝（中国工程院院士、天津药物研究院新药评价研究中心研究员）

侯惠民（中国工程院院士、上海医药工业研究院研究员）

俞永新（中国工程院院士、中国药品生物制品检定所研究员）

张兴栋（中国工程院院士、四川大学教授）

于德泉（中国工程院院士、中国医学科学院药物研究所教授）

中国药品生物制品检定所
第七届学术委员会委员名单

主　任：李云龙

副主任：金少鸿　王军志　丁丽霞

委　员：（按姓氏笔画排序，共24人）

马双成　王佑春　王国治　王春仁

白东亭　任海萍　张庆生　张启明

张河战　李　波　李冠民　沈　琦

杨化新　杨昭鹏　邹　健　岳秉飞

林瑞超　姜典才　南　楠　胡昌勤

贺争鸣　饶春明　高尚先　董关木

学术委员会秘书处

秘 书 长：王军志

副秘书长：李冠民、杨昭鹏

秘　　书：刘增顺　张　瑞

第七届药品标准物质委员会成立

2008年9月19日，中检所召开第七届药品标准物质委员会成立大会。大会选举李云龙为本届药品标准物质委员会主任委员，聘请全国人大常委会副委员长、中国工程院院士桑国卫为名誉顾问，中国工程院院士、中国医学科学院药物研究所于德泉教授，中国工程院院士、中检所俞永新教授为顾问。会议由金少鸿副主任委员主持，丁丽霞副主任委员及其他从事药品、生物制品、医疗器械专业领域研究的专家共48位委员参加会议。会议讨论了国家药品标准物质审评工作，确定了新的国家药品标准物质审评总体技术要求，强调注重药品标准物质品种及用途的合理性，注重药品标准物质量值准确性的审查等方面的评价。

附1：中检所第七届药品标准物质委员会成员

中国药品生物制品检定所
第七届药品标准物质委员会人员名单

名誉顾问：

桑国卫（全国人大常务委员会副委员长、中国工程院院士）

顾问：

于德泉（中国医学科学院药物研究所教授、中国工程院院士）

俞永新（中国药品生物制品检定所教授、中国工程院院士）

主任委员： 李云龙

副主任委员： 金少鸿　王军志　丁丽霞

委　　员：（按姓氏笔画排序）

马双成　王佑春　王国治　王春仁
王培连　田颂九　白东亭　白坚石
冯晓明　孙　黎　李凤祥　刘保奎
刘桂芬　杨化新　杨仲元　张启明
张培培　张庶民　辛晓芳　肖宏文
林瑞超　周　诚　姜雄平　胡昌勤
南　楠　钟建国　饶春明　郭中平
施燕平　贵　利　钱忠直　高　华
高立勤　高尚先　高天兵　柴玉生
黄　颖　曾　明　董关木　鲁　静
樊夏雷

秘书处

秘书长： 马双成

秘　书：（按姓氏笔画排序）

马玲云　宁保明　卢　鸽　陈国庆
苏丽红　姚令文　赵宗阁

第二部分　检验检测

药品检验检测

概　况

药品的检验检测可以保证药品质量可控、发现药品质量问题、评价药品质量状况、促进药品质量提升。药品检验检测体系主要承担新药注册检验、进口药品注册检验和进口药品再注册核档、国家药品评价和监督检验、药品补充检验方法的起草和审核、药品标准物质的标定、应急检验、中国药典品种质量标准的起草和复核、保健食品注册检验、药用辅料及药品包装材料和容器的注册检验、药品包装材料和容器的注册审评管理、药品检验检测技术科学研究等工作。

2008 年共完成各类药品检验约 2100 批次，包括注册检验、监督检验、委托检验、合同检验、新药转正检验、复验、同品种考核检验、进口检验及保健食品注册检验。

受理各类进口药品注册检验申请 483 件，组织专家审核进口各类注册检验报告 377 件，完成进口药品再注册核档 411 个品种。协助国家局组织药包材注册资料技术审评 6 次，整理注册资料 1998 份，发出补充通知 1000 余份。协助国家局对由各地方药监局申报的补充检验方法进行审核，审核补充检验方法 27 件，建立补充检验方法 18 件。

注册检验

药品注册检验包含新药申报临床与申报生产注册检验、国际多中心临床注册检验和进口药品注册检验。2008 年共完成注册检验中药 7 个、化学药品 24 个、抗生素 38 个、生化药品 26 个、麻醉药品与精神药品 8 个，放射性药品 96 批次，进口保健食品 27 个品种 81 批次。

保健食品注册检验

2008 年，中检所首次开展保健食品注册检验工作。保健食品注册检验，项目包括保健食品中营养素、矿物质、食品添加剂、功效成分、有害残留等测定，涵盖了保健食品常见的检测项目。保健食品检验正式通过中国合格评定国家认可委员会（CNAS）的扩项认可，标志着中检所正式具备了开展保健食品检验检测的能力，为国家局保健食品监管工作提供了强有力的技术支撑，标志着中检所检验检测工作进入了一个新阶段。全年完成进口保健食品 27 个品种 81 批次保健食品注册检验，完成 29 个品种 42 批次保健食品质量抽验，对其所含重金属、农残和功效成分进行考察，积累相关技术数据。

药品补充检验方法审核

《药品管理法实施条例》第 58 条规定，对有掺杂、掺假嫌疑的药品，在国家药品标准规定的检验方法和检验项目不能检验时，药品检验机构可以补充检验方法和检验项目进行药品检验；经国务院药品监督管理部门批准后，使用补充检验方法和检验项目所得出的检验结果，可以作为药品监督管理部门认定药品质量的依据。《药品质量抽查检验管理规定》第 21 条对《实施条例》进行补充，明确了药品补充检验方法各环节的完成时限要求；并明确中国药品生物制品检定所作为审核部门对所报方法提出具体意见。药品补充检验方法是国家成册标准的补充，为迅速打击药品掺假行为提供必要的法定依据。2008 年中检所共组织安排药品补充检验方法审核27件。建立补充检验方法18件。其中在肝素钠突发应急事件中，中检所申报了毛细管电泳法检测肝素钠杂质的补充检验方法并组织专家进行审核，为国家局全面部署任务争取了宝贵时间。2008年市场上出现了非法染色剂808猩红掺假中药材事件，中检所及时对朱砂、血竭等一批药材的补充检验方法进行审核并修订，为中药材打假提供了法定依据。

进口药品注册检验管理和进口药品再注册核档

在20世纪50、60年代，我国就对进口药品实施入关检验，由于没有法定的方法，只能依据商业合同，而最初的商业合同没有质量的要求或简单的质控指标，如果进口药品是国际通用药典未收载，口岸药检所就要自己找验证方法，或请生产厂提供检验方法，而这些方法没有经过我国实验室的验证及实际操作，经常会出现缺少设备无法进行检验。1990“进口药品管理办法”既规定进口药品要进行质量标准复核。中检所负责此项工作的组织实施，1990年~2007年间共组织口岸药检所对进口药品注册申报的质量标准进行复核工作约为4000个品种，一直坚持统一的检验指导原则，即统一的技术要求、统一格式、以企业申报标准为基础，参照WHO规程、国际通用药典及《中国药典》的有关规定，严把质量关，以保证进口药品的质量。2008年为加强进口药品注册检验管理，逐步实现进口药品注册检验各环节电子化管理，使进口药品管理系统成为为相关单位、人员提供公开、高效、优质服务的平台。实现境外厂商通过互联网络申报进口标准复核，进度查询等功能，各口岸所也可通过网络连接，可及时得到复核的最新的信息，在原有的网上申报的基础上提供复核结果的电子版供申报单位下载。增加了口岸药品检验所网络功能，通过数字证书可保证口岸所帐户安全及唯一性，口岸所可及时查看最新复核信息，可将复核情况及结果通过网络实时传输至我所。2008年受理各类进口药品注册检验申请483件，其中中检所复核114件。组织专家审核进口各类注册检验报告377件，其中化学药品314件，多中心临床15件，中成药注册检验9件，中药材注册检验2件，进口辅料注册检验18件，精神类药物注册检验7件，生物制品12件。

国家食品药品监督管理局核发的《进口药品注册证》或《医药产品注册证》的有效期为5年。有效期届满，需要继续进口的，申请人在有效期届满前6个月提出申请再注册。进口药品再注册申请由国家食品药品监督管理局行政受理服务中心受理并进行形式审核，符合要求的，出具受理通知书。由中国药品生物制品检定所负责对申报资料进行核档，对申报的资料进行全面的审核并对其中的技术资料与历史档案进行比对，如果发现有处方、生产工艺或企业内控质量标准等技术资料有所变更，或者申报品种所执行的进口药品注册标准低于现行的中国药典要求，均会要求申报品种进行质量标准复核。2008年完成进口药品再注册核档申请411件，其中需要进行复核的28件。

药品包装材料和容器注册审评协助管理

药品包装材料和容器注册审评工作是药包材注册管理工作的重要组成部分，对于提高我国药包材的产品质量，提高药包材行业的整体水平起到了推动作用。随着药包材基础科研水平的提高和相关学科的快速发展，药品生产行业对药包材的认识在不断的加深，这些不断更新的知识，对药包材的注册审评工作提出了更高的技术要求，在确保药包材安全性的前提下，尽可能排除潜在的不安全隐患，最终保证人民用药的安全有效。

2008年中检所接受国家局药品注册司的委托，负责药包材技术审评阶段的协助性管理工作。中检所在认真研究、逐级落实、踏实工作的基础上，确定了一处一室两级管理的模式，明确了药检处和药用辅料及包材室的职责。2008 年共协助国家局药品注册司组织药包材注册资料技术审评会 6 次，整理技术审评意见 1998 份，发出补充通知 1000 余份。

药包材的注册管理工作是国家局、省局两级负责制，主要的基础工作由省局来完成，加强两级之间的交流与沟通十分重要。根据国家局的通知要求，自 2008 年第一次审评会起，实施药包材技术审评观察员制度，每次由四个省局各派一人作为会议观察员全程参会。观察员制度使药包材的技术审评工作更加公开、透明、规范，同时进一步加大了国家局与省局具体事务层面的交流，加强了审评专家组与省局注册处的沟通。明确了无论省局开展的辅导、核查、整改，还是国家局发出的补充通知，都属于技术辅导的范畴，两级负责制在药包材管理工作中收到了显著的效果。

中国药用外用气雾剂中氟氯化碳类物质淘汰项目

中检所参与组织实施中国药用气雾剂 CFCs（氯氟烷烃类物质）消耗分步淘汰行业计划。本行业计划旨在分步淘汰气雾剂行业内对 CFCs 的消耗，具体实施分为外用气雾剂 CFCs 行业淘汰计划和 MDI 气雾剂 CFCs 行业淘汰计划。

2007 年 3 月联合国蒙特利尔多边基金会执行委员会同意为中国外用气雾剂生产企业提供 600 万美元的无偿赠款。同时任命中检所为外用气雾剂行业计划的执行机构。中检所协助国家局于 2008 年 3 月 24 日在北京召开了外用气雾剂行业计划项目启动会。会上介绍了资金分配和使用的相关原则和政策，增加了各方对本项目重要性和紧迫性的认识。该项目实施合同已得到合同委员会的批准，签订合同的工作正在有序展开。为顺利实施中国 MDI 中 CFCs 消耗分步淘汰的行业计划，中检所自收到 MDI 生产企业 2007 年的生产数据后，组织了全国范围内的生产核查，了解了 CFCs 的消耗量、替代进展等情况。在此基础上撰写了《中国 MDI 中 CFCs 消耗分步淘汰的行业计划（修改稿）》，于 2008 年 5 月提交联合国蒙特利尔多边基金会执行委员会，在收到执委会秘书处的评论后，对有关问题进行了澄清。该行业计划于 2008 年 11 月卡塔尔多哈 56 次多边基金执行委员会获得了批准，同意为中国 MDI 气雾剂生产企业提供 1350 万美元的无偿赠款。

药品检验检测技术研究

2008 年中检所完成了国家科技基础条件平台项目：生物化学计量标准资源整合与共享体系建设—“药学领域生化药品类计量标准的资源整合”子课题的研究，提交 5 万字的“药学领域生化药品类计量标准的资源整合总结报告”，将 100 种资源整合至共享平台，利用此课题资助完成了理化测定用猪胰岛素国家标准品的首批研制工作。主持国家质检公益性行业科研专项：“重组糖蛋白激素鉴定用技术标准的研究”，通过课题研究建立了柱前荧光衍生糖蛋白侧链单糖组成分析方法和唾液酸含量液相色谱分析方法。

药品快检技术研究

药品快检技术研究方面，2008 年，中检所已完成抗艾滋病药授权方法第一阶段的验证工作，第二阶段的工作正在进行中。已建立解热镇痛类药品 14 个品种、抗疟药 6 个品种、抗结核药 4 个品种的授权 HPLC 方法的初试方案，其余品种初试方案正在建立中。

开展环保型车载液相色谱系统的研发工作，已建立抗艾滋病药、抗疟药、抗结核药、降糖药等部分品种的车载 HPLC 的方法，为第二代药品检测车奠定基础。继续完成复方制剂近红外建模研究，收集到复方磺胺甲噁唑片、联磺甲氧苄啶片、复方磺胺脒片、磺啶新林胶囊等品种共计近

180批，正开展模型建立的研究工作，拟建立复方磺胺类药物的定性及定量模型。

为有效打击制售假劣药品的行为，中检所自2003年以来先后组织多家省市级药品检验所成立了药品“化学快检协作组”、“近红外快速检测方法协作组”、“授权HPLC检测方法协作组”和“授权LC－MS协作组”。分别从化学方法、近红外方法、HPLC方法以及LC－MS方法四个方面研究药品的快速检测技术。截止到2008年四方面的研究工作已经初具规模，成为药品快速检测系统。

药品快速检测系统主要包含两个平台，第一个为以药品检测车为载体的药品现场快速初筛平台，包含药品近红外快速检测系统（根据近红外分析技术快速、无损伤的特点不打开药品包装直接对药品进行定性、定量分析，此系统目前建立了407个定性模型和40个定量模型，可以对市场上常见的248种药品进行快速分析）和药品化学快速检测系统（主要由传统的官能团化学鉴别和薄层色谱鉴别两部分组成，该系统实现了对同系物药物的相互区分，可以对各类制剂的500余种药品在药品检测车上实行快速鉴别）。第二个为以授权方法为基础的药品实验室快速检测平台。授权方法是指具有法律地位的方法，在此特指能快速鉴别假劣药品的检验方法，按其技术特点分为HPLC授权方法和LC－MS授权方法，前者要求能够在一般药品检验所，特别是地市级药品检验所掌握并具有较好的专属性、重现性，主要用于对一般假劣药品的鉴别（目前已经建立了8大类186种制剂的HPLC授权方法），后者则主要集中在各省级药检所及部分重点地区药检所使用，用于对复杂成分如中药掺西药等疑难假劣药品的确证（目前已经建立了2类49个品种药品的LC－MS授权）。胡昌勤等人于2008年在《药物分析杂志》上发表了题为《药品快速检测系统的构想及研究进展》的论文对该项研究工作作了详细介绍。

化学制剂安全性主要影响因素的研究与标准修订

组织参与国家“十一五”科技支撑计划——药品安全关键技术的研究的一个子课题，即：化学制剂安全性主要影响因素的研究与标准修订，对6种常用和重要的化学药注射剂（穿琥宁注射液、炎琥宁注射液、新鱼腥草素钠注射液、莪术油注射液、葛根素注射液和灯盏花素注射液），包括注射液和注射用无菌粉针进行研究。通过研究其处方的合理性、生产工艺、使用方法、稳定性与辅料的质量等一系列可能影响其质量的因素，提高其药品标准，科学合理控制药品质量，以保障用药的安全性。经初步研究后测定两批新鱼腥草素钠注射液含量仅3%左右，遇热极不稳定，之后主要对注射液中的降解杂质进行定性定量研究。通过运用LC－MS、GC－MS等仪器技术查出注射液中含约10%左右的2－十三酮，即新鱼腥草素钠的合成中间体。

人体生物样本（尿液）中毒品检测标准方法和电化学传感探测技术研究

“十五”国家科技攻关二期课题“人体生物样本（尿液）中毒品检测标准方法和电化学传感探测技术研究”（课题编号2005BA801B09）中关于对照品的质量研究工作已经全部完成，并于2008年7月通过专家组验收，其相应检测标准方法已经在公安部门进行推广应用。

正电子类放射性药品质量研究

受国家局药品安全监管司的委托，完成了“正电子类放射性药品质量研究”专项研究课题工作——氟［^{18}F］脱氧葡糖注射液质量研究。针对研究结果和和发现的问题建议对现有国家标准进行修订；建议国家局组织调研，摸清我国配备了加速器可以制备正电子放射性药品的医疗机构的确切数量、其生产设施、产品备案、制备和质量管理以人员配备等情况；建议修改医疗机构制备正电子放射性药品的管理法规，药品监督管理部门从医疗机构开始配备加速器和设计生产设施的源头开始监管；建议加强进口正电子放射性药品主要原料和自动化合成模块的管理，加强自行合成的主要原料和国产自动化合成模块的管理；

建议加强日常监督管理，促进制备正电子类放射性药品的医疗机构进行产品备案，生产设施进行 GMP 改造，在日常制备和质量控制等按 GMP 要求管理等。

中药科研工作

2008 年，结合工作实际，为满足监管需要，中检所大力开展中药检验科研工作，不断探索新检测方法，通过大量基础研究储备技术，科研工作取得丰富成果。2008 年共承担科技部、国家中医药管理局、北京市科委、青海省科技厅、天津市自然基金项目支持的项目 16 个。中药室负责主持了下列课题：科技部国际合作与交流专项“促进中药材在法国的注册与进入”、科技部重大新药创制专项第一批课题“矿物药中金属含量检测技术及中药外源性有害残留物检测技术研究”、科技部国际科技合作与交流专项——中药标准进入欧洲药典、科技部重大新药创制专项“创新药物研究开发技术平台建设”项目中“中药中有害残留物检测技术平台”、科技部重大新药创制专项“创新药物研究开发技术平台建设”项目中“中药标准物质研制和开发的技术平台建设”。同时，还参加了下列有关课题的研究：“常见与重要药品安全性标准研究”中“8 种毒性中药材及 2 种中药成方制剂质量标准的提高研究”子课题、科技部支撑项目“药品安全预警系统”课题中药品违法添加降糖药的检测和重金属、农残快检方法试验研究、辽中医牵头（中医药局）“盐制品的共性问题及相关设备研究”杜仲子课题、同仁堂牵头“板蓝根颗粒的二次开发研究”课题、同仁堂牵头“秋梨润肺含片的研发”、药植所牵头（科技部）“中药国际化、标准化示范研究”人参子课题、药植所牵头（科技部）“多来源药材品种同一性研究”重楼子课题、天津市自然科学基金项目－鬼臼毒素衍生物对多药耐药肿瘤的作用、科技部“十一五”支撑计划“推进中药优势产品进入其他国外市场的国际合作研究”、科技部省部联动重大项目——短葶山麦冬化学成分及药理作用的研究、科技部省部联动重大项目——短葶山麦冬抗肿瘤新药的临床前研究。截至 2008 年底已完成 3 项课题的研究任务。

中国药用外用气雾剂中氟氯化碳类物质淘汰项目实施启动会

中国药用外用气雾剂中氟氯化碳类物质淘汰项目实施启动会，于 2008 年 3 月 24 日在北京召开。会议向生产企业介绍资金分配和使用的相关原则和政策，并以此为契机，推进项目实施进程。本次会议由国家局、国家环保总局外经办、世界银行共同主办。来自国家局、国家环保总局外经办、世界银行、财政部、中检所、国家药典委员会、国家药品审评中心及药用气雾剂生产企业的 95 名代表出席了会议。国家局注册司张伟司长、国家环保总局外经办温武瑞副主任、世界银行项目经理 Helen Chan 女士、中检所金少鸿常务副所长分别致辞。国家局注册司综合处侯仁萍处长、世界银行项目官员纪峰先生、国家环保总局外经办杨礼荣副处长分别就项目的实施问题做了介绍。

药品化学快检会议

2008 年 3 月 27 ~ 30 日，中国药品生物制品检定所在江苏省无锡市组织召开了“药品化学快检 2007 年度工作总结暨 2008 年度工作计划会议”。会议主要议题是药品化学快检工作2007年度总结及2008年度工作计划。19个化学快检协作组成员单位的主要技术负责人参加了会议。

2008年，中检所组织化学快检工作专家组已完成审核各协作组上报的2007年度起草的化学快检方法、2007年度验证的化学快检方法工作。

第十届全国中药检验工作研讨会

由中检所主办，河南省食品药品检验所承办的“第十届全国中药检验工作研讨会”于2008年7月2~4日在河南省南阳市召开。中检所党委书记、所长李云龙出席会议。会议由中检所中药室林瑞超主任主持，来自国家局及直属单位、河南省食品药品监督管理局，以及中检所有关部门的领导和专家应邀参加会议。参加会议的代表主要有各省、直辖市、自治区食品药品检验所、口岸药品检验所、解放军总后勤部、武警部队药品检验所和计划单列市药品检验所的中药室主任和部分省所的副所长。

本次会议就近年来中药材、中成药的质量情况、日常检验和中药药品标准存在的问题、进口中药和天然药物的检验和标准问题、中药中外源性有害残留物（重金属、农药、黄曲霉毒素等残留）检测方法及安全控制、中药材掺假和染色、中成药非法添加化学药品的检测、中药快检、中药化学对照品的赋值使用、对照药材的研制及质量情况、中药质量标准提高行动计划和《中国药典》2010年版的起草和修订等相关的内容和有关技术要求、地方药材标准名录的编写、中药标本采集和标本馆建设等内容进行了大会报告和交流。代表们还结合本次会议的议题进行了认真的分组讨论，并提出了许多建设性的建议和意见。李云龙所长做了总结讲话。

李云龙在第十届全国中药检验工作研讨会上的讲话（节选）

全国中药检验领域的同志们，认真践行科学监管理念，围绕服务监管大局，默默无闻地做了很多工作，为我国中药事业做出了应有的贡献。下面我谈几点认识：

一、充分认识中药检验工作的重要性

中药检验是践行科学监管理念，服务监管的重要方面之一，是提高中药质量的重要环节，直接关系到监管是否科学有效，直接关系到人民群众的生命健康，直接关系到我国民族医药事业的健康发展，地位十分重要。

第一，继承和发扬中药这一国粹，使之更好地服务人民群众，首先取决于质量。中医药是我们中华民族繁衍和富强的重要物质基础，是祖先留给我们的一笔宝贵财富。然而，现在市场上低端竞争严重、标准缺乏、假劣猖獗，等等，情况不容乐观。要想振兴中药，首先必须提高质量。而质量要提高，就必须搞好检验。就是说，继承发扬中药的历史使命和提高中药质量的现实责任，都说明了中药检验工作的重要性。

第二、中药检验任务量大，难度也更大，必须要高度重视。我们的药厂之多，中药材、中药饮片、中药提取物以及中成药品种之多，都决定了中药检验工作的复杂性。在座诸位都是专家，对中药检验的复杂性比我更有体会。另一方面，各地发展极不平衡，水平参差不齐，这是中药检验的又一特殊性。认识中药检验的复杂性和特殊性，是做好中药检验工作的基本前提。

第三、在争取国际领先方面的特殊优势要求我们必须重视中药检验。中药是中华文明的瑰宝，长期以来在世界上都是独一无二的。这也是中药检验走向世界，争取国际领先地位的特殊优势。这一特殊优势在奠定中药检验全球领先基础的同时，也带来了推动中药在全球发扬光大，服务世界人民的大好机遇。在机遇面前，我们应首先把检验重视起来，切实提高中药质量，发展出一大批世界领先的检验检测技术、方法，形成有中国特色的中药标准体系，使技术监督检验为提高中药质量，推动传统中药走向世界做出应有贡献。

二、充分认识检验能力建设的核心地位

经过一段时间的探索，我认为药检事业需要加强三大建设，即基础建设、队伍建设、能力建设。三大建设，缺一不可。其中，能力建设是核心。提高中药质量，维护群众用药健康，打造世界领先的中药检验，归根结底还是要靠检验能力。没有过硬的检验能力，谈何提高中药质量？没有高水准的检验能力，谈何国际一流？

检验能力建设应该包括哪些内容？我考虑了四点：

一是日常检验检测能力。日常检验检测能力主要是保证药品质量，阻止假劣药品进入市场。从目前情况看，中药日常检验无论是人才、技术还是仪器设备，基本能满足需要。但是，随着人民群众生活水平的提高，我们还须不断提高日常检验能力，以满足人民群众日益提高的用药安全需求。

二是应急检验能力。质量问题和不良反应提出了应急检验能力的要求。应急检验能力是维护药品市场秩序，打击违法犯罪，保障人民群众生命健康的突击力量，是药品检验能力的重要组成部分，是事后监管的重要技术依托力量。应急检验能力是衡量一个国家药品质量事后监管能力的重要方面。在我国，药害事件从“齐二药”、“甲氨蝶呤”到“肝素钠”，没有一个是雷同的，处理起来都不容易。应急检验对技术、反应机制、协同机制的要求比其他检验都要高，这也是应急检验的主要特点。

三是检验检测科研能力。检验能力的提升，要紧紧依靠科技进步和创新，而这离不开强大的科研能力。药品检验作为行政监管的技术支撑，与科学研究有着天然的联系，难分彼此。因此，绝不能离开科技创新谈检验能力建设。就中药检验而言，如何将传统中药理论与现代科技相结合，继往开来，最大限度地吸取中药传统文化精华，是当代中药发展不能回避的问题。现代社会，科技领衔。中药检验能力建设需要探索一条依靠现代科技不断提高检验能力的可持续发展道路。这是一个重要的课题，我提出来希望大家认真思考，好好研究。

四是检验检测业务管理能力。我认为检验工作应由两部分组成：一是检验技术，二是业务管理。检验能力不是单一的概念，而是一个系统工程。技术是检验能力建设“物”的因素，而管理则是其“人”的因素。人、物的有机结合构成了检验能力的完整内涵，其中人的因素是主要方面。业务管理就是理顺体系，制定科学的机制，最大限度地调动人员能动性，整合资源，形成合力。它是决定能否创新技术，技术能否有效发挥作用、服务监管大局，实实在在地提高药品质量的关键性因素。

近一年来，中检所按照“抓管理、促检验”的要求，重视业务管理，积极探索如何开展业务管理提高检验能力。顺着这个思路，中检所现在已基本理清了检验业务框架，形成了六大检验体系。即包括中药检验在内的药品检验体系、生物制品检验体系、医疗器械检测体系、标准物质管理体系、实验动物管理体系、药品安全评价体系。下一步我们将着手完善各业务体系的运行制度，同时深耕学科建设，狠抓人才培养，从长远出发，争取检验能力有长足进展。

三、充分认识人才在药品检验工作中的突出作用

能力是核心，人才是关键。目前，中药乃至整个药检系统面临的一个最大问题仍然是人才问题。人才培养机制不完善、高层次人才缺乏、难以留住人才、人才配置不合理等等，都制约着检验事业的健康发展。希望引起大家，尤其是领导干部的重视。造就人才不是口号，要落实到措施上，取得实效。下面谈谈我的四点想法：

第一、全系统要合力攻关，出成果，求突破，出人才。药检事业要占领人才高地还要扛起“中国药检”这面大旗。全系统要同心同德，优

势互补，合理配置人才资源，形成合力。尤其是在呼唤中药大发展这个大气候下，我们要抓住时机，合力攻关，在战胜困难中磨练人才。

第二，尽快抢救散落民间的中药鉴定人才资源。中药有重视经验的传统，有数千年历史，大量的中药鉴定人才蕴藏民间。但由于资金、科技知识、设备等支持不足，正面临消失的危险。因此，我们应树立战略眼光，积极发掘抢救这些人才资源。我提个建议请大家考虑：中检所中药室能不能把各地中药材鉴定方面的人才组织起来，成立一个专家库，经常交流，加以充分利用。把这件事情做好，对全国中药事业的发展意义重大。

第三，中药检验要注意人才梯队建设，尤其要重视新生力量的培养。现在，中药检验人才，尤其是鉴定人才梯队建设面临的主要问题是青黄不接，新生力量匮乏。众所周知，中药工作往往需要常年累月在野外摸爬，十分艰苦，这也是现在许多年轻人不愿意入这“苦行”的主要原因。要解决这个问题，我看要双管齐下。一方面，要多培养硕士、博士，有重点地加以引导，要培养他们热爱祖国传统医药事业，乐于奉献的精神。另一方面，要创造良好的人才成长环境，提供有竞争力的待遇和发展平台。同时，要大力引进归国人才。最近，人力资源和社会保障部批准了中检所博士后工作站。我希望全国中药系统借助这个平台，积极开展交流活动，通过系统本身造就高端人才。有了人才，中药发展才有希望。这既是中检所的思路，也应是全国药检系统的思路。总之，在人才这个关键问题上，我们一定要重视梯队建设，齐心协力开创人才辈出的崭新局面。

四、充分认识目前我们面临的挑战

当前，中药发展，尤其是中药检验正面临诸多挑战。通过这两天会议的学习和讨论，我初步总结起码包括以下六个方面。

一是假劣中药材和中药制剂，已经对人民群众用药安全有效，对中药事业的健康发展构成直接威胁。其中，非法添加化学药问题已越来越突出。出现这种状况的原因是多方面的，我们应主要从检验检测这一本职入手。会上专家也就此做了分析，提出了一些解决思路。总体上，假劣中药材和中药制剂的大量出现，急需我们加强针对伪劣药品的补充检验方法研究，针对非法添加化学药品开展检测方法研究，着力统一并提高中药检验标准。

二是中药标准，特别是中药材及饮片标准不够完善。这主要体现在标准不统一、落后。长久以来，标准不统一是制约中药检验的一大问题。同志们也做了大量工作，但还不够。如何有效、尽快地统一标准，是摆在眼前的一个重要课题。另一方面，人民群众用药安全的要求不断提高决定了药品标准必须不断提高。同时，检验技术的提高也要求药品标准要相应提高，两者互相推动。这要求我们必须进一步加强中药标准建设，完善技术标准体系，探索建立从中药材来源、生产工艺到检测指标相结合的质量控制体系。

三是中药注射剂的安全性问题。中药注射剂带来了中药革命的同时，也带来了高风险。这急需我们中药检验领域进一步完善中药注射剂的检验技术体系，提高注射剂的药品标准，降低安全风险。降低风险，提高质量，促进中药注射剂的健康发展，是我们中药检验义不容辞的责任。

四是矿物药质控方法亟待建立。例如，按照现行的国家标准，处方中含有朱砂、雄黄等成分的制剂多达440多种，而各种重金属等物质对人体会造成危害。矿物药质控方法的探索和质控能力亟待加强，对于有毒性的矿物药应建立科学、可行的限量检测指标和限量标准。

五是中药走向世界面临技术壁垒。中药走向世界，“路漫漫其修远”。中药根植于我国悠久的传统文化，与世界上的其他文明存在明显差异，中药走向世界面临着文化隔阂。近年来，在政府的大力支持下，随着对外交流的密切和中药界的不懈努力，这种隔阂已得到明显改善。然而，中药要为世界所接受，更大的问题是其所面临的国外的技术壁垒。主要体现在原料药材、生产工艺、中药标准、检验体系以及疗效评价等方面还未被广泛认可，这对我们是一项重大挑战。

五、充分认识我们肩负的责任

责任意识是我们的精神动力。同志们，要保证老百姓，包括我们自己的父母、亲人，吃的每一粒药都安全有效，我们药检人责任重大！这不仅仅是共产党员的党性问题，而是最起码的良知。从技术上把住药品质量关、安全关，这就是我们药检人的价值所在，这就是我们药检人的责任。具体来讲，我认为包括三个层次。第一，要从根本上提高中药质量控制能力；第二，要提高人民群众用药安全有效的保障水平；第三，要提高中国中医药产业的发展水平。三个层次缺一不可，其中第一层次是本位，是基础。

通过本次会议的学习，在强化以上五点认识的基础上，眼下我们应该着手做好以下四方面的工作。

第一、中药检验领域要为打造两个知名品牌而奋斗。哪两个品牌？第一是“中国药检”。第二是“中国药”，就是中药。前者是统领，后者是深化发展。这两个品牌是我们事业的旗帜，鼓舞着一代又一代的药检人。打造这两个知名品牌，是我们奋斗的目标。今天，同志们从全国各地来到这里，就是为着这个共同的目标。近年来，中检所正积极努力打造“中国药检”这个品牌。应该说取得一些成绩。我们这个大家庭在人员培训、技术交流、信息化建设、资源共享等方面的联系都比以前更紧密了，“中国药检”的影响力大大增加。下一步需要进一步统筹规划、优势互补、互通有无，把年初预定的各项任务抓好抓实。

中药方面，检验是很重要的一部分。中检所也一直努力发挥龙头作用，积极带领大家学习先进、摸索规律、解决问题，取得了一定的成绩。这方面，要感谢全国各所中药室同志们的大力支持与配合。这次的会议大家真正是下了功夫，提出了实实在在的问题和相应的建议。我认为很好，问题找准了，解决思路有了，下一步就是放手干。干不能蛮干，要尊重科学，遵循规律，发现问题要及时调整。所以，要把中药检验工作做好，打造中药品牌，我倒赞同形成机制，必要的时候大家多在一起研究探讨，集体的智慧才是无穷的。

第二、多方组织，认真编写《中药材品种及质量研究专论》。这是一件功在当代，利在千秋的大事。我非常赞同大家的意见，在中检所中药室的牵头协调下，全国药检共同努力，作为全国药检系统的一项基础工程来抓。会议的意见很好，就应该慢工出细活，务求科学、精细，陆续出版，成熟几个品种出几个品种，保证质量。本书的内容应不与药品标准重复，要高于标准，突出质量控制。当然，我们讲奉献，也要讲鼓励，所以除了完成任务，还应做到作者有其名，中检所在经费上也会想办法给予支持。

第三、抓好中药标准的统一和提高工作。现在看来，中药事业要发展，中药质量要提高，标准不统一或标准过低都不行。必须下大力气解决标准缺乏、标准过低的问题。过去我们做了不少艰苦的努力，但还很不够。标准的统一工作遇到困难，暂时无法克服的，要积极创造条件；通过努力可以克服的，要加倍努力早日解决。中药材品种复杂，能够统一到省级标准的，就要明确目标抓紧落实。标准的提高工作可以考虑与2010版药典的起草修订工作结合起来，能形成国家标准的尽量努力，以早日取得质量提高的实效。

第四、踏踏实实开展有关科研工作。我一贯主张药品检验要重视科研，而且必须结合检验检测实际进行，解决工作中的难题。目前，突发事件的应急检验技术、针对伪劣药、非法添加化学药品、中药中添加有害残留物的检验技术，都要求我们研究攻关。现在我们的硬件已经得到了很大改善，但软件更重要，创新技术更重要。这就是我们加强科研管理的目的，即强调人的作用，鼓励、支持大家搞科研，解决工作中的难点问题。在这个问题上，中检所中药室要牵头组织，重大课题要吸收全国有优势的中药室参加，集中力量攻关。我相信，只要目标明确，劲儿往一处使，集中全国中药人才的智慧，难题是能够破解的。(2008年7月3日)

全国药检所化学药品检验工作研讨会

2008年4月23～25日，中检所在安徽省合肥市召开了2008年全国药检所化学药品检验工作研讨会。本次研讨会召开在2010版《中国药典》修订、起草工作已全面展开之时。各药检所承担了大量的药典标准起草、修订工作，希望通过本次研讨会，围绕起草过程中可能遇到的具体和共性的问题展开讨论，从而推动2010年版《中国药典》起草工作的顺利开展并高质量完成。研讨会就化学药品分析检验领域的工作经验进行了交流，还对药物分析前沿最新技术应用进行介绍。会议共安排专题报告25个，并在会后安排了3个小时的讨论、答疑和研讨时间。全国各药检所化学药品室负责人参加了会议。

全国药检所药理检验工作研讨会

2008年10月15～16日，全国药检所药理检验工作研讨会在南京召开。来自全国各省市药检所的药理室主任和国家药典会生物检定专业委员会的部分委员50余人参加会议。会议由中国药品生物制品检定所主办，江苏省食品药品检验所承办。

中国药品生物制品检定所纪委书记张永华参会并讲话。中检所药理室副主任高华作了题为《提升药品检测水平，努力开拓药理药检工作新局面》的报告。北京、江苏、湖南、湖北、总后、浙江、上海等药检所药理室的代表也分别就肝素钠生物效价测定方法的研究、药品检验实验动物、多组分药物生物活性测定、生物安全性检查限值及限值制定、双黄连注射液清热生物活性评价及各自开展工作的情况等进行了大会交流。

与会代表对中国药典2010版有关生物检定的附录（征求意见稿）进行了讨论，包括异常毒性检查法、细菌内毒素检查法、降压物质检查法、过敏反应检查法、溶血与凝聚检查法、热原检查法、生物检定统计法、注射剂安全性检查指导原则等8项内容。会后中检所汇总各药检所对附录的意见形成会议纪要，上报至国家药典委员会。

首届全国药包材检验工作研讨会

2008年11月20～21日，首届全国药包材检验工作研讨会在北京召开。国家局药品注册司综合处侯仁萍处长，中检所党委书记、所长李云龙以及全国28个省市药包材检测机构的84名代表出席了本次会议。会议由中检所药用辅料及包材室副主任孙会敏主持。

国家局注册司综合处侯仁萍处长在致辞中指出，检验机构是监管工作有力的技术支撑，希望各单位根据自己的能力开展相关的科研工作，加强沟通交流，多提建议。中检所党委书记、所长李云龙从适应、科学、创新、发展等四个方面谈了对药包材检验工作的要求。会议期间与会代表就药包材的监管、检测工作进行了讨论和经验的交流。

第八届全国抗生素/微生物检验工作研讨会

2008年11月在北京召开了第八届全国抗生素/微生物检验工作研讨会，会议以2010版药典的增修订为主题，紧紧围绕着抗生素药品的质量研究和标准修订、药品微生物检验和应急检验、药典相关附录的修订等议题开展广泛交流和讨论，这对按时完成2010版药典的增修订工作起到了推动作用，对全国药检所的抗生素和微生物检验技术水平的提高起到了带动作用。

生物制品检验检测

概 况

2008 年，中检所共受理生物制品注册检验、批签发、批批检、委托检验等各类检验 6805 件，均按要求完成任务。

疫苗和血液制品批签发

全年共签发疫苗制品 39 个品种，3989 批。其中，国产制品 38 个品种，3654 批。合格 3633 批，不合格 21 批，不合格率为 0.575%。进口制品 12 个品种，335 批，全部合格。全年共签发血液制品 9 个品种，347 批，其中合格 343 批，不合格 4 批，不合格率为 1.153%。批签发工作的开展，为生物制品监管工作提供了及时、准确的技术监督信息，促进企业不断提高制品质量。

诊断试剂批批检

2008 年共检验乙型肝炎病毒表面抗原诊断试剂、丙型肝炎病毒抗体诊断试剂、梅毒螺旋体抗体检测试剂、HIV－1 抗体酶联免疫试剂、抗 A 抗 B 血型定型试剂共 5 个品种，816 批，不合格率为 0.245%。其中，国产制品 5 个品种，782 批，不合格 2 批，不合格率为 0.256%。进口制品 4 个品种，34 批，全部合格。

疫 苗

疫苗注册检验：全年共受理乙型脑炎灭活疫苗、重组乙型肝炎疫苗、脊髓灰质炎灭活疫苗、狂犬病疫苗等 36 个品种，212 批的注册检验。其中，国产制品 27 个品种，182 批，4 批不合格，不合格率为 7.33%。进口制品 9 个品种，30 批，全部合格。另外，还受理了螨变应原舌下滴剂、口服酪酸梭菌活菌散片等制品共 23 个品种，106 批的注册检验，全部合格。受理肾综合症出血热胶体金诊断试剂、HBV/HCV/HIV－1 核酸检测试剂盒等诊断试剂的注册检验共 12 品种，40 批，全部合格。

委托检验：全年受理委托检验 19 个品种。涉及的主要制品为重组乙型肝炎疫苗、肉毒毒素、破伤风抗毒素等，为地方食品药品监管部门执法提供强有力的技术支撑。

临床血清学检验：全年共受理临床血清学检验 9 个品种，48751 份血清样本。涉及乙型脑炎减毒活疫苗、狂犬病疫苗、A＋C 群脑膜炎球菌多糖疫苗、流感病毒裂解疫苗、大流行流感灭活/裂解疫苗、脊髓灰质炎灭活疫苗、DTP－IPV－HiB 疫苗、吸附无细胞百白破疫苗、b 型流感嗜血杆菌结合疫苗。检验结果及时发给临床研究主持单位。

血液制品

注册检验：全年共受理注册检验 146 批。其中，国产制品 13 个品种，123 批，合格 120 批，不合格 3 批，不合格制品为重组人促红素。进口制品 3 个品种，23 批，全部合格。

委托检验：受理静注人免疫球蛋白、狂犬病人免疫球蛋白、乙型肝炎人免疫球蛋白、破伤风人免疫球蛋白、人免疫球蛋白、人血白蛋白的委托检验，共 19 批。其中狂犬病人免疫球蛋白 1 批不合格，人血白蛋白 7 批不合格。

病毒灭活验证：进行病毒灭活验证 126 批。制品涉及人血液制品、动物原性产品。

重组技术产品

注册检验：全年受理重组技术产品注册检验 28 个品种，144 批。其中，国产制品注册检验 25 个品种，120 批，13 批不合格。进口制品注册检验 3 个品种，24 批，全部合格。检验的制品主要

有重组人干扰素 α2b 注射液、聚乙二醇重组人血管内皮抑制素注射液等。

委托检验：委托检验 3 个品种，3 批，2 批不合格。品种为重组人粒细胞刺激因子注射液、注射用重组人粒－巨噬细胞刺激因子、注射用重组人干扰素 α1b 等。

质量标准的建立：全年研究建立了 9 种新制品质量标准，分别为人乳头瘤病毒 HPV 五邻体疫苗、肿瘤坏死因子相关凋亡诱导配体（TRAIL）、重组人 γ 干扰素－腺病毒制剂、HSV－GM－CSF 基因治疗药物、重组人 hPK－5 质粒 DNA 基因治疗制剂、重组人 FGF2 仙台病毒制剂、重组嵌合抗 CD20 单抗、重组 EGF 偶联疫苗、重组人 CNTF 的质量标准研究。

基因治疗药物大多数具有自主知识产权，其质量标准和检测方法的研究缺少国外可借鉴的资料，具有难度大、技术含量高、生物安全性问题多等特点。我们采用标准化方法对各个产品进行质量研究，参考同类制品质量标准和 WHO、ICH、美国 FDA 以及其他先进国家的技术指南和法规文件，根据我国现行生物技术药物法规要求，研究建立了安全有效、质量可控的基因治疗药物质量控制标准。

重组嵌合抗 CD20 单抗具有目前常用单抗的结构特征，建立的质量标准不仅对该单抗本身的有效性和安全性进行质量控制，也为一系列该种类型单抗制品质量标准的建立提供参考。

新方法的验证：研究建立了 8 种新方法并对其进行了验证。分别为：荧光定量 PCR 法测定宿主细胞残余 DNA 含量方法、单抗轻、重链 N－末端去封闭氨基酸测序方法、蛋白二硫键定位分析方法、糖蛋白糖基化位点及结构分析、HSV－GM－CSF 制剂 GM－CSF 表达生物学活性测定方法、重组人 γ 干扰素－腺病毒制剂 γ 干扰素表达生物学活性测定方法、重组 EGF 偶联疫苗生物学活性测定方法、重组 HPV 疫苗生物学活性测定方法。

生物制品国家批签发工作会议

受国家局委托，2008 年 1 月和 2008 年 11 月分别在深圳市和成都市组织召开生物制品国家批签发工作会议。会议主要内容是承担批签发工作的药品检验所总结一年来批签发工作情况和收获，疫苗、血液制品和诊断试剂生产企业总结生产过程中的经验，并就批签发和生产过程中存在的问题进行深入分析和讨论。通过相互交流，在进一步提高生物制品产品质量、确保安全有效方面共享了各自经验，对更好的开展监管和批签发工作，以及企业进一步提高生产研发水平起到了积极促进作用。

医疗器械检验检测

概　况

2008 年共审核签发医疗器械检验报告 1414 批，其中无源类医疗器械检验 494 批，体外诊断试剂检验 920 批，比 2007 年增长 210％。

根据“统一管理、分散检验”工作的要求，首次将除国家法定用于血源筛查、采用放射性核素标记以外的体外诊断试剂纳入到医疗器械检验体系进行统一管理。同时组织起草了《医疗器械诊断试剂注册检验收检登记和报告发送操作规程》、《医疗器械诊断试剂进口注册检验检品数量确认办法》、《医疗器械诊断试剂退检撤检管理程序》，规范了对体外诊断试剂的统一管理。

检验工作

完成无源类医疗器械检验 494 批，其中注册检验 419 批，合同检验 45 批，委托检验 14 批。产品种类涉及植入材料和人工器官、介入材料、医用高分子材料及制品、医用缝合材料及粘合剂、体外循环及血液处理设备等。

承担了 2008 年人工血管及含药冠状动脉血

管支架2个品种的国家监督抽验任务，共检验产品11批，检验结果全部合格。

体外诊断试剂共完成检验920批，其中医疗器械体系完成169个品种491批次，包括注册检验产品164种480批。检验涉及酶联免疫、化学发光、免疫印迹、免疫比浊、胶体金、流式细胞、PCR和基因芯片等不同分析方法的品种，与2007年相比，检验品种增加32种，检验批次增加86批；生检体系完成检验429批，涉及诊断乙肝、丙肝、艾滋、结核等品种。

标准化研究

《中国药典》（2010年版）标准起草与复核相关工作

药检处各科室承担了一部和二部凡例、通则以及各论的起草和修订工作。其中，化学药品标准修订41个品种、新增11个品种、附录9项、制剂通则5项、共66项起草工作，复核68个品种、8项附录、共计76项复核任务。生化药品35个品种修订、10个新增品种、附录1项的标准起草，以及30个标准复核工作。起草22个、复核32个麻醉药品标准。起草了6种放射性药品标准，审核了20余种拟修订标准。承担22种药用辅料（包括8种注射用辅料）的质量标准起草工作和38种药用辅料的标准复核工作。承担了对2010年版中国药典《无菌检查法》、《微生物限度检查法》、《灭菌法》的修订内容以及新增的《微生物限度检查指导原则》、《微生物实验室指导原则》、《微生物检查替代方法指导原则》的起草工作。结合我国目前的实际情况，拟定了中国药典2010年版纯化水、注射用水微生物限度检查修订方案。

中药室承担了《中国药典》2010版一部中药材、中成药和提取物品种的起草、修订和复核工作，承担42个品种的起草修订，57个品种的标准复核任务。

生物制品处各科室承担了三部凡例、通则以及各论的起草任务60项和修订工作88项，复核任务7项。

各科室承担任务情况见下表。

各科室承担任务情况

科室	起草	复核	科室	起草	复核
化药	69	66	重组技术产品	40	/
生化基因工程	56	35	血液	11	/
中药	49	66	血清	25	/
麻药	23	32	疫苗一	11	4
放射药	36	/	疫苗二	11	3
抗生素	17	3	疫苗三	16	/
药包材与辅料	22	38	细菌一	10	/
药理	1	2	细菌二	10	/
分析测试	32	36	菌种	9	/
			细胞	3	/
合计	305	278	合计	146	7

医疗器械标准相关工作

2008 年中检所共承担医疗器械标准制修订 27 项，其中国家标准 4 项，行业标准 23 项。按照国家局要求，中检所自 2008 年 1 月起开始实行将医疗器械标准制修订工作进度向国家标委会筹备组的月报制度，自 3 月份开始，全年累计上报 9 次。

2008 年共完成了无源类医疗器械标准制修订 12 项，其中包括人工心脏瓣膜通用技术条件和医药工业洁净室（区）沉降菌的测试方法”等 4 项国家标准及动物源性医疗器械第 3 部分：病毒和传染性海绵状脑病因子去除与灭活的确认、组织粘合剂粘接性能试验方法第 3 部分：拉伸强度、血管栓塞剂：第 1 部分海藻酸钠微球等 8 项行业标准的制修订工作。完成 15 项体外诊断试剂行业标准的制定工作，其中微生物培养基行业标准 6 个，临床生化类体外诊断试剂行业标准 9 个，均形成标准报批稿。具体项目包括：MH 肉汤培养基、脑心浸液培养基、曙红亚甲蓝琼脂培养基、营养肉汤培养基、乳糖胆盐培养基、中国蓝培养基、丙氨酸氨基转移酶（ALT）测定试剂盒（连续监测法）、天门冬氨酸氨基转移酶（AST）测定试剂盒（连续监测法）、甘油三酯（TG）测定试剂盒（甘油磷酸氧化酶 - 过氧化物酶法）、葡萄糖（GLU）测定试剂盒（葡萄糖氧化酶法）、尿素氮（BUN）测定试剂盒（酶偶联监测法）、钾（K）测定试剂盒（酶法）、钠（Na）测定试剂盒（酶法）、氯（Cl）测定试剂盒（酶法）、总胆汁酸（TBA）测定试剂盒（酶循环法）。

药品检验检测通用工具研究项目启动

为尽快建立药品检验标准库，2008 年 5 月份，药品检验检测通用工具研究项目研讨会在江苏省无锡市召开。会议的主要任务是交流检验系统管理与业务经验，研究与建立药检系统药品检验检测通用工具，并对无锡药品检验所及其实验室信息管理系统情况进行考察。中检所党委副书记丁丽霞，无锡市药监局副局长凌晓霖出席会议并讲话。中检所，江苏省、河南省、广西壮族自治区、湖南省、广东省、辽宁省、无锡市等药检所相关人员参加了会议。

“药品检验检测通用工具研究”项目的实施，可以解决多年来各药品检验所标准不全不够的问题，能为现有的药品检验软件提供基础数据，避免各药检所标准重复建设。

市 场 监 督

药品医疗器械抽验

2008 年，国家局药品市场监督办公室积极开展药品医疗器械抽验机制改革探索，逐步实现了抽验队伍的专业化，抽样设备的专门化，品种确定、方案制定、实施过程的程序化，抽样信息程序的规范化，数据传递的信息化，科学分析数据的序列化。建立国家药品抽验抽样人员数据库，举办国家药品抽样人员培训班，培训全国 31 个省 122 名药品抽样人员，配发药品抽验专用设备。制定《国家药品抽样人员管理规定（试行）》、《国家药品抽样设备管理规定（试行）》、《药品评价抽验质量分析报告指导原则》、《药品质量公告发布工作规范》、《药品抽样和检验工作评定标准》。首次开展全国分区域按要求抽取国家药品评价抽验工作样品，采取同一品种由一个省级药品检验所检验的形式，并对每个承检单位的工作情况进行专家评审，真正达到了药品评价抽验的目的，为药品行政监督提供技术支撑，促进药品监管水平的提高。建立药品抽验信息系统和医疗器械监督抽验系统，并逐步完善和调整。针对部分产品抽样覆盖低问题，采取了追踪抽样方式，提高了抽样率，充分发挥省级医疗器械检验机构的作用，并首次参与国家医疗器械抽验任务。开展了国家医疗器械抽验机制和模式的研究，并形成初稿。2008年，药品完成抽样22798批，占计划抽样的110.92%；生物制品完成抽样120批；医疗器械监督抽验完成15个品种715批；医疗器械专项完成3个品种149批。起草药品质量公告4期、医疗器械质量公告4期。核查确认假冒药品25批。上述工作的开展，为国家药品医疗器械上市后的质量分析和市场监管提供了有力支撑。

案件督查

2008年，国家局药品市场监督办公室案件督察工作有新的突破。首次对国家食药监局稽查局受理的举报投诉信息数据进行整理分类、统计分析，并撰写分析报告，为更好的制定监管方案提供可靠的依据。

受国家局稽查局委托，分别赴河北、天津等地对利用互联网在海外非法销售西地那非等药品案，对举报某公司进口医疗器械涉嫌非法进口销售医疗器械案，对举报某治疗仪伪造临床资料案，对河南、山东的3家药品生产企业违法加工A型肉毒素案、对河北某化工企业涉嫌非法生产销售兴奋剂一事涉及的有关情况进行暗访、监督抽样、核查与督查督办。对核实的违法违规案件及时交辖区药监部门依法处理，并将有关情况以专题报告形式上报国家局。

2008年6~10月，组织对我国橡胶避孕套生产质量状况开展市场调研，完成并上报“我国橡胶避孕套质量状况分析报告”，为国家局进一步加强计生用具监管提供参考。

2008年1月13~19日，市场办派出8人参加了国家局组织的全国药品整顿和规范市场秩序专项行动总结验收工作，按要求提交了药品整顿和规范市场秩序专项行动验收报告。

广告审查

2008年，市场办转变广告审查监管方式，由原有的“事后逐一检查”转变为“事先加强培训、事中重点抽查、事后加大督导”的模式。全年共检查各省局审批的药品广告9161个、医疗器械广告2225个、保健食品广告2725个，发现问题广告205个。接受药品、医疗器械、保健食品广告文案咨询100余个。汇总草拟全国违法药品、医疗器械、保健食品广告公告2期。组织升级“国家食品药品监管局药品、医疗器械、保健食品广告审查监管系统”，整合审批和监管功能。

2008年，开展对利用互联网发布虚假药品信息以及销售假劣药品的监测工作，监测、研判网站818个，发现涉嫌违法发布药品信息的网站51个。开展利用互联网违法发布含兴奋剂药品信息阶段性监测工作，主动监测网站6840个，发现涉嫌违法发布含兴奋剂药品信息的网站107个，协助有关部门研判涉嫌违法发布含兴奋剂药品信息的网站612个。上述违法网站经国家局移送有关部门处理后，关闭率为90%。

药品检测车管理工作

2008年，中检所继续开展药品快检技术研究和药品检测车的改进和管理工作，取得积极进展。

2008年，中检所成立药品检测车项目领导小组、管理工作组和技术工作组，召开各技术协作组会议，明确各自的职能职责和任务分工。完成2008年版《药品快检工作手册》编制审校修版工作，该版手册共收录中成药、中药材和化学药品的快检方法916个，基本覆盖了基层常用药品。完善药品检测车车载管理信息系统，及时更新车载信息系统数据库，并将升级文件在药品检测车数据网络管理平台上发布、提供下载，实现与近红外车载软件的药品抽样信息的共享功能。完善国家局药品检测车网络数据管理平台功能，达到发挥药品监管信息对各地药品稽查工作的指导和实时监控作用。在中检所网站正式发布《自筹资金装备药品检测车指导原则》。研究制定

《利用近红外检测技术监控流通领域进口药品质量具体实施方案》、《2008 年版药品快检工作手册网上发布的工作方案》，完成“药品检测车阶段性工作总结项目”的工作报告和成果报告的起草修订工作。

对全国药品检测车使用运行情况进行全面调查，向有关单位发放调查表，统计分析回收到的28 个省份 344 份调查表，向国家局提交了详细的《药品检测车使用情况调查报告》。赴贵州、青海和广西三省（区）实地调研基层药品检测车使用情况，了解药品检测车的运行管理经验的存在问题，向国家局提交了调研报告。组织举办“第一期药品近红外建模培训班”，对云南等 6 省进行了药品检测车车载技术再培训。组织召开“2008 年全国药品检测车应用经验交流会”，总结了2007 ~ 2008 年药品检测车推广应用工作，以报告和现场展示等多种形式进行了工作经验交流，并对药品检测车今后的应用管理工作进行了深入研讨。

申报《牢固树立科学监管理念不断提高我国药品质量动态监管能力和水平—药品检测车项目推广应用与实践》研究课题，荣获国家局实践科学监管理念课题研究“一等奖”。向四川灾区派出抗震救灾药品快检技术工作组，对 11 台药品检测车进行现场车载仪器维护、软件系统升级、现场培训及救灾药品的现场快检工作，解决了药品检验所不能开展正常工作的问题，把住了进入灾区的药品质量关。

应急检验

刺五加注射液事件

2008 年 10 月 6 日，云南省红河州第四人民医院 6 名患者使用黑龙江完达山制药厂生产的“刺五加”注射液之后出现严重不良反应，其中 3 例死亡。在此不良事件发生后，中检所按国家局指示，立即派员前往事发地（黑龙江、云南）及时了解情况并抽取样品。

从 2008 年 10 月 7 日开始，中检所对标识为黑龙江完达山制药厂生产的刺五加注射液样品迅速开展了检验工作，分别采用标准方法和非标准方法对相关批号的样品进行了检验检测分析。根据国家局领导在处置“刺五加注射液”不良事件领导小组第七次会议上的要求，中检所组织广东、江苏、河北、山东、江西、陕西等省级药检所对市场流通的黑龙江完达山制药厂和其他厂家生产的刺五加注射液进行检验。共检验了样品 599 个批次。

针对刺五加注射液开展无菌检查样品 15 批，发现不合格样品 3 批，并从菌种的分离鉴定和分子生物学分型入手对其污染来源进行了深入的调查研究，完成了《刺五加注射液无菌检查情况报告》。对刺五加注射液进行了异常毒性实验 7 批，热原检查 7 批，细菌内毒素检查 9 批。及时研究并提交了注射液输液瓶的密闭性检测用非标方法，对模拟振荡后的样品进行了密封性测试，得出了科学恰当的实验结论。从事发地和生产企业抽取的 11 个批次的刺五加注射液，连夜展开检验工作。按卫生部药品标准中药成方制剂第十八册刺五加注射液标准，对 11 个批次样品进行了化学反应鉴别、薄层色谱鉴别、pH 值、重金属、树脂、鞣质、蛋白质检查、总黄酮含量测定，以及指纹图谱的分析检测。

通过严谨科学的检验工作，为国家局处置“刺五加”注射液不良反应事件提供了有力的技术支撑，维护了公众用药安全。

肝素钠事件

2008 年初，美国百特公司生产的多剂量肝素钠注射液在美国发生了严重不良反应，其原料由我国常州凯普生物化学有限公司生产。在国家局的领导下，中检所在第一时间参与调查，并启动应急检验程序。中检所相关部门较好地完成了

“肝素钠突发事件”应急检验任务，先后完成了160批原料、30批制剂25批疑似对照的检验任务，在较短时间内判明了部分肝素钠原料中混入多硫酸软骨素，申报了杂质检查用补充检验方法获国家局批准，指导各地方药检所在全国范围内开展筛查检验工作。受国家局委派，中检所常务副所长金少鸿、生化药品及基因工程药物室副主任范慧红及国家不良反应监测中心吴桂芝和4位临床专家共同组成的中国7人专家代表团赴美国参加肝素钠问题国际研讨会。金少鸿根据我国前期的工作作了题为《中国近期对肝素钠的分析》报告，提出多硫酸软骨素不是美国临床上发生肝素钠不良事件的根本原因的观点，并提出具体意见。会后，金少鸿和范慧红等7位专家参加在中国驻美大使馆举行的关于肝素钠事件的新闻发布会并回答中外记者的提问。根据金少鸿的要求并征得美国FDA同意，金少鸿和范慧红赴美国新泽西州百特公司肝素钠生产现场进行调查。2008年5月15日美国卫生部部长莱维特先生到中检所肝素钠实验室参观后，对中检所的检测能力给予了高度评价。“肝素钠突发事件”应急检验任务的圆满完成为处理类似涉外事件积累了经验，维护了国家声誉，保证了肝素钠产业的健康良性发展。

静注人免疫球蛋白事件

2008年5月，江西南昌大学第二附属医院出现使用江西博雅静注人免疫球蛋白致死的严重不良反应事件。中检所立即派出2名GMP检查员赴现场协助国家局药品安全监管司开展检查和调查工作。同时，中检所立即启动应急检验程序，组织生检、药检、动物及安全评价中心有关人员召开会议，开展应急检验工作，并先后组织4次所内外专家会对检定方案、检定结果进行分析讨论。经检验人员夜以继日的工作，在排除生物毒素、化学毒素外锁定是由于制品含有大量的人免疫球蛋白聚合物，该大量蛋白聚合物能引起动物死亡。检验结论为监管部门处理该事件提供了科学的技术支撑。

“术必妥”及“粘停宁”事件

2008年8～9月上海和广州相继发生因使用医用壳聚糖防粘连制品（“术必妥”及“粘停宁”）出现了不良反应事件，国家局医疗器械监管司要求我所派人进行了现场调研，并开展样品检验工作。

我所高度重视，立即派人协助国家局医疗器械监管司对该事件进行调查。同时启动了医疗器械应急检验程序，成立了应急检验领导小组。接到样品后，医疗器械处、医疗器械检验中心和安评中心（负责遗传毒性检验）及时对样品、检验标准进行分析研究，对遇到的问题及时与国家局、当地局和标准起草单位进行沟通协调，制定了检验方案。科室按检验方案进行检验，器械处及时汇总检验结果，定期上报，连续九报。圆满完成检验任务，为国家局及时分析不良反应原因和行政监管提供了技术支持。

凝血因子类制品同步检验

2007年12月，国家局针对凝血因子市场供应紧张状况，要求中检所对人凝血因子Ⅷ产品采取同步检验，以确保产品尽快上市。为贯彻落实同步检验的统一部署，中检所制定了相关技术要求，提前与生产企业联系，作好各项准备工作，在收到申报样品后立即开展实验室检验，并及时发出批签发报告。截止2008年6月底，共发出20批产品的同步检验报告。同时，在加快检验的同时，我们严把产品质量关，对不合格产品坚决不予放行，共有3批产品因效价和外观不合格未予签发。

第三部分　标 准 物 质

概　况

国家药品标准物质包括生物标准品、生物参考品、化学对照品、对照药材/对照提取物、医疗器械对照材料和标准品、体外诊断试剂标准品、药用辅料对照品及药包材对照物质等。2008年，审核通过了国家药品标准物质报告244批，全年共计分装药品标准物质449个品种，包装388个品种，完成制备生产报告共计388份。全年药品标准物质供应51万余支（套）。

完善药品标准物质制度

药品标准物质历年来一直由药检处与生检处各自管理。1997年，中检所制定了《NICPBP药品标准物质技术规范》。为了加强药品标准物质的管理工作，2008年增设了标准物质管理处，将药品标准物质由分散管理变为统一管理。

为进一步规范药品标准物质管理工作，2008年11月27日，中检所第二十九次所长办公会通过了《国家药品标准物质管理办法（试行）》。国家药品标准物质的标定、审核、批准以及国家药品标准物质的对外供应，应遵守本办法，本办法自2009年1月1日起施行。

为加强和规范全国药品标准物质供应管理工作，实现管理的科学化、规范化和制度化，2008年12月16日，《药品标准物质供应管理规范（试行）》实施。本规范适用于中检所、参与药品标准物质供应工作的各省级、副省级药品检验机构。

药品标准物质报告审核

2008年标准物质报告审批工作顺利开展。其中药品标准物质审核通过报告224批，其中首批90份，换批制备标准物质报告134批。批准首批药品标准物质研制申请58份，同期受理药品标准物质原料申报及备案共计42件。生物标准物质报告审批情况：组织3次标准物质专家会议，批准5个新品种和3个换批品种；8个新品种进入审批程序，组织专家审核或补充数据；11个品种新生物标准物质提交制备申请。医疗器械标准物质方面申报了1个品种的标准物质。

药品标准物质研制标定

2008年制备标定化学对照品和对照药材224个品种，其中首批90个，换批134个。同时为保证《中国药典》（2010版）抗生素品种的质量控制标准有效性，对目前质量标准较低的抗生素品种进行了深入研究，研制出杂质对照品及系统适用性对照品24种。起草制定了质控血清制备方案、委托生产协议书。组织具有代表性的三家放免药盒生产企业共同协作标定，确定不同方法标定值，用于放免药盒生产企业和临床检测质量控制，达到放免药盒标准化的目的。

生物制品标准物质研制标定

2008年完成30000支乙肝试剂参考品，6500支HCV EIA标准品，1050支HCV RNA PCR标准品、8000支破伤风抗毒素国家标准品、18000支破伤风疫苗效力标准品的制备分装工作。制备检定细菌比浊标准管350套、卡介苗比浊标准管200套、乌体林斯400套、卡介菌核酸（DNA）标准品800支。向科研、教学、生产和质控部门分发国家标准医学菌种7589株。制备了150套HIV RNA定量参考品、200套HIV P24抗原参考品、500套HIV－1/2抗体酶联免疫试剂参考品。研制出了HIV－1耐药性国家参考品，已获准使用。HIV－1耐药性国家参考品，所用参考品的样品包括我国流行的AE、BC和B亚型，耐药位点包括在我国流行的PR、NRTI和NNRTI的主要和次要耐药位点，并采用两种方法来评价灵敏度。研制霍乱毒素B亚单位国家参考品，已获准使用。建立卵清蛋白国家参考品、麻疹、腮腺炎、风疹活疫苗滴定国家参考品，部分参考品已完成申报工作。以及轮状病毒试剂参考品，丙肝病毒血源筛查用参考品，乙肝CHO疫苗参考品、丙肝病毒血源筛查用参考品的研制。研究建立重组制品标准品6种，分别为：IFNα2a活性测定标准品；IFN－β活性测定标准品；IL－11含量测定标准品；G－CSF含量测定标准品；IFNα2a含量测定标准品；IFNα2b含量测定标准品。

医疗器械标准物质研制标定

2008年，中检所积极开展医疗器械标准物质研制工作，申请《国家医疗器械标准品、对照品标定及复核项目》，获250万元资助，申请《国家体外诊断试剂标准品、对照品标定及复核项目》，获210万资助。在研医疗器械标准物质15个，分别是细胞毒性试验用参照品4个、植入试验用参照品3个、微粒标准品3个、一次性注射针用穿刺力标准膜、环氧乙烷标准品、C反应蛋白的标准物质（CRP）、癌胚抗原（CEA）标准物质。其中，环氧乙烷和甘油三酯标准品均已研制完成，并进入审批阶段。

药品标准物质的协作标定

积极开展国际协作标定标准品工作。2008年参与完成重组人胰岛素样生长因子－Ⅰ国际对照品（02/254 HPLC法含量）的WHO国际协作标定工作。生物标准物质主要包括以下8个方面的内容。一是第一代国际无细胞百日咳效力标准品已经WHOECBS批准；二是完成第一代国际百日咳抗体血清（人）和参考试剂协作标定，已经WHO ECBS批准；三是完成白喉类毒素絮状反应国际标准品联合标定；四是完成破伤风类毒素絮状反应国际标准品联合标定；五是完成白喉类毒素疫苗国际标准品联合标定；六是完成WHO/NIBSC组织的人H5N1抗体标准品的国际协作研究；七是完成NIBSC组织的灭活脊髓灰质炎疫苗D抗原第三代标准品的换代协作研究；八是与WHO协作进行卡介菌活菌含量快速检测方法的研究，第二个卡介苗国际标准（2nd BCG IS）检验方法学国际协作标化。

建立标准物质制备生产质量保证机制

为确保标准物质标定工作质量，中检所在实施《药品标准物质制备生产管理细则》的基础上，参考《中国药典》、《局颁标准》，以及《直接接触药品的包装材料和容器标准汇编》等资料，建立了《药品标准物质制备生产质量保证检测方法》。此方法用于常规的质量控制检查工作，切实保证药品标准物质制备、生产、贮存等方面质量，逐步建立起质量保证机制。

标准物质工作现状

药品标准物质是药品检定和国家药品标准的重要物质基础，是控制药品质量必不可少的工具。多年来，中检所认真履行法定职责，标准物质工作严格按照国家药品标准的要求，基本满足了国家药品监管工作的需要。

一、回顾历史，不断填补标准物质供应的空白

药品标准物质是检验检测工作必不可少的条件之一。我国在1956年就能够提供3种标准物质，发展到现在可以提供两千多种标准物质。

（一）不断发展壮大的标准物质工作体系

20世纪70年代末，中检所已初步建立了国家药品标准物质体系。先后研制出多种类型的化

学对照品、中药化学对照品和对照中药材，建立起包括细菌性疫苗、病毒性疫苗、类毒素、抗毒素和免疫血清、血液制品和诊断血清等标准品及标准菌毒种在内的较完整的生物制品标准物质体系，基本满足了全国药品、生物制品检定工作需要。

改革开放以来，药品标准物质的研究和制备快速发展，极大地促进了药品标准物质的研究和制备工作。仅 1978 年一年，便完成了结核菌素纯蛋白衍化物、抗眼镜蛇毒血清等 7 个生物制品国家标准品的制备任务。近十年来，中药标准物质从建立到发展，使我国成为第一个建立国家级天然产物标准物质的国家。不仅保证了国家药品标准的实施，中药科研与新药研制的需求，同时也得到了世界卫生组织及有关国家的极大关注，对促进我国中药质量标准、检测水平的迅速提高，促进传统中药的规范化生产、以及中药产业化、现代化的进程做出了重要的贡献。

（二）在突发事件中发挥了重要作用

“非典”暴发期间，中检所及时组织力量，突击奋战，在短短的 2 个月，便研制出 SARS 病毒抗体 IgM 国家参考品和 SARS 病毒抗体（总抗体或 IgG）国家参考品，为全国抗击“非典”提供了有效的诊断依据。

（三）积极开展国际交流与合作

在标准物质的发展过程中，始终积极努力推进和 WHO、USP、EDQM、NIBSC 等机构标准物质方面的合作，早在 20 世纪 90 年代初，第一次与 WHO 合作，协作标定人抗破伤风毒素免疫球蛋白国际标准品。之后陆续参加凝血因子Ⅷ国际标准品、重组人干扰素效力国际标准品、无细胞百白破效力国际标准品、重组人甲状旁腺激素国际标准品等 20 余次国际协作标定。并在 2004 年，与 WHO 的最主要的国际生物标准物质分发机构英国 NIBSC 签订国际合作研究协议备忘录。近年来，多次为世界卫生组织提供青蒿素等国际标准物质的原料，并最终作为标准物质在全球广泛使用，为中国赢得了声誉。经过一代又一代药检人的努力和积累，我国药品标准物质研发水平的不断提高，无论是质还是量，与药品研发、生产、检定等发展要求相适应，在一些领域已经达到国际水平。

二、展望未来，努力开创标准物质工作新局面

下一步，中检所国家药品标准物质管理工作将按照“完善机制、提高质量、保证供应”的总体要求，进一步建立权责明确、统一协调、运转高效的标准物质综合管理机制，优化资源配置，全面提升标准物质的质量和保障水平，确保标准物质的供应，重点做好以下四个方面的工作：

（一）建立、健全完备的标准物质应急贮备库，保障国家药品标准物质的供应，特别是国家基本药物、2010 版药典品种、国家评价性抽验品种检验及重大事件检测工作所需的对照品。

（二）进一步完善药品标准物质的信息平台，全面整合管理法规、技术规范、基础信息数据库、技术咨询、用户信息反馈以及学术论坛等，加大资源的共享。

（三）推进标准物质/标准样品生产者能力认可。进一步完善中检所标准物质的量值体系，建立一系列有证标准物质，提高药品标准物质的质量准确性、有效性。

（四）进一步加强国际合作与交流，特别是作为美国药典委员会的协作标定实验室，要按时保质保量完成任务。同时开展国外实验室参加我国药品标准物质协作标定的工作。

第四部分　综合管理

规章制度建设

根据业务管理、人事、财务、科研、仪器设备管理等工作实际，制、修订了一系列规章制度。相继颁布了《一卡通管理办法》等19项规章制度，进一步推动了中检所内部综合管理工作的制度化、规范化。

附：中检所2008年颁布制度目录

中检所2008年颁布制度目录

序号	规章制度	文件编号
1	一卡通管理办法（试行）*	中检所办〔2008〕2号
2	会议管理办法*	中检所办〔2008〕9号
3	职工考勤管理办法（试行）*	中检所办〔2008〕12号
4	综合考评办法（试行）*	中检所办〔2008〕14号
5	关于加强新闻宣传工作的意见*	中检所办〔2008〕15号
6	实验室工作人员健康管理制度*	中检所办〔2008〕16号
7	实验室安全应急预案*	中检所办〔2008〕16号
8	收入分配管理办法（试行）*	中检所办〔2008〕17号
9	综合考评考核评分细则*	中检所办〔2008〕20号
10	干部值班工作的有关规定	中检所办〔2008〕23号
11	科研工作管理办法（试行）	中检所办〔2008〕24号
12	仪器设备管理办法（试行）*	中检所办〔2008〕26号
13	资金使用和管理办法（试行）*	中检所办〔2008〕28号
14	供应商评估管理办法*	中检所办〔2008〕34号
15	仪器设备管理办法实施细则	中检所办〔2008〕34号
16	药品和医疗器械突发性群体不良事件应急检验预案*	中检所办〔2008〕36号
17	工作人员管理办法（试行）*	中检所办〔2008〕38号
18	关于加强我所档案管理工作的若干意见*	中检所办〔2008〕39号
19	工作人员年度考核实施细则*	中检所办〔2008〕46号

说明：带*的为新制定的制度。

综合考评

为进一步强化综合管理，推动各项制度的有效落实，2008年，在所党委的领导下，中检所努力探索建立科学客观规范的考核体系，全面开展综合考评工作。

中检所结合工作实际，制定了《综合考评办法（试行）》、《综合考评评分细则》及《2008年综合考评实施方案》，成立综合考评领导小组。综合考评工作分为部门自评、述职述廉测评以及领导小组考评三个部分，对全所各部门思想建设、履行职责情况以及综合管理三方面工作及其绩效进行考评。以日常检查为主，对工作中发现的问题登记在册，不断督促改进。考评结果将作为评先选优、干部考核任用及奖金分配的重要依据。特别是综合考评中各部门履行职责情况方面，进一步明确了部门职责，对业务处、室药品检验的各个环节进行考评，对职能部门及部分业务科室进行满意度评价，对既有业务职能又有行政职责的部门进行双重考评，以此不断督促各部门认真完成工作任务，提高工作质量，强化责任追究制，全面推进药品检验各项工作的顺利开展。

信息化建设

概　况

质量情报处成立于1984年，承担着全国药品质量信息的统计与分析工作。1991年，建立了全国药品质量监督管理信息系统，初步形成全国药政部门的计算机管理体系，1991年6月，该项目获卫生部科学技术进步三等奖。

1996～1999年，在全国省级、计划单列市、口岸药检所完成了《全国药品监督管理信息系统》，由ChinaPac过渡到Internet的通讯网络，实现信息的快速传递，进一步加快了全国药品技术监督信息网络的建设。1999年8月，《药品监督管理Intranet/Internet系统的建立》项目获卫生部科技进步三等奖。

1998年7月，中检所建立了药品监督系统的第一个Internet网页，宣传国家药品监督管理政策、法规，发布相关的药品监督管理及药品质量等信息，成为宣传药品检定工作的对外窗口。

1999年1月，组织开发了《药品检验管理系统软件网络版》，并在全国14个省市药检所开展试运行工作；2001年，在全国范围得到推广使用。

2002年，完成中检所局域网建设，局域网分为内网和外网。外网通过DDN专线和INTERNET连接。

2003年，中检所综合管理系统正式运行。该系统的建立使全所范围内实现网上业务管理、技术交流、图书资料期刊查询等，逐步实现电子化办公，提高了中检所的办公自动化水平和检验检测工作的信息化水平，为今后的信息化建设打下了坚实的基础。

2004年9月19日，按国家局《关于中国药品生物制品检定所主要职责内设机构和人员编制规定的通知》（国食药监人〔2004〕451号）文件要求，将质量情报处更名为信息处，且将图书馆纳入信息处管理，工作职能做了相应调整。

2008年，我所加快了全国药品检验系统信息网络建设步伐，加强了对全国药品检验系统信息化的指导工作，开发了国家药品抽验管理系统、物资供应管理系统、药品标准物质信息管理系统、全国批签发管理系统、协同办公系统、药品检验所管理系统，启动了“药品检验检测通用工具研究”项目。其中，物资供应管理系统上线试运行，全国药品抽验管理系统正式上线启用。利用计算机网络技术进一步加强了对公文运转、标准管理、医疗保健、后勤保障等方面的管理，在提高管理效率的同时，降低了管理成本，提高了工作的科学和规范化程度，保障了我所各项检验工作的顺利完成。

同时，改版了中检所的外网和内网网站，外网网站第四版、内网网站第2版正式上线。

网络建设

组织实施近20个部门的网络布线工作，增加（调整）信息点210个；完成与安评中心、动物中心的联网；更换了Domino服务器及磁盘阵列和ISA服务器；改造了机房，配备标准机柜和多电脑切换器（KVM）设备；改造了机房电路；更换了外网防火墙、邮件服务器和域名解析（DNS）服务器；互联网接入带宽拓展至60兆。这些工作的开展，增加了机房用电安全性，提高了机房的空间利用率，提高了网络运行的稳定性和各业务管理系统的运行速度，确保了中检所网站及网站上的各业务管理系统及数据查询服务的正常开展。

图书期刊管理

采购、编目中文图书194册，外文图书72册，外文期刊112种，中文期刊232种；装订外文期刊480册，中文期刊319册；更新包括化学文摘、中文期刊全文及博硕论文数据库、外文期刊全文共享数据库等在内的电子资源数据库；借还图书2700余人次，共计8300余册；完成8000余篇外文期刊文献题录的入库工作。

《药品检验所管理系统2008版》通过验收

2008年9月24日，中检所在新疆召开《药品检验所管理系统2008版》验收会。中检所党委副书记丁丽霞到会并讲话。专家组审查了《药品检验所管理系统2008版》项目的整体设计、表单和流程自定义功能、源代码开放、文档型数据库转换、药品检验业务模块的实现等内容。专家组一致认为《药品检验所管理系统2008版》既定功能基本完成，系统运行正常，同意项目通过验收。

网站改版

2008年10月1日，中检所网站正式改版。改版后的网站设计层次分明，重点栏目突出；栏目安排清晰合理；增加音频、视频效果；增强了栏目的交互性；网站体现出人文科技的自然风格。网站功能具有新闻性、数据查询、交互性、服务性、安全性。2008年，网站建设有科学发展观、奥运、抗震救灾、“十七大”相关内容、药品检测车、国外药品信息、生物制品批签发、全国药检工作会、药用气雾剂等9个专题栏目；新建药物分析杂志、药物安全评价中心、医疗器械检测中心3个二级网站；建立技术论坛，为检验人员、药检系统相关人员以及研究、生产单位的技术人员提供了技术交流平台。

《国家医疗器械监督抽验信息化系统》的开发应用

为进一步做好国家医疗器械质量监督抽验工作，使其更加科学化、规范化、实时化，实现抽验信息化管理，2007年6月，我所研究开发设计了《国家医疗器械监督抽验信息化系统》。该系统经过试运行，于2008年正式上线使用，实现了抽验整个过程的可控性及可靠性；为国家局、中检所医疗器械检验处、全国31个省局以及10个国家医疗器械监督检验中心，提供了一个基于互联网的工作和交流平台。

血液制品的原料血浆和疫苗及批签发监管信息网络系统研讨会

2008年12月3～4日，中检所在北京组织召开了血液制品的原料血浆和疫苗、血液制品的批签发监管网络系统研讨会。7个授权药检所近30人参加会议，党委副书记丁丽霞参加会议并做重要讲话。专业人员为与会同志演示了整套批签发监管网络系统，各药检所代表模拟该系统做了演练，会议组织了分组讨论，听取各位代表意见，为改进批签发网络系统，实现批签发监管网络系统的顺利实施打下基础。

网络升级改造论证会

2008年12月3日，中检所网络升级改造论证会在京召开。中检所党委副书记丁丽霞参加会议并讲话。专家组在分析论证了中检所网络规模、网络结构、现有设备及近年来网络改造情况后，建议：制订网络升级改造方案要从整体考虑，统一规划设计，包括网络现状、需求、实施的内容及进度、经费预算和达到的目标；充分考虑网络安全管理的需要，调整优化内、外网的网络结构；增加系统安全和网络管理功能；更新添置急需的设备和软件。

信息系统安全等级保护定级

2008 年 3 月，将中检所的信息系统分为业务办公系统、内部局域网网络系统、外网网络系统、网站系统、进口药品注册系统、医疗器械抽验系统、药品监督报验系统，并分别进行定级保护及备案工作。收到北京市公安局信息系统安全等级保护备案证明，证书编号：11940845018 －00002 内部局域网网络系统 2 级备案，11940845018 －00003 外网网络系统 2 级备案，11940845018 －00004 网站系统 2 级备案，11940845018 －00005 进口药品注册检验系统 2 级备案，11940845018 －00006 医疗器械抽验系统 2 级备案，11940845018 －00007 药品抽验系统 2 级备案。

档案管理

概　况

2008 年，收集整理各门类档案 5000 余卷，接收移交归档长期、永久档案 1864 卷、1602 份。接待查阅档案 1023 卷/372 人次，充分发挥了档案为工作查考、学术研究、技术开发等方面提供服务支持和保障的作用。

创新管理方法建立应急检验专项档案

应急检验工作中所生成大量技术资料，将其完整齐全的收集、整理、立卷归档，建立专项应急检验档案规范管理并妥善保管，既能帮助检验部门完整地保存整个应急检验任务完成的全过程，不断总结和积累经验，更能为今后的应急检验工作提供查考或借鉴依据。

中检所打破了以往按文书、科技等不同资料分门别类整理立卷，以部门为单位移交归档的管理模式，在每次应急检验告一段落或结束时，由负责应急检验工作的牵头部门，将所有参与应急检验工作的部门生成的全部材料进行汇总，把材料中涉及的文书、科技两类材料综合在一起进行整理立卷，建立专项应急检验档案统一移交档案室，按永久期限档案进行保存管理。

按照新的管理方法建立应急检验专项档案，能在最短的时间内通过整套档案快速查阅并了解某项应急检验的全过程，提高档案管理水平，更好地服务检验工作。

制定科技档案立卷与归档操作规范及自检规程

中检所为进一步加强科技档案管理，规范科技档案立卷移交工作，对 1997 年制定的《档案管理规范》中科技档案工作规范内容进行了细化，从组卷、卷内排序、卷内目录编制、页号编制、案卷封面与内封底的填写、如何装订、到移交目录填写等一系列步骤制定了操作规范，形成的《科技档案立卷与归档操作规范（SOP）》、《科技档案立卷与归档自检规程》已纳入《质量手册》和《程序文件》，使科技档案的立卷归档工作按照统一要求进行标准化管理，具备可控性和可操作性，解决了专兼职档案员在整理档案中实际操作问题，进一步提高档案案卷质量，为今后的查考提供便利。

期刊编辑与出版

《中国药事》取得新版《中华人民共和国期刊出版许可证》

《中国药事》杂志取得有效期为 5 年（2008 ~2013 年）的新版《中华人民共和国期刊出版许可证》。影响因子从 2007 年的 0.345 提升到 2008 年的 0.438。全年编辑出版杂志 12 期，刊登文章 400 篇，约 220 万字。

《药物分析杂志》获中国科协精品科技期刊工程C类资助项目

2008年，《药物分析》杂志连续第3次获得中国科协精品科技期刊工程C类资助项目。

开通了在线投审稿系统，实现了收稿、审稿、编辑、发稿、出版和电子期刊网络化。全年编辑出版杂志12期，刊出论文558篇，约484万字。2008年6月，《药物分析杂志》成立了第七届编委会。经中国药学会批准，新增编委61人。涂国士先生任名誉主编，金少鸿研究员任主编，周同惠、李云龙、张庆玺担任顾问，田颂九、王军志、丁丽霞、王平、贺浪冲、曾苏、钟大放、杨腊虎担任副主编。

基本建设

迁址建设项目取得阶段性成果

中国药品生物制品检定所继2007年完成迁址建设工程项目可行性研究报告后，2008年获得国家发展和改革委员会批复。建设地点为北京市大兴区北京生物工程与医药产业基地，主要包括综合业务楼、药品检验楼、生物制品检验楼、医疗器械检验楼、实验动物中心楼、标准物质及标准化研究楼、生物安全实验楼、实验辅助及生活配套设施等。并根据国家食品药品监督管理局工作部署，全面开展了迁址建设工程项目前期的准备工作，取得了国家环境保护部《迁址建设项目环境影响报告的批复》，通过了国土资源部和北京市国土资源局土地资格预审，制定了迁址建设项目总体规划方案，完成了招标代理单位的比选工作并签订了《建筑工程勘察、设计招标代理合同》，为工程初步设计和勘察、设计招标奠定了基础。

制定总体规划方案确保建设用地规模

可行性研究报告自上报国家发展改革委审批以来，会同国家发展改革委项目评审中心领导及专家评委多次进行本项目和国内相关药检所建设项目的考察，客观反映药检机构的建设需求和当代实验室建设标准。同时开展各业务体系及所属科室有关建设目标、新增仪器设备、实验用房规模需求补充论证材料的收集、整理和汇编工作，团结协作、认真准备，共同做好评审意见的回复工作，最大限度地争取到了建设规模和资金的批复。

按照科学设置、合理搭配、资源整合的原则，初步确定了中检所迁建项目总体建设规划；积极与国家环境保护部沟通协调，取得环境影响评价报告的批复；启动土地预审工作，在历经大兴区国土资源分局、北京市国土资源局和国土资源部各级审批后，最终确定了项目建设用地总面积13.33公顷（约200亩），确保了建设用地规模。

实验动物中心基础设施改造项目

为提高我所实验动物中心热源检验检测水平，加强清洁级屏障设施建设，继2007年项目完成立项并取得可行性研究报告批复后，2008年，完成了项目规划设计方案和设计、施工单位的招标工作。项目批准改造面积1200平方米，总投资670万元。

第五部分 质量管理

质量体系管理评审和内部审核

2008年，为保证质量管理体系的有效运行，中检所开展了一系列质量活动，包括管理评审、内审、日常监督以及质量控制活动等。

2008年3月20日，根据实验室认可准则对有关管理评审的要求，李云龙所长主持召开2007年度管理评审会议。会议听取了质量管理处、人事处、科教处、仪器设备处、所长办公室、以及各主管业务处的工作汇报，对质量管理体系运行的组织结构、体系文件及体系运行适用性、符合性、有效性进行了全面分析评价。研究了《质量手册》和《程序文件》改版问题、《生物安全手册》与其他相关文件间的衔接问题、质量管理体系运行机制问题、仪器校准的问题、ISO/IEC 17025认可准则在药检系统中的应用问题、关于投诉与信息反馈问题、如何使监督和内部、外部审核更加有效的问题、质量管理人员的培训问题以及能力验证、实验室间比对的问题。经过讨论，会议对上述问题形成一致决定并部署相关工作。

2008年，中检所分别于3月和4月开展了两次实验室内部审核。应2008年北京奥运会安全保障的需要，两次内审的重点都放在实验室生物安全管理、医疗废弃物处理、安全配套设施以及安全管理制度等方面，重点检查了我所与生物安全相关的实验室、菌（毒）种保藏库、医疗废弃物处理部门、动物实验室、放射药品室等部门。对内审发现的不符合项，有关部门认真完成整改，并结合科室具体情况，加强了有针对性的自查，为保证奥运期间的实验室安全，研究有效预防措施。质量管理处对整改效果进行了跟踪验证。

质量体系文件修订与改版

中检所于1991年制定《质量管理手册》，1996年5月进行改版修订，2001年10月再次改版修订后更名为《质量手册》，此后分别于2003年3月、2006年10月对《质量手册》进行两次改版。2006年2月21日，国家质量监督检验检疫总局正式发布了《实验室和检查机构资质认定管理办法》，随后制定的《实验室资质认定评审准则》于2007年1月1日起开始实施。2008年，为适应新评审准则的要求，结合质量方针的变化、组织机构和部门职能调整以及业务工作进展情况等，中检所再次对《质量手册》、《程序文件》和《实验室安全手册》进行改版。内容涵盖检验检测全程，包括质量管理体系组织和成员职责、管理程序及方法要求、各个环节具体作业计划、缺陷界定和处理记录等。文件改版小组历经3个月，4次集中讨论，完成了对质量体系文件的修订。改版后的质量体系文件，包括《质量手册》第六版、《程序文件》第四版和《实验室安全手册》第三版，经李云龙所长批准，于2008年12月30日正式发布实施。

实验室认可监督评审

2008年10月15～16日，中检所接受中国合格评定国家认可委员会（CNAS）的实验室认可复评审后第一次监督评审。本次评审的领域为药品、生物制品、实验动物、医疗器械、保健食品和药包材。包括检测产品/产品类别6类876项，在维持金少鸿、王军志、丁丽霞、李凤祥、白东亭、马双成授权签字人资格的基础上，新增李云龙和贺争鸣两名授权签字人。评审结果认为，中检所的质量体系适宜而且运行有效，实验室遵守认可规定，决定继续维持认可资格。

实验室能力验证活动

2008年，中检所共参加国际实验室能力验证2项。一是国际药学联合会（FIP）组织的第十轮能力验证计划，项目包括“1%碘酒溶液碘含量测定”、“缓冲溶液P的pH值测定”和“样品B的熔点测定”，取得满意结果。二是世界卫生组织（WHO）外部质量保证评估计划中“液相色谱法分析片剂成份”的能力验证项目，同样取得满意结果。

参加中国合格评定国家认可委员会（CNAS）组织的能力验证活动2项。抗生素室参加了CNAS组织的“电位滴定法测定药品含量”能力验证（计划编号CNAS T0382），分析测试室参加了CNAS组织能力验证“紫外分光光度法测定药品含量/卡马西平含量测定” （编号为CNAS T0383），均取得满意结果。

中检所作为CNAS实验室技术委员会药品专业委员会的挂靠单位和CNAS指定的测量审核活动承担机构，配合CNAS组织开展实验室能力验证工作2项，组织开展测量审核40项。

全国医疗器械检测机构的实验室间比对工作

为评估全国医疗器械检测机构（以下简称检测机构）的检测能力，全面提高实验室质量意识，加强对检测机构的监管，受国家局医疗器械监管司委托，2008年2月，中检所组织了2008年全国医疗器械检测机构一次性使用输液器比对实验。本次比对实验共涉及35个检测机构（国家级检测机构10个，省级25个）。其中，中检所医疗器械检测中心因参与作业指导书、样品均匀性和稳定性检测等工作没有参与比对实验外，其余34家单位参加比对实验。本次比对参加实验室多、涉及范围广。通过结果分析，比对试验专家们一致认为本次比对实验方案设计科学合理、样品均匀一致、总体结果较好。通过解决比对实验中发现的问题，各单位检测人员进一步加深了对标准的理解，提高了实验室管理水平，达到了预期目的，为国家局掌握医疗器械检测机构的整体水平提供了科学的依据。

为规范和加强实验室比对工作，中检所于2008年5月在昆明召开了“全国医疗器械检测机构比对实验工作会议”。来自国家局医疗器械监管司、云南省食品药品监督管理局和中检所以及全国48个医疗器械检测机构共计54人参加会议。会议通报了一次性使用无菌注射器和电源变压器过载温升实验室间比对实验工作情况，讨论了《医疗器械检测机构实验室间比对管理办法（讨论稿）》、无源产品（输液器）和有源产品（电源开关）比对实验方案以及今后的工作规划。医疗器械监管司王云鹤副司长对中检所在2006～2007年度组织的两次比对实验给予了高度评价，充分肯定了医疗器械比对实验工作的重要性和必要性。他指出，比对实验对医疗器械检测机构检测能力和水平的提高、发现检验工作中存在的问题、锻炼检测队伍发挥了积极作用。

第六部分 科 研 管 理

概 况

2008 年，中检所制订了《科研工作管理办法（试行）》，特别强调指出要加大奖励力度，调动科研人员的积极性。为《科研工作管理办法（试行）》的更好实施，制订了科研工作管理流程，提出了“热情为技术人员服务，主动为科室分忧，职责内的工作积极主动去做，非职责内的工作提出意见或建议”的工作原则，制定了有关科研管理文件和办事流程置内网以便科研人员随时查阅。制定了《中青年发展研究基金管理办法》。

2008 年，中检所共有 37 个课题获得立项，其中国家科技支撑计划课题 16 个，国家传染病防治重大专项课题 5 个，国家新药创制重大专项课题 4 个，国家“863”计划课题 2 个，国家自然科学基金课题 1 个，北京市科技计划课题 4 个，卫生行业科研专项项目 1 个，公益性行业科研专项 1 个，其他 3 个。2008 年中检所获得国家级奖励 2 个，省部级奖励 2 个，社会力量设奖 1 个。2008 年中检所出版书籍 14 部，发表论文 252 篇，发表综述 59 篇，登记专利申请 1 项。编发《科技工作简报》5 期 。

《科研工作管理办法（试行）》发布实施

为规范科学研究工作，多出成果、多出人才，全面提高中检所检验技术能力，为《发展规划纲要》的实施和创建“国际一流、国内领先”的发展目标提供良好的科技支持，结合全所管理制度化、规范化的要求，2008 年 6 月 18 日，发布实施了中检所《科研工作管理办法（试行）》，办法自 2008 年 7 月 1 日起试行，共分 6 个章节 33 个条目，主要对部门职责、科研工作的管理、科研工作的鼓励、罚则等进行了明确规定。

国家科技重大专项启动

2008 年 10 月，国家“艾滋病和病毒性肝炎等重大传染疾病防治”、“重大新药创制专项”两个重大科技专项启动，受重大专项实施管理办公室委托，国家局科技管理办公室及中检所科技教育处负责其中“生物技术药物质量标准和质量控制技术平台”、“新药研发信息化技术平台”、“传染病防控相关产品评价技术平台”和“中药标准研究平台”的组织评审工作，4 个平台共申请专项经费 2. 32 亿元。

“十一五”国家科技支撑计划重点项目启动

2008 年 4 月，“十一五”国家科技支撑计划重点项目“我国当前急需建立和提高的药品监督检验技术研究”和“生物制品安全性评价技术及原辅料安全性研究”申报工作启动，受科技部委托，国家局科技管理办公室及中检所负责组织 2 个项目共 15 个课题的招投标及评估评审工作。

“我国当前急需建立和提高的药品监督检验技术研究”项目下设 7 个课题，4 个课题为公开招标，3 个课题为定向委托。2008 年 4 月 23 日“我国当前急需建立和提高的药品监督检验技术研究（4 个公开招标课题）申请指南”在科技部及我局网站上向社会公示，截至 2008 年 5 月 25 日共收到 25 份公开课题的申请。受科技部委托，2008 年 6 月 6 日组织有关专家对公开课题的申请进行了初评，2008 年 6 月 18 日组织有关专家对公开课题和定向委托课题进行了复评。专家组经过充分讨论，认为这 7 个课题研究目标明确、方法可行，建议立项资助，并确定了 7 个课题的承担单位。

“生物制品安全性评价技术及原辅料安全性研究”项目下设8个课题，均为定向委托。2008年6月19日，组织有关专家对8个定向委托课题进行了评审，专家组经过充分讨论，认为这8个课题总体目标明确、技术路线科学，课题组技术力量均较雄厚，建议立项资助。

2008年科技奖励项目

2008年科技奖励项目

项目名称	获奖类别	主要完成人	完成单位
符合国际GLP标准的药物非临床安全评价平台关键技术的建立与应用	国家科学技术进步奖二等奖	桑国卫、王军志、李　波、邢瑞昌、王秀文、沈连忠、李佐刚、李保文、霍　艳、孟建华	中检所
血管抑制剂抗肿瘤新药的药物设计、千克级制备技术及临床应用	国家科学技术发明二等奖	罗永章、孙　燕、王军志、王金万、付　彦、常国栋	山东先声麦得津生物制药有限公司、中国医学科学院肿瘤医院、中检所、中国医学科学院肿瘤医院、清华大学、山东先声麦得津生物制药有限公司
乙型肝炎疫苗免疫效果影响因素和加强免疫策略研究	中华医学科技二等奖	梁争论、庄　辉、李　杰、胡忠玉、张　瑞、廖雪雁、朱凤才、李荣成、荆　庆、吴小音	中检所、北京大学医学部、广西壮族自治区疾病预防控制中心、江苏省疾病预防控制中心、开封市疾病预防控制中心
狂犬病病毒分子生物学及狂犬病疫苗评价研究	湖南省预防医学科学技术二等奖	肖奇友*…董关木（第四完成人）	湖南省疾病预防控制中心、中检所
青海道地药材冬虫夏草指纹图谱研究	青海省科学技术进步二等奖	林瑞超、吕　东*、王钢力、王慧春*、姚令文、刘海青*、骆桂法*	青海省药品检验所、中检所
23价肺炎球菌多糖疫苗的研究	四川省科技成果一等奖	李凤祥（第二完成人）、郭素英（第五完成人）	中检所为第二完成单位
生物材料生物相容性的分子生物学评价研究	2007年浙江省科技进步二等奖（2008年颁奖）	奚廷斐（第一完成人）、冯晓明（第三完成人）、王春仁（第六完成人）	中检所为第二完成单位
50种中药中重金属及有害元素检测方法及其限量研究	2007年辽宁省科学技术三等奖（2008年颁奖）	林瑞超（第三完成人）、金红宇（第六完成人）	中检所为第三完成单位
二种库蚊实验种群的建立及感染乙型脑炎活疫苗安全型评价的研究	2007年云南省科技进步三等奖（2008年颁奖）		中检所为第二完成单位
吸附无细胞百白破联合疫苗	2007年中华医学科技三等奖（2008年颁奖）	张庶民（第三完成人）	
转变监管理念发挥药品检测车作用加强药品监督检验力度	2007年全系统实践科学监管理念课题研究成果一等奖（2008年国家局颁发）	课题组成员：金少鸿、黄志禄、丛佳等	药品市场监督办公室

续表

项目名称	获奖类别	主要完成人	完成单位
全国药品评价抽验机制和模式研究	获得全国食品药品监管系统“实践科学监管理念”课题研究一等奖（国家局市场司颁发）	丛　佳、高天兵参加	药品市场监督办公室

备注：“＊”标注为非本所人员。

2008年立项课题

2008年立项课题

序号	课题名称	课题负责人	起止年限	课题来源	备注
1	矿物药中金属含量检测技术及中药中外源性有害残留物检测技术研究	林瑞超、田金改	2008.12～2010.12	国家科技支撑计划	承担
2	药用新辅料临床前安全性评价及药品与包装材料的相容性安全研究	孙会敏	2008.12～2010.12	国家科技支撑计划	承担
3	药品注射剂检测技术体系研究	杨化新	2008.12～2010.12	国家科技支撑计划	承担
4	常用麻醉药、放射性药品安全控制检验技术研究	南　楠、钟建国	2008.12～2010.12	国家科技支撑计划	承担
5	药品现场快速鉴别技术研究	尹利辉	2008.12～2010.12	国家科技支撑计划	承担
6	疫苗类生物制品安全性评价技术研究	沈连忠、霍　艳	2008.12～2010.12	国家科技支撑计划	承担
7	抗体类生物制品安全性评价技术研究	王秀文、王三龙	2008.12～2010.12	国家科技支撑计划	承担
8	生物制品生产用菌毒种安全性研究	董关木	2008.12～2010.12	国家科技支撑计划	承担
9	生物制品生产用细胞基质安全性研究	王佑春、孟淑芳	2008.12～2010.12	国家科技支撑计划	承担
10	动物源性生物材料病毒检测技术研究	贺争鸣	2008.12～2010.12	国家科技支撑计划	承担
11	原料血浆病毒安全性评价技术研究	侯继峰、杨汇川	2008.12～2010.12	国家科技支撑计划	承担
12	中药标准物质研制和开发的技术平台建设	林瑞超	2009.1～2010.12	国家新药创制重大专项	承担
13	中药中有害残留物检测技术标准平台	马双成	2009.1～2010.12	国家新药创制重大专项	承担
14	生物技术药物质量标准和质量控制技术平台	王军志	2009.1～2010.12	国家新药创制重大专项	承担
15	药物安全评价技术平台	李波	2008.12～2010.12	国家新药创制重大专项	承担
16	艾滋病疫苗评价技术的研究	王佑春	2009.1～2010.12	国家传染病防治重大专项	承担
17	乙型肝炎疫苗质量控制及评价研究	梁争论	2009.1～2010.12	国家传染病防治重大专项	承担
18	结核病预防相关制品的质量控制和评价研究	王国治	2009.1～2010.12	国家传染病防治重大专项	承担
19	疫苗质量控制技术及标准化的研究	李凤祥	2009.1～2010.12	国家传染病防治重大专项	承担
20	重大传染病诊断产品质量评价综合技术平台	国　泰	2009.1～2010.12	国家传染病防治重大专项	承担
21	暴马子皮苯乙醇苷类成分分离及其抗呼吸道合胞体病毒活性和作用机理研究	马双成	2009.1～2011.12	国家自然科学基金	承担

续表

序号	课题名称	课题负责人	起止年限	课题来源	备注
22	乙型肝炎疫苗免疫策略研究	梁争论	2008.6~2009.12	北京市科技计划	承担
23	北京地区结核病预防诊断制品评价平台的建立	王国治	2008.6~2009.12	北京市科技计划	承担
24	实验动物质量控制	贺争鸣	2008.12-2010.12	北京市科技计划	承担
25	药物临床前安全评价技术服务平台建设	李　波	2008.8~2009.12	北京市科技计划	承担
26	中英两国合作完善中国 GLP 体系	李　波	2008.2~2008.3	中英合作	承担
27	对使用 LIMS 实验室进行评审的关键技术研究	李冠民	2008.9~2009.10	中国合格评定国家认可中心	承担
28	病毒性肝炎实验室检测及研究技术平台的初步建立	周　诚	2008.6~2009.12	北京市科技计划	参加
29	基于丙型肝炎病毒第一高变区变异筛选的新一代诊断试剂的研发	祁自柏	2008.1~2010.12	"863" 计划	参加
30	手足口病（肠道病毒 71 型）免疫诊断试剂盒的研制	王军志	2008.11~2010.11	国家科技支撑计划	参加
31	同源重组技术揭示鼠伤寒砂门氏菌中氟奎诺酮耐药机制的功能	崔生辉	2008.1~2010.12	国家自然科学基金	参加
32	纳米银生物学特性和生物相容性研究	奚廷斐	2008.1~2012.12	国家自然科学基金	参加
33	绿色中药材标准及化学农药使用规范研究	金红宇	2008.1~2010.12	国家科技支撑计划	参加
34	中药的质量标准体系研究	鲁　静	2008.1~2010.12	国家科技支撑计划	参加
35	中药材多基源品种的质量等同性研究-重楼多基源品种的质量等同性研究分课题	鲁　静	2008.1~2009.12	公益性行业科研专项	参加
36	临床用药安全检测技术标准的研究	张启明	2008.11~2011.12	卫生行业科研专项项目	参加
37	正电子放射性药品质量标准研究	钟建国	2008.10~2009.10	放射性药物教育部重点实验室（北京师范大学）开放基金	参加

中检所 2008 年学术交流与获奖情况

序号	获奖项目名称	获奖人	获奖等级
1	抗生素杂质谱的控制—现状与展望	胡昌勤	一等奖
2	柱后衍生——HPLC 法测定中药中氨基甲酸酯农药残留	孙　磊	一等奖
3	创新科研管理、促进药品检验技术能力提高	张　瑞	一等奖
4	重组细胞因子蛋白含量测定同质标准品的研究	高　凯	二等奖
5	结核病预防策略研究	徐　苗	二等奖
6	同仁乌鸡白凤丸质量控制体系的研究与建立	王钢力	二等奖
7	抗生素标准物质协作标定误差的控制	常　艳	二等奖
8	人源细胞 STR 图谱研究	吴　瑜	二等奖

续表

序号	获奖项目名称	获奖人	获奖等级
9	Real - time PCR 法检测重组技术产品中残留宿主细胞 DNA 的研究	王　兰	二等奖
10	小鼠不同基因型与不同乙肝疫苗免疫应答的关系研究	马丽颖	二等奖
11	纳米银生物学特性研究	汤京龙	三等奖
12	HIV DNA - NTV - C 联合疫苗多次免疫 BALB/c 小鼠的毒性研究	王三龙	三等奖
13	转基因致癌性动物模型与药物安全性评价	范昌发	三等奖
14	劳拉西泮质量标准研究	王　慧	三等奖
15	快速荧光灶抑制试验（RFFIT）检查抗狂犬病病毒中和抗体方法的建立和应用	曹守春	三等奖
16	人工血管支架耐疲劳性研究	王　硕	三等奖
17	中检所迁建项目可行性研究报告审评及批复	仲宣惟	三等奖
18	一次性使用输液器实验室间壁对实验工作汇报	陈鸿波	三等奖
19	2008 年药品抽验机制改进和完善	朱　炯	三等奖

第七部分　安全评价与实验动物

安全评价

概　况

国家药物安全评价监测中心（以下简称安评中心）成立于1999年12月，并于2002年首批获得SFDA的GLP认证，于2005年通过了日本专家的GLP检查。安评中心有员工89名，博士9名、硕士14名、本科14名，具有高级技术职称者13名，享受政府特殊津贴者1名。有国家级GLP和GMP检查员12名、国家新药审评专家3名、中国合格评定国家认可委员会委员1名。先后有100余位日本、美国、英国GLP专家来中心指导工作，并有30余位技术骨干先后赴日本、英国进修。安评中心还是中国药理学会药检药理专业委员会、中国药学会药物安全评价专业委员会、中国毒理学会药物安全评价专业委员会、中国毒理学会质量保证学会的挂靠单位。

安评中心的主要职责包括开展药品、生物制品、医疗器械、食品、化妆品的非临床安全性评价研究，开展国家重大不良事件的调查及研究，开展全国范围GLP技术人员的培训等。

一、国家药物安全评价监测中心的发展历程

20世纪90年代初，中国新药开发面临严峻挑战：药品专利法的实施、中国即将加入WTO、国外大量药物涌入、中药如何走向世界、为了保证人民用药安全及促进民族制药业发展如何应对？针对这些问题，中检所开始酝酿和筹备建立符合国际标准的“国家药物安全性评价监测中心”（以下简称中心）。1992年中检所提出建立“安评中心”的立项；1993年卫生部及国家科委批准建立“安评中心”；同年列入国家科技专项合同“1035”工程；1998年SDA及国家科委批准“安评中心”同日本国际协力事业团的合作项目；1999年北京市科委立项支持“安评中心”的建设；同年“安评中心”建设列入“国家九五攻关项目”；2002年5日24日中心通过SFDA安检司对中心的GLP试点认证工作，“安评中心”成为我国第一批通过GLP认证的单位。

2003年安评中心项目通过了日本评估团的项目中期评估；2004年3月安评中心通过了日本专家降矢强先生、阿部康司先生GLP符合性调查；2005年3月安评中心通过了以桥爪章先生为团长的日本最终评估团对项目评估；认为安评中心基本达到了“建立运营符合国际GLP标准的“安评中心”项目目标；2006年8月中心通过了SFDA专家对“安评中心”进行的GLP复查；2006年10月30日～11月3日，日本JICA项目后续评估团降矢强团长、阿部康治团员对中心运行一年后的跟踪评估，评估结果认为完全达到项目预期目标；2007年11月通过AAALAC（国际实验动物评估认证管理委员会）认证并获得AAALAC的认证证明，成为我国首批接受美国FDA检查的GLP药物非临床研究机构之一。

二、国际合作

2006年7月23日，时任中检所所长的桑国卫院士与美国BIODURO公司董事长MASOOD TAYEBI博士签署合作协议；2008年2月15日中检所所长李云龙与英国大使馆参赞康大卫签署了中英两国政府GLP交流合作协议；2008年10月中心与美国毒理学会共同举办“中美毒性病理技术培训班”，并与美国国家毒理研究中心初步建立合作关系；2008年3月派遣6名技术骨干赴英国著名的HLS－GLP实验室培训；2008年5月派遣3名技术骨干参加日本实验动物年会；2007

年7月中心主任李波访问了英国医学与健康产品管理机构，并作为观察员全程参加了英国GLP实验室的GLP检查；2008年4月，李波主任参加法国巴黎OECD第20次毒性试验技术指导原则国家协调员工作组会议.

三、成果

（一）获奖

2006年国家药物安全性评价中心建设即“符合国际GLP规范的药物非临床安全性评价平台关键技术的研究与应用”；获得北京市科技进步奖二等奖；2008年“安评中心”平台建设获得国家科技进步二等奖；2008年1月，“安评中心”获得国家人事部“先进集体”嘉奖。

（二）完成或正在进行的国家重大科技攻关课题

1993年承担国家科委“1035”工程科技专项合同；1999年承担北京市科委项目，承担国家科委九五攻关项目；2002年10月承担科技部“863计划项目”；2004年10月承担科技部863计划项目；2006年承担国家科技支撑计划项目；国家科技部“十一五”重大新药创制课题“药物安全评价技术平台”；国家科技部支撑课题“抗体类生物制品的安全性评价技术研究”；国家科技部支撑课题“疫苗类生物制品的安全性评价技术研究”；药用新辅料临床前安全性评价及药品与包装材料的相容性安全研究。

（三）建立的新技术及方法为国家创新药物的研发提供了技术支撑

针对国内外均面临的生物技术药物安全性评价中的难题，对我国创新生物技术药物进行了GLP条件下安全性、有效性、毒代/药代动力学研究，建立了针对疫苗类、基因治疗类、抗体类、蛋白多肽类生物技术药物的安全评价方法体系，对大量的生物技术药物的安全性评价技术进行了探索，为我国自主创新药物的研发提供了可靠的技术支撑。

（四）承担国家重大不良反应事件的调查和研究，确保公众用药安全

在“鱼腥草注射液事件”中，首次证实了鱼腥草注射液中吐温-80是引起临床类过敏反应的主要原因之一；并进一步探索了吐温-80引起类过敏反应的剂量范围、作用机理。在“甲氨蝶呤（阿糖胞苷）事件”中，证实引起临床不良反应的原因是甲氨蝶呤（阿糖胞苷）中混入的长春新碱，为SFDA及时应对和处理药害事件提供了科学依据。

（五）对全国GLP实验室建设的示范、推广和指导作用

安评中心举办全国性学术研讨会及国际学术研讨会16期和9期技术培训班；对全国245家安全评价相关单位3000人次培训。为我国推动GLP发挥了重要示范和辐射作用。JICA项目的日本专家对全国地方药检所及GLP中心进行了11次GLP教育培训活动。中心接待进修、培训人员共计1413人次；中心培养药物毒理专业研究生11名，其中硕士8名、博士3名，为国家的GLP长远发展提供了后备人才。

（六）参与起草和修订我国GLP相关政策、法规及技术指导原则

参与《药物非临床质量管理规范（GLP）》的起草、修订；参与化学药物、中药、生物技术药物临床前安全性评价技术指导原则的起草、修订；参与GLP试验室检查和认可办法的制定；参与编写中国药典和中国生物制品规程。

（七）编写GLP管理或药物安全性评价的专业书籍或资料在国内外学术刊物上共发表学术论文106篇，其中SCI文章13篇。共完成了24部有关GLP管理或药物安全性评价方面的专业书籍或技术文件。

四、规划与展望

安评中心在未来五年发展规划纲要中，明确了中心发展的总体指导思想，即以实现与发达国家双边或多边互认为目标，以满足我国重大新药创制研发需求为导向，以药物安全评价关键技术

创新为依托，以推动全国 GLP 发展为战略，以符合国际 GLP 规范的药物安全性评价技术平台为支撑，全面加强学科能力建设，提高学科研究水平。

作为国家食品药品监督管理局的技术支撑单位，中心必须及时、准确地为国家突发药害事件的科学定性及行政执法提供实验依据，突破我国创新药物审评缺乏关键技术的瓶颈，为我国药物审评提供技术储备，为国家制定 GLP 相关法规政策、技术标准、新药评价指导原则提供技术支撑。

安评中心将在国家食品药品监督管理局和中国药品生物制品检定所统一领导和部署下，通过宏观调控，整合资源，优化配置，建立现代化、国际化的创新药物研究开发技术平台体系，造就勇于创新、锐意进取、产学研相结合的高水平药物安全评价人才队伍，最终实现建设具有国际水准的非临床安全性评价研究机构的目标。

安评中心被评为全国食品药品监督管理系统先进集体

2008 年 1 月 23 日，中华人民共和国人事部、国家食品药品监督管理局下发了国人部发〔2008〕9 号文，《关于表彰全国食品药品监督管理系统先进集体和先进工作者的决定》。中国药品生物制品检定所国家药物安全评价监测中心荣获全国食品药品监督管理系统先进集体的荣誉称号。2008 年 1 月 31 日，国家食品药品监督管理召开表彰大会，吴仪副总理给各获奖单位颁奖，国家药物安全评价监测中心主任李波代表中检所安评中心领奖。

国家药物安全评价监测中心获得国际实验动物评估和认可管理委员会的完全认证

2008 年 3 月，国家药物安全评价监测中心通过了国际实验动物评估和认可管理委员会（AAALAC）的全面评估，获得了该组织的完全认证。

2007 年 7 月 27 日，中检所国家药物安全评价监测中心向 AAALAC（国际实验动物评估和认可管理委员会）递交书面材料，申请对中心的实验动物使用与管理进行全面评估认证。2007 年 11 月 17 日，AAALAC 认证专家 Y. Alex Zhang 和 Dale Martin 博士来到中心进行现场评估。王军志副所长出席了认证现场并致欢迎辞。国家药物安全评价监测中心主任李波，副主任兼实验动物饲养管理室主任李保文，中心办公室主任兼“实验动物福利伦理委员会”主席王菱章，中心主治兽医梁春南，中心“员工健康与环境安全委员会”主席李佐刚，美国顾问 Dean E. Rodwell 及其助理出席了评估认证现场。实验动物管理处贺争鸣处长，实验动物资源中心主任王金恒、动物实验室主任谭德讲以观察员身份参加认证。

中国毒理学会毒理研究质量保证专业委员会成立

自 2005 年起，中检所安全评价中心积极协调、组织全国范围内从事 GLP 工作的各研究机构 QA 人员进行了多次学术交流活动。在此基础上，2008 年成立了中国毒理学会毒理研究质量保证专业委员会（CSQA - CST），挂靠于中检所安评中心。安评中心王秀文副主任当选为第一届委员会主任委员。

2008 年 5 月 8 ~ 9 日，第一届全国毒理研究质量保证学术研讨会在北京召开。学术交流活动得到了业内同行的积极支持及响应，并邀请了日本 QA 研究会的专家到会讲学。质量保证专业委员会的成立和学术活动的积极开展，为进一步提高安全性实验评价的质量保证学术水平创造了有利条件，为开展国际间质量保证工作的交流开辟了广阔的前景，对我国毒理研究质量保证的国际交流、人员培训和资格认证起到积极的推进作用。

GLP 监督检查员培训

2008 年，由安全评价中心负责，对国家局组织的相关省、市局共 16 名 GLP 监督检查员进行了培训。培训采取授课与现场实习相结合的方式，培训内容涵盖了组织管理体系、质量保证、供试品管理、动物管理、档案管理、一般毒性、生殖毒性、遗传毒性及毒性病理等 9 个方面。

中英两国合作完善中国 GLP 体系项目合同

2008 年 2 月 15 日中检所所长李云龙与英国驻华大使馆科技参赞康大卫博士在中国药品生物制品检定所签属了中英两国合作完善中国 GLP（Good Laboratory Practice）体系项目合同。本合同主要目标为完善中国 GLP，提高中国科技人员的 GLP 水平。中英双方出资进行此项目。

根据项目要求，中检所安评中心于 2008 年 3 月 1～14 日派遣一般毒理专题负责人、化学/生物分析专题负责人、QA 人员、临床病理负责人、动物管理人员和兽医共 6 名技术人员赴英国 Huntingdon Life Sciences 公司进行了为期 2 周的专业培训，培训内容涵盖 GLP 体系中的几个重要方面。

一、临床检测

主要包括临床检测室的组织结构，质量控制，仪器验证和方法验证，实验室安全，人员培训，文件和样本管理等。亨廷顿临床检测室两个关键的岗位是室负责人和质量控制负责人，这两个岗位对质量数据的产生负有直接责任。质量控制主要是对样本分析前，分析中，分析后进行控制，确保质量数据的产生。仪器验证和方法验证是确保分析结果准确最直接的手段。实验室安全主要包括对化学物品和生物危害物品的适当管理，从而减少或杜绝对工作人员的潜在危害。人员培训的目的是提高人员的 GLP 素质和实验操作技能，使其充分遵守 GLP 操作规程和提高 GLP 自我意识。样本和文件是 GLP 中重要的原始资料，要进行恰当的管理以保证 GLP 体系中数据的可追溯性。

二、质量保证

主要包括 SOP 的管理控制流程，计算机及软件系统验证原则，数据的管理和要求，总结报告的核查、整体设施检查等。

三、一般毒理

针对一般毒性试验中 SD 的作用和职责，学习和了解了 Huntingdon 公司的概况、组织机构和管理模式、GLP 发展历史和现状、IT 系统在 GLP 中的应用、仪器设备的认证等概况，并参观了 Huntingdon 公司的各部门和实验室等。Huntingdon 公司对 SD 在安全性评价研究的地位和职责有着明确的要求，SD 对研究各个方面的 GLP 符合性负责，从研究的设计到报告发出的各个阶段，SD 必须控制整个实验进程并清楚了解所有实验的相关情况。在研究开始前，SD 需要与委托方及参与实验的各个部门充分的沟通，确保实验能够顺利的实施。研究期间，SD 必须加强对实验的管理并及时与参与实验的各方沟通和协调。在研究总结阶段，SD 必须汇集所有的数据，察看并进行核对，确定数据是否进行了适当的 QC 审核，确定报告中 GLP 符合性声明的准确性和有效性。

四、化学分析

主要包括供试品管理，供试品的配制、贮存与分析，供试品分析方法的建立与方法学验证；毒代动力学（TK）、药代动力学（PK）及药物的吸收、分布、代谢与排泄（ADME）实验的全过程；分析仪器的 3Q 认证与分析实验室系统管理。同时学习和了解了 Huntingdon 公司的概况、组织机构和管理模式、GLP 发展历史和现状、IT 系统在 GLP 中的应用、仪器设备与信息系统的认证等概况，并参观了 Huntingdon 公司的各部门和实验室等。Huntingdon 公司对供试品从接收、分析、给药到废弃返还有着严格的控制与可溯源性，包括供试品整套的 SOP 系统，各部门人员的职责和权限。供试品的分析方法的验证与分析过程均采用实验负责人与实验人员双重的、相互的确认，确保实验质量与分析数据的真实可靠。药物的TK&PK与ADME对实验的整个模块与人员进行详细的配置，SD统筹，具体的实验操作、统计分析及日常的大型分析仪器（如HPLC和质谱）的维护均匀有专业的人员完成，最后SD对整个实验的方法设计、实验进程、数据审核、实验偏离与总结报告进行全程控制。另外，Huntingdon公司对人员的职业危害与培训两方面比较重视，对潜在的危害有适当的管理与防护，对人员的GLP的依从性与实验操作技能有着较好契合，使其充分遵守GLP操作规程和提高GLP自我意识。

五、实验动物

实验动物饲养管理、兽医管理、动物福利，以及供应商调查等方面是保证实验动物质量的关键。HLS公司的实验动物科学领域规模明显与我中心不同，其部门规模和涉及的动物种类超过我中心；且动物饲养管理人员及直接接触动物的实验技术人员归属在同一个部门；兽医归属在实验动物技术大部门下，但是高度专业化地独立运作；动物伦理福利的理念深入人心，在实际的工作中时时得到体现；动物及相关产品供应商调查评估制度尤其值得我们的借鉴与参考。

此次研修，使我们有机会接触了目前国际上较先进的理念，学习了国外同业机构成熟的管理经验，也找到了自身的差距和不足，为安评中心今后有针对性的提高业务水平，早日达到国际公认的GLP管理标准起到了良好的推动作用。

实验动物

概　况

2008年是我所实验动物工作的一个新的起点。以服务检验技术能力建设和检验技术水平建设为目标，整合各方面资源，以为检验工作提供服务保障为目的，成立了实验动物管理体系，包括实验动物管理处、实验动物资源中心、实验动物质量检测室和动物实验室。明确了动物实验室在动物实验期的动物饲养管理职能，突出了实验动物管理体系在中检所机构设置中的地位和承担的任务。

实验动物管理体系主要工作：围绕着药品检验工作的开展和药品检验能力及水平的提高，以提供质量合格的检验用实验动物、标准化的动物实验场所、科学可靠的实验动物质量检测、宣传贯彻国家有关实验动物工作法规等为主要任务，承担实验动物生产和供应；实验动物种子资源和动物模型的研究；实验动物质量检测服务和检测技术研究；动物实验管理服务；专业技术人员培训和研究生培养；以及为实现上述工作顺利完成而开展的基本保障等项工作。

通过职能调整和体系建立，进一步完善和理顺了几方面的关系，在合理划分业务工作范围和职责的基础上，使人力资源、技术资源、设备资源和管理资源得到了进一步优化。经过内部的相互支撑，实现实验动物体系的快速发展，为实现实验动物体系对药品检验支撑服务能力的快速提升奠定了基础。职能整合效果已在实验动物质量保障和药品质量检测和应急检验工作中得到体现。

检测工作

2008年，共发出实验动物检验报告199份。其中包括：生物皮、外科缝合线、DNA吸附柱等三种样品的病毒去除工艺效果验证；40批鼠源性神经生长因子病毒检测，以及各种实验动物的质量检验。

完成各种实验动物及动物血清3489只（份）的检测工作。其中，在微生物和寄生虫检测方面，共检测本所实验动物资源中心生产的小鼠、大鼠、豚鼠、家兔1397只，检测国内其他单位送检的动物2092只（份）。在遗传检测方面，共检测15个品系动物。此外，完成10个单位送检的40批神经生长因子的外源病毒检测，以及3个单位送检的生物皮、外科缝合线、DNA吸附柱等三种样品的病毒去除工艺效果验证。

完成7个小鼠品系366只，以及1083份血样的血液生理指标测定。

承担北京地区实验动物质量抽检工作。共检测小鼠260只，大鼠90只，豚鼠80只，犬布氏菌检测112份。为北京市实验动物管理办公室实施许可证管理、为北京市科委发布质量公告提供了技术支撑。

作为国家实验动物质量检测中心，向全国45个实验室提供了1293个实验动物病毒抗体ELISA检测试剂盒，实现了检测工作的标准化，推动了实验动物质量检测工作的开展。

实验动物生产供应与质量管理

检定工作和科研工作的质量与实验动物供应的质量和数量密切相关。中检所注重实验动物供应工作，确保检定和科研实验动物工作需要。为巩固和提高动物质量，在完善三级保种制度的基础上，开展了剖腹产工作。对外单外委托保种的NCPC/2近交系小鼠进行剖腹净化，建立了SPF保种群；此外，还完成了中心内部9个品系的剖腹净化，将其由清洁级动物升级为SPF级，并逐渐建立种群，为生产群供应种子动物。

在原有基础上，增加了质量管理小组成员，由原来的单纯实验动物资源中心的成员，扩充了管理处领导、检测室人员，动物实验人员，加强了质量管理小组的指导能力。制订和修订了实验动物生产供应、销售、质量控制等方面的SOP。设置一名质量监督员，其职责是每天进入动物生产大楼或屏障设施内，检查动物生产情况，日常管理情况，从中发现问题，及时指出纠正；对于比较重大的问题，则汇报中心领导，由中心领导出面协调解决，加强日常监督检查。制定“实验动物供应应急预案”，满足应急检验所需。2008年，实验动物供应量为11万余只，其中小鼠供应9万余只，大鼠1万余只，豚鼠9千只，普通家兔8百余只，SPF家兔9百余只。与2007年相比有小幅增加。其中，豚鼠供应量比上年提高70%。SPF兔开始规模生产和供应。

SPF家兔设施改造及规模化生产

实验动物家兔的质量问题一直是困扰我所热源检验检测水平的一个瓶颈问题。在设施改造之前，供应我所的家兔多为普通级，质量不稳定。对药品及生物制品的检定，存在不利影响。而实验动物资源中心无可用于家兔生产的屏障设施可用。经过改造后，整个家兔设施屏障面积为600平米，实际饲养面积为300平米，设计年生产能力为3000只。设施通过北京市动管办的验收后，2008年即实现规模化生产，当年供应900余只，是目前我国唯一能够形成批量供应SPF家兔的实验动物生产单位。

实验动物供应

检定工作和科研工作的质量与实验动物供应的质量和数量密切相关。中检所注重实验动物供应工作，确保检定和科研实验动物工作需要。为巩固和提高动物质量，在完善三级保种制度的基础上，中检所扩充了质量管理小组成员，制订实验动物生产供应SOP，设置一名质量监督员，加强日常监督检查。制定“实验动物供应应急预案”，满足应急检验所需。

2008年，实验动物供应量为11.28万只，与2007年相比有小幅增加。其中，豚鼠供应量为9640只，提高70%。SPF兔开始规模生产和供应。

在保种方面，全年为国内用户提供实验动物种子8417只，供种数量稳步提高。同时完成IRM-2小鼠SPF净化工作，建立SPF级IRM-2小鼠保种核心群和系谱。通过剖腹净化方法，建立了BALB/C小鼠扩大群。根据检定科研需要，新引进3个小鼠新品种（两个糖尿病小鼠模型和一个特定基因型的BALB/c小鼠）。恢复开展了胚胎冷冻保种工作，完成了封闭群昆明小鼠15批动物210只小鼠的胚胎冷冻保存，冻存胚胎达到1000个，复苏移植后产子，符合封闭群的保种要求。完成了ras－C57，GFP－C57和GFP－KM三个转基因动物系的建系工作。检测转基因动物子代14批次，共229只，获得阳性转基因小鼠100只，可以实现少量供应实验。

实验动物研究

开展实验动物质量控制和标准化研究工作，提升实验动物工作对药品检验的支撑能力和支撑水平。

【实验动物遗传资源共享平台的建设】

通过课题研究，主要完成了以下研究内容，①制定了实验动物生物学特性共性描述规范、数据采集技术规范和数据测定技术规程等7个技术文件；②建立了实验动物资源生物学特性数据测试实验室；③完成了131个品种（系）实验动物（包括常规小鼠、遗传工程小鼠、大鼠、金黄地鼠、灰仓鼠、长爪沙鼠、小型猪、鸡、鸭、兔、剑尾鱼、树鼩）生物学特性22179个数据的测定、评价，动物图片188幅，全部录入中国实验动物信息网数据库。通过课题研究，规范了我国实验动物生物学特性数据化表达的工作，丰富了实验动物基本信息数据库，实现了数据资源共享。本课题为国家科技部科技基础条件平台项目（2005.12～2008.12，2005DKA21503）。

【实验动物质量控制】

通过申报获得课题资助。主要完成了以下研究内容：①根据需要整理的40套申报资料进行任务人员分工；②整理了上报材料模版，并请农业部相关专家进行论证，在专家意见的基础上进行修改完善；③整理大鼠、小鼠淋巴细胞脉络丛脑膜炎病毒、仙台病毒、汉坦病毒、鼠痘病毒、弓形虫的酶联免疫吸附试验试剂盒以及免疫荧光反应试剂盒申报用资料。对整理过程中发现的问题及所缺少的材料进行汇总补充；④对生产用毒种、细胞资料进行了汇总及整理；⑤从美国购进5种小鼠病毒抗体诊断试剂盒，并开展试剂盒比对实验；⑥对试剂盒中各试剂的配制、分装SOP进行了整理汇总；⑦整理并汇总了对照品的研究资料；⑧开展抗体消长试验；⑨从ATCC购买了验证及对照用的毒种。

本课题的实施，将实现实验动物诊断试剂的合法化，推广应用将提升我国实验动物质量检测整体水平，加快我国实验动物国际认可进程。本课题为北京市科技计划课题（2008.3～2009.12，Z08070202150803）。

【动物源性生物材料病毒检测技术研究】

通过申报获得课题资助。2008年11月7～9日召开了课题启动会。课题负责人进一步明确课题进度，对课题工作提出要求，①充分利用已有研究成果，在本课题研究期间，背景资料和数据资源共享；②加强合作，及时沟通，使课题研究协调同步；③细化实施进度，具体落实到人。各子课题负责人及代表介绍了工作的初步设想和目前已有的研究基础。本课题为国家科技支撑计划项目（2008.9～2010.12，2008BAI54B06）。

【实验用小型猪地方标准研究】

收集整理了国内外有关标准和技术文件，并对内容进行了分析比较，提出制定实验用小型猪地方标准的原则和指导思想。收集整理国内、外（国内代理公司）实验用小型猪微生物/寄生虫诊断试剂盒和培养基（分离和鉴别培养基）的信息以及产品目录，制定检测试剂来源稳定性评价标准，对微生物（细菌）检测专用培养基生产厂家进行评价。完成实验用小型猪微生物、寄生虫、遗传和病理采样工作，开展检测方法的研究。撰写论文5篇。本课题为北京市科技计划课题（2007.9～2009.10，D07080200720701）。

【转基因动物研究】

实验动物资源中心原以生产繁殖动物为主，

基本无研究型实验室，也未开展相关研究工作。2008年，实验室建设取得稳步进展，转基因动物研究平台建设初具规模。通过两年的筹备和运行，建成了分子生物学检测实验室及其全套基本设备，建成了显微注射和胚胎操作的全套设备；建立了转基因动物研究相关的关键技术。包括显微注射，胚胎移植，转基因动物的鉴定与建系等关键技术；目前已经获得3个转基因动物模型。其中癌症转基因动物模型在建系上已经取得明显进展，已经由最初的6只，获得18只转基因阳性鼠。

实验室建设取得进步后，反过来促进生产，解决生产中遇到的难题。如通过实验室建立的胚胎移植技术，帮助净化一些近郊品系。这些近郊品系用常规手段难以净化，或者成活率极低。

【实验动物微生物检测方法的研究】

根据实验动物质量检测工作的需要，还开展了以下研究工作。①肝螺杆菌检测方法研究：采用滤过离心技术、选择性培养基分离、微需氧条件培养肝螺杆菌，进行病理组织检查，探讨肝螺杆菌的致病机理。对肝螺杆菌毒力基因进行扩增、测序，建立肝螺杆菌多重PCR快速、可靠的检测方法。对中国海南、江苏和北京地区的482只实验动物开展肝螺杆菌感染筛查，结果从43份动物样本中检出了肝螺杆菌。对肝螺杆菌感染的动物进行了细菌学、分子生物学和病理组织检查，进一步探讨肝螺杆菌的致病机理。②开展空肠弯曲菌检测方法研究：对空肠弯曲菌标准菌株复苏培养及生物学研究，免疫家兔制备免疫血清。建立空肠弯曲菌IFA和ELISA检测方法。③开展泰泽氏菌ELISA检测方法的研究：初步能够在细胞中培养泰泽菌，已经能够通过镜检发现长有泰泽菌的细胞存在。免疫6只大鼠，成功获取了泰泽菌免疫大鼠血清，解决了当前泰泽菌阳性血清效价降低的问题。④开展肺炎支原体检测方法研究：利用全菌抗原，初步建立了ELISA检测支原体的方法。⑤建立了特异性蛋白28kDa和42kDa的犬布氏ELISA检测方法，解决现有检测方法特异性差的问题。

动物实验服务保障

在2008年4月份职能调整之前，完成各类药品的热原检测290批。5月份完成与药理室的热原检测工作的交接。2008年，饲养动物实验期的各种实验动物共计36555只，包括：小鼠29696只，大鼠1815只，豚鼠2667只，家兔2377只。为我所药品检验检测工作的顺利进行提供了规范化的动物饲养管理和标准化的环境条件。

在5月份静脉注射用人免疫球蛋白的应急检验中，中检所里统一部署下，迅速做出反应，积极参与动物实验，提供动物实验条件和服务保障，确保应急检验工作的顺利完成。

为确保奥运会安全，落实“平安奥运”措施，加强生物安全管理，7月份对动物实验楼进行了全面消毒，制定了“生物安全管理及生物恐怖防范工作的实施方案”和“生物安全管理及应急处理措施”。接受北京市实验动物管理办公室“平安奥运行动”安全大检查，对动物尸体的储存、处理，酸、碱等危险化学品的使用进行了规范管理，并进一步落实和完善生物安全保障措施，确保在奥运期间实验动物工作的安全。

国家啮齿类实验动物种子中心

在保种方面，全年为国内用户提供实验动物种子8417只，供种数量稳步提高。同时完成IRM－2小鼠SPF净化工作，建立SPF级IRM－2小鼠保种核心群和系谱。通过剖腹净化方法，建立了BALB/C小鼠扩大群。根据检定科研需要，新引进3个小鼠新品种（两个糖尿病小鼠模型和一个特定基因型的BALB/c小鼠）。恢复开展了胚胎冷冻保种工作，完成了封闭群昆明小鼠15批动物210只小鼠的胚胎冷冻保存，冻存胚胎达到1000个，复苏移植后产子，符合封闭群的保种要求。完成了 ras－C57，GFP－C57 和 GFP－KM 三个转基因动物系的建系工作。检测转基因动物子代 14 批次，共 229 只，获得阳性转基因小鼠 100 只，可以实现少量供应实验。另外，为巩固和进一步加强实验动物资源保种工作，首先摸清家底，了解目前保种动物的现状，整理保种和供种有关资料，提出隔离器保种建议。并新订购隔离器近 50 台套。

改建一个简易实验室，保种中心的实验室从安评中心迁回。重点进行了实验室基础建设。啮齿类实验动物种子中心还在对方提出申请的情况下，接受人员培训 2 人次。一个是学习 SPF 家兔饲养管理，一个是学习 SPF 小鼠的饲养管理。经过培训，他们回到单位后，能独挡一面，承担本单位动物实验的管理工作，起到了较好的示范作用。

目前，为食品药品医疗器械检验而保种和生产的常用实验动物品种、系共有：隔离器核心群有17个，扩大群8个，屏障系统保种5个，形成比较完整的三级保种体系，年生产 SPF 动物能力达 15～20 万只。采用剖腹产和人工饲乳技术，建立了 SPF 家兔种群，可年生产供应 SPF 家兔 3000 只。SPF 动物的规模化生产和批量供应，为满足药品检定和药物安全性评价工作开展提供了有力的保证。

国家实验动物质量（微生物、遗传）检测中心

向全国 45 个单位提供实验动物病毒抗体 ELISA 检测试剂盒 1293 盒，其中小鼠 754 盒、猴 B 病毒 64 盒，其余为大鼠、豚鼠等动物检测试剂盒。为省级实验动物质量检测机构培训检验人员 8 人次，为省级检测机构和有关单位开展实验动物质量检测和许可证管理制度的实施，发挥了国家检测中心的技术支撑作用。

作为国家中心，5 人作为负责人或参加人共承担了 10 项实验动物国家标准的修订工作。修订后的标准于 2009 年 3 月正式发布实施。

2008 年 9 月 27－29 日，在亚洲实验动物学会联合会第三次会议暨中国实验动物学会第 8 届学术年会上，贺争鸣研究员出任大会专题演讲负责人，并当选为中国实验动物学会第五届理事会常务理事和副秘书长。岳秉飞研究员出任大会专题演讲负责人，并当选为中国实验动物学会理事。检测中心的 7 位同志的 12 篇论文获得“中国实验动物学会第八届学术年会优秀论文协和奖”。

第八部分　党群工作

概　况

2008年中检所党建工作以开展深入学习实践科学发展观活动为契机，不断加大党建工作创新力度，党的组织建设、思想建设、党风廉政建设、精神文明、统战工作、工青妇工作取得成效。

党建工作会议

为认真学习、贯彻落实两会精神，全面做好党建工作，3月24日，中检所召开党建工作会议暨党委理论学习中心组扩大会议。党委书记李云龙主持会议，所党委委员、纪委委员、各党支部书记以及有关职能部门主要负责人共37人参加了会议。

党委副书记丁丽霞、纪委书记张永华分别作了2007年党建工作、纪委工作总结，并对2008年工作要点进行了部署安排。3名党支部书记进行党支部工作经验交流。党委书记李云龙与领导班子成员签订了廉政承诺责任书。

党委书记、所长李云龙在总结中强调，党的工作一定要做实，立足于效果，而不能仅仅立足于形式。党的建设就是要充分发挥三个方面的作用。第一，要发挥政治保障作用。一是强调政治纪律，就是要与党中央保持高度一致。二是充分发挥党委一班人的作用，成为坚强的领导核心。第二，要发挥党员的模范作用。第三，要发挥舆论引导作用。

党员大会

2008年9月12日，中检所召开党员大会。会议由党委副书记丁丽霞主持，党委书记李云龙出席会议并做报告。全所在职党员150余人参加了大会。

党委书记、所长李云龙从六个方面对中检所过去一年的工作进行了全面回顾。第一，全面加强管理，坚持制度管人。第二，制定2008年~2015年发展规划纲要，科学规划中检所的发展。第三，加大职能整合力度，对中检所部门工作职责进行了调整。第四，增强应急检验能力，及时总结经验，形成成熟的应急检验机制。第五，迁建工作稳步推进。第六，药检系统建设全面加强。

李云龙书记指出下一步工作思路。第一，要确保检验检定报告以及标准物质、实验动物两个标准质量第一。第二，要在科学监管理念的指导下，紧扣能力和水平建设，形成从建立体系到优势学科建设，再到人才成就的发展主线。不断加强科研、文化和管理三个支撑，管理为检验服务，科研为能力建设服务，文化建设为环境服务，形成真抓实干、人才辈出、风清气正的优良环境。

党组织建设

截至12月底，中检所设党支部21个，党员461人。在职党支部15个，研究生党支部1个，离退休党支部5个。

2008年，根据中组部收缴党费新规定，修订党费收缴办法。利用现代电子工具，对党员进行科学管理。运用中国共产党基本信息管理系统，完成党员以及统战人员的建库工作，对流动党员进行统计清理，形成了书面、电子两套行之有效的党员管理系统。

发展党员工作严格按照“坚持标准、保证质

量、改善结构、慎重发展”的方针，坚持入党自愿和个别吸收的原则，成熟一个，发展一个。全年共发展党员 15 人；预备党员转正 10 人。建立预备党员公示制，促进党员发展工作公开、公平和民主。

构建学习型党组织

在扎实开展深入学习实践科学发展观活的基础上，深入学习贯彻十七大精神，努力构建学习型党组织。所党委紧密联系中检所改革和发展的实际，高度重视理论学习。组织党委理论学习 7 次，按照《党委学习中心组制度》，不断增强党委学习的系统性、针对性和实效性，加强党委理论学习的规范化、制度化建设。在外网开辟“学习十七大”专栏、“深入学习实践科学发展观”专栏，在内网设立“党委中心组学习园地”，供全所职工共同学习。

以构建学习型党组织为目标，指导各党支部以集中学习、自学、开展学习体会交流研讨、支部活动等多种形式深入开展学习。举办党务工作交流会，邀请党支部书记代表介绍开展党支部工作的方式方法与心得体会。组织专题党课，深化党员认识，正确理解和把握党的事业发展。开展十七大精神及两会精神研讨活动，各支部推荐理论研讨文章，召开座谈会，各支部交流十七大和两会的学习体会。

党风廉政建设

中检所高度重视党风廉政建设工作，按照以教育为先、制度为本、监督为要、领导为重的工作思路，利用多种形式在广大职工中开展廉政教育活动。

注重教育，签订廉政建设责任书。开展《建立健全惩治和预防腐败体系 2008 ~ 2012 年工作规划》学习活动。落实廉政责任，党委书记李云龙与领导班子成员签订党风廉政建设责任书，分管所领导与分管部门的负责人签订党风廉政建设责任书。

认真落实廉政谈话制度，规范干部从政行为。结合来信来访，与相关部门的负责人开展谈话；组织新任职干部集体谈话共 20 人。落实领导干部廉洁自律规定，完善廉政档案及干部和职工上交礼品礼金登记制度。

积极开展廉政文化活动。利用宣传栏、电子屏幕进行廉政警句宣传，制发以廉政教育为主题的台历。制作《廉政手册》，摘选党和国家三代领导人关于反腐倡廉的有关论述、党中央国务院有关党风廉政建设的规定、国家局及中检所党委对职工的廉洁自律的要求，印发全体干部职工。全年编辑《警钟长鸣》期刊 6 期。

组织新聘任干部集体谈话

2008 年 3 月 25 日，中检所召开新聘任干部集体谈话会议。新聘任的 20 名干部参加了集体谈话并签订廉政承诺书。

纪委书记张永华在廉洁自律和党风廉政建设方面向新聘任干部提出几点要求。第一，作为领导干部，要从各个方面负起责任。领导干部要时刻提醒自己，在廉政建设上要承担责任，业务工作和廉政建设两手都要抓，两手都要硬。第二，副职要协助处室主要领导做好业务和廉政两项工作，要想得多，做得更多。第三，领导干部一定要常常提醒自己注重保持清正廉洁，警钟长鸣。

党委书记李云龙向新聘任的干部们提出几点希望。第一，希望新聘任的同志们，把工作岗位的变动作为新的起点，把工作提升到新的高度。横向调动的同志们要在工作中打开新的局面；新提拔的干部要尽快完成角色转变，努力做好工作。第二，不要辜负希望。一是不要忘记信任；二是不要忘记责任；三是不要忘记成绩；四是不要忘记廉洁。

精神文明建设

中检所常设精神文明建设领导机构及办事机

构，由所长任主任委员。注重创建文明单位工作，任务落实到每个部门、每个岗位，做到主要领导亲自抓，分管领导具体抓，职能部门重点抓。

加大制度建设，先后制定《中检所精神文明建设实施意见》、《中检所文明办公管理规定》等规章制度。开展文明办公工作，每个月由所精神文明办公室对全所各部门文明办公的执行情况进行全面检查，并在全所通报检查结果。

加强综合治理工作，确保全年无重大安全事故、无重大刑事案件和重大交通责任事故。计划生育工作机构健全，被评为“2008 年度天坛地区计划生育工作先进集体”。

中检所以科学发展观为指导，积极开展“迎奥运、讲文明、树新风”群众性精神文明创建活动，扎实推进社会综合治理、人口和计划生育等社会事务工作，并取得了显著成效，被授予“中央国家机关文明单位”称号。同时，中央国家机关社会治安治理领导小组授予中检所 2008 年度中央国家机关“平安单位”称号。

文化建设

为增强药检系统的凝聚力，促进药品检验工作更上一个新的台阶，2008 年，中检所提出合力打造“中国药检”品牌，在全国药检系统中形成具有药检特色的系统文化。

药检文化强调树立“中国药检人”的精神风貌，以服务监管、保证药品质量安全为落脚点，以提升技术能力和管理能力为手段，把履行职能和关心职工切身利益结合起来，倡导协作、奉献的精神，确立全系统共同守信的价值取向。起草《文化建设工作方案》，首次制作宣传片《光荣与使命》，加强新闻宣传，增强社会公众对药检系统工作的认知度。在深入学习实践科学发展观活动中，党委书记、所长李云龙带队深入基层调研文化建设工作，了解系统文化建设开展的情况，进一步总结和挖掘系统文化建设的成果和典型经验。

2008 年 11 月，中检所与《中国医药报》联合，面向全社会及全国药检系统从系统精神、核心理念、系统品牌、行为规范、质量方针、廉政准则、奋斗目标等八个方面公开征集中国药检文化理念及中国药检之歌，树立中国药检人服务监管、为保障人民群众用药安全有效做贡献的光辉形象，展现中国药检的风采。征集活动得到了社会各界的广泛关注与参与。

统战工作

截至 2008 年底，中检所职工民主党派成员 69 人，分别为农工党、九三学社、民革、致公党、民盟、民建党派成员。其中，农工党、九三学社在中检所分设支部、支社。

全年召开三次民主党派代表座谈会。组织中检所归侨、侨眷参加全国侨务法律法规知识竞赛，推举参加中央国家机关工委第二次归侨侨眷代表大会的代表。

1 月 25 日，王国治、岳秉飞同志当选为中国政治协商会议第十一届全国委员会委员。另外，黄慧南同志任政协北京市崇文区第十三届委员会副主席、北京市政协委员。肖新月、王菱章同志为崇文区政协委员。

2008 年，黄志禄同志荣获中国农工民主党中央委员会授予“抗震救灾优秀党员”荣誉称号。王春荣同志荣获中国农工民主党北京市委员会“2007 ~ 2008 年度农工党北京市先进党员”荣誉称号。

工会工作

维护所内职工的切身利益。组织职工代表大会代表近 60 人对中检所“奖金分配方案”、“职工收入分配办法”进行了测评，并提出了近 20 条的建议和意见。

开展“扶贫济困解难事、温暖和谐进万家”

为主题的送温暖活动。向安徽临泉县人民捐款6500元。全年向所内生活困难职工送去困难补助金4000元。

举办多项丰富多彩的活动。举办中检所春节联欢会、农历正月十五猜谜活动、春游、篮球比赛、“十一”趣味运动会、羽毛球赛、游泳比赛、保龄球比赛、职工钓鱼活动，三八妇女节为广大女职工发送纪念品。参加全局职工乒乓球比赛，获得女单第一名；参加国家局弘扬抗震救灾精神、歌颂党、赞美祖国为中心的庆“七一”迎奥运主题歌手赛，获得了第三名。

共青团及青年工作

注重学习，构建学习型团组织。在全所开展学习实践科学发展观活动中，号召全所团员青年自觉参与到学习实践活动中，为药品检验检测科学发展建言献策，把科学发展观等重要思想落实到工作实际。团委书记陶维玲同志出席共青团中央国家机关代表会。植树节期间，组织团员青年前往大兴植树，并参观中检所新址。组织并鼓励团员青年参加中央国家机关举办的知识讲座，观看革命历史教育影片等，活跃团员青年的业余文化生活。

开展“树典型，学榜样，赶先进”的活动，认真发掘整理优秀青年的先进事迹，捕捉在平凡工作中的闪光点，大力宣传先进，做好推荐评选工作。2008年，化学药品室荣获“中央国家机关抗震救灾先进青年集体”荣誉称号。李晓东、陈蕾同志被评为“国家食品药品监督管理局直属机关优秀青年”。

第九部分　人事与教育

机构调整与人事管理

内设机构及职能调整情况

一、根据《关于调整中检所内设机构及有关职能的批复》（国食药监人〔2008〕124 号），对以下内设机构及有关职能进行如下调整：

（一）将原实验动物中心更名为实验动物管理处。

（二）将原实验动物室更名为实验动物资源中心。

（三）增设实验动物质量检测室和动物实验室。

（四）将原实验动物标准化室按职责划分为实验动物质量检测室和动物实验室。

（五）撤销实验动物标准化室。

二、根据《关于调整中检所内设机构及有关职能的批复》（国食药监人〔2008〕315 号），对以下内设机构及有关职能进行如下调整：

（一）内设机构调整

1. 增设标准物质管理处。

2. 将原标准品室更名为标准物质制备室。

3. 将原技术服务处更名为标准物质服务中心。

（二）内设机构职能调整

1. 将原由药品检验处、生物制品检验处、医疗器械检验处承担的组织国家标准物质的研究、标定、审核及管理职能划归标准物质管理处。

2. 将原由有关处室负责的国家标准物质分发职能统一划归标准物质服务中心。

3. 将原技术服务处负责的组织、协调、监督和管理全所技术服务工作职能划归中国药品生物制品标准化研究中心。

三、根据“关于中检所调整药理室等科室职责及实验工作的通知”（中检人〔2008〕10 号），对药理室等科室职责及实验工作进行如下调整：

（一）职责调整

将药理室原职责中的非放射免疫类诊断试剂的质量检验职责划归体外诊断试剂与培养基室。

（二）实验工作调整

1. 将抗生素室、生化药品及基因工程药物室、化学药品室、药包材及药用辅料室、麻醉药品室和中药室等从事药品检验的业务科室涉及热原、异常毒性、溶血与凝聚、过敏、细菌内毒素检测、保健食品功能与评价、新药临床前药效学评价和上市后药品的再评价的相关实验工作一并划归药理室。

2. 将病毒一室、病毒二室、病毒三室、细菌一室、细菌二室、菌种室、细胞室、血清室、血液制品室和重组技术产品室等从事生物制品检验的业务科室涉及热原、细菌内毒素检测的相关实验工作一并划归药理室。

3. 将实验动物标准化室从事的协助药理室完成热原检测部分工作一并划归药理室。

岗位设置工作逐步推进

根据《事业单位岗位设置管理试行办法》、《关于印发 < 事业单位岗位设置管理试行办法 > 实施意见的通知》及《关于印发国家局直属事业单位岗位设置管理方案的通知》精神，结合实际情况及发展规划，制订了《中国药品生物检定所岗位设置方案》和《中国药品生物检定所岗位实施方案》。

岗位设置工作是事业单位人事制度改革的重

要内容，是事业单位收入分配制度改革的延续，是事业单位人事管理制度的改革和创新。岗位设置的目的是变身份管理为岗位管理，逐步在事业单位实行岗位聘用制。

马双成等3人获政府特殊津贴

根据国家局《关于开展2008年享受政府特殊津贴人员选拔工作的通知》的精神和有关要求，组织完成2008年享受政府特殊津贴专家推荐工作。经国家局政府特殊津贴推荐会讨论，马双成、李波和李凤祥3名同志被推荐为享受政府特殊津贴专家上报人事部，并获得批准，至此，我所共有68人享受政府特殊津贴。

干部任免

聘任杨正宁为行政处副处长（聘期三年），免去其技术服务处副处长职务。（中检人〔2008〕1号）

聘任涂牧为离退休干部管理处处长，免去其仪器设备处处长职务；聘任丁宏为仪器设备处副处长（聘期三年），免去其信息处副处长职务；免去尚延生离退休干部管理处处长职务。（中检人〔2008〕5号）

免去郑方治行政处副处长职务（保留正处级待遇）。（中检人〔2008〕6号）

免去蒋祖唐党办主任职务（保留正处级待遇）；免去解书平党办副主任职务（保留副处级待遇）。（中检党字〔2008〕2号）

聘任邹健为基建处处长兼任迁址建设项目办公室常务副主任（聘期三年），免去其所长办公室主任兼任的中国药品生物制品标准化研究中心副主任职务；免去孙会敏同志迁址建设项目办公室常务副主任职务。（中检人〔2008〕7号）

聘任李晓东为化学药品室副主任（聘期三年），免去其分析测试中心副主任职务；聘任贺争鸣为实验动物管理处处长兼任动物标准化室主任（聘期三年）。（中检人〔2008〕8号）

聘任王金恒为实验动物资源中心副主任（聘期三年）。免去其实验动物中心副主任及兼任的实验动物室副主任职务；岳秉飞为实验动物质量检测室副主任（聘期三年）。免去其实验动物中心副主任及兼任的实验动物室副主任职务；谭德讲为动物实验室副主任（聘期三年）。免去其动物标准化室副主任职务；免去贺争鸣兼任的实验动物中心副主任及实验动物标准化室主任职务。（中检人〔2008〕12号）

聘任张启明为化学药品室主任（聘期三年）；张庶民为血清室主任（聘期三年）；曾明为细菌二室主任（聘期三年）；王藏徐为纪委监察室主任（聘期三年）；姜典财为国家局药品市场监督办公室抽验管理处处长（聘期三年）；陈华为麻醉药品室副主任（试用期一年）；孟淑芳为细胞室副主任（试用期一年）；高凯为重组技术产品室副主任（试用期一年）；侯继锋为血液制品室副主任（试用期一年）；侯启明为血清室副主任（试用期一年）；许鸣镝为药品检验处副处长（试用期一年）；母瑞红为医疗器械检验处副处长（试用期一年）；李胜月为行政处副处长（试用期一年）；杨振为技术服务处副处长（挂职）（试用期一年）。（中检人〔2008〕14号）

增补尚延生为所工会副主席（正处级）。（中检党字〔2008〕3号）

增选赵晨为中检所团委副书记。（中检团〔2008〕2号）

聘任马双成兼任标准物质管理处处长。（中检人〔2008〕30号）。

聘任杨化新兼任中国药品生物制品标准化研究中心副主任；聘任李晓东为分析测试室副主任，免去其化学药品室副主任职务；聘任尹利辉为标准化研究室副主任，免去其分析测试中心副主任职务。（中检人〔2008〕51号）

聘任柴玉生为党委办公室主任，免去其标准物质制备室主任职务；聘任施亚琴为化学药品室副主任，免去其抗生素室副主任职务；聘任谭德讲为药理室副主任，免去其动物实验室副主任职务；聘任王金恒兼任动物实验室副主任。（中检人〔2008〕56号）

公开招聘

根据国家局人事司《关于组织开展局在京直属单位2008年公开招聘工作人员的通知》的精神，中检所组织了2008年的公开招聘工作。2008年共计招聘高校毕业生32人，其中本科7人、硕士研究生22人、博士研究生3人。另外通过公开招聘接收社会在职人员5人。

专业技术职务及一般行政职务晋升

2008年，中检所10人晋升为正高级专业技术职务；16人晋升为副高级专业技术职务；14人晋升为中级专业技术职务。9人晋升为主任科员、4人晋升为副主任科员、1人晋升为科员。

培训与教育

地市级药检所所长培训班

2008年配合国家局共组织了两期地市级药检所长培训班，完成对186位地市级药检所所长的培训任务，所内共派出12名专家承担授课，授课内容包括如何进一步加强药品检验检测能力建设、生物制品概述与批签发管理、实验室质量管理体系建设、科研管理等方面。

通过培训，使全国地市药检所更深入的掌握国家药品监管工作的方针和部署，进一步指导地市药检所深化检验能力建设，为更好的服务监管、保障人民群众饮食用药安全有效起到了积极促进作用。同时，培训班为各地交流工作经验、取长补短搭建了良好的平台，促进了检验检测工作的不断进步、能力水平的不断提升。

西北三省（区）药检所业务技术人员培训启动

2008年，由中检所组织，北京市、上海市、天津市、山东省、江苏省、广东省、浙江省、黑龙江省、辽宁省、广州市药检所等10个省、市药检所共同承担的，甘肃、青海、宁夏西北三省（区）药检所业务技术人员培训工作正式启动。启动仪式由中检所副所长王军志主持，国家局人事教育司副巡视员廖沈涵，中检所党委书记、所长李云龙，甘肃省食品药品监督管理局局长栗震亚、副局长王海燕、纪检组长易成美，青海省食品药品监督管理局副局长魏富财出席启动仪式。中检所相关人员、承担培训任务的10个省（市）药检所负责人、西北三省（区）药检所负责人、新疆药检所负责人、以及来自甘肃省、市、州药检所的学员等共100余人参加会议。培训分两期完成，2008年第一期共完成116人的培训。

中检所兰州实训基地揭牌

2008年9月1日，中检所兰州实训基地在兰州生物制品研究所揭牌。中检所副所长王军志和兰州所所长谢贵林为“实训基地”揭牌并在揭牌仪式上讲话。2008年选派2批共21名技术人员到兰州生物制品研究所实训基地进行了实训。

通过实训，学员学习了关于生物制品基本概念、生物制品生产规范与质量控制、标准品与标准物质的制备及应用、洁净作业和安全防护及GMP和生物制品生产无菌概念的理论；参与“麻疹减毒活疫苗”和“A群C群流脑多糖疫苗”生产过程并进行了现场实训；了解QA日常工作的程序和方法、产品分装、入柜冻干过程操作及相关质控点并参与部分动物实验、培养基的大规模制备以及滤芯验证操作等。通过驻厂实训，使中检所生物制品检验人员更好地了解了生物制品的生产流程，为今后的检验工作提供了更大的帮助，也为中检所今后组织开展多层次多方面的人员培训做了有益的尝试。

中检所扬子江实训基地揭牌

2008年9月18日，中检所扬子江实训基地在江苏泰州扬子江药业集团有限公司揭牌。党委副书记丁丽霞和扬子江集团董事长徐镜人为“实训基地”揭牌并在揭牌仪式上讲话。2008年选派3批共24名技术人员在扬子江药业集团实训基地进行了实训。

学员分别进入固体车间、液体车间、冻干粉针车间进行实训，掌握了药品生产过程及工艺控制情况，了解生产设备工作原理；参加了空调系统、水系统、物料管理、污水处理等与药品生产相关的保障系统实训；参观了QC实验室，熟悉了QC日常工作的内容及管理系统，与企业员工进行了技术交流，将药品检定工作中积累的一些经验与企业员工进行了讨论；此外还学习了扬子江药业集团关于质量管理、文件管理和验证管理等方面的管理经验。通过实训，学员们熟悉了药品有关的生产工艺流程及生产环节控制要点，增强了药品检验等工作中发现、分析、处理和解决问题的能力，提高了药品技术监督检验水平。

新员工培训

2008年，对38名新入所员工进行了培训，培训共分为专业技能培训、综合能力培训、消防安全培训和军训4个部分。38名新员工参加了所内相关专业的技能培训和综合管理能力培训的讲座，并前往大兴区实地参观消防安全展览和亲身体验火灾自救，最后在武警官兵的带领下进行了为期一天的军营生活。入所培训使新员工进一步了解了所内的工作情况，增强了专业技能和管理能力，提高了消防安全意识，磨练了意志，增进了新员工之间的友谊，提高了士气，为他们全身心的投入检验检测工作创造了良好的开端。

设立博士后科研工作站

为加强中检所人才队伍建设，进一步加强人才培养，增强国际竞争力、提高科研队伍水平，促进检验检测能力水平不断提升。2008年年初启动博士后科研工作站申报工作，根据人事部《关于申报博士后科研工作站有关事项的通知》要求，填报了《申请设立博士后科研工作站报批表》，申报材料经国家局批准后上报人事部。2008年6月，人力资源和社会保障部批准中检所成立博士后科研工作站。博士后科研工作站的建立，为中检所高水平人才培养，提高人才保障发展的支撑能力具有重要意义。

全国药检系统研究生课程进修班招生

与中国药科大学共同举办2008年全国药检系统硕士研究生课程进修班，经考试，共录取学员30名。

硕士研究生招生与培养

2008年，按照教育部的有关规定，中检所成立了复试工作领导小组，对经全国统考并达到中检所复试分数线以上考生进行了复试。最终招收硕士研究生16名。

同时完成了研究生毕业答辩及开题报告。组织开展2005级硕士研究生毕业答辩等有关工作，共召开毕业生答辩会9次。组织开展2006级硕士研究生开题报告及培养计划制定等工作，组织研究生所在部门对研究生进行考评。

第十部分　条 件 保 障

仪器设备

中检所不断加强仪器设备管理工作，确保药品检验检测工作顺利开展。以集中管理、节约资源和经费为出发点，制订本年度采购计划，出台仪器设备管理办法，以及相配套的实施细则和《供应商评估管理办法》，实现了对仪器设备的规范化管理。收集大量仪器设备产品及生产供应商的基本信息，建立供应商评估机制，建立供应商档案，建立仪器设备档案库、规范档案管理。结合重大采购项目对部分生产企业进行实地考察，确保仪器设备采购质量。2008 年，全所完成采购仪器设备 1190 台套。报废仪器设备 198 台套。新增仪器设备固定资产 1030 台套。截至 2008 年底，中检所拥有设备固定资产 7717 台套，价值约 2.9 亿元。

认真做好仪器设备的日常维修工作，全年对包括试验设备、制冷设备和计算机等 428 台套仪器设备进行维修。完成全所 813 台套计量设备校准工作。开展全所空调系统的普查登记及维护保养工作，经统计，及时对故障冰箱进行修理维护。开展实施冷库、冰箱监控项目，对安评中心、动物资源中心、动物实验室制冷系统实施委托服务，以确保药品检验检测工作的顺利开展。

中西部地区药检仪器设备配备项目

为加强和完善国家食品药品监督管理体系较薄弱的中西部地区药检仪器设备装备，提升药品检验技术水平，2005 年国务院常务会议审议并原则通过食品药品监督管理系统基础设施建设规划。国家食品药品监督管理局于 2006 年启动了食品药品监管系统中西部地区药检所仪器设备配备项目。

2008 年，受国家食品药品监督管理局委托，全面推进了项目前期工作，实施并编写了仪器设备技术参数，累计下拨国债资金 69911 万元，涉及范围包括西部地区的甘肃、宁夏、青海、新疆、云南、贵州、四川、西藏、广西、内蒙 10 个省级食品药品检验所和 118 个地、市级药品检验所；中部地区的黑龙江、吉林、辽宁、河北、河南、山西、湖北、湖南、江西、安徽 10 个省级食品药品检验所和 131 个地、市级药品检验所。项目建成后，将补增配备进口和国产仪器设备 69 个品种共计 5362 台套。

动物资源中心实验室建设取得初步成效

实验动物资源中心原以生产繁殖动物为主，基本无研究型实验室，难以开展相关研究工作。2008 年，实验室建设取得稳步进展，转基因动物研究平台建设初具规模。通过两年的筹备和运行，建成了分子生物学检测实验室及其全套基本设备，建成了显微注射和胚胎操作的全套设备；建立了转基因动物研究相关的关键技术。包括显微注射，胚胎移植，转基因动物的鉴定与建系等关键技术；目前已经获得 3 个转基因动物模型。其中癌症转基因动物模型在建系上已经取得明显进展，已经由最初的 6 只，获得 18 只转基因阳性鼠。

实验室建设取得进步后，反过来促进生产，解决生产中遇到的难题。如通过实验室建立的胚胎移植技术，帮助净化一些近郊品系。这些近郊品系用常规手段难以净化，或者成活率极低。

物资供应

中检所物资采购坚持质量第一、供应快速、价格合理的原则，严格执行政府采购有关要求，确保全所消耗物资使用的供应。根据工作实际，进一步修改完善有关制度，制定临时的应急采购办法，起草了中检所《物资供应管理系统运行与应用暂行规定》，探索物资供应工作制度化、信息化、规范化。为确保物资供应工作的顺利开展，举办物资供应管理系统软件应用培训班。

技术服务

开展技术服务的组织、协调、监督和管理，加强技术服务项目的动态监管和登记手续，全年完成或解决与化学药品、中药、生物制品、医疗器械、标准物质和药品安全相关的技术服务项目共计570个，均顺利通过北京市技术市场的登记认可。

第十一部分　国际交流与合作

概　况

2008 年，我所共派出专家、技术骨干 119 人次赴美国、英国、瑞士、奥地利、澳大利亚、日本、中国港澳台等 30 余个国家及地区考察访问、学术交流及研修，其中在大会作报告者 30 余人次；通过 WHO 渠道派出 35 人次，在 WHO 会议上作报告者约 20 人次；参加项目派出长期研修 8 人，其中参加 WHO 研修 1 人次。派出 10 余名技术骨干赴英国 NIBSC、美国 USP、英国 Huntingdon Life Sciences 公司进行协作研究和研修。

2008 年，我所共接待了来自美国、英国、德国、新加坡、古巴、加拿大、越南、世界卫生组织及中国港澳台等 10 余个国家及地区的专家、技术官员等 209 人次来所考察访问、学术交流，其中约 80 人次作报告；接待 WHO 专家、学者、技术官员约 20 人次，组织举办大型国际会议及学术研讨会 6 次，学术讲座 60 余次，培训约 5000 余名全国相关技术骨干。

国际合作

与世界卫生组织合作

近年来，我所不断发展和巩固与 WHO 的合作。作为“WHO 药品质量保证协作中心”，我所已于 2008 年 5 月 23 日被 WHO 继续确认为合作中心，为期 4 年。现任合作中心主任是李云龙所长。2008 年，我所通过 WHO 渠道共派出 22 人次，参加 WHO 会议 19 人次；其中参加 WHO 专家委员会会议 2 人次，参与 WHO 规程起草及制订 2 人次，在 WHO 会议上作报告 7 人次；在 WHO 总部工作 3 人。同时接待 WHO 专家官员 15 人次，举办及承办 WHO 学术会议 2 次。

受 WHO 委托，我所开展了对非洲抗艾滋病药品的质量评价工作，2008 年对肯尼亚、坦桑尼亚、乌干达、赞比亚四国提供 15 个品种 200 余批次的样品进行评价工作。

与美国药典委员会合作

2008 年 2 月，中检所成为美国药典委员会（USP）大会正式成员，所长李云龙被委任为 USP 委员会大会的委员（2005～2010 届），并将参加美国药典委员会大会例会。据了解，李云龙所长是首位来自中国的代表被美国药典会委任为 USP 大会委员。

2008 年，美国药典委员会专家、官员来访 12 人次，作专题报告 1 个；中检所 1 人赴美国药典委员会进行长期研修，为期 7 个月；美国药典委员会首席执行官、执行副总裁罗杰·威廉姆斯博士分别于 6 月 4 日、11 月 8 日两次访问中检所，就新一轮合作内容进行讨论，为下轮合作打下基础。

与英国驻华使馆合作

2008 年度，英国驻华使馆官员来访 9 人次，中检所 6 名技术人员赴英国 GLP 实验室进修，为期 2 周，双方还共同组织举办 1 次全国 GLP 学术研讨会。2008 年 2 月 15 日，所长李云龙、副所长王军志接待英国驻华使馆科技参赞康大卫（David Concar）先生，并就药物非临床安全评价领域的合作事宜进行交流。双方签署合作协议书，主要内容为英国使馆组织英国 GLP 管理机构与国家药物安全评价监测中心开展 GLP 领域的技术交流。2008 年 3 月 1 日，中检所派遣 6 名技术人员赴英国GLP实验室研修，为期2周。3月26日，中检所与英国驻华大使馆在京共同举办中英GLP学术研讨会。其主要内容：围绕GLP管理法规与认证检查；国家安评中心6位技术人员就赴英国GLP实验室进修的汇报；全国部分GLP实验室管理经验介绍。来自全国各地近180名代表对近年来GLP建设中取得的成绩、经验以及存在的问题进行讨论和交流。为期2天。

与英国国家生物制品检定所合作

2008年度中，英国国家生物制品检定所（NIBSC）专家来访8人次，作专题报告4个；中检所1人赴英国国家生物制品检定所进行长期研修，为期4个月；2008年6月2日，英国国家生物制品检定所所长Stephen Charles Inglis、病毒学首席科学家John Michael Wood和细菌学首席科学家Dorothy Kai Lo Xing一行3人来访，探讨在2006年签订的合作备忘录基础上，进一步拓展合作交流领域的可能性。外宾分别就相关题目做报告。双方对进一步合作达成一致意见。李云龙所长和Stephen Inglis所长正式签订两所合作备忘录。其主要内容：生物标准品的协作研究与协作标化；学术交流、信息交流、人才培养；检测方法合作研究和药品打假工作的合作研究。

与德国国家疫苗及血清研究所合作

2008年度中，德国国家疫苗及血清研究所（PEI）专家、官员来访4人次，作专题报告3个；2008年2月20日，以德国联邦疫苗及血清研究所所长约翰尼斯·劳瓦博士为团长的代表团一行3人来访，李云龙所长主持接待。双方签订两所合作备忘录。合作备忘录主要涉及生物标准化、学术交流和互访、互相邀请参加学术会议等。

与联合国蒙特利尔多边基金会合作

中检所是联合国蒙特利尔多边基金会（MDI）执行委员会关于中国外用气雾剂行业计划的执行机构。为顺利实施中国MDI中CFCs消耗分步淘汰的行业计划，中检所自收到MDI生产企业2007年的生产数据后，组织了全国范围内的生产核查，了解了CFCs的消耗量、替代进展等情况。在此基础上撰写了《中国MDI中CFCs消耗分步淘汰的行业计划（修改稿）》，于2008年5月提交联合国蒙特利尔多边基金会执行委员会，在收到执委会秘书处的评论后，对有关问题进行了澄清。该行业计划于2008年11月卡塔尔多哈56次多边基金执行委员会获得了批准，同意为中国MDI气雾剂生产企业提供1350万美元的无偿赠款。

国际会议

举办中英GLP学术研讨会

2008年3月26～27日，中检所与英国驻华大使馆在北京共同举办了“中英GLP学术研讨会”。会议的目的是进一步规范我国新药研制和开发的实验研究，提高研发的实力和水平，加快我国GLP工作与国际标准接轨，促进我国医药研发服务业的发展。共有来自全国各省市的专业技术人员180人参加。本次会议是一次中英两国GLP合作的国际性学术交流盛会，为国内外交流GLP建设经验和安全性评价技术进展提供一个平台，有利于我们吸收和借鉴英国30多年的GLP发展经验和取得的成果，为我国GLP的发展提供了良好的示范作用；同时也加深了英国对中国GLP发展状况的了解，加速了中英科技合作进程，为我国GLP和国际接轨发挥了重要的作用。

举办疫苗质量控制和安全性评价国际研讨会

2008年6月5～6日，疫苗质量控制和安全性评价国际研讨会在北京召开。英国国家生物制品检定所、美国药典会、德国疫苗及血清研究所和加拿大卫生部等生物制品质量研究与安全评价领域的15名国际著名专家以及中检所、国家局药品审评中心、安全评价中心、国家药典会以及国家疾病预防控制中心等从事质量控制与安全性评价机构的国内知名专家参加会议。同时国内外疫苗研究机构和生产企业的专家在大会上进行报告与交流。来自全国260余人参加会议。

会议围绕疫苗质量控制与安全性评价的主体展开了报告和研讨，中检所副所长王军志作了《中国疫苗和生物制品质量控制概况》的报告；英国国家生物制品检定所所长Stephen Inglis作了《英国国家生物制品检定所与国际生物标准化》的专题报告；美国药典会执行副主席Roger L. Williams作了《新版美国药典疫苗和病毒学总论介绍》的报告。此外，会议还就疫苗质量控制和疫苗安全性评价召开了专题分会。会议共作大会报告14个、疫苗质量控制分会报告12个、疫苗安全性评价分会报告11个，其中，国外专家报告16个，国内专家报告23个，论文交流70余篇。

会议由中检所与中国医药生物技术协会医药产品质量控制专业委员会、中国微生物学会生物制品专业委员会、中华预防医学会生物制品分会和中国毒理学会药物毒理与安全评价专业委员会联合举办。

承办WHO生物制品生产用细胞基质研究组会议

2008年6月24日，WHO生物制品生产用细胞基质研究组会议在北京召开，会议由我所承办，参加会议代表的分别来自WHO、国家局、中检所、国家药典会、药品审评中心以及七个中国疫苗企业的代表。王军志副所长介绍了国内生物制品生产用细胞基质的概况和相关要求，在报告中特别提出了关于细胞基质质控方面的问题。WHO专家对起草指南的每个关键部分进行了详细介绍。这次会议使我国更多的专家、企业与WHO专家面对面的交流，了解了国际在细胞基质控制的最新进展和我国面临的挑战，为进一步通过国际合作加强对细胞基质的质控方法研究，降低潜在的风险具有重要的意义。会后，李云龙所长在我所接待了WHO专家，就双方在促进生物制品的国际标准化方面进行了讨论。

举办中美毒性病理技术培训班

2008年10月21日，中检所国家药物安全评价监测中心与美国毒性病理学会在北京共同举办了为期4天的中美毒性病理技术培训班。培训班以“病理研究在安全性评价中的作用”为主题，美国礼来公司的Dnnelly博士和Rudmann博士，安进公司的Engelhardt博士和Meador博士，辉瑞公司李宪堂博士和Reagan博士，强生制药公司Hsu博士，查士睿华公司Hamelin博士和冯怡以及美国资深病理学家Wells博士等10位药品安全评价和毒性病理研究方面的国际著名专家学者应邀授课。培训班主要内容：为毒性病理学研究概况和指导原则、实验动物组织病理学背景数据、泌尿和心血管系统等的毒性病理学研究等，共有来自各国的130人参加了培训。

举办药物毒理相关技术研讨会暨SD培训

2008年10月27日，中国毒理学会药物毒理与安全评价专业委员会、中国药理学会药物毒理专业委员会、中国药理学会药检药理专业委员会、美国礼来公司与国家药物安全评价监测中心和海南省药品检验所在海南省海口市联合举办了为期3天的药物毒理相关技术研讨会暨SD培训班，全国相关专业的150名代表参加培训。

举办生物仿制药质量和临床评价卫星研讨会

2008年12月10日，世界卫生组织（WHO）与中检所共同举办生物仿制药品质量和临床评价卫星研讨会，以此了解中国企业在生物技术治疗药物领域的研发、实例、经验以及国家局相关技术评价的法规要求，为WHO生物仿制药指导原则起草提供参考和帮助。WHO专家Ivana Knezevic博士，中方专家中检所王军志副所长、生检处相关负责人以及国家药品审评中心有关领导，来自厦门特宝等企业的技术人员近30人名人员参加会议。WHO专家认为中国在治疗性生物技术药物的研究开发主要还是以“Stand Alone”加个别或部分对照研究的模式。虽然在审批中注意到已有国家标准的仿制药物与创新药物的区别，在注册管理办法附录中有类似的简化条款的描述，但尚没有独立的相关技术指导原则。同时也确认中国已经积累了开发和审评的丰富经验，并取得很大成就，引起了WHO的关注。

国际交流

德国疫苗和血清研究所所长来访

2008年2月20日，德国国家疫苗和血清研究所（PEI）所长约翰尼斯·劳瓦博士（Dr. Johannes Lower）一行访问我所。李云龙所长向约翰尼斯·劳瓦博士一行介绍了我所的基本情况，并强调了德国PEI和中国药品生物制品检定所在职能、职责方面的共同特点，两所都致力于保障人民的用药安全，保障进出口药品的质量和安全，希望通过学术报告和学术交流，增进了解，取长补短，互利互惠，共同发展和共同提高，共同探讨双方合作的领域，不断提高生物制品质量控制和质量管理水平，充分保障公众的用药安全和质量。王军志副所长主持了学术报告会，PEI专家分别做了PEI职能、职责、批签发管理、疫苗质量控制、标准品研究、细胞制品的研究与管理等报告。双方对共同感兴趣的合作领域进行了探讨，并签订了两所合作备忘录。合作备忘录主要涉及生物标准化、学术交流和互访、互相邀请参加学术会议等。代表团还参观了我所相关的实验室。

古巴国家药品控制中心官员来访

2008年3月28日，古巴国家药品控制中心监督控制检验司副司长费拉德丝博士一行四人访问我所，王军志副所长向代表团介绍了我所的主要职能和职责，并对我所与古巴国家药品控制中心的前期合作进行了肯定。费拉德丝博士对我所多年来的支持和帮助表示感谢，古巴国家药品控制中心的职能和职责与我所相似，有很多领域存在合作前景，同时希望进一步得到中方的支持和帮助。会谈结束后，外宾参观了我所的重组技术产品室和菌种室。代表团对我所的实验室条件、科研工作、检定业务工作表示赞赏，并就感兴趣的问题与我所相应的业务科室进行了探讨。

美国食品药品监管局资深专家来访

2008年4月22日，美国食品药品监管局（FDA）资深专家Tom Layloff教授访问我所，并就美国药品分析和医疗器械的注册管理等多方面领域与中检所进行学术交流。王军志副所长及丁丽霞党委副书记接待外宾并主持学术讲座。Layloff教授作了题为“药品及药物分析－25年回顾及展望”及“FDA现场核查”两个专题报告。来自中检所、北京市药品检验所、天津市药品检验所、国家局药品审评中心等单位的200余名相关技术人员参加了学术讲座。

美国卫生与人类服务部部长来访

2008年5月15日，所长李云龙、常务副所长金少鸿主持接待了美国卫生与人类服务部（HHS）莱维特部长一行。中纪委驻国家药监局纪检组组长曲淑辉，国家药监局药品安全监管司司长边振甲及国际合作司相关人员参加会见。双方就中检所的职能、肝素钠的检测等问题进行会谈，会谈结束后外宾还参观肝素钠检测相关实验室。

英国国家生物制品检定所所长来访

2008年6月2日，英国国家生物制品检定所（NIBSC）所长Stephen Inglis博士一行访问了我所。李云龙所长对英国人民和NIBSC对我国汶川大地震给予的物质支持和深切关注表示衷心的感谢，高度赞扬了NIBSC在生物制品质量标准建立和国际生物标准化做出的贡献，以及在保证人类健康做出的努力，并对NIBSC代表团参加在北京召开的《疫苗质量控制与安全性评价》国际研讨会表示热烈欢迎。王军志副所长对中英双方在2006年－2007年两所之间开展合作以来的项目完成情况和有待进一步开展两所国际合作的内容进行了详细的介绍。我所和英国专家分别就相关的内容在大会上做了报告，双方就两所之间在生物制品的质量控制和科研工作方面进行了交流和讨论，并正式签订了两所合作备忘录。合作备忘录包含的合作内容主要有：生物标准品的协作研究与协作标化；学术交流、信息交流、人才培养；检测方法合作研究和药品打假工作的合作研究。

美国帕斯适宜卫生科技组织总裁来访

2008年7月，美国帕斯适宜卫生科技组织（PATH）总裁Elias一行对我所进行了访问，通过访问增进了PATH对中检所及中国疫苗质量控制的了解，分享了中检所在中国疫苗研发中所做的贡献以及在疫苗质量控制方面的能力和经验，进一步增强PATH与中国企业合作的信心。

背景：PATH是一个以改善全球健康为己任的非赢利性国际组织，致力于提高全球卫生资源的可获得性，尤其是针对贫困国家。PATH在世界范围内不断寻求高质、低价的疫苗，尽最大可能帮助贫困国家改善疾病预防状况。中国具备生产满足PATH需求的疫苗的能力，PATH与中国企业已经有了成功的合作经验，如乙脑减毒活疫苗等。

英国药品和健康产品管理局局长来访

2008年10月14日，中检所所长李云龙、党委副书记丁丽霞接待英国药品和健康产品管理局（MHRA）局长肯特·伍兹教授一行6人。李云龙所长介绍中检所在打击假药方面所做的工作。肯特·伍兹局长对中检所在打击假药方面所做的工作给予充分肯定，并重申希望与中检所在药品领域加强合作的愿望。外宾参观中药室及中药标本馆。

西班牙卫生和消费部部长来访

2008年12月3日，西班牙卫生和消费部部长贝尔南特·索利亚先生一行10人来访。中检所所长李云龙和副所长王军志主持接待。双方共同表达了在药品检验领域加强合作的愿望，进而在促进两国人民乃至世界人民健康方面做出各自应有的贡献。代表团参观中检所实验室和中药标本馆。

欧洲药品质量管理局局长来访

2008年12月4日，受中检所所长李云龙的委托，常务副所长金少鸿和副所长王军志主持接待欧洲药品质量管理局（EDQM）局长Susanne Keitel女士。双方就今后可能开展的合作领域进行交流。Susanne Keitel女士还参观中检所实验室和中药标本馆。

沈琦赴菲律宾参加WHO全球培训网络关于疫苗质量临床试验管理规范检查培训

应WHO邀请，生物制品处沈琦副处长于2008年2月25～27日参加了WHO在菲律宾首都马尼拉举办的WHO全球培训网络关于疫苗质量临床试验管理规范（GCP）检查培训，并介绍了我国疫苗临床研究的概况。

耿兴超等六人赴英国汉庭顿生命科学公司进行GLP研修

为了加强中英两国之间药品评估机构及监管机构之间的联系，提高中国的GLP水平和能力，为中英两国研究人员提供更好的研究环境，促进中英沟通、交流和合作，加快中国进入OECD GLP工作小组的进程，中国药品生物制品检定所和英国驻华大使馆共同签订了“中英两国合作完善中国GLP体系”的合作项目。根据项目要求，安评中心于2008年3月1～14日派遣了耿兴超、周晓冰、汤瑶、谢寅、苗玉发和梁春南共6名技术人员赴英国Huntingdon Life Sciences公司进行了为期2周的专业研修，研修内容基本上涵盖了GLP体系中的几个最重要的方面。

钟建国赴泰国参加建立回旋加速器放射性药物生产设施和实施GMP的主题会议

应国际原子能机构（IAEA）邀请，由中国国家原子能机构、国家局和中检所推荐，我所放射性药品室副主任钟建国副研究员于2008年3月10～14日赴泰国曼谷参加了由IAEA主办、泰国Chulabhorn癌症中心承办的“建立回旋加速器放射性药物生产设施和实施GMP的主题会议”。参加会议的正式代表共33人。钟建国从管理机构、法规、注册、GMP实施等方面简单介绍了中国放射性药品作为一类特殊管理的药品与其它普通药物在管理上的区别；专题介绍了中国医疗机构制备正电子放射性药品的管理、QC/QA以及实施GMP的情况。

金少鸿赴新加坡参加亚太经合组织会议

2008年3月29日，金少鸿常务副所长赴新加坡参加亚太经合组织生命科学创新论坛第二届“打击假冒健康产品，建立保护病人的国际合作”研讨会，并作题为“为打击伪劣药品，中国研制的药品检测车”的大会报告。

奚廷斐赴美国参加美国组织库协会春季年会

2008年3月29日，医疗器械检验中心奚廷斐随国家局代表团赴美国参加了2008年美国组织库协会AATB（American Association of Tissue Banks）春季年会。会议期间，中方代表团分别与美国组织库协会管理层以及参加年会的各组织库公司管理层举行了座谈，就同种异体组织库及相关产品的管理问题进行交流。会议结束后，中方代表团还参观访问了3个组织库及相关产品生产企业。

李波赴法国参加OECD第20次毒性试验技术指导原则国家协调员工作会议

2008年4月2～4日，安评中心李波主任应经济合作与发展组织（Organization for Economic Co－operation and Development，OECD）的邀请赴法国巴黎OECD总部参加了第20次毒性试验技术指导原则国家协调员工作组会议。会议对39项议题进行了讨论。中国是首次派代表参加该领域的会议，通过会议全面的了解了OECD组织内有关化学物质毒性研究技术指导原则制定、修订的管理程序。

沈琦赴瑞士参加WHO大流行性流感的防范会议续会

2008年4月3日，生检处沈琦副处长赴瑞士参加了WHO在日内瓦召开的大流行性流感的防范：共享流感病毒以及获得疫苗和其他利益政府间会议续会。本次会议作为2007年11月政府间会议的延续，旨在进一步落实第60届世界卫生大会关于“大流行性流感的防范：共享流感病毒以及获得疫苗和其他利益”的决议，推进建立毒株及利益共享的框架和机制。

李云龙率团赴美国参加食品药品医疗器械监管能力培训

2008年4月12日~5月2日，李云龙所长作为团长赴美国参加了第二期食品、药品和医疗器械监管能力培训。此次培训的目的是学习美国药品、医疗器械上市后监督管理经验，了解美国药品、医疗器械上市监管模式以及相关法规、问题产品召回及安全事故应急处理。培训由美国前FDA官员、耶鲁大学资深教授、美国管理咨询公司专家进行授课。通过培训进一步加深了对美国FDA，特别对美国药品、医疗器械监管工作的全面了解，学习了美国药品、医疗器械监管的思路和方法，特别是美国FDA在药品、医疗器械管理方面先进的监管理念、健全的法律法规、完善的标准体系、严格的市场准入、不良事件的处置和贯穿全过程的质量核心管理理念等等。

王军志赴埃及参加WHO疫苗批签发技术指南起草成员会议

2008年4月15日，王军志副所长赴埃及开罗参加了世界卫生组织（WHO）召开的关于《世界卫生组织疫苗批签发技术指南》起草成员的会议，参会人员有来自美国FDA和CBER、欧盟EMEA、法国、泰国、巴西、埃及、加拿大、中国等国家和地区从事批签发工作的专家以及世界卫生组织QSS部门的官员。会议主要围绕筹备疫苗批签发指南工作和初步完成的内容进行交流和讨论。王军志副所长在讨论中结合中国批签发的具体实例，在各部分讨论中均发表意见和建议。会议认为中国的批签发工作经过这几年的大量实践，已经形成了比较完善的体系，对制定WHO的批签发技术指南很有帮助。

金少鸿等赴美国参加肝素钠问题国际研讨会

2008年4月16日，受国家局委派，常务副所长金少鸿、范慧红研究员及国家不良反应监测中心吴桂芝和4位临床专家共同组成的中国7人专家代表团赴美国参加肝素钠问题国际研讨会。金少鸿做了题为“中国近期对肝素钠的分析”报告，提出多硫酸软骨素不是美国临床上发生肝素钠不良事件的根本原因的观点，并提出具体意见。会后，金少鸿和范慧红等7位专家参加在中国驻美大使馆举行的关于肝素钠事件的新闻发布会并回答中外记者的提问。

姜典财赴韩国参加WHO疫苗稳定性评价指南贯彻执行研讨会

应WHO邀请，市场办姜典财处长于2008年4月22~28日参加了WHO在韩国首尔举办的疫苗稳定性评价指南贯彻执行研讨会。WHO生物标准化专家委员会在2006年10月举行的第57次会议上通过了新的疫苗稳定性评价指南，为疫苗整个生命周期的各个阶段包括研发、注册、生产和上市后监督，以及生产过程改变后的疫苗稳定性研究提供了一整套基本原则和具体要求。本次研讨会是落实WHO生物标准化专家委员会提出的将疫苗稳定性评价的基本原则融入国家疫苗管理所迈出的重要一步。

贺争鸣等六人赴日本参加第55届实验动物科学技术年会

应日本实验动物学会总会大会组委会的邀请，实验动物质量管理处处长贺争鸣、实验动物质量检测室王洪和马丽颖、安评中心办公室主任王菱章、李明和刘晓萌等6人于2008年5月14~18日参加了在日本仙台召开的日本第55届实验动物科学技术年会。本次大会由第55次日本实验动物学会总会、第42次日本实验动物技术者协会总会、日本实验动物学会疾病控制委员会、日本实验动物医学会学术集会委员会和日本实验动物学会第2会理事会联合举行，由日本实验动物协会、日本实验动物器材协议会和日本实验动物协同组合后援共同举办，有12个理事会及委员会对此次大会给予支持和帮助，同时还有制药株式会社、研究机构、化妆品公司、医院等单位给予赞助。来自美国、新加坡、瑞士等其它国家的实验动物界同行也参加了本次大会。

张庶民赴印尼参加WHO抗蛇毒血清会议

2008年5月26～30日，血清室张庶民主任参加了WHO在印尼雅加达举行的抗蛇毒血清会议（WHO Bi－Regional Workshop on Production, Control, and Regulation of Antivenoms），并介绍了中国抗血清（抗蛇毒血清）的生产和质量控制情况。参加此次会议的有WHO相关技术官员和不同领域专家共60多人，主要议题是讨论WHO抗蛇毒血清的技术指导原则。

钟建国赴奥地利参加推进放射性药品预认证咨询会议

2008年5月26～29日，放射性药品室副主任钟建国副研究员应国际原子能机构（IAEA）邀请，参加了由IAEA在其奥地利维也纳总部举办的“推进放射性药品预认证咨询会议”并在专题报告中介绍了我国放射性药品注册和审批程序（包括新药、仿制药及进口药）及申报资料、医疗机构制备正电子放射性药品（PET放射性药品）备案程序和备案所需资料、即时放射性药品生产企业（中心核药房）生产放射性药品和医疗机构核医学科研制放射性药品管理等有关最新情况。

王军志赴韩国参加治疗用生物制品监管评估联合研讨会

2008年5月27日，应世界卫生组织（WHO）和韩国国家食品药品管理局（KFDA）的邀请，王军志副所长参加了由WHO与KFDA在韩国首尔联合举办的“KFDA/WHO治疗用生物制品监管评估联合研讨会”，并主持了第二单元的大会报告。

高天兵赴新加坡参加国际药品犯罪常设论坛2008年会

2008年6月2～6日，药品市场监督办公室案件督察处高天兵副主任药师受国家局的派遣，代表国家局参加了在新加坡召开的国际药品犯罪常设论坛（PFIPC）2008年会。会议代表普遍认为现在假药问题已经是一个全球问题，需要各国的海关、警察、司法、药品监管当局加强国内和国际间的合作。对于新近出现的利用互联网违法销售假药的行为，各国政府都表现了很高的重视。

李波赴美国参加2008国际生物大会

2008年6月17～21日，安评中心李波主任应邀赴美国加州圣地亚哥市参加了“2008年国际生物大会（2008 BIO International Convention）”，并参观访问了世界著名的从事临床前安全性评价的Covance公司和NIH的NCI（National Cancer Institute）研究所。国际生物大会由生物技术工业团体组织召开，每年一次，是全球生物技术领域的盛事，旨在交流生物技术领域的最新进展并展示最新研究成果以促进生物技术在全球的发展，尤其是在人类健康、粮食和环境方面的应用。2008年召开的此次会议是第16次国际生物大会，内容丰富，信息量大，反应了当前全球生物技术领域的最新发展动向，为了解各国政府对生物技术发展管理和生物技术产业化发展情况提供了十分便利的窗口，为我国相关管理政策、产业发展提供了重要的信息。

俞永新院士赴美国乔治亚大学进行学术交流访问

2008 年 9 月 25 日，受美国乔治亚大学（The University of Georgia）动物病理系狂犬病研究室教授 Zhen F 的邀请，我所俞永新院士和病毒一室董关木主任对美国乔治亚大学动物病理系狂犬病研究室进行了学术访问和交流，同行的还有中国疾病预防控制中心传染病预防控制所张永振研究员。我方俞永新院士介绍了乙型脑炎减毒活疫苗的研究和发展，董关木主任介绍了我国狂犬病流行情况、疫苗应用和发展以及流行性出血热疫苗的发展概况。访问期间，俞永新院士和董关木主任与该实验室研究人员就其他实验室在流感病毒和宿主之间感染关系、病毒血凝素结构、抗原位点和体外受体以及实验动物感染以后的受体结合模式等基础性研究进行了讨论。另外还在美国对西尼罗病毒的检测、监控和可能引起流行的评估等方面进行了探讨，同时与该实验室就今后在狂犬病监控、病毒与宿主间的相互关系、疫苗尤其是狂犬病减毒疫苗的研究和合作研究以及帮助我方在疫苗的基础研究和人员、信息交流等方面展开进一步的合作进行了讨论。

金少鸿赴瑞士参加 WHO 专家委员会会议

2008 年 10 月 12 日，金少鸿常务副所长参加了在瑞士日内瓦举行的 WHO 国际药典及药品专家委员会第 43 次专家会议。参加会议的有来自沙特阿拉伯、巴拿马、南非、比利时、中国、美国、匈牙利、马来西亚和埃塞俄比亚 9 个国家的正式委员、WHO 总部基本药物和药品政策司的有关人员及药品质量保证和药品安全（QSM）部门的官员、来自瑞典、丹麦、印度、英国、南非的临时顾问以及与药品有关的国际组织。

此次第 43 届专家会议共有药品政策、药品质量控制（国际药典、国际标准物质、国家药品检验实验室）、药品质量保证（GMP 检查中质量风险分析的关键点、技术转让、WHO 关于国际贸易中药品质量的签证行动计划、国际药品打假行动计划、药品稳定性试验要求）、基本药物国际采购的优先预认证、药品质量检测实验室的预认证、药品活性成分原料（API）的预认证、支持药品监管指导原则以及其他有关 WHO 从 2008 ~ 2013 年药品战略草案等 14 个议题。

王军志赴瑞士参加 WHO 专家委员会会议

2008 年 10 月 12 日，王军志参加了在瑞士日内瓦举行的第 59 届世界卫生组织（WHO）生物制品标准化专家委员会年会。参会人员主要包括来自德国、英国、加拿大、泰国等的 10 名委员，英国 NIBSC、日本、加拿大、美国 FDA 及其 CDER 的负责人，法国、巴西、赞比亚、印度尼西亚、俄罗斯（国家医学生物制品标准研究所所长）、德国、瑞士、韩国、中国的 33 位临时专家，还邀请了中国国家药典委员会和企业协会等 10 位代表列席会议。本次会议是 WHO 每年度关于生物制品标准文件和标准物质审定的一次盛会，WHO 所有相关部门的负责人、协调员和专家都参加了这次会议。

王三龙赴南非参加 2008 年国际艾滋病疫苗大会

2008 年 10 月 13 日，安评中心王三龙副研究员应邀赴南非开普敦参加“2008 年国际 AIDS 疫苗大会（AIDS Vaccine 2008）”。大会主要就每年 HIV 疫苗领域的研究热点、成果及发展方向进行交流。

本次大会由全球 HIV 疫苗计划、比尔及梅林达？盖茨基金会、南非科学和技术部等 15 个部门或组织资助，由 University of the Witwatersrand、AIDS Virus Research Unit、National Institute for Communicable Diseases 承办，大会涉及 HIV 疫苗众多方面的研究内容，基本涵盖了 HIV 疫苗研究的所有范围。中国疾病预防控制中心性病艾滋病中心首席科学家邵一鸣教授在会议期间作了大会报告。作为中检所安评中心出席会议的代表，王三龙副研究员在会议期间参加了 poster 展出，并就有关问题进行了回答。会议反应了当前全球 HIV 疫苗研究领域的最新发展动向，为我国 HIV 疫苗研究者提供了了解世界的窗口，同时也为世界提供了了解我国在该领域的研究成果的机会。

林瑞超赴韩国参加 WHO 西太区 FHH（草药协调论坛）会议

2008 年 11 月 2 日，林瑞超作为 WHO 西太区 FHH 常设委员会委员赴韩国参加 WHO 召开的 FHH 草药论坛会议。该论坛由中国、日本、韩国、新加坡、越南、澳大利亚和香港等国家和地区组成，其宗旨是对上述成员国的传统药或植物药的质量标准、安全性、信息、GAP、GMP 等进行信息交流和相关的监督检验协调。

王军志赴泰国参加 WHO 疫苗批签发技术指南起草成员会议

2008 年 11 月 13 日王军志副所长作为起草专家组成员应邀赴泰国参加了 WHO 召开的关于《世界卫生组织疫苗批签发技术指南》起草成员的第 2 次会议，共有 30 余名各国专家和企业代表参加，包括来自欧盟 EMEA、法国、泰国、巴西、埃及、加拿大、古巴、新加坡、印度尼西亚、中国等国家和地区从事批签发工作的专家，还特别邀请了葛兰素史克、巴斯德和印度尼西亚的疫苗企业代表参会，世界卫生组织 QSS 部门的负责人 David Wood 博士、协调员 Ivana Knezevic 博士和雷殿良博士参加了会议。会议主要研究了 2008 年 4 月开罗会议以来完成的疫苗批签发指南以及征求的意见。王军志副所长在讨论中结合中国批签发的具体实例，在各部分讨论中均发表了意见和建议。本次会议对该指南的具体内容进行了讨论和修改，对不同国家和地区代表有争议的问题也通过讨论基本达成了共识。

第十二部分 大 事 记

中检所2008年大事记

▲1月2日

所长办公会议决定，聘任杨正宁为行政处副处长，免去技术服务处副处长职务。聘期3年。

▲1月10日

根据食品药品监管局（国食药监办〔2007〕784号）文件精神，中检所派8人参加全国药品整顿和规范市场秩序专项行动总结验收工作。为期9天。

▲1月16日

在所长助理刘桂芬及党委办公室负责人的陪同下，食品药品监管局新闻政策法规司新闻处、新华社、人民日报、CCTV1新闻联播栏目、CCTV2经济信息联播、CCTV2生活栏目、中国新闻社、中国青年报、健康报、医药经济报及中国医药报10家媒体对国家安评中心进行采访与参观。

▲1月17日

陈蕾赴中国香港参加中国保健食品广告标准研讨会，并作题为《中国保健食品行业广告发布的现状及展望》报告。

▲1月23日

中华人民共和国人事部、食品药品监管局联合表彰：中国药品生物制品检定所国家药物安全评价监测中心为全国食品药品监督管理系统先进集体；胡昌勤为全国食品药品监督管理系统先进个人。（国人部发〔2008〕9号）

▲1月25日

中国人民政治协商会议第十届全国委员会常务委员会议通过，王国治、岳秉飞为中国人民政治协商会议第十一届全国委员会委员。

▲1月28日

农历正月初四和初六食品药品监管局注册司司长张伟带队检查并慰问中检所职工，表扬中检所和承担批签发工作的药检所，放弃春节休假连续工作。（由于我国南方大部分地区遭受冰雪灾害，交通受阻，公共场所人员拥挤、密集。为防止春季传染病的发生，中检所紧急启动生物制品快速反应系统并主动要求授权承担批签发工作的药品检验所加快批签发工作。）

▲1月30日

全国药品检验工作会议在京召开，食品药品监管局邵明立局长及部分司室领导看望全国药品检验工作会议代表并合影留念。邵明立局长在讲话中充分肯定中检所的工作，并对药检系统下一阶段的工作提出希望。中检所所长李云龙在会上做工作报告，金少鸿常务副所长传达邵明立局长在党组会上的讲话。会议主要内容：总结过去，部署工作，统一思想，明确任务。（这次会议是全国药品检验工作会议代表第一次列席全国食品药品监督管理工作会议，吴仪副总理在会上对药检系统工作给与高度评价。）会期3天。

▲2月5日

经食品药品监管局批准，应美国药典委员会邀请，中检所成为美国药典委员会大会正式成员；李云龙被委任为美国药典委员会大会委员（2005~2010届），并按要求赴美国参加美国药典委员会大会例会。（档号SW-1-69、70）

▲2月15日

所务办公会议通报被授予全国食品药品监管系统的先进集体与先进工作者；表扬在春节期间值班和为抗御雪灾加班检验的相关部门。

英国驻华使馆科技参赞康大卫（David Concar）先生来访，并就药物非临床安全评价领域的合作事宜进行交流。双方签署合作协议书。

▲2月18日

食品药品监管局在实践科学监管理念课题研

究获奖课题颁奖会上表彰：中检所为研究单位的《药品检测车项目推广应用与实践研究》课题，获食品药品监管局实践科学监管理念课题研究一等奖（参加课题主要成员：金少鸿、黄志禄、丛佳、成双红、刘明理、高天兵）；参与食品药品监管局药品市场监督司为研究单位的《全国药品评价抽验机制和模式研究》课题，获食品药品监管局实践科学监管理念课题研究一等奖（参加课题成员：丛佳、高天兵）。（国食药监法〔2008〕37号）

▲2月20日

以德国联邦血清与疫苗研究所所长约翰尼斯·劳瓦博士为团长的代表团一行3人来访，李云龙所长主持接待。外宾在学术交流会上就其职能、职责、批签发管理等研究与管理作报告。王军志副所长介绍中检所的生物制品管理状况以及与食品药品监管局的隶属关系。双方签订两所合作备忘录。为期5天。

▲2月22日

所长办公会议决定，聘任涂牧为离退休干部管理处处长（试用期至2008年9月26日），免去仪器设备处处长职务；丁宏为仪器设备处副处长（聘期3年），免去信息处副处长职务；免去尚延生离退干部管理处处长职务。（中检人〔2008〕5号）

药品市场监督办公室（以下简称市场办）陈蕾接受中央电视台（每周质量报告栏目）采访，其内容：违法药品、保健食品广告的特点及如何识别违法广告。中央电视台于2月23日（每周质量报告栏目）播出。

▲2月24日

沈琦随食品药品监管局团组赴菲律宾参加WHO全球培训网络疫苗质量检查研修，并介绍我国疫苗临床研究概况。

▲2月25日

党委会、所长办公会议决定：担任管理部门处级领导职务的干部，一般于退休前两年不再担任领导职务，保留原级别及工资福利待遇。免去蒋祖唐党委办公室主任职务（保留正处级待遇）；免去解书平党委办公室副主任职务（保留副处级待遇）（中检党字〔2008〕02号）；免去郑方治行政处副处长职务（保留正处级待遇）。（中检人〔2008〕6号）

食品药品监管局表彰：陈蕾、张弛、于健东、黄海伟、方捍华、王春仁在参加食品药品监管局开展的“整顿和规范药品市场秩序专项行动”中工作成绩显著，获先进个人称号。（国食药监人〔2008〕65号）

▲2月29日

所长办公会议决定，聘任邹健为基建处处长兼迁址建设项目办公室常务副主任（聘期3年），免去所长办公室主任及中国药品生物制品标准化研究中心副主任职务；免去孙会敏迁址建设项目办公室常务副主任职务。（中检人〔2008〕7号）

▲2月

组织2008年全国医疗器械检测机构一次性使用输液器比对实验，共涉及35个检测机构。（除中检所医疗器械检测中心因参与编写作业指导书，样品均匀性和稳定性检测等工作没有参与外，其余34个单位均参加。）是实验室参加比对最多的一次，通过比对实验，发现问题，为食品药品监管局掌握医疗器械检测机构整体检测水平提供科学依据。历时10个月。

▲3月6日

印发《中检所2008年工作要点》。（中检办〔2008〕5号）

所长办公会议决定，聘任李晓东为化学药品室副主任，免去分析测试中心副主任职务；将实验动物中心更名为实验动物管理处；聘任贺争鸣为实验动物管理处处长兼任实验动物标准化室主任。以上人员聘期3年。（中检人〔2008〕8号）

▲3月9日

钟建国赴泰国参加国际原子能机构举办的“建立放射性药物回旋加速器生产设施及cGMP

实施”的主题会议并专题介绍中国医疗机构制备正电子放射性药品的管理、QC/QA 以及实施 GMP 中存在的问题。

▲ 3 月 10 日

丁丽霞随食品药品监管局团组赴马来西亚参加第五届亚洲药物监管会议。

2008 年全国医疗器械质量监督抽验工作会议在上海召开，食品药品监管局药品市场监督司邢勇副司长就医疗器械监管工作做重点讲话。会议总结 2007 年与部署 2008 年国家医疗器械抽验工作，并对 2008 年的 15 个抽验产品的具体内容及自主研发的《国家医疗器械监督抽验信息化系统》进行培训。来自全国各省（区）、市食品药品监督管理部门，国家医疗器械质量监督检验中心，有关省（区）、市医疗器械检验所共计 120 余人参加会议。会期 2 天。

▲ 3 月 12 日

所长办公会议原则同意药检处对药理室职能调整的建议并制定药理室的职责、人员编制；决定成立实验动物管理处，下设实验动物资源中心、实验动物质量检测室、动物实验室及相关的人员编制等。

▲ 3 月 15 日

中检所原所长、中检所学术委员会名誉顾问、工程院院士桑国卫在十一届全国人大一次会议第五次全体会议上当选为十一届全国人大常委会副委员长。

▲ 3 月 16 日

所长办公会议同意将国家安评中心整体搬迁至大兴，并对整体搬迁工作做具体安排。

▲ 3 月 17 日

印发《中国药品生物制品检定所发展规划纲要》，共分指导思想与基本原则、发展目标、主要任务、保障措施四部分。

所长办公会议对药理室工作进行调整，职责、人员编制作决定。工作调整：将药理室原职责中非放射免疫类诊断试剂的质量检验职责划归体外诊断试剂与培养基室；将抗生素室、生化药品室及基因工程药物室、化学药品室、药包材及药用辅料室、麻醉药品室、中药室等从事药品检验的业务科室涉及热原、异常毒性、溶血与凝聚、过敏、细菌内毒素检测、保健食品功能与评价、新药临床前药效学评价和上市后药品的再评价的相关实验工作划归药理室；将病毒一室、病毒二室、病毒三室、细菌一室、细菌二室、菌种室、细胞室、血清室、血液制品室和重组技术产品室等从事生物制品检验的科室涉及热原、细菌内毒素检测的相关实验工作划归药理室；将实验动物标准化室从事协助药理室完成热原检测部分工作划归药理室。并对其职责、人员编制作具体规定。（中检人〔2008〕10 号）

国家药品抽验工作会议在广西南宁召开，食品药品监管局市场司负责人与中检所常务副所长金少鸿在会上讲话。会议就改进和完善药品抽验工作的要求进行研讨，并对实施 2008 年评价性抽验工作进行安排和部署，同时对相关技术性问题进行讲解和明确。全国各省（区）、市食品药品监督管理局、药检所负责抽验工作的约 130 人参加会议。会期 2 天。

▲ 3 月 19 日

所长办公会议决定，聘任王金恒为实验动物资源中心副主任，免去实验动物中心副主任及兼任的实验动物室副主任职务；岳秉飞为实验动物质量检测室副主任，免去实验动物中心副主任及兼任的实验动物室副主任职务；谭德讲为动物实验室副主任，免去动物标准化室副主任职务；免去贺争鸣兼任的实验动物中心副主任及实验动物标准化室主任职务。以上人员聘期 3 年。（中检人〔2008〕12 号）

金少鸿、张启明参加在中国上海召开的欧洲药典第 6 部研讨会。为期 2 天。

▲ 3 月 24 日

所长办公会议听取所分管领导一季度工作情况汇报；要求二季度基本完成财务管理、资金管理、奖金分配、科研管理、干部管理、综合考评、仪器设备管理7个办法。对迁建工作、“所变院”基础材料的准备、顶尖学科人才引进、职能归并、国家安评中心的搬迁、所级后备干部的选拔、两项应急检验相关事宜、设立博士后工作站、文化建设、强化质量管理、重大支出项目实行集中审核制等工作进行部署。

召开党建工作会议（党委理论学习中心组扩大会议）。全体人员学习“两会”精神。党委副书记丁丽霞、纪委书记张永华分别作2007年党建工作、纪检工作总结，并对2008年工作进行部署；党委书记李云龙指出：党建要求发挥政治保障作用、促进作用、舆论导向作用。会后所级领导签署《廉政承诺责任书》。

▲ 3月25日

所长办公会决定，聘任张启明为化学药品室主任；张庶民为血清室主任；曾明为细菌二室主任；王藏徐为纪委监察室主任；姜典财为食品药品监管局药品市场监督办公室抽验管理处处长。以上人员聘期3年。聘任陈华为麻醉药品室副主任；孟淑芳为细胞室副主任；高凯为重组技术产品室副主任；侯继锋为血液制品室副主任；侯启明为血清室副主任；许鸣镝为药品检验处副处长；母瑞红为医疗器械检验处副处长；李胜月为行政处副处长；杨振宁为技术服务处副处长（挂职）。以上人员试用期1年。（中检人〔2008〕14号）

国家药品抽样人员培训班在北京举办。食品药品监管局药品市场监督司和中检所有关领导出席会议并作讲话。培训主要内容：宣贯《药品质量抽查检验管理规定》、《国家药品抽样人员管理规定（试行）》和《国家药品抽样设备管理规定（试行）》；部署2008年国家药品抽验工作计划及抽样工作；解读《国家药品抽验品种样品抽取SOP》。会上发放药品抽验专用箱，并对国家药品抽验信息系统进行讲解和上机操作培训。全国各省（区）、市食品药品监管局、药检所抽验工作有关人员约120人参加培训。为期2天。

中检所与另外9个国家级医疗器械检验中心共同签署《北京2008奥运会和残奥会医疗器械质量检验安全运行协作备忘录》。（根据要求，成立医疗器械协作工作小组，并建立相应的应急机制，很好完成了北京奥运会和残奥会医疗器械质量安全保障任务，收到“奥运医疗器械协作组办公室”的感谢信。历时8个月。）

▲ 3月26日

中检所与英国驻华大使馆在京共同举办中英GLP学术研讨会，主要内容：围绕GLP管理法规与认证检查；国家安评中心6位技术人员就赴英国GLP实验室进修的汇报；全国部分GLP实验室管理经验介绍。来自全国各地近180名代表对近年来GLP建设中取得的成绩、经验以及存在的问题进行讨论和交流。会期2天。

▲ 3月27日

中检所党委通知，经食品药品监管局直属机关工会批准，增补尚延生为工会副主席（正处级）。（中检党字〔2008〕03号）

▲ 3月28日

中检所共青团委通知，经食品药品监管局直属机关团委批准，增选赵晨为中检所团委副书记。（中检团〔2008〕2号）

古巴国家药品控制中心监督控制检验司副司长丽亚娜·费盖拉丝·费拉德丝博士一行来访。

▲ 3月29日

金少鸿赴新加坡参加亚太经合组织生命科学创新论坛第二届“打击假冒健康产品，建立保护病人的国际合作”研讨会，并作题为《为打击伪劣药品，中国研制的“药品检测车”》的报告。

奚廷斐随食品药品监管局团组赴美国参加2008年美国组织库协会春季年会并考察。为期8天。

▲ 3月

对食品药品监管局药品市场监督司提供的邮购药品网站材料进行汇总、分析，对利用互联网非法销售药品相关材料进行整理，结果报食品药品监管局（提及的非法网站现已被撤销）。历时2个月。

完成2007年度食品药品监管局药品市场监督司受理的806件投诉举报信函材料的汇总和分析，撰写《2007年度食品药品监管局药品市场监督司受理举报投诉信函的分析报告》（市场办便签〔2008〕8号），并报食品药品监管局。历时2个月。

2月份美国百特医疗用品公司生产的注射用肝素钠导致不良反应，而原料来源于我国。事件发生后，中检所立即启动I级应急预案，并按照食品药品监管局的要求派员去现场参与抽样，并以最快的速度完成法定检验工作。同时，开展非标准方法的研究和动物试验，累计检验样品达150批。经检验发现“肝素类似物”实验结果与美国通报的结果完全一致，为食品药品监管局妥善处置该事件提供技术支撑。随后按食品药品监管局的要求多次与美方沟通、协调，基本圆满完成任务，维护了我国的形象。

▲4月1日

食品药品监管局对中检所中检人〔2008〕11号文批复，同意中检所对内设机构及职责的调整：将原实验动物中心更名为实验动物管理处；将原实验动物室更名为实验动物资源中心；增设实验动物质量检测室和动物实验室；将原实验动物标准化室按职责划分为实验动物质量检测室和动物实验室；撤销实验动物标准化室。并对上述部门主要职责作具体规定。（国食药监人〔2008〕124号）

李波以观察员的身份赴法国参加“经济合作与发展组织毒性试验指导原则”工作会议。

▲4月2日

沈琦随卫生部团组赴瑞士参加WHO“关于大流行性流感的防范：共享流感病毒以及获得疫苗和其他利益”的政府间会议续会。

▲4月8日

所长办公会议原则通过《中检所综合考评办法》、《中检所会议管理办法》、《中检所职工考勤管理办法》、《加强宣传工作的指导意见》；通过《生物安全与生物恐怖防范方法应急预案》、《健康管理制度》；决定由马双成兼任标准物质管理处处长。

▲4月10日

印发《中检所关于加强新闻宣传工作的意见》（中检所办〔2008〕15号）；《中检所综合考评办法（试行）》（中检所办〔2008〕14号）；《中检所会议管理办法》（中检所办〔2008〕9号）。

▲4月11日

所领导专题会议传达“奥运期间北京市人间传染的病原微生物实验室生物安全管理和生物安全和生物恐怖防范”；李云龙所长做动员讲话。

▲4月12日

李云龙作为团长参加食品药品监管局食品、药品和医疗器械监管能力培训团赴美国参加第二期食品、药品和医疗器械监管能力培训。

▲4月14日

印发《中检所奥运期间生物安全管理及生物恐怖防范工作实施方案》。（中检所办〔2008〕13号）

王军志赴埃及参加WHO疫苗批签发起草工作组会议。王军志结合中国批签发具体实例，在讨论中发表意见和建议。会议认为中国的批签发工作经过近年的大量实践，已经形成比较完善的体系，对制定WHO的批签发技术指南很有帮助。

▲4月16日

受食品药品监管局委派，金少鸿、范慧红及国家不良反应监测中心吴桂芝和4位临床专家共同组成的中国7人专家代表团赴美国参加肝素钠问题国际研讨会。金少鸿根据我国前期的工作作题为《中国近期对肝素钠的分析》报告，提出多硫酸软骨素不是美国临床上发生肝素钠不良事件的根本原因的观点，并提出具体意见。会后，金少鸿和范慧红等7位专家参加在中国驻美大使馆举行的关于肝素钠事件的新闻发布会并回答中外记者的提问。根据金少鸿的要求并征得美国FDA同意，赴美国新泽西州百特公司肝素钠生产现场进行调查。为期9天。

▲4月17日

印发《中检所实验室安全应急预案》、《实验室工作人员健康管理制度》。（中检所办〔2008〕16号）

▲4月18日

完成介绍中检所概况的《光荣与使命》DV片的制作。

▲4月21日

Gareth li. Jones为团长的英国医疗器械贸易协会和英国驻华使馆贸易投资处生命科学部代表团一行8人来访。

▲4月22日

美国FDA资深专家Tom Layloff教授携夫人来访，并就美国药品分析和医疗器械的注册管理等多方面领域与中检所进行学术交流。

姜典财赴韩国参加韩国食品药品管理局和世界卫生组织的“疫苗稳定性评估”研讨会。

▲4月24日

新加坡卫生科学局科学分析中心曾芸博士和Quek Ser Kiang先生来访，并就中药分析领域进行研修。外宾参观中药室和中药标本馆。为期2天。

▲4月28日

环境保护部下发《关于中检所迁址建设项目环境影响报告书的批复》。（环审〔2008〕73号）

▲4月

“十一五”国家科技支撑计划重点项目“我国当前急需建立和提高的药品监督检验技术研究”和“生物制品安全性评价技术及原辅料安全性研究”申报后经专家论证，择优确定15个课题的承担单位，其中中检所牵头11个课题，资助总经费5335万元。

《全国药品抽验管理系统》正式启用，该系统开发了与省级药检所药检软件99版、08版及中检所综合管理系统的接口，系统运行良好。

派员赴河北廊坊、天津等地对食品药品监管局药品市场监督司交办的利用互联网在海外非法销售西地那非等药品的案件涉及有关情况进行暗访调查，结果报食品药品监管局。为期3个月。

▲5月4日

从佳随食品药品监管局团组赴澳大利亚参加药品市场监督与管理培训。

▲5月5日

印发《综合考评考核评分细则》。（中检所办〔2008〕20号）

▲5月7日

全国医疗器械检测机构比对实验工作会议在云南召开。会议通报2006年“一次性使用无菌注射器”和2007年“电源变压器过载温升”比对实验工作情况；讨论《医疗器械检测机构实验室间比对管理办法（讨论稿）》及2008年比对实验方案和比对实验今后的工作规划。食品药品监管局医疗器械司、云南省食品药品监督管理局，以及全国48个医疗器械检测机构的负责人，共计54人参加会议。会期2天。

▲5月8日

国家安评中心与中国毒理学会毒理研究质量保证专业委员会（筹）在京共同举办第一届全国毒理研究质量保证学术研讨会。会议邀请日本三菱化学安全科学研究所、CHARLES RIVER等公司安评研究机构的质量保证人员进行讲学及交流，国内有10位相关学科的专家进行质量保证经验介绍。全国各省（区）、市130多人参加会议。会期2天。

▲5月9日

由中检所组织联合北京、上海及山东、江苏等10省（市）药检所共同承担的甘肃、青海、宁夏西北三省（区）药检所业务技术人员培训班在甘肃省兰州市召开启动大会。启动仪式由中检所副所长王军志主持，食品药品监管局人事教育司副巡视员廖沈涵、中检所所长李云龙、甘肃及青海省食品药品监督管理局有关领导出席会议。承担培训任务的10个省（市）药检所负责人、西北三省（区）药检所负责人及来自甘肃省地市、州药检所的学员等共100余人参加会议。此项培训分两期完成，共有124人接受培训。

▲5月13日

我国四川等地发生重大地震灾害，党委会召开会议并决定：立即向7个相关药检所下发紧急通知，要求加快血液制品和疫苗的批签发工作，全力保障灾区群众抗灾用药；要求全所各部门高度重视安全工作，加强安全检查，确保全所工作安全开展；要求相关部门做好应急准备工作，确保能随时接受相关救灾任务。

▲5月15日

李云龙所长、金少鸿常务副所长主持接待美国卫生与人类服务部部长莱维特一行。中纪委驻食品药品监管局纪检组组长曲淑辉，食品药品监管局药品安全监管司司长边振甲及国际合作司相关人员参加会见。双方就中检所的职能、肝素钠的检测等问题进行会谈。外宾参观肝素钠检测相关实验室。

▲5月21日

所长办公会议明确抗震救灾指导思想：尽责任、献爱心；工作方针：质量第一、特事特办、绿色通行。

▲5月22日

药品检验检测通用工具研究项目研讨会在江苏省无锡召开，党委副书记丁丽霞主持会议。会上正式启动“药品检验检测通用工具研究”项目，为实现全国药检系统检验标准数据共享，建立药品检验标准数据库。会期3天。（中检办〔2008〕630号）

金少鸿赴秘鲁参加亚太经合组织生命科学创新论坛计划小组会议。

▲5月23日

在所长办公会上，李云龙所长传达食品药品监管局抗震救灾领导小组会议精神，并拟定组建食品药品监管局支援四川抗震救灾药品检验专家组和药品快检技术工作组方案：专家组由中检所药品、生物制品、医疗器械检验与检测等领域的4位专家组成，由党委副书记丁丽霞带队并由其代表全所看望慰问灾区广大药检干部职工；食品药品监管局药品快检技术工作组由市场办公室的5位专家组成，并由市场办主任助理黄志禄带队，均要求24日下午赶赴灾区。李云龙所长动员并提具体要求。

▲5月25日

钟建国赴奥地利参加国际原子能机构放射药物预认证评估发展过程中的关键性步骤会议。

张庶民赴印度尼西亚参加WHO抗血清生产、控制和监管双区域会议。

▲5月26日

中国香港理工大学代表团来访，并参观药品检验相关科室。

王军志赴韩国参加KFDA/WHO治疗用生物制品监管评估联合研讨会，介绍中国生物仿制药的基本情况，同时还提出对WHO专家会的意见。

▲5月27日

奚廷斐随食品药品监管局团组赴荷兰参加2008年第八届世界生物材料大会。

▲5月28日

发生静注人免疫球蛋白后致死的严重不良反应事件，中检所次日派出2名GMP检查员赴现场协助食品药品监管局安监司检查和调查，同时立即启动应急检验程序，召开生检、药检、动物及安全评价相关人员的会议，开展法定检验和应急检验工作。并先后组织4次所内外专家会，对检定方案、检定结果进行分析研究。在排除生物、化学毒素外，锁定制品含有大量人免疫球蛋白聚合物。大量蛋白聚合物能引起动物死亡。检验结论为食品药品监管局处理该事件提供技术支撑。

▲5月29日

食品药品监管局邵明立局长来中检所药品市场办公室视察指导工作，食品药品监管局市场监督司王立丰司长和中检所李云龙所长陪同参加，邵明立局长对药品市场办公室成立半年多开展的工作给以肯定，并对今后的工作提出要求。

中国协和医科大学、中国医学科学院学位评定委员会批准，张庶民获博士生指导教师资格。（证书编号：B200816008）

▲5月30日

食品药品监管局直属机关党委常务副书记张耀华及组织部龙焕明就学习十七大、科学发展观及开展“三制一化”工作进行调研，并召开座谈会。党委书记、所长李云龙，党委副书记丁丽霞，纪委书记张永华，支部书记代表及党办、纪委监察室相关人员参加座谈。丁丽霞对中检所开展十七大、科学发展观的学习情况以及“三制一化”工作进行汇报。与会人员进行交流。

▲5月

四川地震发生后，中检所迅速组织全所开展捐款活动，全所共捐款137675元；全所党员团员积极交纳“特殊党费”257912元，“特殊团费”13110元。

▲6月1日

高天兵赴新加坡参加国际制药犯罪常设论坛2008年年会，并代表食品药品监管局介绍中国药品的法律法规体系、监管结构、打假工作概况、打假中采取的措施及面临的挑战等。

雷殿良应世界卫生组织邀请延聘WHO总部技术官员，聘期2年。

▲6月2日

所务办公会议主要内容：金少鸿常务副所长和丁丽霞党委副书记分别传达邵明立局长5月28日食品药品监管局抗震救灾工作领导小组扩大会议和5月29日来所检查指导讲话精神；丁丽霞、黄志禄分别介绍食品药品监管局支援四川抗震救灾药品检验专家组和快检技术工作组在四川工作的情况；李云龙所长总结前段抗震救灾相关工作及对下步工作进行部署。

英国国家生物制品检定所所长Stephen Charles Inglis、病毒学首席科学家John Michael Wood和细菌学首席科学家Dorothy Kai Lo Xing一行3人来访，探讨在2006年签订的合作备忘录基础上，进一步拓展合作交流领域的可能性。外宾分别就相关题目做报告。双方对进一步合作达成一致意见。李云龙所长和Stephen Inglis所长正式签订两所合作备忘录，主要内容：生物标准品的协作研究与协作标化；学术交流、信息交流、人才培养；检测方法合作研究和药品打假工作的合作研究。

▲6月3日

中国科协批准《药物分析杂志》继续获年度中国科协精品科技期刊工程C类项目资助。（科协学发〔2008〕110号）

▲6月4日

美国药典会首席执行官、执行副总裁罗杰·威廉姆斯博士、美国药典会国际事务部主任赵重博士和美国药典会中国总部副总裁胡江滨博士一行3人来访，并就新一轮合作内容进行讨论。会后外宾参观“药品检测车”。

▲6月5日

全国流感疫苗质量控制工作研讨会在京举行。会议邀请15位国内外专家进行演讲，共同探讨我国流感疫苗的质量控制和流感疫苗的发展前景，并对各个生产企业下一步工作提出建议和工作指导。共260余人参加会议。会期2天。

第一期全国地（市）药品检验所所长培训示范班开学典礼在京举行。培训内容：药品监管形势分析、廉政建设、领导艺术、心理适调能力、专业技术、标准与方法、信息技术、质量管理体系建设等。来自全国各省（区）、市和总后卫生部的94位地市级药品检验所所长参加首期培训示范班。为期18天。（培训班将举办4期，准备在两年内对全国地市级药检所所长轮训一遍。）

中检所与中国医药生物技术协会医药产品质量控制专业委员会等4个专业委员会联合举办的“疫苗质量控制和安全性评价”国际研讨会在京召开。英国国家生物制品检定所、美国药典会、德国联邦疫苗及血清研究所和加拿大卫生部生物制品质量研究中心等15名国际著名专家以及食品药品监管局药品审评中心、安全评价中心、国家药典会以及国家疾病预防控制中心等从事质量控制与安全性评价机构的国内知名专家参加会议。国内外疫苗研究机构和生产企业的专家在大会上进行报告与交流。来自全国260余人参加会议。会期2天。

▲6月7日

叶强、陈玉琴赴冰岛参加第六届肺炎球菌和肺炎球菌性疾病国际研讨会。

▲6月10日

组织对我国橡胶避孕套生产质量状况的市场调研，完成《我国橡胶避孕套质量状况分析报告》(国药市监办〔2008〕42号)。历时5个月。

▲6月16日

中华全国妇女联合会授于丁丽霞全国三八红旗手荣誉称号。(妇字〔2008〕26号)

▲6月17日

中检所与北京市京发招标有限公司签署《建设工程招标代理合同》(勘察、设计部分)。

李波赴美国参加2008年国际生物大会，并参观访问世界著名从事临床前安全性评价的Covance公司和美国国立卫生研究院的美国国立癌症研究所。

▲6月20日

根据中检所与英国国家生物制品检定所签署的合作备忘录，徐颖华作为访问学者赴英国国家生物制品检定所执行百日咳疫苗标准化项目合作研究任务。为期4个月。

《药物分析杂志》第七届编委会在上海召开，重新确定编委人选：涂国士任名誉主编，金少鸿任主编，周同惠、李云龙、张庆玺担任顾问，田颂九、王军志、丁丽霞、王平、贺浪冲、曾苏、钟大放、杨腊虎担任副主编。共计65人参加会议。会期3天。

▲6月21日

为祝贺涂国士教授90寿辰制作《祝涂国士先生90华诞》和《化学药品室论文集》。

▲6月24日

世界卫生组织将在未来两年内对《世界卫生组织关于生物制品生产用动物源性细胞基质的技术指南》进行修订，因此该指南起草组主要成员在北京召开关于细胞基质的卫星会议，要了解中国企业使用细胞基质的情况和食品药品监管局相关的法律法规及要求。中检所承办这次会议。参加会议的有WHO、美国NIH疫苗研究中心和英国国家生物制品检定所干细胞库的专家。王军志副所长及北京生研所等7个生产企业分别报告管理及使用的情况；同时与WHO专家和中方管理当局专家进行研讨。其中我国建立的二倍体细胞株及许多工作得到了WHO专家的认可和赞扬。会期3天。

▲6月25日

食品药品监管局批复中检人〔2008〕21号文，同意中检所对内设机构和有关职能的调整。内设机构调整：增设标准物质管理处；将原标准品室更名为标准物质制备室；将原技术服务处更名为标准物质服务中心。内设机构职能调整：将原药品检验处、生物制品检验处、医疗器械检验处承担的组织国家标准物质的研究、标定、审核及管理职能划归标准物质管理处；将原由有关处室负责的国家标准物质分发职能统一划归标准物质服务中心；将原技术服务处负责的组织、协调、监督和管理全所技术服务工作职能划归中国药品生物制品标准化研究中心。并规定上述部门主要职责。(国食药监人〔2008〕315号)

▲6月27日

所长办公会议决定：所经费开支计划内的工作会议和培训要提前制定预算方案并报主管领导

审批；标准物质收费纳入财务统一管理。

李云龙所长和王军志副所长接待参加由中检所承办的WHO生物制品生产用细胞基质研究组会议的WHO官员Ivana Knezevic、Rebecca Sheets和Glyn Nigel Stacey博士一行3人。双方就本次细胞基质研讨会的成果进行交流，并对中检所与WHO之间的业务关系进行沟通。

临泉县人民代表大会常务委员会决定，任命杨振挂职任临泉县人民政府副县长。任期1年。（临人常〔2008〕14号）

▲6月

派员赴上海、天津等地对食品药品监管局转来的举报西门子进口医疗器械涉嫌非法进口、销售医疗器械案件进行实地调查核实，结果报食品药品监管局。历时3个月。

经过3轮培训和考核，中检所选送的5名北京奥运会兴奋剂检测志愿者通过最终考核，将赴北京奥运会兴奋剂检测第一线工作，直至奥运会结束。

▲7月1日

设立中检所仪器设备审核委员会，负责集中审议购置仪器设备计划及大额资金购置申请等审议工作。设备委员会主任委员：金少鸿；副主任委员：田颂九、丁宏；成员：张长庆、尹利辉、邹建、奚廷斐、祁自柏。（中检所办〔2008〕27号）

所长办公会议决定，聘任马双成兼任标准物质管理处处长。（中检人〔2008〕30号）

▲7月6日

叶强赴加拿大参加WHO/加拿大卫生部新肺炎球菌疫苗评估和注册血清学标准制订会议。

▲7月12日

杨会英赴泰国参加《蒙特利尔议定书》第55届多边基金执委会会议。

▲7月14日

美国帕斯适宜卫生科技组织总裁Christopher Elias博士及董事Steve Davis等一行6人来访。

▲7月18日

全国药检工作座谈会在兰州召开。中检所所领导班子全体成员及有关处室负责人参加会议。甘肃省食品药品监管局党委书记副局长高建邦、副局长丁永辉等出席会议。食品药品监管局办公室规划处王三虎处长出席会议并讲话。李云龙所长在会上作题为《进一步加强药品检验能力建设》报告。四川、北京、甘肃等省级药检所所长分别就加强抗震救灾时期的药检技术支撑、全力确保奥运药品安全、改革创新整合优势资源、文化建设等主题进行发言。来自全国各省（区）市、口岸、计划单列市、总后卫生部、武警等药检所主要领导，共100余人参加会议。会期2天。

▲7月28日

李凤祥随食品药品监管局团组赴美国参加第二届国际生物制药研讨会筹备会。

▲7月29日

在针对6~7月份上海和广州相继发生因使用医用壳聚糖防粘连制品出现的不良反应事件，中检所接到国家食品药品监督管理局“术必妥”任务后，立即派员协助食品药品监管局医疗器械司对该事件进行调查。同时启动应急检验程序，及时将检验结果上报食品药品监管局。历时4个月。

▲7月

为保证北京奥运会顺利举办，中检所分别受理北京、青岛药监局为奥运储备的破伤风抗毒素、类毒素、破伤风免疫血清和球蛋白及疫苗。中检所以最短时限完成以上储备产品的检验，及时发出检验报告；同时，完成授权药检所委托的人凝血因子Ⅷ储备产品的部分项目检验。另外，按照北京奥组委的要求，根据生物安全防控的需要，及时调整涉及生物安全的特异性人免疫球蛋白检验项目，确保奥运期间产品及时上市。

为保证北京奥运会防范生物防恐的需要，中检所派出多名GMP检查员赴现场检查和调查。7

月底前共受理北京、深圳及沈阳等省市送检流通领域查获的肉毒毒素15批和假人血白蛋白等血液制品及10多种疫苗类制品，经检验全部为假冒产品。及时发出检验报告，为地方执法提供技术依托。

▲8月5日

印发《奥运期间防范生物恐怖检验应急预案》（中检所办〔2008〕33号）；《奥运期间药源性兴奋剂突发事件应急检验预案》（中检所办〔2008〕35号）；《仪器设备管理办法实施细则》及《供应商评估管理办法》。（中检所办〔2008〕34号）。

▲8月15日

印发《药品和医疗器械突发性群体不良事件应急检验预案》。（中检所办〔2008〕36号）

▲8月19日

应WHO邀请，经食品药品监管局批准，再次延长金少鸿WHO国际药典及药品专家咨询委员会委员任期，时间为2008年8月19日～2012年8月19日。

▲9月1日

中检所“实训基地”在兰州生物制品研究所（简称兰州所）揭牌。王军志副所长和兰州所谢贵林所长为“实训基地”揭牌并在揭牌仪式上讲话。全年派出2批21名技术人员到兰州所学习。

▲9月5日

参加“人工血管及含药冠状动脉血管支架”国家监督抽验，负责对其中2个产品的监督检验实施过程及结果分析、上报的管理协调工作。监督抽验工作按时完成，总结报告报食品药品监管局（中检械〔2008〕10号）。历时4个月。

▲9月12日

经过半年的试运行，中检所新版网站正式切换运行。

▲9月18日

中检所第七届药品标准物质委员会，由主任委员李云龙，副主任委员金少鸿、王军志、丁丽霞并聘请名誉顾问桑国卫院士，顾问于德泉与俞永新院士及40名委员组成。在成立大会上，主任委员李云龙给各位委员颁发聘书并讲话。会议主要针对国家药品标准物质审评工作进行讨论，并确定新的国家药品标准物质审评总体技术要求。同时成立药品分委会，由主任委员金少鸿、副主任委员马双成及15名委员组成；生物制品分委员会由主任委员王军志、副主任委员白东亭及10名委员组成；医疗器械分委会由主任委员王军志、副主任委员白东亭及8名委员组成；价格与分配分委会由主任委员丁丽霞、副主任委员刘桂芬及9名委员组成；秘书处由秘书长马双成及7名秘书组成。（中检人〔2008〕40号）

食品药品监管局授予陈蕾2007～2008年度食品药品监管局直属机关优秀青年荣誉称号。（食药监机党〔2008〕43号）

中检所“实训基地”在江苏泰州扬子江药业集团有限公司揭牌。党委副书记丁丽霞和扬子江集团董事长徐镜人为“实训基地”揭牌，并在揭牌仪式上讲话。全年派出3批24名技术人员到扬子江药业学习。

▲9月22日

卫生部、国家食品药品监督管理局、国家中医药管理局、总后勤部卫生部联合表彰：中检所为抗震救灾医药卫生先进集体；丁丽霞、周勇、马仕洪、邹文博为抗震救灾医药卫生先进个人。（卫人发〔2008〕51号）

▲9月24日

《药品检验所管理系统2008版》验收会在新疆召开。以陆敏仪、陈燕祥等组成验收专家组，党委副书记丁丽霞、信息处相关人员及厦门思科达公司参加会议。会议原则通过《药品检验所管理系统2008年版》的验收，并签署备忘录。同时对新疆区药检系统有关人员就《药品检验所管理系统》进行培训。为期5天。（中检办〔2008〕1304号）

▲9月25日

董关木、俞永新赴美国对乔治亚大学进行学术访问。在访问交流期间，俞永新介绍乙型脑炎减毒活疫苗的研究和发展；董关木介绍我国狂犬病流行情况、疫苗应用和发展以及流行性出血热疫苗的发展概况。

▲ 9月28日

所长办公会议原则同意组建光机电检测室。

▲ 9月

北京市卫生局给中检所颁发荣誉证书。感谢中检所在2008年北京奥运会及残奥会医疗卫生保障工作中做出的突出贡献。

针对河南、山东的3家药品生产企业违法加工A型肉毒素案赴河南、山东省食品药品监督局予以督办。历时3个月。结果报食品药品监管局。

马双成负责的“暴马子皮本乙醇苷类成分分离及其抗呼吸道合胞病毒活性和作用机理研究”获2008年国家自然科学基金资助。

▲ 10月8日

中共中央、国务院、中央军委授予丁丽霞为全国抗震救灾模范称号。(档号：SW－1－72)

▲ 10月12日

王三龙赴南非参加2008年艾滋病疫苗大会，在会议期间参加poster展出，并对有关问题进行回答。

金少鸿赴瑞士参加WHO国际药典及药品专家委员会第43次专家会议。

王军志赴瑞士参加WHO生物制品标准化专家委员会会议，并在讨论会上提出相关建议。

▲ 10月13日

姜典财赴中国澳门对中国澳门卫生局为其药物事务厅员工安排的“药品市场监管——药品质量抽验”培训课程提供相关培训及指导。

▲ 10月14日

英国药品和健康产品管理局局长肯特·伍兹教授一行6人来访。李云龙所长介绍中检所在打击假药方面所做的工作。肯特·伍兹局长对中检所的工作给予充分肯定，并重申希望与中检所在药品领域加强合作的愿望。外宾参观中药室及中药标本馆。

▲ 10月15日

中国合格评定国家认可委员会对中检所进行实验室复评后第一次监督评审（认可委秘（实）〔2008〕2120号）。经审定，其决定保持中检所认可能力范围，同时对部分授权签字人进行变更。

▲ 10月20日

深入学习实践科学发展观活动（以下简称学习实践活动）动员大会在所内召开。中检所党委书记、所长、中检所学习实践活动领导小组组长李云龙对全所开展学习实践活动进行全面动员与部署。食品药品监管局学习实践活动第三指导组组长钟秀明、所领导班子全体成员出席大会。全所副处以上中层干部、在职党员、研究生党员以及离退休支委代表260多人参加大会。

▲ 10月21日

国家安评中心与美国毒性病理学会在北京共同举办以“病理研究在安全性评价中的作用”为主题的中美毒性病理技术培训班。10位药品安全评价和毒性病理研究方面的国际著名专家学者应邀授课。培训班主要内容：毒性病理学研究概况和指导原则、实验动物组织病理学背景数据、泌尿和心血管系统等的毒性病理学研究等。来自各国130人参加培训。为期4天。

▲ 10月23日

《药物分析杂志》编辑部开通在线稿件管理系统，开始试运行网上投稿、审稿、编辑等全程管理，稿件刊出周期可缩短10%。

▲ 10月26日

张庶民赴瑞士参加WHO疫苗稳定性评估国际生物制品协会研讨会。

▲ 10月27日

中国毒理学会药物毒理与安全评价专业委员会、中国药理学会药物毒理专业委员会、中国药理学会药检药理专业委员会、美国礼来公司与国家安评中心和海南省药检所在海南省海口市联合举办相关技术研讨会暨SD培训班。全国相关专业的150名代表参加培训。为期3天。

越南国家药品质量检定所2名技术人员Luc Thi Van和Pham Hong Minh女士来所进修访问。为期2周。

▲ 10月28日

第八届全国抗生素/微生物检验工作研讨会在京召开。中检所所长李云龙、常务副所长金少鸿、北京市药检所所长、解放军总后勤部药品仪器检验所副所长等参加开幕式。会议内容：2010年版《中国药典》抗生素药品的质量研究和标准修订；药品微生物检验和应急检验；对《中国药典》中相关附录的修订等议题展开交流和讨论；落实2010年版《中国药典》抗生素药品检验相关方法的研究课题。会期4天。

所长办公会议决定，调整并重新确定中国药品生物制品标准化研究中心职能；将原人事处更名为人事教育处；调整光机电医疗器械检验室职能；将仪器设备处更名为仪器设备管理处；所学术委员会秘书处设在科研管理处，所学术委员会的协调管理由人事教育处负责。

▲ 10月

国家"艾滋病和病毒性肝炎等重大传染疾病防治"、"重大新药创制"两个重大专项启动，受重大专项实施管理办公室委托，中检所负责其中"生物技术药物质量标准和质量控制技术平台"、"新药研发信息化技术平台"、"传染病防控相关产品评价技术平台"和"中药标准研究平台"的组织评审工作，共申请经费2.32亿元。

刺五加注射液事件发生后，中检所启动I级应急预案。按照食品药品监管局的要求及时派员前往事发地了解情况并抽取样品，迅速开展检验工作，分别采用标准方法和非标准方法对15个批次的样品进行检验检测分析，确定样品存在细菌污染和真菌污染，为食品药品监管局处理该事件提供技术支撑。

▲ 11月1日

参加国家质量监督检验检疫总局与国家标准化管理委员会组织的《热分析术语》GB/T6425－2008的起草，该标准于即日在全国执行。

▲ 11月2日

林瑞超随食品药品监管局团组赴韩国参加WHO西太区草药协调论坛会议。

▲ 11月3日

生物制品国家批签发工作会议在四川成都召开。注册司杨威副司长和中检所王军志副所长参加会议并讲话。大会分疫苗、血液制品和诊断试剂3个会场。中检所向与会代表广泛征求意见，准备进一步改进批签发工作。来自全国各省（区）、市近120人参加会议。会期2天。

▲ 11月5日

林瑞超当选为法国国家药学科学院通讯院士（外籍院士）。

▲ 11月6日

加拿大卫生部生物制品质量研究中心主任莫蒂默博士来访。李云龙所长就双方的合作交流提出意见：着重生物制品，尤其是疫苗和生物技术产品的标准化的合作；有可能进行学术互访讨论详细合作计划；双方合作举办学术会议和研讨会。莫蒂默主任同意在前期合作的基础上进一步加强与中检所的合作并扩大合作领域。为期2天。

▲ 11月7日

李云龙所长、金少鸿常务副所长、王军志副所长及丁丽霞党委副书记会见世界卫生组织（WHO）基本药物与药物政策司药品质量与安全处质量保证项目负责人Sabine Kopp博士。

▲ 11月8日

以首席执行官罗杰·威廉姆斯博士为首的美国药典委员会代表团一行5人来访，就即将签署的合作谅解备忘录的最终内容进行磋商和讨论。

▲ 11月10日

美国药典委员会负责实验室业务的 Steve Lane 先生和负责国际商务发展的 Ed Zhao 先生来访，参观“药品检测车”及中药室和抗生素室。金少鸿常务副所长向美方详细介绍“药品检测车”的运行情况，并就“药品检测车”研发、实验室国际比对等双方感兴趣的领域进一步开展合作进行探讨。

▲ 11 月 12 日

国家发改委批复：同意《中国药品生物制品检定所迁建项目可行性研究报告》，建设规模为 92512 平方米，总投资 90524 万元。（发改投资〔2008〕3054 号）

王军志副所长作为起草专家组成员赴泰国参加 WHO 疫苗批签发非正式会议。

▲ 11 月 17 日

所长办公会议对迁建工作相关问题作决定：坚持本所主导建设的指导思想，实行“自建 + 项目委托”模式；楼体设计要与本所“1 部 9 体系”相协调，所有库房（包括各种冷库）要在方便使用和管理的前提下尽量集中建设；原则同意迁建办起草的勘察和招投标文件。

金少鸿参加在北京举办的中美药品医疗器械打击假药研讨会并在会上作题为《中国假药检测成功范例》报告。为期 2 天。

▲ 11 月 18 日

2008 年国家药品评价品种质量分析报告研讨会在湖南长沙召开，食品药品监管局药品市场监督司有关领导和中检所金少鸿常务副所长出席会议并讲话。各省级药检所对承检品种的质量状况进行全面分析与报告。专家组对报告进行评议，起草《2008 年国家药品评价抽验品种质量状况报告》，并对药品质量分析及其相关后续工作做安排。参加会议的有评审专家及各承担检验的省级药检所评价抽验负责人约 120 名。会期 3 天。

▲ 11 月 20 日

首届全国药包材检验工作研讨会在京举行。食品药品监管局注册司综合处侯仁萍处长，中检所李云龙所长出席会议并讲话。会议期间与会代表就药包材的监管、检测工作进行讨论和交流。来自全国省（区）、市药包材检测机构的 84 名代表出席会议。会期 2 天。

▲ 11 月 21 日

所党委会召开，食品药品监管局张敬礼副局及食品药品监管局学习实践活动第三指导组钟秀明、熊燕长参加会议，检查指导中检所学习实践活动。党委副书记丁丽霞首先向张敬礼副局长及局第三指导组汇报中检所开展学习实践活动的相关情况。张敬礼副局长在讲话中肯定中检所第一阶段学习活动所取得的成绩。最后，中检所党委书记、所长李云龙表态。

食品药品监管局刘怡副局长在所内专题听取中检所迁建项目情况汇报，并做以下指示：肯定李云龙所长来所后迁建工作成果；明确总部与大兴基地的建设内容；加强项目管理力度。最后，李云龙所长代表中检所表态。食品药品监管局办公室江德元副主任、在京办陈为主任，大兴区谢冠超副区长及中检所迁建办有关领导参加会议。

▲ 11 月 27 日

食品药品监管局批复，同意中检所申请下拨中西部药检所仪器设备购置项目相关经费的请示（中检办〔2008〕1505 号）。（国食药监办〔2008〕678 号）

▲ 11 月 28 日

所长办公会议决定：聘任杨化新兼任中国药品生物制品标准化研究中心副主任；将原分析测试中心更名为分析测试室，聘任李晓东为分析测试室副主任，免去化学药品室副主任职务；成立标准化研究室，聘任尹利辉为标准化研究室副主任，免去分析测试中心副主任职务。（中检人〔2008〕51 号）

▲ 12 月 3 日

西班牙卫生和消费部部长贝尔南特·索利亚先生一行 10 人来访，并参观实验室和中药标本馆。

▲ 12 月 4 日

所办公会议决定中检所第七届学术委员会成立。人员组成如下：高级技术顾问组组长桑国卫；高级技术顾问（按姓氏笔画排序）：于德泉、刘昌孝、李连达、肖培根、陈志南、张兴栋、俞永新、候惠民；主任委员：李云龙；副主任委员：金少鸿、王军志、丁丽霞；委员：（按姓氏笔画排序）马双成、王佑春、王国治、王春仁、白东亭、任海萍、李波、李冠民、杨化新、杨昭鹏、沈琦、张庆生、张启明、张河战、邹健、岳秉飞、林瑞超、姜典财、胡昌勤、南楠、贺争鸣、饶春明、高尚先、董关木；学术委员会秘书处秘书长：王军志；副秘书长李冠民、杨昭鹏；秘书：刘增顺、张瑞。

欧洲药品质量管理局局长 Susanne Keitel 女士来访，双方就今后可能开展的合作领域进行交流。外宾参观实验室和中药标本馆。

▲ 12 月 8 日

李凤祥赴瑞士参加 WHO 大流行性流感防范政府间会议续会。

▲ 12 月 9 日

世界卫生组织免疫、疫苗和生物制品司司长 David Wood 与质量、安全和标准组组长 Ivana Knezevic 来访。双方确定合作的具体内容：参加国际标准物质协作标定；相互支持学术交流，加强双方感兴趣的领域的合作；参加 WHO 指南专家会议，分享中检所质量研究成果；承办 WHO 在中国召开的专业会议；培训中方人员。

▲ 12 月 10 日

WHO 与中检所共同举办生物仿制药品质量和临床评价卫星研讨会。WHO 专家为 Ivana Knezevic 博士；中方专家有中检所王军志副所长、生检处负责人、国家药品审评中心有关领导以及来自厦门特宝等企业的技术人员近 30 人参加会议。WHO 专家认为中国在治疗性生物技术药物的研究开发主要还是以“Stand alone”加个别或部分对照研究的模式。虽然在审批中注意到已有国家标准的仿制药物与创新药物的区别，在注册管理办法附录中有类似的简化条款的描述，但尚没有独立的相关技术指导原则。同时也确认中国已积累的开发和审评的经验与取得的成功，引起 WHO 的关注。

▲ 12 月 19 日

中检所在北京市卫生局召开的北京奥运会、残奥会实验室生物安全管理总结会上获得好评。

▲ 12 月 21 日

印发《工作人员年度考核标准实施细则》。（中检所办〔2008〕46 号）

▲ 12 月 25 日

所领导班子分工调整如下：金少鸿分管标准物质管理处及标准物质服务中心；王军志分管实验动物管理处及实验动物资源中心、实验动物质量检测室、动物实验室。原由丁丽霞协助所长分管的外事处调整为由王军志协助所长分管；丁丽霞分管中国药品生物制品标准化研究中心及分析测试室、标准化研究室；刘桂芬帮助金少鸿分管标准物质处、标准物质制备室、标准物质服务中心。帮助丁丽霞分管所长办公室、离退休干部处、保卫处。其他分工不变。（中检人〔2008〕55 号）

▲ 12 月 29 日

2008 年国家医疗器械抽验质量评价报告研讨会在广州召开，聘请中检所金少鸿常务副所长、食品药品监管局医疗器械审评中心、国家药品不良反应评价中心等有关单位的 7 名专家。食品药品监管局药品市场监督司邢勇副司长参加会议并讲话。研讨会主要对承担 2008 年国家医疗器械抽验任务的检验单位的抽验质量评价报告进行评议。食品药品监管局北京医疗器械检验中心、黑龙江省医疗器械检测所等 10 个承担检验工作相关的 44 人参加会议。会期 2 天。

▲ 12 月 30 日

所长办公会议决定，聘任柴玉生为党委办公室主任，免去标准物质制备室主任职务；施亚琴为化学药品室副主任，免去抗生素室副主任职务；谭德讲为药理室副主任，免去动物实验室副主任职务；王金恒兼任动物实验室副主任职务。（中检人〔2008〕56号）

▲ 12月

完成“《检测和校准实验室能力认可准则》在药品领域的应用说明”的编制。

▲ 全年

完成药品、生物制品、医疗器械检验共计11540批，为食品药品监管局发布4期国家药品质量公告和4期医疗器械质量公告提供数据汇总与分析；草拟质量公告、有关文件及新闻稿等材料。

承担并基本完成了2010年版药典标准起草及复核、制剂通则起草、附录起草、指导原则起草等工作。

承担新药试行标准转正统一工作，并完成实验已上报的有16个品种，涉及约80余个企业约200余批的样品。另外还组织各省级药检所共同完成了若干品种的转正工作。

协助食品药品监管局市场司对由各地方药监局申报的补充检验方法进行审核。共建立补充检验方法18个。

药品标准物质制备新增90个品种、换批制备134个品种，生物制品标准标物质新增5个品种、换批制备3个品种；制备各种标准物质602772支（套），对外供应513333支（套），标准菌种，免疫血清。

共派出128人次赴32个国家及地区考察访问和参加国际会议；约260余人次国外相关机构、组织、专家学者来访进行学术交流。

第十三部分　附　　录

获奖与表彰

2008 年集体获奖情况

序号	授予表彰名称	被表彰集体	授予表彰单位	类型
1	抗震救灾医药卫生先进集体	中检所	卫生部、国家局、国家中医药管理局、总后勤部卫生部	集体
2	全国食品药品监管系统先进集体	国家药物安全评价监测中心	人事部和国家局	集体
3	中央国家机关抗震救灾先进青年集体	化学药品室	中共中央国家机关工作委员会、中央国家机关青年联合会	集体
4	2008 年度暨“奥运安保”集体嘉奖	保卫处	北京市公安局	集体
5	2007～2008 年度先进集体	农工民主党中检所支部	中国农工民主党北京市委员会	集体
6	在 2008 年北京市奥运应急无偿献血志愿者队伍建设工作中成绩显著，特此表彰	中检所（医务室）	北京市公民献血委员会	集体
7	2008 年度天坛地区计划生育工作先进集体	中检所（医务室）	北京市崇文区天坛街道办事处	集体

2008 年个人获奖情况

序号	授予表彰名称	被表彰人	授予表彰单位	类型
1	全国抗震救灾模范	丁丽霞	中共中央、国务院、中央军委	个人
2	全国三八红旗手称号	丁丽霞	中华全国妇女联合会	个人
3	抗震救灾医药卫生先进个人	丁丽霞、马仕洪、邹文博、周　勇	卫生部、国家局、国家中医药管理局、总后勤卫生部	个人
4	抗震救灾优秀党员荣誉称号	黄志禄	中国农工民主党中央委员会	个人
5	全国食品药品监管系统先进工作者	胡昌勤	人事部、国家局	个人
6	中华预防医学会公共卫生与预防医学发展贡献奖	王军志、俞永新、梁争论	中华预防医学会	个人
7	“创建文明机关争做人民满意公务员”活动先进个人	王佑春	中共中央国家机关工作委员会	个人
8	2007—2008 年度国家食品药品监督管理局直属机关优秀青年称号	陈　蕾、李晓东	中共国家食品药品监督管理局直属机关委员会	个人
9	2007—2008 年度农工党北京市先进党员	王春荣	中国农工民主党北京市委员会	个人
10	北京奥运会、残奥会志愿者先进个人	左　宁	第 29 届奥林匹克运动会组织委员会、北京市奥运会志愿者工作协调小组	个人
11	天坛地区驻街单位的奥运志愿者先进个人	王　恒	北京市崇文区天坛街道工作委员会	个人
12	北京奥运会（残奥会）交通安全先进个人	刘　宁	北京市崇文区交通安全委员会办公室	个人
13	法国国家药学科学院通讯院士（外籍院士）	林瑞超	法国国家药学科学院	个人

论文论著

2008年出版书籍目录

序号	书 名	主 编	副主编	编委、编者	出版社	出版日期	书号（ISBN）
1	生物技术药物安全性评价	王军志	李 波，王秀文	王军志，李 波，王秀文，范玉明，耿兴超，霍 艳，李保文，李珊珊，李 伟，李佐刚，刘 丽，梁春南，林 志，苗玉发，沈连忠，王菱章，张 旻，王三龙，周晓冰，范昌发，高 凯，贺争鸣，谭德讲，王春仁，叶 强，岳秉飞，等	人民卫生出版社	2008. 4	978－7－117－09875－5
2	医学分子生物学（第3版）	药立波	冯作化，周春燕	王军志，李永红，等	人民卫生出版社	2008. 6	978－7－117－10168－4
3	实验细胞资源的描述标准与管理规范	刘玉琴	葛锡锐，郑从义，裴雪涛	孟淑芳，王佑春，等	科学出版社	2008.5	978－7－03－021135－4
4	肠杆菌科	主审：苏国富		译 者：曾 明，李凤祥，王 薇，田万红，许文香，王 斌，幺山山，贾利君，计国欣，梁昊宇，董思国，赵志晶，赵国雄，陈天游，袁增麟，喻 钢，陈翠萍，张河战，等	化学工业出版社	2008.6	978－7－122－02426－8
5	药物残留溶剂分析	胡昌勤			化学工业出版社	2008.10	978－7－122－03619－3
6	实验动物设施运行管理指南	李学勇	谭德讲，刘云波，李军延	李冠民，等	科学出版社	2008.5	978－7－03－021610－6
7	欧洲药典质量标准的起草技术指南	主译：宁保明，张启明		施亚琴	中国医药科技出版社	2008.3	978－7－5067－3854－5
8	英汉－汉英生物制品学词汇	向建之	章以浩，史久华，郭盛淇	贺争鸣，纪绍梅，刘大英，孟淑芳，邢瑞昌，严德喜，袁佩娜，等	科学出版社	2008	978－7－03－022900－7
9	组织工程学	曹谊林	崔 磊，刘 伟，张文杰	陈 亮，汤京龙，王春仁，王 健，奚廷斐，章 娜，等	科学出版社	2007＊	978－7－03－017724－7
10	人类疾病动物模型技术规范研究与应用	贺争鸣，王 矩		贺争鸣，岳秉飞，等	辽宁大学出版社	2008.1	978－7－5610－5504－5

续表

序号	书　名	主　编	副主编	编委、编者	出版社	出版日期	书号（ISBN）
11	实验动物质量控制	方喜业，邢瑞昌，贺争鸣	于海英，刘秀梅，吴淑勤，李冠民，陈洪岩，赵德明，徐　平，陈振文	马丽颖，邢瑞昌，李冠民，李保文，刘双环，巩　薇，张业彬，岳秉飞，范昌发，贺争鸣，高正琴，等	中国标准出版社	2008.4	978－7－5066－4707－6
12	实用医学实验动物学	郑振辉，周淑佩，彭双清		贺争鸣，等	北京大学医学出版社	2008.6	978－7－81116－562－3
13	医学实验动物学	秦川	张连峰，刘福英，王　钜	岳秉飞，等	人民卫生出版社	2008.11	978－7－117－10507－1
14	药品广告审查工作手册（2008 年版）	邢勇	韦建华，单宝杰，黄志禄，陈　蕾	白玉萍，蓝　煜，吴卫中，张欣涛，等	中国科学技术出版社	2008.12	978－7－5046－5360－4

注：＊ 2008 年第一次印制。

2008 年发表论文目录

序号	题　目	作　者	期　刊	年，卷（期）：页码
1	坚持和实践科学监管理念 推动药品检验事业全面协调发展	李云龙	中国药事	2008，22（3）：179～184
2	Intramuscular Electroporation of a Plasmid Encoding Human Plasmino gen Kringle 5 Induces Growth Inhibition Of Lewis Lung Carcinoma in Mice.	Yonghong Li，Wei han，Yongchao Zhang，Liyong yuan，Xinchang Shi，Yongli Yu，Yinqi Zhang，and Junzhi Wang.	Cancer Biotherapy & Radiopharmaceuticals	2008.23（3）：332～341
3	毕赤酵母表达重组 hPK－5 蛋白不均一性的鉴定.	李永红，饶春明，史新昌，陶　磊，袁力勇，王军志	药物生物技术	2008，15（3）：180～184
4	重组 hPK－5 质粒 DNA 基因治疗制剂的质量标准研究	李永红，张勇朝，袁力勇，史新昌，饶春明，王军志	药物分析杂志	2008，28（5）：661～666
5	小鼠 NGF 基因治疗型 DNA 质粒的构建及中试工艺的优化	饶春明，袁力勇，丁有学，刘　兰，李　响，郭　莹，裴德宁	中国生物制品学杂志	2008，21（3）：216～220，230
6	GM－CSF/IL－3 融合蛋白质量标准的研究和建立	袁力勇，饶春明，李　响，韩春梅，郭　莹，丁有学，王军志	药物分析杂志	2008，28（10）：1605～1608
7	人纤溶酶原 K5 基因在毕赤酵母中的表达及其抗肿瘤活性	袁力勇，刘　勇，饶春明，马雁冰，史新昌，王军志，戴长柏	中国生物制品学杂志	2008，21（7）：560～564
8	小鼠神经生长因子基因治疗型 DNA 质粒的质量控制	袁力勇，饶春明，韩春梅，刘　兰，李　响，郭　莹，裴德宁	中国生物制品学杂志	2008，21（6）：504～509
9	酵母双杂交技术筛查与 visitation 相互作用的蛋白质	赵　阳，饶春明，黄　鹤，甘一如，王军志	中国肿瘤生物治疗杂志	2008，15（3）：254～258
10	利用肠激酶加工融合蛋白的方法制备 rhIL－11	赵　阳，黄　鹤	中国实验血液学杂志	2008，16（4）：903～909
11	重组人骨形成蛋白－2 的质量控制	史新昌，韩春梅，李　响，刘　兰，丁有学，饶春明	生物制品学杂志	2008，21（7）：608～610

续表

序号	题　目	作　者	期　刊	年，卷（期）：页码
12	应用 shRNA 技术研究 NDRG2 在人胃癌细胞 SGC7901 增殖中的作用	裴德宁，张　翊，饶春明，王军志	药物分析杂志	2008，28（7）：1021～1025
13	重组人粒细胞集落刺激因子的氨基酸组成分析	毕　华，饶春明，刘　兰，袁力勇，丁有学，史新昌，王军志	中国生物制品学杂志	2008，21（12）：1121～1123
14	斑点杂交法测定 Vero 细胞 DNA 残留量的探针选择	李　加，唐建蓉，刘景华，曲小肃，董关木	药物分析杂志	2008，28（11）：1892～1896
15	我国新分离乙型脑炎病毒株毒力特征研究	刘欣玉，俞永新，李茂光，徐宏山，王环宇，梁国栋，贾丽丽，董关木	病毒学报	2008，24（6）：428～431
16	应用 IU 标准对 HBsAg 检测试剂的分析	周　诚，吴　星，黄维金，蓝海云，辜文洁，祁自柏，李河民	中国生物制品学杂志	2008，21（7）：615～617
17	戊型肝炎病毒感染动物模型应用于抗－HEV 试剂评价的初步研究	周　诚，黄维金，吴　星，蓝海云，辜文洁，黄果勇，张华远，祁自柏，李河民	中华流行病学杂志	2008，29（1）：48～51
18	对四种国产乙型肝炎酶联免疫试剂盒的灵敏度和特异度分析	吴　星，周　诚，黄维金，祁自柏，梁争论，李河民，庄　辉	中华流行病学杂志	2008，29（9）：915～918
19	乙型肝炎病毒表面抗原国家定量标准品的研制	吴　星，周　诚，辜文洁，李河民，祁自柏	中华实验和临床病毒学杂志	2008，22（4）：311～313
20	乙型肝炎病毒表面抗原定量血清的标定及初步应用	吴　星，周　诚，黄维金，辜文洁，李河民，梁争论，祁自柏	中国自然医学杂志	2008，10（2）：133～135
21	Cross－Protection of Hepatitis E Virus Genotypes 1 and 4 in Rhesus Macaques	Weijin Huang，Huayuan Zhang，Tim J. Harrison，Shuhui Lang，Guoyong Huang，and Youchun Wang	Journal of Medical Virology	80：824～832（2008）
22	抗戊型肝炎病毒 IgG 抗体定量线性标准品的标定及初步应用	黄维金，吴　星，周　诚，何　鹏，葛胜祥，乔　杉，张华远，蓝海云，辜文洁，梁争论，祁自柏，李河民	中国生物制品学杂志	2008，21（9）：799～802
23	两种重组乙型肝炎疫苗免疫儿童后的抗体应答和免疫持久性	何　鹏，吴晓音，荆　庆，杨超美，时景璞，李荣成，李艳萍，胡忠玉，李河民，梁争论	中国生物制品学杂志	2008，21（6）：522～526
24	重组乙型肝炎疫苗和乙型肝炎表面抗原诱导细胞免疫应答	胡忠玉，何　鹏，张　瑞，方　鑫，朱凤才，邱少辉，李河民，汪　华，梁争论，庄　辉	中华流行病学杂志	2008，29（7）：706～711
25	不同种类乙型肝炎重组疫苗诱导免疫应答特点比较	胡忠玉，何　鹏，方　鑫，邱少辉，梁争论，李河民，庄　辉	中华流行病学杂志	2008，29（8）：810～814
26	重组乙型肝炎表面抗原（汉逊酵母菌表达）免疫小鼠后不同细胞免疫测定方法的比较研究	胡忠玉，何　鹏，邱少辉，方　鑫，梁争论，李河民，庄　辉	中国预防医学杂志	2008，9（6）：456～459
27	乙型肝炎疫苗细胞免疫应答检测用参考品的制备和初步应用研究	胡忠玉，方　鑫，何　鹏，邱少辉，梁争论，李河民	中国预防医学杂志	2008，9（5）：325～328
28	丙型肝炎病毒阳性血清体外感染人肝细胞的研究	刘　艳，祁自柏，张贺秋，李河民，谷金莲，于　洋，杨　振，陈　坤	中华微生物学和免疫学杂志	2008，28（5）：440～444
29	开封农村地区婴幼儿甲型肝炎抗体分析	毛群颖，高加梅，荆　庆，王建峰，万宗举，梁争论	中国自然医学杂志	2008，10（2）：102～104

续表

序号	题 目	作 者	期 刊	年，卷（期）：页码
30	Universal antibodies and their applications to the quantitative determination of virtually all subtypes of the influenza A viral hemagglutinins	Stella Chun, Changgui Li #, Gary Van Domselaar, Junzhi Wang, Aaron Farnsworth, Xiaoyu Cui, Harold Rode, Terry D. Cyr, Runtao He, Xuguang Li	Vaccine	26 (2008)：6068～6076
31	大流行流感疫苗血清学检测中马血球和鸡血球血凝抑制试验方法的比较	李长贵，邵 铭，于 丹，刘书珍，高 强，方捍华	微生物学免疫学进展	2008，36（4）：60～63
32	麻疹，腮腺炎，风疹三联减毒活疫苗的安全性和免疫原性研究	李 薇，李 娟，王树巧，易 敏，方捍华	微生物学免疫学进展	2008，36（2）：1～4
33	抗人巨细胞病毒 pp65 抗原单克隆抗体的制备及检测方法	李 娟，李长贵，郭四新，王剑锋，英志芳	中华器官移植杂志	2008，29（3）：186～187
34	S/D 法灭活血制剂中脂包膜病毒效果验证的研究	王剑锋，英志芳，李长贵，方捍华	微生物学免疫学进展	2008，36（3）：38～41
35	分枝杆菌制剂对小鼠的免疫调节作用的初步研究	黄春梅，蔡昌学，都伟欣，陈保文，王国治	微生物学免疫学进展	2008，36（3）：21～23
36	Identification of Mycobacterium species using reversed－phase high performance liquid chromatographic analysis of mycolic acid	杜 蓉，陈保文#，郭 磊，李 阳，谢剑炜，王国治，周宏兵	CHINESE JOURNAL OF CHROMATOGRAPHY	2008，26（5）：534～539
37	基于分枝菌酸的分枝杆菌反相高效液相色谱分型鉴定方法	杜 蓉，陈保文#，郭 磊，李 阳，谢剑炜，王国治，周宏兵	色谱	2008，26（5）：534～539
38	伤寒和甲型副伤寒沙门菌复合 PCR 检测	赵志晶，王 斌，梁昊宇，计国欣，曾 明，辜清吾	中国公共卫生	2008，24（2）：238～239
39	Antagonistic Potential against Pathogenic Microorganisms and Hydrogen Peroxide Production of Indigenous Lactobacilli Isolated from Vagina of Chinese Pregnant Women.	HENG－YI XU, WAN－HONG TIAN#, CUI－XIANG WAN, LI－JUN JIA, LAN－YIN WANG, JING YUAN, CHUN－MEI LIU, MING ZENG, and HUA WEI	BioMedical and Environmental Sciences	21：365～371（2008）
40	国内甲型副伤寒沙门菌疫苗株的 16S rRNA 基因序列分析	幺山山，王 薇，计国欣，梁昊宇，王 斌，曾 明	中国生物制品学杂志	2008，21（7）：595～597
41	白喉毒素无毒突变体 CRM197 的表达及其载体作用	王春娥，叶 强，李凤祥	中国生物制品学杂志	2008，21（8）：687～691
42	Impact of HIV－1 genetic diversity in China on the measurement of viral load	Youchun Wang *, Aijing Song, Sihong Xu, Xiuhua Li, Huihui Chong, Chenyan Zhao, Jianhui Nie, Chuntao Zhang	Journal of Medical Virology	80：1～8（2008）
43	Genetic and Neutralization Properties of H IV－1 env Clones from Subtype B/BC/AE Infections in China.，	Huihui Chong, Kunxue Hong, Chuntao, Zhang, Jianhui Nie, Aijing Song, Wei Kong, Youchun Wang *	Journal of AIDS	2008，47（5）：535～543
44	以假病毒为基础的 HIV－1 中和抗体检测体系的建立以及初步应用	种辉辉，洪坤学，张春涛，聂建辉，孔 维，王佑春 *	中华微生物学和免疫学杂志	2008，28（5）：468～472
45	评价 HIV－1 抗病毒药物的重组假病毒法的建立及其初步应用	种辉辉，许四宏，王佑春 *	药物分析	2008，28（6）：924～927

续表

序号	题 目	作 者	期 刊	年，卷（期）：页码
46	不同试剂检测北京地区健康献血者淋巴细胞 CD3 + CD4 +，CD3 + CD8 + 百分比参考值调查	吴 瑜，张春涛，刘春雨，赵晨燕，张爱华，孙可芳，王佑春	临床输血与检验	2008，10（1）：5～9
47	淋巴细胞免疫表型质控品的初步研究	吴 瑜，张春涛，赵晨燕，刘春雨，王佑春	临床输血和检验	2008，10（3）：201～206
48	戊型肝炎病毒各生物标志物之间关系分析	赵晨燕，李 卓，阎宝山，张 峰，郝 娃，张春涛，王佑春	中华微生物学和免疫学杂志	2008，28（1）：6～9
49	Performance of the Abbott RealTime-TM HIV－1 Assay for Quantitation of HIV－1 Clades Prevalent in China.	Sihong XU1，Aijing SONG1，Xiuhua LI1，Jingyun LI2，Zuoyi Bao2，Pan-yong MAO3，Qing Zhao3，Youchun WANG1 *	Journal of Clinical Virology	2008，41：305～309
50	Comparative evaluation of the CO-BAS AmpliPrep/COBAS TaqMan HIV－1 test（CAP/CTM）and VERSANT HIV－1 RNA 3.0 Assay（bDNA）for Quantifying HIV－1 Viral Loads in China.	Sihong Xu，1 Aijing Song，1 Jian-hui Nie，1 Xiuhua Li，1 Jingyun Li，2 Zuoyi Bao，2 and Youchun Wang1 *	AIDS Research and Human Retroviruses	2008，24（11）：1365～1373
51	人乳头瘤病毒（HPV）58 型 DNA 疫苗免疫原性的初步分析	吴雪伶，聂建辉，张春涛，吴 瑜，赵晨燕，王佑春	病毒学报	2008，24（3）：196～201
52	人乳头瘤病毒 16，45 和 58 型假病毒小鼠感染模型的建立	吴雪伶，何红伟，张春涛，聂建辉，樊金萍，邵荣光，王佑春	中华微生物学和免疫学杂志	2008，28（9）：791～794
53	HIV－1 膜抗原部分糖基化位点改造对免疫原性及假病毒形成的影响	聂建辉，张春涛，种辉辉，刘春雨，吴雪伶，吴 瑜，赵晨燕，王佑春	中华微生物学和免疫学杂志	2008，28（6）：540～544
54	Comparison of the immunogenicities of HIV－1 mutants based on structural modification of env	Jianhui Nie，Chuntao Zhang，Huihui Chong，Xueling Wu，Chunyu Liu，Yu Wu，Lin－qi ZHANG，Chenyan Zhao and Youchun Wang	Virologica Sinica，	2008；23（4）：233～246
55	Preliminary study on a potential panel for quality assurance of ELISPOT	Chuntao Zhang，Yu Wu，Chen－yan ZHAO，Kunxue Hong，Chun－yu LIU，Ying Wang，Ping Zhong，，Jian-hui Nie，Xuelin Wu，Youchun Wang	Virologica Sinica	2008；23（5）：330～338
56	8 种第三代和 4 种第四代人类免疫缺陷病毒抗体诊断试剂的比较	李秀华，许四宏，宋爱京，聂建辉，王佑春	中华微生物学和免疫学杂志	2008，28（10）：955～958
57	广西地区野鼠戊型肝炎病毒感染情况调查	樊金萍，李艳萍，宋爱京，李荣成，杨继业，王佑春	微生物学和免疫学进展	2008，36（4）：40～42
58	SV40 感染滴度测定方法的建立及高滴度病毒的制备	孟淑芳，林 林，冯建平，李修兰，王佑春，李德富	中国生物制品学杂志	2008，21（2）：143～147
59	长效人红细胞生长刺激蛋白质量控制标准研究	周 勇，黄培堂，杨鹏云，王敏力，肖 林，程雅琴，王军志	药物分析杂志	2008；28（10）：1597～1601
60	重组人促红素体内，体外生物学活性差异成因分析	周 勇，王箐舟，肖 林，杨鹏云，黄培堂，王军志	中国生物制品学杂志	2008；21（2）：136～138
61	抗－HBs 国家标准品的研制	郝 杰，王 威，沈 琦，金于兰，王 坚，倪永碧，冯素英，王 强，杨金平	药物分析杂志	2008；28（8）：1307～1309

续表

序号	题 目	作 者	期 刊	年，卷（期）：页码
62	不同型别正常人红细胞膜蛋白质组的双向凝胶电泳分析	马秋平，白坚石	中国生物制品学杂志	2008；21（5）：381～384
63	重组人促红细胞生成素的 HPLC 与 UPLC 肽图谱分析	王敏力，杨鹏云，沈琦	中国预防医学杂志	2008；9（5）：360～365
64	百日咳杆菌荧光定量 PCR 检测方法的建立和应用	徐颖华，徐运强，张庶民，王丽婵，侯启明，雷殿良	中华检验医学杂志	2008，31（6）：690～694
65	接种吸附全细胞百日咳－白喉－破伤风联合疫苗的安全性评价	谭亚军，张晋琳，徐颖华，丁筱竹，范　刚，孙伯超，张庶民	中国疫苗和免疫	2008，14（4）：308～311
66	抗人甘露聚糖结合凝集素（MBL）单克隆抗体的制备，鉴定与检测方法的建立	骆　鹏，孟淑芳，张庶民，贾天军	免疫学杂志	2008，24（5）：579～582，587
67	P－HTPM 对荚膜组织胞浆菌和不同分支杆菌致敏豚鼠的皮肤试验	李凤祥，徐　苗，陈保文，沈小兵，苏　城，王国治	中国生物制品学杂志	2008，21（10）：890～892
68	BCG－CpG－DNA 对重组 HBsAg 免疫原性的影响	李凤祥，赵爱华，张　洁，王国治	微生物学免疫学进展	2008，36（3）：10～14
69	b 型流感嗜血杆菌－破伤风类毒素结合疫苗与国产 DTPw 疫苗婴儿同时接种后的反应观察	李凤祥，李荣成，李艳萍，赵　雷，唐海文，Hans L Bock，潘百斌	中国生物制品学杂志	2008，21（9）：803～805
70	Selaginellin A and B，Two Novel Natural Pigments Isolated from Selaginella tamariscina	Xian－Long CHENG，Shuang－Cheng MA，Jian－Dong YU，Shi－Ying YANG，Xin－Yue XIAO，Jun－Ying HU，Yang LU，Pang－Chui SHAW，Paul Pui－Hay BUT and Rui－Chao LIN	Chem. Pharm. Bull.	56（7）：982～984（2008）
71	平贝母药材质量控制中适宜测定指标的研究	程显隆，肖新月，夏德豪，张南平，林瑞超	药物分析杂志	2008，8（1）：28～31
72	HPLC－MS 法测定中药材浙贝母中贝母素甲贝母素乙的含量	程显隆，肖新月，张南平，马双成	中国药师	2008，11（7）：770～772
73	柱前衍生化 HPLC 法同时测定阿胶中 4 种主要氨基酸的含量	程显隆，肖新月，邹秦文，李广华，田守生	药物分析杂志	2008，28（12）：1997～2000
74	卷柏药材质量标准研究	于健东，胡军影，程显隆，马双成	中国药事	2008，22（8）：661～663
75	灵芝胶囊中腺苷，腺嘌呤的 TLC 鉴别及腺苷的 HPLC 法含量测定	严　华，张聿梅，宋金翠，鲁　静	药物分析杂志	2008，28（11）：1800～1803
76	HPLC 法测定雷公藤原料中雷公藤甲素的含量	郑笑为，刘　燕，鲁　静	中国药事	2008，22（6）：487～489
77	冬虫夏草药材的质量研究及存在问题	王钢力，金红宇，韩小萍，石　岩，田金改，林瑞超	中草药	2008，39（1）：115～118
78	近红外光谱鉴别高丽参的研究	王钢力，田金改，聂黎行，梁锡猛，林瑞超	中草药	2008，39（2）：277～280
79	应用近红外光谱技术鉴别红参药材	王钢力，聂黎行，张　继，梁锡猛，徐纪民，林瑞超	中草药	2008，39（3）：438～440

续表

序号	题目	作者	期刊	年，卷（期）：页码
80	HPLC 法测定同仁乌鸡白凤丸中芍药苷和丹参素的含量	聂黎行，王钢力，李向日，李志猛，林瑞超	药物分析杂志	2008，28（3）：354～357
81	近红外光谱法对同仁乌鸡白凤丸的定性和定量分析	聂黎行，王钢力，李志猛，林瑞超	红外与毫米波学报	2008，27（3）：205～209，218
82	4 种中药注射液中重金属及有害元素残留量检测方法研究	聂黎行，金红宇，王钢力，田金改，林瑞超	中国中药杂志	2008，33（23）：19～22
83	UPLC 和 HPLC 方法对丹参药材中丹酚酸 B 含量测定结果的比对	陈 佳，王钢力，姚令文，林瑞超	药物分析杂志	2008，28（5）：749～751
84	超高效液相色谱（UPLC）在药物分析领域中的应用	陈 佳，王钢力，姚令文，林瑞超	药物分析杂志	2008，28（11）：1976～1981
85	中药材掺伪，伪制及以次充好问题现状分析	张 继	北京中医药	2008，27（2）：130～133
86	Feasibility and extension of universal quantitative models for moisture content determination in beta – lactam powder injections by near – infrared spectroscopy	X. B. Zhang，Y. C. Feng，C. Q Hu *	Analytica Chimica Acta	630（2008）131～140
87	Application of the solvation parameter model in method development for analysis of residual solvents in pharmaceuticals	Ying Liu，Chang – Qin Hu *	Journal of Chromatograph – y A	2008，［Epub ahead of print］
88	Spectral correlation of high – performance liquid chromatography – diode array detection data from two independent chromatographic runs Peak tracking in pharmaceutical impurity profiling	Wei Li，Chang – qin Hu *	Journal of Chromatograph – y A	1190（2008）：141 – 149
89	Construction of universal quantitative models for the determination of cefoperazone sodium/sulbactam sodium for injection from different manufacturers using near – infrared reflectance spectroscopy	H. H. Pang，Y. C. Feng，X. B. Zhang，C. Q. Hu *	Chinese Pharmaceutical Journal	17（2008）22～29
90	近红外光谱法快速分析注射用头孢呋辛钠的含量	尼 珍，胡昌勤 *	中国药学杂志	2008，43（2）：138～141
91	近红外光谱法快速分析注射用头孢曲松钠及其水分的含量	侯少瑞，冯艳春，胡昌勤 *	药物分析杂志	2008，28（6）：936～941
92	头孢拉定胶囊剂通用性近红外定量分析模型的建立	刘绪平，冯艳春，胡昌勤 *，丁 黎	药物分析杂志	2008，28（5）：722～726
93	高效液相色谱法测定头孢他啶的含量和杂质	姜恩铸，胡昌勤 *	色谱	2008，26（1）：75～79
94	刺五加注射液中过敏性杂质的分析	于风平，胡昌勤 *，崔生辉，马 越，相秉仁	中国药学杂志	2008（5）：384～387

续表

序号	题　目	作　者	期　刊	年，卷（期）：页码
95	药品检测车运行模式的探讨	胡昌勤，成双红，冯艳春，殷　飞，姜　红	中国药事	2008，22（8）：641～644
96	头孢唑林钠水合物新晶体及其理化特性的研究	胡昌勤，尹利辉，朗雅宁	药学学报	2008，43（8）：868～872
97	含丹参的中药注射液中过敏性杂质的检测	胡昌勤，许明哲，马　越，于风平，李　进，王　晨，崔生辉	药学学报	2008，43（5）：518～522
98	Establishment of an HPLC identification system for detection of counterfeit steroidal drugs	Ya－Qin Shi，Jing Yao，Feng Liu，Chang－Qin Hu，Jun Yuan，Qi－Ming Zhang，Shao－Hong Jin	Journal of Pharmaceutical and Biomedical Analysis	46（2008）：663～669
99	Compilation of an ESI－MS Library of β－Lactam Antibiotics for Rapid identification of Drugs	Xiao－Meng Chong，Chang－Qin Hu	Chromatographia	2008. 68（9/10）：759～766
100	Construction of a universal model for non－invasive identification of ceph alosporins for injection using near－infrared diffuse reflectance spectroscopy	X. M. Chong，C. Q Hu，Y. C. Feng，H. H. Pang	Vibrational Spectroscopy	2008，[Epub ahead of print]
101	Ciprofloxacin Resistant Salmonella enterica Serotype Typhimurium，China	Cui，Shenghui，Jingyun Li，Ziyong Sun，Changqin Hu，Shaohong Jin，Yunchang Guo，Lu Ran，and Yue Ma	Emerging Infectious Diseases	2008，14（3）：493～495
102	武汉地区门诊病人喹诺酮耐药鼠伤寒沙门菌耐药机制分析	崔生辉，李景云，马　越，胡昌勤，张　力，金少鸿	中华检验医学杂志	2008，31（11）：1253～1258
103	大肠埃希菌中氟喹诺酮耐药机制功能分析	崔生辉，李景云，马　越，胡昌勤，张　力，金少鸿	中华微生物学与免疫学杂志	2008，28（4）：338～342
104	保健食品卫生微生物学检查的方法验证	特玉香，古丽巴哈尔托乎提，杨洪淼，刘　岚，马仕洪，胡昌勤	药物分析杂志	2008，28（2）：270～274
105	十全大补丸微生物限度检查方法验证	特玉香，曹艳玲，林丽英，祁文娟，马仕洪	药物分析杂志	2008，28（6）：932～935
106	保健（功能）食品卫生微生物学检验方法的探讨	特玉香，王文捷，祁文娟，胡昌勤	中国药事	2008，22（7）：594～597
107	青霉素V钾及其有关物质分析方法的比较	王明娟，王　晨，王立新，胡昌勤	药物分析杂志	2008，28（9）：1515～1520
108	药品质量标准中色谱柱等因素影响分析结果的实例揭示	王明娟，李娅萍，胡昌勤	药物分析杂志	2008，28（11）：1940～1944
109	HPLC方法分析阿奇霉素原料及各类注射剂中有关物质的含量	王明娟，许明哲，胡昌勤，王立新，王　晨	中国抗生素杂志	2008，33（12）：740～745
110	养殖动物及人分离大肠埃希菌染色体和质粒介导氟喹诺酮耐药机制研究	李景云，崔生辉，王云鹏，胡昌勤，金少鸿，马　越	中华微生物和免疫学杂志	2008，28（8）：739～743
111	动物及健康人肠道共生的大肠埃希菌耐药性及产生原因分析	李景云，崔生辉，马　越，胡昌勤	中国抗生素杂志	2008，33（9）：552～556
112	鸡来源产超广谱β－内酰胺酶大肠埃希菌携带整合子基因的研究	李景云，崔生辉，张　力，胡昌勤，金少鸿，马　越	中华流行病学杂志	2008，29（10）：1020～1023

续表

序号	题 目	作 者	期 刊	年，卷（期）：页码
113	五省市养殖动物和养殖场周边健康人粪便分离的大肠埃希菌耐药性调查	李景云，崔生辉，马 越，胡昌勤，金少鸿	中国科技成果杂志	2008，24：25～28
114	克林霉素磷酸酯葡萄糖注射液中有关物质的研究	张斗胜，李 进，姚 蕾，相秉仁，胡昌勤	药物分析杂志	2008，28（8）：1288～1292
115	快速液相色谱法与常规液相色谱法测定克林霉素磷酸酯及有关物质的比较	张斗胜，李 进，姚 蕾，相秉仁，胡昌勤	中国抗生素杂志	2008，33（6）：347～351
116	中国药典2005年版抗生素品种色谱柱推荐系统的建立与应用	李娅萍，王 晨，顾立素，胡昌勤	药物分析杂志	2008，28（8）：1401～1404
117	麦白霉素的组分分析与质量控制	杨亚莉 李娅萍 文玉辉 胡昌勤	药物分析杂志	2008，28（3）：341～344
118	国产琥乙红霉素组分和有关物质的分析	杨亚莉 王 晨 王明娟	中国抗生素杂志	2008，33（9）：570～573
119	应用英国药典2005版中薄层色谱法鉴别注射用头孢呋辛钠	邹文博，许明哲，李娅萍，胡昌勤	中国药品标准	2008，9（4）：293～294
120	几种卡尔费休氏水分测定法	王 晨，许明哲，王立新，邹文博，胡昌勤，吴光翠	药物分析杂志	2008，28（12）：2145～2148
121	判断无菌检查阳性结果有效性的实验探讨	马仕洪，胡昌勤，戴 翚，李景云	药物分析杂志	2008，28（5）：727～731
122	HPLC法测定蒿甲醚注射液的含量	姚 静，程奇蕾，张启明，金少鸿	药物分析杂志	2008，28（1）：91～92
123	毛细管气相色谱直接进样检测34种残留溶剂	魏京京，张启明，朱维华	药物分析杂志	2008，28（10）：1767～1770
124	近红外光谱法测定氯雷他定胶囊含量	魏京京，吴建敏，张启明，金少红	药物分析杂志	2008，28（11）：1896～1899
125	便携式拉曼光谱仪用于解热镇痛类药品主成分识别的研究	张启明，张 新，刘朝霞	中国药学杂志	2008，43（24）：1903～1906
126	新鱼腥草素钠注射液中化学成分的研究（Ⅰ）	熊 婧，吴建敏，张启明，安 宁，丁丽霞	中国药学杂志	2008，43（11）：866～869
127	萝卜秦艽化学成分的研究Ⅲ	余振喜，王钢力，林瑞超	中草药	2008，39（12）：1765～1768
128	HPLC法同时测定萝卜秦艽中4种环烯醚萜苷的含量	余振喜，王钢力，林瑞超	中药材	2008，31（12）：1836～1838
129	HPLC法测定盐酸异丙肾上腺素气雾剂雾滴分布，每揿主药含量的探讨	庚莉菊，黄海伟，刘利敏，张 红，张启明	药物分析杂志	2008，28（6）：945～948
130	HPLC法测定维生素BT的有关物质	程奇蕾，余振喜，张启明	药物分析杂志	2008，28（10）：1709～1711
131	盐酸西替利嗪中残留溶剂检查方法的研究	程奇蕾，张德瑞，李慧义	药物分析杂志	2008，28（8）：1355～1358
132	云南红豆杉的化学成分研究及1－去羟基巴卡亭Ⅵ的结构修饰	程奇蕾，梁敬钰	海峡药学	2008，28（10）：84～86
133	盐酸美西律多晶型研究	刘 毅，岳志华，宁保明，杨腊虎	药物分析杂志	2008，28（9）：1503～1505
134	HPLC法测定曲匹布通片的含量及有关物质	张 娜，牛秀华，岳志华	药物分析杂志	2008，28（11）：1903～1905
135	2010年版中国药典非水滴定中革除汞盐方法的探讨	张 娜，岳志华，牛秀华，张启明	药物分析杂志	2008，28（8）：1405～1407

续表

序号	题　目	作　者	期　刊	年，卷（期）：页码
136	火焰原子吸收光谱法测定地奥明七硫酸酯钠中钠的含量	岳志华，金红宇，张启明	中国药事	2008，22（3）：233～234
137	用 HPLC 法检查法莫替丁氯化钠注射液有关物质时的问题和讨论	岳志华，黄海伟，李慧义	中国药品标准	2008，9（2）：130～133
138	盐酸多巴酚丁胺葡萄糖注射液含量测定和5－羟甲基糠醛等有关物质检查方法的建立	岳志华，张　娜，李慧义	中国药学杂志	2008，43（21）：1661～1664
139	灰树花倍他葡聚糖工作对照品的相对分子质量测定方法研究	宋玉娟，韩春霞，范慧红	中国药学杂志	2008，43（18）：1426～1428
140	低分子肝素分子量测定用国际对照品协作标定	李　京，范慧红	药物分析杂志	2008，28（10）：1715～1717
141	第一次低分子量肝素效价测定用国家标准品协作标定	李　京，郝苏丽，范慧红，杨化新	中国药事	2008，22（12）：1077～1080
142	重组甘精胰岛素相关杂质的结构确认及质量分析	李　晶，梁成罡，张　慧，杨化新，王大梅	中国药学杂志	2008，43（20）：1588～1592
143	快速液相色谱在重组人胰岛素肽图分析中的应用	张　慧，辛中帅，李　晶，梁成罡，杨化新	药物分析杂志	2008，28（4）：575～577
144	蛇毒抗肿瘤蛋白心脏毒素的分离纯化与鉴定	吕　萍，陈兴勇，赵宗阁，徐康森	药物分析杂志	2008，28（2）：193～195
145	重组白细胞抑制因子和水蛭肽嵌合蛋白质量标准研究	辛中帅，李克坚，杨化新，梁成罡	中国新药杂志	2008，17（21）：1865～1868
146	实验兔脚皮炎与相对湿度的相关性及对热原筛选实验的影响分析	杜　颖，李秀记，谭德讲	中国比较医学杂志	2008，18（8）：21～24
147	长春新碱神经毒性的探索研究	杜　颖，贺　庆，张　潇，谭德讲，贾　军	药物分析杂志	2008，28（6）：861～864
148	美国，欧洲，日本和中国药典中家兔热原检测法的主要差异及分析	谭德讲，杜　颖，张　潇，李冠民	药物分析杂志	2008，28（12）：2149～2155
149	中华跌打丸部分药效学研究	高　华，于　婷，蔡　彤，钱德明，刘群丽	中国医院药学杂志	2008，28（6）：428～431
150	Downregulated FKBP16. 6expression and upregulated endothelin signaling contribute to elevated diastolic calcium and arrhythmogenesis in rat cardiomyopathy produced by l－thyroxin	张　媛	International Journal of Cardiology	130（2008）463～471
151	关于线性回归法与单点外标法测量不确定度评估的初步探讨	陈　华，王　慧	药物分析杂志	2008，28（2）：251～255
152	多功能材料实验机在透皮贴剂黏附力测定中的应用	陈　华，汤　龙，左　宁	药物分析杂志	2008，28（7）：1214～1216
153	18F－脱氧葡萄糖注射液质量研究	钟建国，弓全胜，宋天琦，田子新	中华核医学杂志	2008，28（4）：236～237
154	$Na^{188}ReO_4$ 溶液活度测量的标准化研究	钟建国，弓全胜，黄清泉，姜金玲	同位素	2008，21（3）：173～176

续表

序号	题 目	作 者	期 刊	年，卷（期）：页码
155	^{153}Sm－EDTMP 注射液活度测量标准化研究	钟建国，弓全胜，黄清泉，姜金玲	同位素	2008，21（4）：231～234
156	高效液相色谱法测定吡非尼酮及其胶囊的含量及有关物质	弓全胜，周铁玲，李慧义	药物分析杂志	2008，28（12）：2059～2061
157	Synthesis of novel chiral fluorinating agents，（＋）－and（－）－N－fluoro－3－methyl－3－（4－methylphenyl）－2H－benzo［e］［1，2］thiazine－1，1，4－triones	Hui－min Sun，Zhao－Peng Liu，Long－Qian Tang	Chinese Chemical Letters（中国化学快报）	19（2008）：907～910
158	药用气雾剂用药包材的质量评价	孙会敏，汤 龙，栾 琳，王 青	药物分析杂志	2008，28（11）：1783～1788
159	顶空气相色谱法测定聚乙烯醇中甲醇和乙酸甲酯的残留量	孙会敏，赵 霞，王 颖	中国药事	2008，22（6）：474～476
160	完善药包材注册管理，保障药品安全有效	杨会英，贺瑞玲，王 峰	中国药事	2008，22（5）：357～358
161	HPLC 法测定注射用头孢噻肟钠的有关物质	赵 霞，胡昌勤	中国抗生素杂志	2008，33（12）：746～749
162	高效液相色谱－蒸发光散射检测法测定鹤蟾片中贝母素甲和贝母素乙的含量	马双成，张树潘，鲁 静，苏碧如	药物分析杂志	2008，28（1）：118～120
163	丹参等三种中药饮片监督抽验情况分析	高天兵	中国药事	2008，22（2）：114～115
164	国内小牛血，小牛血清去蛋白提取物注射液质量分析及其抗缺氧作用研究	赵宗阁，王尊文，许康森	药物分析杂志	2008，28（10）：1637～1640
165	去除药品分装粉尘的新方法	柴玉生，张 琪，张 横，赵宗阁	环境工程	2008，26（5）：60～61
166	框架通风除尘设备降尘方法的探讨	柴玉生，张 琪，赵宗阁	环境工程	2008，26（2）：13～15
167	种风沙危害治理新方法的建立	柴玉生，张 琪，赵宗阁，李 超	内蒙古林业科技	2008，34（1）：61～64
168	公共卫生间灭菌除味新方法建立	柴玉生，张 琪，赵宗阁	中国公共卫生	2008，24（增刊）：13～15
169	富硒大蒜对大鼠的胚胎毒性和致畸毒性研究	林 飞，梁 怿，吕 廉，杨文婕，杨艳华	实用肿瘤学杂志	2008，22（1）：1～4
170	乙烷硒啉对大鼠致畸敏感期毒性试验研究	宋瑞霞，林 飞*，梁 怿，吕 廉	预防医学情报杂志.	2008，24（4）：241～244
171	富硒大蒜对犬连续口服给药 12 周的长期毒性试验研究	林 飞，梁 怿，吕 廉，陈 珍，高凤鸣，杨文婕，韩文海	癌变 畸变 突变	2008，20（3）：208～211
172	乙烷硒啉致大鼠肝脏毒性的长期给药观察	林 飞，周立娜，梁 怿，吕 廉	环境 肿瘤 防治	2008，6（3）：3～6
173	富硒大蒜对实验动物上消化道的刺激作用及对胃液成分的影响	林 飞，梁 怿，吕 廉，杨文婕，杨艳华	癌变 畸变 突变	2008，20（4）：275～278
174	海狗油脂肪乳的致突变试验研究	林 飞，梁 怿，宋瑞霞，徐康森	实用肿瘤学杂志	2008，22（4）：313～316
175	乙烷硒啉对大鼠连续灌胃给药十二周的长期毒性试验研究	林 飞，周立娜，梁 怿，吕 廉	肿瘤基础与临床	2008，21（5）：369～373
176	丙型肝炎病毒核心总抗原检测试剂的评价	杨 振，祁自柏，于 洋，谷金莲，李河民	中国生物制品学杂志	2008. 21（1）51～53

续表

序号	题　目	作　者	期　刊	年，卷（期）：页码
177	丙型肝炎病毒窗口期感染核酸阳性血清检测和基因型别分析	杨　振，祁自柏，谷金莲，于　洋，李河民	中国预防医学杂志	2008．9（7）602～605
178	窗口期丙型肝炎病毒感染样品游离抗原检测意义分析	杨　振，祁自柏，于　洋，谷金莲，李河民	中国预防医学杂志	2008．9（9）793～797
179	两种中药提取物相关成分对 HCV 聚合酶的作用研究	杨　振，蒋建东，张华远，陈鸿珊，李河民	中国自然医学杂志	2008．10（4）246～249
180	海狗油脂肪乳对大鼠致畸毒性研究	李　华，林　飞*，梁　怿，徐康森	癌变 畸变 突变	2008，20（6）：477～480
181	ICP－MS 法测定党参中微量元素含量	王　瑾，尹利辉	药物分析杂志	2008，28（10）：1689～1691
182	CZE 法鉴别测定苦豆草药材中多种生物碱成分	范欣戎，田　菁，李晓东，孙会敏	化学通报	2008，71（6）：453～456
183	The Anatomic Pathology Evaluation of Liver with Diethylinitrosamine Treated via Intraperitoneal Injection Singly and Peros For 90 Days Carcinogenicity Study in F344 Rats	LI Shan－shan，ZHANG Lin，LI Bao－wen，LANG Shu－hui，YANG Yan－wei，ZHANG Di，ZHANG Yang，NARAMA Isao，KAWAYI Zesshow，KANEKO Toyozo，XING Rui－chang，WANG Xiu－wen，LI Bo	Chinese Journal of Biomedical Engineering.（中国生物医学工程学报英文版）	2008，17（2），54～60
184	吉九里香碱体外诱导 HCT－15 细胞凋亡的研究	王三龙，蔡　兵，崔承彬，阎少羽，吴春福	药物分析杂志，	2008，28（2）：176～181
185	腺病毒载体介导 gag 基因在小鼠体内的生物分布	王　欣，苗玉发，周晓冰，沈连忠，李　波	中国生物制品学杂志	2008，.21（11）：938～940
186	二苯乙烯苷对慢性脑缺血大鼠学习记忆的影响	刘　丽，李　林，赵　玲，张　丽，李雅莉，叶翠飞	中国药理学与毒理学杂志	2008，22（02）108～115
187	多抗夹心 ELISA 测定人血浆普莱单抗浓度	闻　镍，季顺东，李佐刚，阮长耿	中国药事	2008，22（8）：664～667
188	转基因山羊羊乳中重组人乳铁蛋白性质的检定与研究	李佐刚，汤　瑶，孙　旭，闻　镍，于　敏，史兴昌，李　响，王秀文，王军志，李　波	药物分析杂志	2008，28（2）223－226
189	GLP 机构档案管理之我见	王菱章，张　曦，柴海燕	中国药事	2008，22（6）：469～470
190	冠脉支架的长期加速腐蚀疲劳测试	王建宇，李佳戈，汤京龙，陆颂芳，奚廷斐	生物医学工程学杂志	2008，25（2）：398～401
191	国家医疗器械质量监督抽验信息化系统开发与研制	任海萍，李海宁，肖忆梅，白东亭	北京生物医学工程	2008，27（5）：513～516
192	图像正交不变矩关键技术的研究	任海萍，刘爱玲，平子良，白东亭	实验技术与管理	2008，25（7）：53～57
193	国家医疗器械质量监督抽验信息化系统的功能设计	任海萍，肖忆梅，李海宁，白东亭	中国药事	2008，22（2）：105～107
194	一种基于图像正交矩的肿瘤细胞识别技术的研究	任海萍，刘爱玲，平子良	中国医疗设备	2008，23（8）：10～11，33
195	纳米银颗粒在模拟液体中的表面吸附特性	汤京龙，奚廷斐，魏丽娜	无机化学学报	2008，24：1～5
196	Influence of silver nanoparticles on neurons and blood－brain barrier via subcutaneous injection in rats	Jinglong Tang，Ling Xiong，Shuo Wang，Jianyu Wang，Li Liu，Jiage Li，Ziyi Wan，Tingfei Xi	Applide surface science	2008，255（2）：502～504

续表

序号	题 目	作 者	期 刊	年，卷（期）：页码
197	纳米羟基磷灰石急性毒性试验研究	汤京龙，王 硕，王建宇，刘 丽，李佳戈，苑富强，陆颂芳，周红娇，奚廷斐	北京生物医学工程	2008，27（4）：337～340
198	小口径组织工程血管生物反应器的制造	张志雄，奚廷斐*，王迎军，王春仁，席葆树，张 建，谷涌泉，陈晓松	北京生物医学工程	2008，27（4）：404～408，430
199	超滤离心法降低重组人脱细胞真皮基质牛血清白蛋白残留量检测中基质效应的实验研究	方 玉，杜晓丹，奚廷斐，冯晓明	中国修复重建外科杂志	2008，22（9）：1126～1129
200	ELISA 法检测组织工程产品中残留牛血清蛋白含量	方 玉，冯晓明，奚廷斐，陈 震，杜晓丹	组织工程与重建外科杂志	2008，4（1）：12～14
201	避孕套的体外细胞毒性检测实验	付海洋，奚廷斐	中国计划生育学杂志	2008，16（7）：408～410
202	组织工程化三维支气管模型体外再造的实验研究	王 健，张文君，章 烨，林秋霞，王滟濛，郝 彤，段翠密，王常勇	中国康复理论与实践	2008，14（11）：1042～1044
203	关于医疗器械注册相关文件的若干理解	李佳戈，任海萍	中国医疗器械信息	2008，14（12）：63～66
204	手术粘弹剂中残留溶剂的测定	付步芳	药物分析杂志	2008，28（7）：1196～1198
205	血袋中的还原物质对袋装全血质量的影响研究	付步芳，奚廷斐，王 祎，夏红英，高 波	北京生物医学工程	2008，27（4）：396～398
206	血袋血液保存液中易氧化物的 GO－MS 分析	付步芳，冯晓明，奚廷斐	分析测试学报	2008，27：271～273
207	医疗器械注册检验现状与思考	杨晓芳，母瑞红，奚廷斐	中国医疗器械信息	2008，14（7）：37～39
208	标准菌株的培养特性	赵宏大，谢 文，纪绍梅	中国药事	2008；22（7）598～600
209	含银医疗器械质量检验中的几点建议	母瑞红，杨晓芳，冯晓明，奚廷斐，白东亭	中国医疗器械信息	2008，14（10）29～31
210	关于电源变压器实验室间比对的组织和设计	徐 红，陈鸿波，何 俊，白东亭	中国医疗器械信息	2008，14（10）32～34，68
211	纳米银抗菌凝胶细胞毒性的研究	母瑞红，曹红英，王春仁，奚廷斐	北京生物医学工程	2008，27（6）641～643
212	用于乙肝疫苗效力检定的小鼠种群的建立	马丽颖，钟 熙，贺争鸣，刘双环	实验动物科学	2008，25（3）：1～4
213	Southern 杂交方法用于近交系小鼠 H－2 基因检测	马丽颖，刘双环，岳秉飞，贺争鸣	中国实验动物学报	2008，16（1）：62～64
214	小鼠不同基因型与乙肝疫苗免疫应答的关系研究	马丽颖，钟 熙，岳秉飞，贺争鸣，刘双环	中华微生物学和免疫学杂志	2008，28（11）：1020～1023
215	雌雄金黄地鼠血液生理生化指标的比较分析	王 洪，张华琼，黄 麟，岳秉飞，刘双环，马丽颖，贺争鸣，邢瑞昌	中国比较医学杂志	2008，18（2）：35～42
216	BABL/c 小鼠遗传质量检测的新方法	王 洪，岳秉飞，刘双环，马丽颖，贺争鸣，邢瑞昌	中国比较医学杂志	2008，18（6）：54～59
217	鼠棒状杆菌的分离与鉴定	高正琴，张 强，邢 进，贺争鸣	实验动物科学	2008，25（1）：18～20

续表

序号	题 目	作 者	期 刊	年，卷（期）：页码
218	裸鼠巴斯德氏菌病的诊断	高正琴，张 强，贺争鸣，岳秉飞，邢 进，冯育芳	中国比较医学杂志	2008，18（6）：13~15
219	肝螺杆菌鞭毛蛋白B基因的克隆和序列测定	高正琴，张 强，贺争鸣，邢 进，岳秉飞，冯育芳	实验动物与比较医学	2008，28（4）：220~224，229
220	肝螺杆菌多重PCR检测方法的建立及应用	高正琴，张 强，贺争鸣，邢 进，岳秉飞，冯育芳	中国人兽共患病学报	2008，24（10）：891~895
221	2003-2007年我国实验小鼠病毒抗体检测结果与分析	王 吉，卫 礼，巩 薇，付 瑞，肖 镜，马丽颖，邢瑞昌，贺争鸣	实验动物与比较医学	2008，28（6）：394~396
222	血清灭活法对消除ELISA假阳性结果的比较研究	王 吉，卫 礼，肖 镜，马丽颖，邢瑞昌，贺争鸣	实验动物科学	2008，25（5）：59~61
223	套式PCR检测淋巴细胞脉络丛脑膜炎病毒（LCMV）方法应用	邢 进，肖 镜，王 吉，贺争鸣	实验动物科学	2008，25（5）：53~55
224	“动物实验室管理系统”软件的构建及功能	张 潇，谭德讲，杜 颖，常宗召，李秀记，李冠民	中国比较医学杂志	2008，18（8）：74 ~77
225	SPF兔屏障设施的改造和应用	王金恒，张业彬，刘春博	实验动物科学	2008，25（6）：39~41
226	科学合理核算检验用量建立系统规范的信息平台	粟晓黎，邹宇玲，祁文娟	中国药事	2008，22（8）：645~648
227	卡介苗溶菌粘膜免疫调理剂浓度检测方法的建立	邹宇玲，贾淑珍，寇丽杰，乔莱艳，黄 建，王国治	中国药事	2008，22（8）：672~674
228	卡介苗溶菌黏膜免疫调理剂对实验性免疫功能低下小鼠的免疫调节作用	邹宇玲，寇丽杰，贾淑珍，乔莱艳，黄 建，王国治	中国生物制品学杂志	2008，21（9）：796~798
229	卡介苗溶菌黏膜免疫调理剂对激活荷瘤小鼠免疫功能的研究	邹宇玲，贾淑珍，寇丽杰，乔莱艳，黄 建，王国治	微生物学免疫学进展	2008，36（3）：7~9
230	氟［^{18}F］脱氧葡糖注射液细菌内毒素检查法的干扰实验	宋天琪	首都医药	2008，15（5）：48~49
231	前列腺素E_1对哮喘重度发作病人的治疗效果	王淑燕，王玉宏	中国药事	2008，22（8）：727~728
232	哮喘患者痰液，血清中细胞因子水平与肺功能的相关性研究	王淑燕，王玉宏	中国药事	2008，15（1）：64~65
233	药物研究开发实验室管理亟待完善	郭荣珍	中国药事	2008，22（6）：448~450，457
234	加强边远地区药检人员培训为药品监管事业服务	郭荣珍，张 瑞，孙国顺，刘增顺	中国药事	2008，22（9）：781~783
235	我国互联网药品信息监测工作的现状及对策分析	张欣涛，黄志禄，陈 蕾，平其能	中国现代应用药学杂志	2008，25（8）：776~778
236	我国现阶段有效实施《药品召回管理办法》的思考与建议	张欣涛，卢来春，平其能	中国药房杂志	2008，19（29）：2241~2243
237	美国新药创新体系相关因素分析及对我国的启示	张欣涛，平其能，胡 彬	中国新药与临床杂志	2008，27（10）：795~800
238	对违法药品广告分类方式的思考	陈 蕾，白玉萍，郭志鑫，李 竹，蓝 煜	中国药事	2008，22（1）：8~11

续表

序号	题 目	作 者	期 刊	年，卷（期）：页码
239	我国保健食品广告审批，发布及监管初探	陈 蕾，吴卫中，杜 勇，张欣涛，白玉萍，黄志禄	中国食品药品监管	2008，8：76～78
240	2006年北京市药品集中招标采购投标价格与中标的关系探讨	吴卫中，郭翔宇，李中华	中国药事	2008，22（3）：214－216
241	国家药品抽验机制改革的初步设想	朱 炯，张 弛，郭志鑫，姜典财，黄志禄	中国药事	2008，22（9）：770－771
242	中国与日本，OECD" GLP规范"的比较	郭志鑫，李见明	中国药事	2008，22（5）：361～363，383
243	我国违法药品广告的情况分析	郭志鑫	中国药事	2008，22（8）：634－636
244	口蹄疫病毒实验室研究的环境风险评估	赵国雄，王国治，方 皓，邹 健	中国药事	2008，22（11）：971～974
245	宋内菌痢疾结合疫苗临床安全性和免疫原性观察	赵国雄，许文香，周伟忠，杜 琳，陈昌标，曾 明	国际生物制品学杂志	2008，31（6）：241～244，248
246	Investigation of hepatitis E virus infection in swine from Hunan province，China	Xiuji Li，Chenyan Zhao，Tim J Harrison，Aijing Song，Jinping Fan，Jingang Zhang，Youchun Wang	Journal of Medical Virology	2008，80（8）：1391～1396
247	河南地区不同月龄猪戊型肝炎病毒感染情况调查	李秀纪，赵晨燕，樊金萍，宋爱京，王佑春，章金刚	中华实验和临床病毒学杂志，	2008，22（1）：24～26
248	中国药学会所办期刊的整合与发展探讨	陈立亚	编辑学报	2008，20（3）：262～264
249	微型近红外分析仪用于药物制剂混合中的在线检测	于宝珠，辛 明，施朝晟，刘 全	中国药事	2008，22（7）：560～263
250	RP－HPLC法测定罗汉果中罗汉果皂苷V的含量	胡军影，马双成，程显隆*，肖新月	药物分析杂志	2008，28（4）：544～546
251	伪品血竭中染色剂苏丹红IV的检测	苏 晶，程显隆，张聿梅，鲁 静*，林瑞超	中国药事	2008，22（4）：318～320
252	脱水穿心莲内酯琥珀酸半酯的稳定性研究	侯钦云，戴 忠*，林瑞超	药物分析杂志	2008，28（5）：752～754

注：*为通讯作者；#为共同第一作者。

2008年发表研究综述类论文

序号	题 目	作 者	期 刊	年，卷（期）：页码
1	纳豆激酶的研究进展	丁有学，刘 兰，袁力勇	中国生物制品学杂志	2008，21（12）：1129～1131
2	疫苗生产企业GMP现场检查中一些不足之处的商榷	董关木	中国药事	2008，22（11）：1022～1023
3	绿色荧光蛋白报告基因在病毒检测中的应用及研究	王 玲，董关木*	微生物学免疫学进展	2008，36（4）：87～90
4	发光免疫分析技术在病毒性肝炎标志物检测中的应用	吴 星，祁自柏	中国生物制品学杂志	2008，21（6）：537～538
5	轮状病毒血清抗体与保护作用关系的研究进展	刘悦越，国 泰，祁自柏	中国生物制品学杂志	2008，21（8）：732～734

续表

序号	题 目	作 者	期 刊	年，卷（期）：页码
6	癌症疫苗的研究进展	李 娟	药品技术审评论坛	2008，21（3）：38～42
7	水痘－带状疱疹疫苗的现状及展望	陈 震	中国预防医学杂志	2008，9（6）：568～570
8	戊型肝炎病毒实验室诊断技术的现状	王佑春，赵晨燕	中华检验医学杂志	2008，31（8）：852～854
9	人乳瘤病毒中和抗体检测方法的研究进展	吴雪伶，王佑春	中国生物制品学杂志	2008；21（7）：632～636
10	长效人红细胞生成素的制备和质量控制进展	周 勇，王箐舟，王军志，黄培堂	中国生化药物杂志	2008；29（1）：69～71
11	百日咳杆菌荧光定量 PCR 检测方法的建立和应用	徐颖华，徐运强，张庶民，王丽婵，侯启明，雷殿良	中华检验医学杂志	2008，31（6）：690～694
12	接种吸附全细胞百日咳－白喉－破伤风联合疫苗的安全性评价	谭亚军，张晋琳，徐颖华，丁筱竹，范 刚，孙伯超，张庶民	中国疫苗和免疫	2008，14（4）：308～311
13	细菌性腹泻病疫苗的研究进展	李凤祥，计国欣，曾 明	微生物学免疫学进展	2008，36（4）：91～95
14	疫苗佐剂及其临床前和临床研究要点	张 洁，吴祖泽，李凤祥	中国生物制品学杂志	2008，21（10）：925～928
15	蔷薇科根类药材化学成分及药理作用研究进展	张 萍，肖新月，张南平，林瑞超	中国药事	2008，22（8）：721～726
16	中药中外源性有害残留物检测方法研究进展	戴 博，金红宇*，田金改，南极星，林瑞超	药物分析杂志	2008，28（6）1014～1019
17	近红外光谱分析中光谱预处理方法的作用及其发展	尼 珍，胡昌勤*，冯 芳	药物分析杂志	2008，28（5）：824～829
18	药品快速检测系统的构想及研究进展	胡昌勤，冯艳春，薛 晶，崇小萌，成双红	药物分析杂志	2008，28（4）：647～655
19	β－内酰胺抗生素聚合物分析技术的展望	胡昌勤	中国新药杂志	2008，17（24）：23～27
20	药品检验与生产的关系	王立新，王 晨，马凌云，吴建敏	科技风	2008，7月（下）：100
21	养殖业抗生素的使用及其潜在危害	王云鹏，马 越*	中国抗生素杂志	2008，33（9）：519～523
22	生化药品检定用标准物质的研究现状与思考	杨化新，郝苏丽，金少鸿	中国药事	2008，22（4）：284～286
23	激素类药物研究现状与展望（上）	杨化新，张 慧，丁丽霞	中国药师	2008，11（3）：287～288
24	激素类药物研究现状与展望（下）	杨化新，张 慧，丁丽霞	中国药师	2008，11（3）：289～291
25	实验动物屏障环境中化学消毒剂的选用	任 珺，谭德讲	中国比较医学杂志	2008，18（8）：67～73
26	实验动物网站荟萃	杜 颖，谭德讲	实验动物科学	2008，25（3）：49～56
27	动物实验资源共享平台网站的设计	谭德讲，刘云波，张 潇，邹岩柏，李冠民，张 锐，李汶倬，李秀记	实验动物科学	2008，25（6）：61～62
28	新的热原检测方法——细胞法介绍	贺 庆，高 华	药物分析杂志	2008，28（3）：494～497
29	标记免疫分析的数据处理（上）	徐立根	放射免疫学杂志	2008，21（1）：51～58
30	标记免疫分析的数据处理（下）	徐立根	放射免疫学杂志	2008，21（2）：150～159

续表

序号	题　目	作　者	期　刊	年，卷（期）：页码
31	放射免疫分析试剂盒注册申报资料撰写中应注意的几个问题	徐立根	放射免疫学杂志	2008，21（2）：160～162
32	EDQM 机构与职能的简介	王　岩	中国药事	2008，22（12）：1134～1135，1145
33	难溶性抗真菌药物－两性霉素 B 的制剂技术研究进展	吴朝阳，董武军	药物分析杂志	2008，28（6）：1006～1008
34	我国保健食品的安全性回顾	林　飞	环境 肿瘤 防治	2008，6（2）：46～48
35	药物代谢酶基因多态性对药物作用的影响	杨　振	中华现代中西医杂志	2008. 6（2）96～98
36	丙型肝炎疫苗的研制	杨　振	中国生物制品学杂志	2008. 21（9）823～826
37	药物毒性病理学概述	李珊珊，李　波，王军志	中国新药杂志	2008，17（6），534～536.
38	实验动物黏膜相关淋巴结组织改良组织病理学评价方法研究进展	李珊珊，李波	中国新药杂志	2008，17（17），1468～1469，1473
39	实验动物骨髓改良组织病理学评价	李珊珊，李　波	中国比较医学杂志	2008，18（9），83～85
40	单克隆抗体药物临床前安全性评价中的几个问题	苗玉发，李　波	中国药事	2008，22（6）：454～457
41	医疗器械加速老化实验确定有效期的基本原理和方法	王春仁，许　伟	中国医疗器械信息	2008，14（5）：67～70
42	国家医疗器械质量监督抽验回顾及思考	任海萍，肖忆梅，李海宁，白东亭	《中国医疗器械杂志》	2008，32（2）：133～135
43	动物源性胶原的生产、应用及其免疫原性	杜晓丹，方　玉，奚廷斐	中国组织工程研究与临床康复	2008，1（23）：4510～4514
44	纳米银生物安全性研究	汤京龙	生物医学工程学杂志	2008，25（4）：958～961
45	医疗器械生物学评价国际标准（ISO TC194）研制工作现状和 2007 年会情况	奚廷斐	中国医疗器械信息	2008，14（1）：42～50
46	组织工程医疗产品中残留牛血清白蛋白的检验常见问题	方　玉，冯晓明，奚廷斐	中国组织工程研究与临床康复	2008，12（32）：6347～6350
47	乳房植入物行业标准的研究	方　玉，冯晓明，奚廷斐，张志雄	中国药事	2008，22（7）：613～615
48	药物支架的研究进展	章　娜，贾健雄，冯晓明，奚廷斐，周红娇	药物分析杂志	2008，28（5）：817～823
49	体外诊断试剂标准物质国内外现状	高尚先，黄　杰	药物分析杂志	2008；28（7）：1207～1213
50	北京市实验动物突发重大事件应急预案的制定	巩　薇，贺争鸣，李根平	实验动物科学	2008，25（1）：29～33
51	肝螺杆菌及其检测方法研究进展	高正琴，贺争鸣，岳秉飞	畜牧兽医科技信息	2008，7：35～37
52	我国动物福利伦理实施中的一些困难与对策之管见	张　潇，谭德讲	实验动物科学	2008，25（增刊）：184～187
53	实验动物饮用水质量控制及处理方式的一些探讨	赵明海，张　潇，谭德讲，刘建和，李冠民，李根平	实验动物科学	2008，25（1）：58～63

续表

序号	题　目	作　者	期　刊	年，卷（期）：页码
54	转基因动物模型在 ALS 发病机制研究及药物疗效观察中的应用	范昌发，岳秉飞，王军志	实验动物科学	2008，25（4）：45～48
55	元宝枫化学成分的研究概况	吴卫中，李　珺，许　建	中国药事	2008，22（7），603－609
56	博尔纳病病毒（BDV）与人类精神障碍	赵国雄，于红莲，朱　帆	药物分析杂志	2008，28（11）：1982～1986
57	英国药典 2008 年版概览	陈唯真，吴建敏，杨腊虎	药物分析杂志	2008，28（11）：1972～1975
58	新版国际药典概览	陈唯真，杨腊虎	药物分析杂志	2008，28（12）：2143～2144
59	网络时代下科技期刊编辑工作的思考	陈唯真，杨腊虎	药物分析杂志	2008，28（12）：2156～2158

注：* 为通讯作者；#为共同第一作者。

标准物质供应

2008 年标准物质供应目录

编号	品种名称	英文名/拉丁名
100001	醋酸甲羟孕酮	Medroxyprogesterone Acetate
100002	安乃近	Metamizole Sodium
100003	（+）2－氨基丁醇	（+）2－Aminobutanol
100004	苯丙酸诺龙	Nandrolone Phenylpropionate
100005	苯丁酸氮芥	Chlorambucil
100006	苯甲酸雌二醇	Estradiol Benzoate
100007	苄氟噻嗪	Bendrofluazide
100008	丙酸睾酮	Testosterone Propionate
100009	醋酸氟氢可的松	Fludrocortisone Acetate
100010	醋酸氟氢松	Fluocinonide
100011	醋酸氯地孕酮	Chlormadinone Acetate
100012	醋酸泼尼松	Prednisone Acetate
100013	醋酸氢化可的松	Hydrocortisone Acetate
100015	地高辛	Digoxin
100016	地塞米松磷酸钠	Dexamethasone Sodium Phosphate
100017	对氨基苯甲酸（氨苯甲酸）	P－Aminobenzoic Acid（Aminobenzoic Acid）
100018	对乙酰氨基酚	Paracetamol
100019	二苯基－（2－氯苯基）甲醇	Dipheny（2－chlorophenyl）lmethanol
100020	2，3－二氢－6－苯基咪唑［2，1－b］噻唑盐酸盐（盐酸左旋咪唑杂质 A）	2，3－Dihydro－6－phenyl－imidazo［2，1－b］thiazole Hydrochloride
100021	泛影酸	Diatrizoic Acid
100022	格隆溴铵（曾用名：甘罗溴铵）	Glycopyrrolate（Glycopyrrone Bromide）
100023	谷氨酸	Glutamic Acid

续表

编号	品种名称	英文名/拉丁名
100024	磺胺	Sulfanilamide
100025	磺胺甲噁唑	Sulfamethoxazole
100026	磺胺嘧啶	Sulfadiazine
100027	黄体酮	Haloperidol
100028	炔诺孕酮	Norgestrel
100029	甲萘醌	Menadione
100030	甲巯咪唑	Thiamazole
100031	甲氧苄啶	Trimethoprim
100032	己酸羟孕酮	Hydroxyprogesterone Caproate
100033	己烯雌酚	Diethylstilbestrol
100034	枸橼酸氯米芬	Clomifene Citrate
100035	甲磺酸双氢麦角毒碱	Co – dergocrine Mesylate
100037	克霉唑	Clotrimazole
100038	邻甲苯磺酰胺	O – Tolylsulfonilamide
100039	巯嘌呤（6 – 巯基嘌呤）	Mercaptopurine
100040	硫酸阿托品（毒）	Atropine Sulfate
100041	利血平	Reserpine
100042	2 – 氯 – 4 – 硝基苯胺	2 – Chloro – 4 – Nitroaniline
100043	氯普噻吨	Chlorprothixene
100044	马来酸麦角新碱	Ergometrine Maleate
100045	咪唑	Imidazole
100046	吡喹酮	Praziquantel
100047	马来酸氯苯那敏	Chlorphenamine Maleate
100049	氢溴酸东莨菪碱（毒）	Scopoamine Hydrobromide
100050	氢溴酸加兰他敏	Galanthamine Hydrobromide
100052	炔雌醇	Ethinylestradiol
100053	炔诺酮	Norethisterone
100054	4 – N – 去甲基安乃近	4 – N – Demethylanalgin
100055	曲安奈德	Triamcinolone Acetonide
100056	去乙酰毛花甙（毒）	Deslanoside
100057	乳果糖	Lactulose
100058	乳糖	Lactose
100059	美法仑	Melphalan
100060	酞丁安	Ftibanzone
100061	维生素 D_3	Vitamin D_3（Colecalciferol）
100062	维生素 E	Vitamin E
100063	戊酸雌二醇	Estradiol Valerate
100064	洋地黄毒苷	Digitoxin

续表

编号	品种名称	英文名/拉丁名
100065	盐酸胺碘酮	Amiodarone Hydrochloride
100066	盐酸苯海拉明	Diphenhydramine Hydrochloride
100067	盐酸苯海索	Benzhexol Hydrochloride
100068	盐酸多沙普仑	Doxapram Hydrochloride
100069	盐酸多塞平	Doxepin Hydrochloride
100070	盐酸多巴胺	Dopamine Hydrochloride
100071	盐酸可乐定	Clonidine Hydrochloride
100072	盐酸克仑特罗	Clenbuterol Hydrochloride
100073	盐酸芬氟拉明	Fenfluramine Hydrochlordie
100074	叶酸	Folic Acid
100075	荧光母素	Fluorane
100076	左炔诺孕酮	Levonorgestrel
100077	胆红素	Bilirubin
100078	胆酸	Cholic Acid
100080	芦丁	Rutin
100081	槲皮素	Quercetin
100082	葡萄糖酸钙	Calcium Gluconate
100083	匹莫林（毒）	Pemoline
100084	酒石酸美托洛尔	Metoprolol Tartrate
100085	氟哌利多	Droperidol
100086	硝基呋喃丙烯酸（呋喃丙胺杂质 B）	5 – Nitro – 2 – Furanasrytacidum
100087	猪去氧胆酸	Hyodeoxycholic Acid
100088	克罗米通	Crotamitone
100089	双羟萘酸噻嘧啶	Pyrantel Pamoate
100090	双羟萘酸	Pamoic Acid
100091	酚酞	Phenolphthalein
100094	乙酰苯胺	Acetanilide
100095	非那西丁	Phenacetin
100096	磺胺	Sulfanilamide
100097	茴香酸	Anisic acid
100099	双氰胺	Dicyanodiamide
100101	咖啡因	Caffeine
100102	酚酞	Phenolphthalein
100103	水杨酸片	Salicylic Aicd Tablets
100105	氨基己酸	Aminocaproic Acid
100106	水杨酸	Salicylic Acid
100109	α – 甲基吡啶	α – Methylpyridine
100110	甲磺酸酚妥拉明	Phentolamine Mesylate

续表

编号	品种名称	英文名/拉丁名
100111	盐酸萘甲唑啉	Naphazoline Hydrochloride
100113	阿司匹林	Aspirin
100114	氨苯砜	Dapsone
100115	烟酰胺	Nicotinamide（Niacinamide）
100116	盐酸吡哆辛（维生素 B_6）	Pyridoxine Hydrochloride
100117	阿替洛尔	Atenolol
100118	倍他米松	Betamethasone
100119	丙酸倍氯米松	Beclometasone Dipropionate
100120	茶苯海明	Dimenhydrinate
100121	茶碱	Theophylline
100122	醋酸地塞米松	Dexamethasone Acetate
100123	醋酸可的松	Cortisone Acetate
100124	醋酸泼尼松龙	Prednisolone Acetate
100125	醋酸曲安奈德	Tramcinolone Acetonide Acetate
100126	达那唑	Danazol
100127	胆石酸	Lithocholic Acid
100128	地蒽酚	Dithranol
100129	地塞米松	Dexamethasone
100130	丁溴东莨菪碱	Scopolamine Butylbromide
100131	对甲苯磺酰胺	P－Tolysulfonilamide
100132	对羟基苯乙酰胺	P－Hydroxyphenylacetamide
100133	奋乃静	Perphenazine
100134	酚磺乙胺	Etamsylate
100135	格列本脲	Glibenclamide
100136	10% A 晶型甲苯咪唑	Mebendazole Contain 10% of Polymorph A
100137	过氧苯甲酰	Benzoyl Peroxide
100138	甲氨蝶呤	Methotrexate
100139	甲苯咪唑	Mebendazole
100140	6－甲氧基－2－萘乙酮	6－Methoxy－2－acetonaphthone
100141	N－甲基哌嗪	1－Methylpiperazini
100142	卡马西平	Carbamazepine
100143	硫喷妥	Thiopental
100144	磷酸咯萘啶	Malaridine Phosphate
100145	苯丙氨酯	Phenprobamate
100146	哈西奈德	Halcinonide
100147	氯化胆碱	Choline Chloride
100148	氯化琥珀胆碱	Suxamethonium Chloride

续表

编号	品种名称	英文名/拉丁名
100149	4－［2－（5－氯－2－甲氧基苯甲酰胺）－乙基］－苯磺酰胺	4－［2－（5chloro－2－methoxy－bonzamido）ethg］benzenesulfonemide5－Chloro－2－methoxy－N－［2－（4－sulphamoylphenyl）ethyl］benzamide
100150	4－［2－（5－氯－2－甲氧基苯甲酰胺）－乙基］－苯磺酰胺基－甲酸乙酯格列本脲杂质 B	（Ethyl［［4－［2－（5－chloro－2－methoxybenzoyl）amino］ethyl］－phenyl］sulphonyl）carbamate
100151	吡哌酸	Pipemidic Acid
100152	氢化可的松	Hydrocortisone
100153	泼尼松龙	Prednisolone
100154	肾上腺素	Adrenaline
100155	维生素 D_2	Vitamin D_2
100156	维生素 K_1	Phytomenadione
100157	硝酸毛果芸香碱（毒）	Pilocarpine Nitrate
100158	西咪替丁	Cimetidine
100160	盐酸丙咪嗪	Imipramine Hydrochloride
100161	盐酸地尔硫䓬	Diltiazem Hydrochloride
100162	盐酸氟奋乃静	Flupenazine Hydrochloride
100163	盐酸雷尼替丁	Ranitidine Hydrochloride
100164	盐酸哌唑嗪	Prazosin Hydrochloride
100165	盐酸乙胺丁醇	Ethambutol Hydrochloride
100166	盐酸异丙肾上腺素	Isoprenaline［Isoproterenol］Hydrochloride
100167	盐酸左旋咪唑	Levamisole Hydrochloride
100168	盐酸奈福泮	Nefopam Hydrochloride
100169	重酒石酸去甲肾上腺素	Norepinephrine Bitartrate
100170	左旋多巴	Levodopa
100171	醋酸甲地孕酮	Megestrol Acetate
100172	甲睾酮	Methyltestosterone
100173	布美他尼	Bumetanide
100174	氨甲环酸	Tranexamic Acid
100175	胡椒乙腈	Homopiperonylonitrile
100176	丙谷胺	Proglumide
100177	吡罗昔康	Piroxicam
100178	吡嗪酰胺	Pyrazinamide
100179	布洛芬	Ibuprofen
100180	倍他米松磷酸钠	Betamethasone Sodium Phosphate
100181	比沙可啶	Bisacodyl
100182	雌二醇	Estradiol
100183	醋酸氯己定	Chlorhexidine Acetate
100184	双氢青蒿素	Dihydroartemisinin

续表

编号	品种名称	英文名/拉丁名
100185	莪术醇	Curcumol
100186	2，6－二甲基酚	2，6－Dimethylphenol
100187	氟尿嘧啶	Fluorouracil
100188	环戊噻嗪	Cyclopenthiazide
100189	甲基多巴	Methyldopa
100190	甲芬那酸	Mefenamic Acid
100191	甲硝唑	Metronidazol
100192	联苯双酯	Bifendate
100193	螺内酯	Spironolactone
100194	碘化钾	Potassium Iodide
100195	氯噻酮	Chlortalidone
100196	邻位甲酚	O－Cresol
100197	硫唑嘌呤	Bumetanide
100198	萘普生	Naproxen
100199	泼尼松	Prednisone
100200	青蒿琥酯	Artesunate
100201	氢溴酸右美沙芬	Dextromethorphane Hydrobromide
100202	青蒿素	Artemisinin
100203	舒必利	Sulpiride
100204	沙丁胺醇	Salbutamol
100205	双香豆素	Dicoumarol
100206	双氰胺	Cyanoguanidine/Dicyanodiamide
100208	水杨酸镁	Magnesium Salicylate
100209	司坦唑醇	Stanozolol
100210	苯妥英钠	Phenytoin Sodium
100211	辛可尼丁	Cinchonidine
100212	溴甲贝那替嗪	Methylbenactyzii Bromide
100213	硝酸咪康唑	Miconazole Nitrate
100214	硝酸益康唑	Econazole Nitrate
100215	乙羟茶碱	Hydroxuethyl theophylline
100216	盐酸安他唑啉	Antazoline Hydrochloride
100217	盐酸苯丙醇胺	Phenylpropanolmine Hydrochloride
100218	盐酸美西律	Mexiletine Hydrochloride
100219	盐酸酚苄明	Phenoxybenzamine Hydrochloride
100220	盐酸氯丙那林	Clorprenaline Hydrochloride
100221	氢醌	Hydroquinone
100222	盐酸罗通定	Rotundine hydrochloride
100223	盐酸维拉帕米	Verapamil Hydrochloride

续表

编号	品种名称	英文名/拉丁名
100224	异维 A 酸	Isotretinoin
100225	贝诺酯	Benorilate
100226	半乳糖	Galactose
100228	醋酸甲萘氢醌	Menadiol Acetate
100229	富马酸氯马斯汀	Clemastine Fumarate
100230	富马酸酮替芬	Ketotifen Fumarate
100231	果糖	Fructose
100232	环吡酮胺	Ciclopiro Oiamine
100233	环己胺	Cyclohexylamine
100234	环磷酰胺	Cyclophosphamide
100235	己内酰胺	Hexanolactam
100236	硝酸甘油	Nitroglycerin
100237	磷酸苯丙哌啉	Benproperine Phosphate
100238	米诺地尔	Minoxidil
100239	尼尔雌醇	Nilestriol
100240	盐酸士的宁	Strychnine Hydrochloride
100241	羟甲香豆素	Hymecromone
100242	十一酸睾酮	Testosterone Undecanoate
100243	石杉碱甲	Huperzine A
100244	双嘧达莫	Dipyridamole
100246	羧甲司坦	Carbocisteine
100247	鱼腥草素钠	Sodium Houttuyfonate
100248	维生素 B_{12}	Vitamin B_{12}
100249	消旋山莨菪碱	Raceanisodamine
100250	硝酸异山梨酯	Isosorbide Dinitrate
100251	月桂氮䓬酮	Laurocapram
100252	亚叶酸钙	Calcium Folinate
100253	盐酸羟甲唑啉	Oxymetazoline Hydrochloride
100257	吲达帕胺	Indapamide
100258	吲哚美辛	Indometacin
100259	依他尼酸	Etacrynic Acid
100260	盐酸马普替林	Maprotiline Hydrochloride
100261	盐酸去氧肾上腺素	Phenylephrine Hydrochloride
100262	盐酸去氯羟嗪	Decloxizine Hydrochloride
100263	盐酸肼屈嗪	Hydralazine Hydrochloride
100265	盐酸倍他司汀	Betahistine Hydrochloride
100266	盐酸羟嗪	Hydroxyzine Hydrochloride
100268	β - 榄香烯	β - Elemene

续表

编号	品种名称	英文名/拉丁名
100269	格列齐特	Gliclazide
100270	尼莫地平	Nimodipine
100271	蒿甲醚	Artemether
100272	金诺芬	Auranofin
100273	硫酸特布他林	Terbutaline Sulfate
100275	盐酸丙卡特罗	Procaterol Hydrochloride
100276	氨鲁米特	Aminoglutethimide
100277	大豆油	Soybean Oil
100278	对羟基苯甲酸甲酯	Methylparaben
100279	泛酸钠	Sodium Pantothenate
100280	格列喹酮	Gliquidone
100281	格列吡嗪	Glipizide
100282	4－［2－（5－甲基吡嗪－2－甲酰氨基）乙基］苯磺酰胺	4－［2－（5－methylpyrazin－2－carboxamido）ethyl］benzenesulphonamide
100284	吉非罗齐	Gemfibrozil
100287	麦芽糖	Maltose
100288	尿素	Urea
100289	氢溴酸高乌甲素	Lappaconite Hydrobromide
100290	乳酸依沙吖啶	Ethacridine Lactate
100291	生物素	Biotin
100292	特非那定	Terfenadine
100294	酮康唑	Ketoconazole
100296	维生素 C 钠	Sodium Ascorbate
100297	硝酸硫胺	Thiamine Nitrate
100298	α－细辛脑	α－Asarone
100299	盐酸二氧丙嗪	Dioxopromethazine Hydrochloride
100300	盐酸洛哌丁胺	Loperamide Hydrochloride
100301	阿司咪唑	Astemizole
100302	丙酸氯倍他索	Clobetasol Propionate
100303	丁酸氢化可的松	Hydrocortisone Butyrate
100304	多潘立酮	Domperidone
100305	法莫替丁	Famotidine
100306	枸橼酸氯己定	Chlorhexidine Citrate
100307	维 A 酸	Tretinoin
100308	亚硒酸钠（毒）	Sodium Selenite
100309	氢氯噻嗪	Hydrochlorothiazide
100310	盐酸阿米洛利	Amiloride Hydrochloride
100311	3，5－二氨基－6－氯吡嗪－2－羧酸甲酯	3，5－diamino－6－chloropyrazine－2－carboxylic－methyl ester

续表

编号	品种名称	英文名/拉丁名
100312	苯噻啶	Pizotifen
100313	氟哌啶醇	Haloperidol
100314	氟康唑	Fluconazole
100315	氟胞嘧啶	Flucytosine
100316	枸橼酸他莫昔芬 E－异构体	Tamoxifen Citrate E－isomer
100317	倍他环糊精	Betacyclodextrin
100318	卡托普利	Captopril
100319	卡托普利二硫化物	Captopril－Disuphide
100320	卡前列甲酯	Carboprost Methylate
100322	卡铂	Carboplatin
100323	氯氮平	Clozapine
100324	林旦	Lindane
100326	联苯苄唑	Bifonazole
100327	联苯苄醇	Bifonol
100328	硫酸沙丁胺醇	Salbutamol Sulfate
100329	硫酸普拉睾酮钠	Sodium Prasterone Sulfate
100330	萘普生钠	Naproxen Sodium
100331	扑米酮	Primidone
100332	葡萄糖酸锌	Zinc Gluconate
100333	曲安西龙	Triamcinolone
100334	双氯芬酸钠	Diclofenac Sodium
100335	舒林酸	Sulindac
100336	替硝唑	Tinidazole
100337	酮洛芬	Ketoprofen
100338	硝苯地平	Nifedipine
100339	硝苯地平杂质 A	Nifedipine Impurity A
100340	硝苯地平杂质 B	Nifedipine Impurity B
100341	盐酸利多卡因	Lidocaine Hydrochloride
100342	利多卡因	Lidocaine
100343	盐酸妥拉唑林	Tolazoline Hydrochloride
100344	盐酸硫利达嗪	Thioridazine Hydrochloride
100345	盐酸卡替洛尔	Carteolol Hydrochloride
100346	七叶皂苷钠	Aescine Sodium
100347	黄豆苷元	Daidzein
100348	7－甲氧基－4′－羟基异黄酮	7－Methoxy－4′－hydroxyisoflavone
100349	二甲磺酸阿米三嗪	Almitrine Bismesylate
100350	萝巴新	Raubasine
100351	枸橼酸锌	Zire Citrate

续表

编号	品种名称	英文名/拉丁名
100352	卡莫氟	Carmofur
100353	奥沙普秦	Oxaprozin
100356	尼可占替诺（烟酸占替诺）	Xantinol Nicotinate（Xanthinol Nicotinate）
100361	卡巴胆碱	Carbachole
100362	氢化可的松琥珀酸钠	Hydrocortisone Sodium Succinate
100363	西洛他唑	Cilostazol
100364	氯唑沙宗	Chlorzoxazone
100365	茴拉西坦	Aniracetam
100366	卡络磺钠	Carbazochrome sodium sulfonate trihydrate
100367	奥美拉唑	Omeprazole
100369	维生素 B_2	Vitamin B_2（Riboflavin）
100370	泛酸钙	Calcium Pantothenate
100371	乌苯美司	Ubenimex/Bestatin
100373	阿苯达唑	Albendazole
100374	苯磺酸氨氯地平	Amlodipne Besylate
100375	盐酸特拉唑嗪	Terazosin Hydrochloride
100379	氨力农	Imrinone
100380	更昔洛韦	Ganciclovir
100381	肾上腺色腙	Carbazochrome
100384	大蒜素	Alltride
100385	豆腐果苷	Helicid
100386	哌拉西坦	Piracetam
100387	夫拉扎勃（原：呋咱甲氢龙）	Furazabol（原：Furazalon）
100388	依托泊苷	Etoposide
100389	间苯二酚	Resorcinol
100390	维生素 B_1	Vitamin B_1（Thiamine Hydrochloride）
100393	维生素 BT（又名：盐酸卡尼汀）	Vitamin BT
100394	乙水杨胺	Ethenzamide
100395	双氯芬酸杂质 A［1－（2，6－二氯苯基）－2－羟吲哚］	Diclofenac Impurity［1－（2，6－Dichlorophenyl）－2－hydroindole］
100396	枸橼酸	Citric Acid
100398	丹蒽醌	Dantron
100399	氢溴酸樟柳碱	Anisodine Hydromide
100400	盐酸氯己定	Chlorhexidine Hydrochloride
100401	顺铂	Cis－Platin
100407	棓丙酯	Propyl Gallate
100408	氯美扎酮	Chlormezanone
100410	磷酸氢钙	Calcium Hydrogen Phosphate

续表

编号	品种名称	英文名/拉丁名
100411	磺胺二甲嘧啶	Sulfadimidine
100412	磺胺胍	Sulfagunidine
100413	磺胺醋酰钠	Sulfacetamide Sodium
100414	去甲斑蝥素	Demethylcantharidate
100415	芬布芬	Fenbufen
100416	曲可芦丁	Troxerutin
100417	二羟丙茶碱	Diprophylline
100418	茜素双酯	Rubidate
100419	苯甲酸	Benzoic Acid
100420	盐酸地巴唑	Bendazol Hydrochloride
100421	磷酸氯喹	Chloroquine Phosphate
100422	盐酸异丙嗪	Promethazine Hydrochloride
100424	盐酸普鲁卡因	Procaine Hydrochloride
100425	维生素 C	Ascorbic Acid/Vitamin C
100426	盐酸金刚烷胺	Amantadine Hydrochloride
100427	盐酸溴己新	Brolmhexine Hydrochloride
100428	美索巴莫	Methocarbamol
100429	氨苯蝶啶	Triamterene
100430	羟甲烟胺	Hydroxymethylnicotinamide
100432	枸橼酸喷托维林	Pentoxyverine Citrate
100433	苯甲酸钠	Sodium Benzoate
100434	烟酸	Nicotinic Acid
100435	硝基呋喃丙烯酰胺（呋喃丙胺杂质 A）	acrylamide（2E－3－5－nitro－2－furyl）
100437	甲氧沙林	Methoxsalen
100438	帕司烟肼（对氨基水杨酸异烟肼）	Pasiniazid（Isoniazid Aminosalicylate）
100439	曲匹布通	Trepibutone
100440	曲匹地尔	Trapidil
100441	桂美酸	Cinametic Acid
100442	奥拉米特	Qrazamide
100443	富马酸异丙吡仑	Isopropiram Fumarate
100444	对羟基苯甲酸丙酯	Propyl－4－Hydroxybenzoate
100445	β－胡萝卜素	β－Carotene
100446	贝美格	Bemegride
100447	丹皮酚磺酸钠	Sodium Paeonolsilate
100448	地喹氯铵	Degualinium Chloride
100452	罗通定	Rotundine
100453	硫酸氢小檗碱	Berberine Bisulfate
100454	苯佐卡因	Benzocaine

续表

编号	品种名称	英文名/拉丁名
100455	度米芬	Domiphen Bromide
100456	盐酸丁卡因	Tetracaine Hydrochloride
100457	硫必利杂质 A［2－甲氧基－5－甲磺酰基苯甲酸］	Tiapride Impurity A［2－methoxy－5－（methylsulphonyl）benzoic acid］
100458	硫必利杂质 B［2－甲氧基－5－甲磺酰基苯甲酸甲酯］	Tiapride Impurity B［methyl 2－methoxy－5－（methylsulphonyl）benzoate］
100459	盐酸硫必利	Tiapride Hydrochloride
100460	盐酸氯丙嗪	Chlorpromazine Hydrochloride
100463	木糖醇	Xylitol
100465	甲基斑蝥胺	Methylcantharidinimde
100466	呋喃唑酮	Furazolidone
100468	替加氟	Tegafur
100469	尿嘧啶	Uracil
100470	柠檬烯	Limonene
100471	溴丙胺肽林	Propantheline
100472	盐酸妥洛特罗	Tulobuterol Hydrochloride
100473	盐酸环仑特罗	Cycloclenbuterol Hydrochloride
100476	溴甲东莨菪碱	Methscopolamine bromide
100480	无水磷酸氢二钠	Anhydrous Disodium Hydrogen Phosphate
100481	保泰松	Phenylbutazone
100483	盐酸吗啉胍	Moroxydine Hydrochloride
100485	水杨酰胺	Saliclamide
100487	非普拉宗	Feprazone
100489	茴三硫	Anethel Trithione
100492	三氯叔丁醇	Chlorobutanol
100495	葡醛酸钠	Sodium Glucuronic Acid
100498	对氯苯酚	Parachlorophenol
100502	盐酸赛庚啶	Cyproptadine Hydrochloride
100503	氨基比林	Aminophenazone
100504	沙利度胺	Thalidomide
100505	盐酸贝那替秦	Benactyzine Hydrochloride
100506	安替比林	Phenazone
100508	麝香草酚	Thymol
100509	苯酚	Phenol
100510	盐酸依匹斯汀	Epinastine
100512	甲硝唑杂质 A（2－甲基－5－硝基咪唑）	2－Methyl－5－nitroimidazole（Metronidazole Impurity A）
100514	硫酸双肼屈嗪	Dihydralazine Sulfate
100518	盐酸阿米替林	Amitriptyline Hydrochloride
100519	硝酸钾	Potassium Nitrate

续表

编号	品种名称	英文名/拉丁名
100522	异丙托溴铵	Ipratropium Bromide
100525	异丙安替比林	Propyphenazone
100526	羟喜树碱	Hydroxycamptothecin
100527	赖氨匹林	Lysine Acetylsalicylate
100528	愈创木酚甘油醚	Guaifenesin
100530	草乌甲素	Bulleyaconitine A
100531	盐酸美司坦	Mecysteine Hydrochlordie
100532	喜树碱	Camptothecin
100533	甘露醇	Mannitol
100536	醋酸环丙孕酮	Cyproterone Acetate
100537	酒石酸长春瑞滨	Vinorelbine Tartrate
100539	果糖二磷酸钠	Fosfructose Trisodium
100542	盐酸噻氯匹定	Ticlopidine Hydrochloride
100543	盐酸文拉法辛	Venlafaxine Hydrochlordie
100544	呋塞米	Furosemide
100545	硫酸长春地辛	Vindesine Sulfate
100546	苯磺酸左旋氨氯地平	Levamlodipine Besilate
100547	高乌甲素	Lappaconitine
100548	甲磺酸罗哌卡因	Ropivacaine mesilate
100550	甲硫新斯的明（曾用名：甲硫酸新斯的明）	Neostigmine Metilsulfate（Neostigmine Mesylate）
100551	甘草酸二钾	Glycyrrhetate Dipotassium
100553	奥美沙坦酯杂质混合物（RNH－6373，RNH－8276）	Olmesartan Medoxomil Impurity
100555	尼美舒利	Nimesulide
100557	奥扎格雷	Ozagrel
100558	盐酸格拉司琼	Granisetron Hydrochloride
100559	盐酸昂丹司琼	Ondansetron Hydrochloride
100560	普罗布考	Probucol
100561	苄达赖氨酸	Bendazac Lysine
100563	盐酸特比萘芬	Terbinafine Hydrochloride
100564	鞣酸小檗碱	Berberine Tannate
100565	美沙拉嗪	Mesalamine
100566	甲磺酸多沙唑嗪	Doxazosin Mesylate
100567	昔萘酸沙美特罗	Salmeterol Xinafoate
100568	盐酸喹那普利	Quinapil Hydrochloride
100570	利培酮	Risperidone
100571	来氟米特	Leflunomide
100572	依立雄胺（爱普列特）	Epristeride

续表

编号	品种名称	英文名/拉丁名
100573	羟苯磺酸钙	Calcium Dobsilate
100574	尼索地平	Nisoldipine
100575	泮托拉唑钠	Pantoprazole Sodium
100576	阿德福韦酯	Adefovir Dipivoxil
100577	阿德福维酯杂质 A（阿德福韦单新戊酰氧甲酯）	Adefovir Dipivoxil Impurity A
100578	异烟肼	Isoniazid
100579	聚乙烯醇	Polyvinyl Alcohol
100580	马来酸曲美布汀	Trimebutine Maleate
100581	西吡氯铵	Cetylpyridinium Chloride
100582	硫酸羟氯喹	Hydroxychloroquine Sulfate
100583	吗氯贝胺	Moclobemide
100584	奥沙利铂	Oxaliplatin
100585	尼群地平	Nitrendipine
100586	盐酸尼卡地平	Nicardipine Hydrochloride
100588	匹多莫德	Pidotimod
100589	醋甲唑胺	Methazolamide
100590	阿托伐他汀钙	Atorvastatin Calcium
100591	己酮可可碱	Pentoxifylline
100592	氯波必利	Clebopride Malate
100593	异丁司特	Ibudilast
100595	异环磷酰胺	Ifosfamide
100596	二丙酸倍他米松	Betamethasone Dipropionate
100597	氯沙坦钾	Losartan Possaium
100598	氟他胺	Flutamide
100599	盐酸氨溴索	Ambroxol Hydrochloride
100600	洛伐他汀	Lovastatin
100601	辛伐他汀	Simvastatin
100604	盐酸氮䓬斯汀	Azelastine Hydrochloride
100605	托拉塞米	Torasemide
100607	厄贝沙坦	Irbesartan
100608	奥硝唑	Ornidazole
100615	氯雷他定	Loratadine
100617	3，4，5－三甲氧基苯甲酸	3，4，5－Trimethoxybenzoic Acid
100619	那格列奈	Nateglinide
100622	盐酸吉西他滨	Gemcitabine Hydrochloride
100624	盐酸西布曲明	Sibutramine Hydrochloride
100625	多索茶碱	Doxofylline

续表

编号	品种名称	英文名/拉丁名
100626	乌拉地尔	Urapidil
100628	泛昔洛韦	Famciclovir
100630	奥沙拉秦钠	Olsalazine Sodium
100631	伊曲康唑	Itraconazole
100632	咪喹莫特	Imiguimode
100633	富马酸福莫特罗	Formoterol Fumarate
100634	盐酸吡格列酮	Pioglitazone Hydrochloride
100635	去氧氟尿苷	Doxifluridine
100639	替莫唑胺	Temozolomide
100640	4－氨基－5－咪唑甲酰胺（替莫唑胺杂质A）；（原标准名称：4－氨基－5－氨基甲酰基咪唑）	Temozolomide Impuruty A
100641	奈韦拉平	Nevirapine
100642	碘普罗胺	Iopromide
100643	氨丁三醇	Tromethamine
100648	消旋盐酸替罗非班	Racetirofiban Hydrochloride
100649	盐酸丙哌维林	Propiverine Hydrochloride
100650	盐酸多奈哌齐	Donepezil Hydrochloride
100651	缬沙坦	Valsartan
100654	他扎罗汀	Tazarotene
100655	加巴喷丁	Gabapentin
100656	枸橼酸莫沙必利	Mosapride Citrate
100659	盐酸左西替利嗪	Levocetirizine Hydrochloride
100660	盐酸西替利嗪	Cetirizine Hydrochloride
100662	盐酸雷莫司琼	Ramosetron Hydrochloride
100663	氯诺昔康	Lornoxican
100664	盐酸二甲双胍	Metformin Hydrochloride
100667	依托度酸	Etodolac Acid
100668	盐酸拓扑替康	Topotecan Hydrochloride
100669	二氯乙酸二异丙胺	Diisopropylamine Dichloroacetate
100674	格列美脲	Glimepiride
100675	格列美脲杂质2	Glimepiride Impurity 2
100676	尼古丁	Nicotine
100677	苯溴马隆	Benzbromarone
100679	美洛昔康	Meloxicam
100686	盐酸司他斯汀	Setastine Hydrochloride
100687	盐酸二甲弗林	Dimefline Hydrochloride
100688	盐酸坦洛新	Tamsulosin Hydrochloride

续表

编号	品种名称	英文名/拉丁名
100689	普伐他汀钠	Pravastati Sodium
100690	托芬那酸	Tolfenamic Acid
100692	甲钴胺	Mecobalamin
100693	司他夫定	Stavudine
100694	单硝酸异山梨酯	Isosorbide Mononitrate
100695	2－单硝酸异山梨酯	Isosorbide 2－nitrate
100696	氟比洛芬酯	Flurbiprofen Axetil
100698	佐米曲普坦	Zolmitriptan
100699	盐酸洛美利嗪	Lomerizine Hydrochloride
100700	吡嘧司特钾	Pemirolast Potassium
100701	苄达赖氨酸杂质 A（3－羟基－1－苄基吲唑）	Bendazac Lysine Impurity A
100702	盐酸舍曲林	Setraline Hydrochloride
100704	塞克硝唑	Secnidazole
100705	马来酸依那普利	Enalapril Maleate
100706	依那普利双酮	Enalapril Diketopiperazine
100707	依那普利拉	Enalaprilat
100708	氯化钾	Potassium Chloride
100709	兰索拉唑	Lansoprazole
100711	富马酸比索洛尔	Bisoprolol Fumarate
100712	马来酸氨氯地平	Amlodipne Maleate
100714	丁苯羟酸	Bufexamac
100715	盐酸苯环壬酯杂质（N－甲基－3－氮杂双环［3，3，1］壬－9α醇）	Phencynonate Hydrochloride impurity
100716	盐酸苯环壬酯	Phecynonate Hydrochloride
100717	非洛地平	Felodipine
100718	二氟尼柳	Diflunisal
100719	对羟基苯甲酸甲酯钠	Sodium Methyl Hydroxybenzoate
100720	2－（4－异丁酰苯基）丙酸（布洛芬杂质A）	2－（4－isobutyrylphrnyl）propionic acid
100721	4－异丁基苯甲酸（布洛芬杂质 B）	4－isobutylbenzoic acid
100723	酒石酸托特罗定	Tolterodine Tartrate
100724	丁二酸（琥珀酸）洛沙平	Loxapine Succinate
100725	氟比洛芬	Flubiprofen
100727	氟马西尼	Flumazenil
100728	盐酸阿呋唑嗪	Alfuzosin Hydrochloride
100729	盐酸丁咯地尔	Buflomedil Hydrochloride
100730	卡维地洛	Carvedilol
100731	阿维 A	Acitretin

续表

编号	品种名称	英文名/拉丁名
100732	苯扎贝特	Bezafibrate
100733	非诺贝特	Fenofibrate
100734	苯甲酸甲硝唑	Metronidazole Benzoate
100735	醋酸钠	Sodium Acetate
100736	葡萄糖酸钠	Sodium Gluconate
100737	盐酸索他洛尔	Sotalol Hydrochloride
100741	拉西地平	Lacidipine
100742	尼麦角林	Nicergoline
100744	盐酸赛洛唑啉	Xylometazoline Hydrochloride
100745	磷酸二氢钾	calcium phosphate
100747	长春胺	Vincamine
100748	盐酸咪达普利	Imidapril Hydrochloride
100749	盐酸艾司洛尔	Esmolol Hydrochloride
100750	阿昔莫司	Acipimox
100751	磷酸哌喹	Piperaquine Phosphate
100753	瑞格列奈	Repaglinide
100754	盐酸伐昔洛韦	Valaciclovir Hydrochloride
100755	阿佐塞米	Azosemide
100756	西替利嗪杂质 A（1－［（4－氯苯）苯甲基］哌嗪）	Cetirizine Impurity A
100757	盐酸尼莫司汀	Nimustine Hydrochloride
100758	L－那格列奈	L－Nateglinide
100759	顺式那格列奈	cis－Nateglinide
100760	奥美拉唑钠	Omeprazole Sodium
100762	异环磷酰胺化合物 Ⅲ	Isosfamide compound Ⅲ
100763	盐酸地匹福林	Dipivefrine Hydrochloride
100764	盐酸地匹福林前体［（±）3，4－二羟基－2′－甲氨基乙酮－3，4－二新戊酸酯高氯酸盐］	Dipivefrin Hydrochloride impurity A
100767	盐酸伊立替康	Irinotecan Hydrochloride
100768	盐酸贝那普利	Benazepril Hydrochloride
100769	喷昔洛韦	Penciclovir
100770	阿那曲唑	Anastrozole
100774	盐酸氟西汀杂质 C	Fluoxetine Hydrochloride Impurity C
100775	拉莫三嗪	Lamotrigine
100776	阿立哌唑	Aripiprazole
100777	醋氯芬酸	Aceclofenac
100778	唑来膦酸	Zoledronic Acid
100780	盐酸非那吡啶	Phenazopyridine Hydrochloride

续表

编号	品种名称	英文名/拉丁名
100781	格列美脲杂质1（4－［2－（3－乙基－4－甲基－2－氧－3－吡咯啉－1－甲酰胺基）乙基］苯磺酰胺甲酸乙酯）	GlimePiride Impurity 1
100782	盐酸阿扎司琼	Azasetron Hydrochloride
100783	盐酸普萘洛尔	Propranolol Hydrochloride
100784	美他多辛	Metadixine
100785	D－焦谷氨酸	D－Pyroglutamic Acid
100786	4－（3－甲基苯氨基）－3－吡啶磺酰胺	4－（3－methyphenyl） amino－3－prridinesulfonamide
100787	奈达铂	Nedaplatin
100788	3－吲哚甲酸	3－indolecarboxylic acide
100789	塞曲司特	Seratrodast
100790	氢溴酸西酞普兰	Citalopram Hydrobromide
100791	利拉萘酯	Liranaftate
100792	马来酸氟伏沙明	Fluvoxamine Maleate
100793	苯甲酸利扎曲普坦	Rizatriptan Monobenzoate
100795	二乙酰氨乙酸乙二胺	Ethylenediamine Diaceturate
100800	氟伐他汀钠	Fluvastatin Sodium
100802	对氨基酚	p－Aminophenol
100803	丙硫氧嘧啶	Propylthiouracil
100807	盐酸塞利洛尔	Celiprolol Hydrochloride
100808	阿卡波糖	Acarbose
100809	十二烷基硫酸钠	Sodium Lauryl Sulfate
100812	盐酸米安色林	Mianserin Hydrochloride
100813	维库溴铵	Vecuronium Bromide
100814	赖诺普利	Lisinopril
100815	富马酸喹硫平	Quetiapine Fumarate
100816	氨磷汀	Amifostine
100817	曲昔匹特	Troxipide
100819	硫酸氢氯吡格雷	Clopidogrel Bisulfate
100823	盐酸萘替芬	Naftifine Hydrochloride
100824	碳酸钙	Calcium Carbonate
100825	甲磺酸氨氯地平	Amlodipine Mesylate
100827	琥珀酸甲泼尼龙	Methylprednisolone Hemisuccinate
100828	甲泼尼龙	Methylprednisolone
100829	萘磺酸右丙氧芬	Dextropropoxyphene Napsylate
100831	六甲蜜胺	Altretamine
100832	甲氧氯普胺	Metoclopramide
100834	阿魏酸哌嗪	Piperazine Ferulate

续表

编号	品种名称	英文名/拉丁名
100835	哌嗪	Piperazine
100837	奥扎格雷钠	Ozagrel Sodium
100838	奥美拉唑磺酰化物	Omeprazole Solphone
100839	盐酸阿扑吗啡	Apomarphine Hydrochloride
100840	盐酸甲氯芬酯	Meclofenoxate Hydrochloride
100841	盐酸地芬尼多	Difenidol Hydrochloride
100842	盐酸乌拉地尔	Urapidil Hydrochloride
100843	盐酸氯米帕明	Clomipramine Hydrochloride
100844	盐酸氟桂利嗪	Flunarizine Hydrochloride
100845	磷酸川芎嗪	Ligustrazine Phosphate
100846	异喹啉物	Gliquidone Sulphonamide
100847	对羟基苯甲酸乙酯	Bthyl Hydroxybenzoate
100849	雌酮	Estrone
100850	对氯苯乙酰胺	p – Chloroacetanilide
100851	甘氨双唑钠	Sodium Glycididazoie
100852	盐酸非索非那定	Fexofenadine Hydrochloride
100853	尼扎替丁	Nizatidine
100854	磷酸吡哆醛丁咯地尔	Buflomedil Pyridoxal Phosphate
100855	磷酸吡哆醛	Pyridoxal Phosphate Monohydrate
100860	蒙脱石	Dictaheatal Smectite
100861	拉呋替丁	Lafutidine
100862	伏立康唑	Voriconazole
100864	奥美沙坦酯	Olmesartan Medoxomil
100865	盐酸齐拉西酮	Ziprasidone Hydrochloride
100866	盐酸罗哌卡因	Ropivacaine Hydrochloride
100867	盐酸罗哌卡因右旋体（盐酸罗哌卡因杂质B）	（R） – Ropiacaine Hydrochloride
100868	2，6 – 二甲基苯胺（盐酸罗哌卡因杂质 A）	2，6 – Dimethylaniline（Ropivacaine Hydrochloride impurity A）
100870	佐匹克隆	Zopiclone
100871	右佐匹克隆	Dexzopiclone
100874	左旋奥硝唑	S – （ – ） Ornidazole
100879	异甘草酸镁	Magnesium Isoglycyrrhizinate
100880	双氯芬酸钾	Diclofenac Potassium
100881	5 – ｛4 – ［2 – （5 – 乙基 – 2 – 吡啶基）乙氧基］苯基亚甲基｝ – 2，4 – 噻唑二酮（盐酸吡格列酮杂质 A）	5 – ｛4 – ［2 – （5 – ethyl – 2 – pyridyl） ethoxyl］ phenyl – methylene｝ – 2，4 – thiazole – diketone
100883	酒石酸罗格列酮	Rosiglitazone Tartrate
100885	草酸艾司西酞普兰	Escitalopram Oxalate
100886	依西美坦	Exemestane

续表

编号	品种名称	英文名/拉丁名
100887	雄烯二酮（雄甾-4-烯-3，17-二酮）（依西美坦中间体）	Androstenedione
100893	孟鲁司特钠	Montelukast Sodium
100894	S-孟鲁司特钠	S-Montelukast Sodium
100897	培美曲塞二钠	Pemetrexed Disodium
100898	培美曲塞二钠D-异构体	Pemetrexed Disodium D-isomer
100899	甲磺酸齐拉西酮	Ziprasidone Mesulate
100900	1，3二甲基-4-（γ-氯丙基氨基）尿嘧啶（乌拉地尔杂质A）	Urapidil Impurity A
100903	邻苯二甲酸	Phthalic acid
100904	5-邻苯二甲酰亚胺乙酰丙酸	1，3-Dioxo-1，3-dihydro-2H-isoindol-2-yl
100905	盐酸罗沙替丁醋酸酯	Roxatidine Acetate Hydrochloride
100906	氢化可的松琥珀单酯	Hydrocortisone Hemisuccinate
100907	双氯芬酸二乙胺	Diclofenac Diethylamine
100908	艾普拉唑	Ilaprazole
100909	艾普拉唑磺酰化物（艾普拉唑杂质A）-2-｛[（4-甲氧基-3-甲基）-2-吡啶基]甲基｝-磺酰基-5-（1氢-吡咯-1-基）-1氢-苯并咪唑	2-｛[（4-methoxy-3-methyl）-2-pyridinyl]methyl｝-sulfonyl-5-（1H-pyrrol-1-yl）-1H-benzimidazcle
100917	泛硫乙胺	Pantethine
100918	阿达帕林	Adapalone
100919	地氯雷他定	Desloratadine
100921	氨甲苯酸	Aminomethylbenzoic Acid
100925	7-表-10-去乙酰基紫杉醇（紫杉醇杂质A）	10-deacetyl-7-epipaclitaxel
100926	三尖杉宁碱（紫杉醇杂质B）	Cephalomannine
100927	7-表紫杉醇（紫杉醇杂质C）	7-epipaclitaxel
100928	巴氯芬	Baclofen
100934	雌三醇	Estriol
100938	曲尼司特	Tranilast
100939	盐酸依托必利	Itopride Hydrochloride
100941	依普黄酮	Ipriflavone
100942	福辛普利钠	Fosinopril Sodium
100947	长春西汀	Vinpocetine
100948	奥氮平	Olanzapine
100951	福辛普利钠杂质A（福辛普利拉）	Fosinoprilat
100952	马来酸罗格列酮	Rosiglitazone Maleate
100959	呱西替柳	Guacetisal
100960	水杨酸愈创木酚酯（呱西替柳杂质A）	Guaiacol salicylate（Guacetisal Impurity A）

续表

编号	品种名称	英文名/拉丁名
100964	盐酸黄铜哌酯	Flavoxate Hydrochloride
100965	3－甲基黄铜－8－羧酸	3－methylflavone－8－carboxylic acid
100966	甲磺酸加贝酯	Gabexate Mesylate（Mesilate）
100976	帕米膦酸二钠	Pamidronate Disodium
100980	扁桃酸	Mandelic Acid
100982	阿嗪米特	Azintamide
100993	西尼地平	Cilnidipine
100995	骨化三醇	Calcitriol
100996	盐酸美金刚	Memantine Hydrochloride
100997	氨磺必利	Amisulpride
100998	聚甲酚磺醛杂质 A（m－甲酚－4－磺酸铵）	Policresulen Impurity A
100999	聚甲酚磺醛杂质 B（m－甲酚－4，6－二磺酸铵）	Policresulen Impurity B
101000	聚甲酚磺醛杂质 C（m－甲酚－6－磺酸铵）	Policresulen Impurity C
101001	聚甲酚磺醛杂质 D	Policresulen Impurity D
101002	维格列汀	Vildagliptin
101003	萘丁美酮	Nabumetone
101006	利可君	Leucogen
101007	拉米夫定	Lamivudine
101008	R－甲磺酸罗哌卡因	R－Ropivacaine Mesilate
101009	盐酸班布特罗	Bambuterol Hydrochloride
101010	哌喹	Piperaquine
101011	N－乙酰氨基葡萄糖	N－Acetyl－D－Glucosamine
101012	福多司坦消旋体	Racefudosteine
101013	去甲斑蝥酸钠	Sodium Demethylcantharidate
101014	唑尼沙胺	Zonisamide
101015	奥美拉唑镁	Omeprazole Magnesium
101022	三甲基间苯三酚（1，3，5－三甲氧基苯）	1，3，5－Trimethoxybenzene
101024	孕二烯酮	Gestodene
101027	盐酸丙帕他莫	Propacetamol Hydrochloride
101030	盐酸帕洛诺司琼	Palonosetron Hydrochloride
110701	人参二醇	Panaxadiol
110702	人参三醇	Panaxatriol
110703	人参皂苷 Rg1	Ginsenoside Rg1
110704	人参皂苷 Rb1	Ginsenoside Rb1
110705	士的宁	Strynine
110706	马钱子碱	Brucine

续表

编号	品种名称	英文名/拉丁名
110707	水杨酸甲酯	Methylsalicylate
110708	丹皮酚	Paeonol
110709	齐墩果酸	Oleanolic Acid
110710	桂皮醛	Cinnamaldehyde
110711	粉防己碱	Tetrandrine
110712	盐酸水苏碱	Stachydrine Hydrochloride
110713	盐酸小檗碱	Berberine Hydrochloride
110715	黄芩苷	Baicalin
110716	靛蓝	Indigotin
110717	靛玉红	Indirabin
110718	酯蟾毒配基	Recibufogenin
110719	麝香酮	Muscone
110720	乌头碱	Aconitine
110721	橙皮苷	Hesperidin
110722	柚皮苷	Naringin
110723	甘草次酸	Glycurrhetinic acid
110724	去氧胆酸	Deoxycholic acid
110725	丁香酚	Eugenol
110726	延胡索乙素	Tetrahydropalmatine
110727	辛弗林	Synephrine
110728	薄荷脑	Menthol
110729	厚朴酚	Magnolol
110730	和厚朴酚	Honokiol
110731	甘草酸铵	Ammonium Glycyrrhizinate
110732	盐酸巴马汀	Palmatine Hydrochloride
110733	盐酸药根碱	Jatrorrhizine Hydrochloride
110734	酸枣仁皂苷 A	Jujuboside A
110735	甘氨酸	Glycine
110736	芍药苷	Paeoniflorin
110737	淫羊藿苷	Icariin
110738	异补骨脂素	Isopsoralen
110739	补骨脂素	Psoralen
110740	秦皮甲素	Aesculin
110741	秦皮乙素	Aesculetin
110742	熊果酸	Ursolic Acid
110743	冰片	(±) -Borneol and (±) -Isoborneol
110744	菝契皂苷元	Sarsasapogenin
110745	三七皂苷 R1	Notoginsenoside R1

续表

编号	品种名称	英文名/拉丁名
110746	马兜铃酸 A	Aristolochic acide A
110747	樟脑（±）	Camphor
110748	α－香附酮	α－Cyperone
110749	栀子苷	Geniposide
110750	贝母素甲	Peimine
110751	贝母素乙	Peiminine
110752	葛根素	Puerarin
110753	绿原酸	Chlorogenic Acid
110754	人参皂苷 Re	Ginsenoside Re
110755	熊去氧胆酸	Ursodeoxycholic Acid
110756	大黄素	Emodin
110757	大黄酸	Rhein
110758	大黄素甲醚	Physcion
110759	乙酸龙脑酯	Bornyl Acetate
110760	土木香内酯	Alantolactone
110761	异土木香内酯	Isoalantolactone
110762	山姜素	Alpinetin
110763	小豆蔻明	Cardamonin
110764	五味子甲素	Deoxyschizandrin
110765	五味子乙素	γ－Schisandrin
110766	丹参酮 ⅡA	Tanshinonel ⅡA
110767	西贝碱	Sipeimine
110768	东莨菪内酯	Scopoletin
110769	左旋紫草素	Shikonin
110770	龙胆苦苷	Gentiopicrin
110771	仙茅苷	Curculigoside
110772	百秋李醇	Patchoulialcohol
110773	阿魏酸	Ferulic Acid
110774	青藤碱	Sinomenine
110775	胡椒碱	Piperine
110776	香草酸	Venillic Acid
110777	柴胡皂苷 a	Saikosaponin a
110778	柴胡皂苷 d	Saikosaponin d
110780	氧化苦参碱	Oxymatrine
110781	黄芪甲苷	Astragaloside Ⅳ
110782	断血流皂苷 A（醉鱼草皂苷 Ⅳb）	Clinodiside A（Buddlejasaponins Ⅳb）
110783	斑蝥素	Cantharidin
110784	槐定碱	Sophoridine

续表

编号	品种名称	英文名/拉丁名
110785	獐牙菜苦苷	Swertiamain
110786	肉桂酸	Cinnamic Acid
110787	芦荟苷	Aloin
110788	桉油精	Cineole
110789	檀香油	Sandal Wood Oil
110790	4－甲氧基水杨醛	4 – Mthoxysalicylaldehyde
110791	对二甲氨基苯甲醛	p – Dimcthylaminobenzaldehyde
110792	对羟基苯甲酸丁酯	Butyl – p – hydroxybenzoate
110793	防己诺林碱	Fangchinoline
110794	土大黄苷	Rhaponticin
110795	芦荟大黄素	Aloe – emodin
110796	大黄酚	Chrysophanol
110797	穿心莲内酯	Andrographolide
110798	次乌头碱	Hypaconitine
110799	新乌头碱	Mesaconitine
110800	吴茱萸内酯	Evodin
110801	吴茱萸次碱	Rutaecarpine
110802	吴茱萸碱	Evodiamine
110803	华蟾酥毒基	Cinobufagin
110804	人参皂苷 Rg3	Ginsenoside Rg3
110805	苦参碱	Matrine
110806	鹅去氧胆酸	Chenodesoxuchalic Acid
110807	天麻素	Gastrodin
110808	梓醇	Catalnol
110809	原儿茶酸	Protocatechuic Acid
110810	原儿茶醛	Protocatechuic aldehyde
110811	血竭素高氯酸盐	Dracohodin perochlorate
110812	10－羟基癸烯酸	E – 10 – hydroxy – 2 – decylennic acide
110814	酸枣仁皂苷 B	Jujuboside B
110815	牛磺胆酸钠	Sodium Taurocholate
110816	牛磺熊去氧胆酸钠	Sodium Taurousodeoxycholate
110817	盐酸川芎嗪	Chuangxiongzine Hydrochlorid
110818	红景天苷	Salidroside
110819	牛蒡苷	Arctiin
110820	苦杏仁苷	Amygdalin
110821	连翘苷	Forsythin
110822	蛇床子素	Osthol
110823	姜黄素	Curcumin

续表

编号	品种名称	英文名/拉丁名
110826	欧前胡素	Imperatorin
110827	异欧前胡素	Isoimperatorin
110829	1，8－二羟基蒽醌	1，8－Dihydroxyanthraquinone
110830	云南白药对照品	Yunnan Baiyao Reference
110831	没食子酸	Gallic acid
110832	广藿香油	Cablin patchouli oil
110833	D（十）－无水葡萄糖	D（十）－Glucose anhydrous
110834	甲基正壬酮	Methylnonylketone
110835	对甲氧基桂皮酸乙酯	Ethyl－p－methoxycinnamate
110836	芝麻素	Sesamine
110837	异嗪皮啶	Isofraxidin
110838	茴香醛	4－Methoxybenzaldehyde
110839	辣椒素	Capsaicin
110841	拟人参皂苷 F11	Pseudoginsenoside F11
110842	野黄芩苷	Scutellarin
110843	联苯	Diphenyl
110844	2，3，5，4′－四羟基二苯乙烯－2－O－β－D－葡萄糖苷	2，3，5，4′－tetrahedroxystilbene－2－O－β－D－glucoside
110846	牛磺鹅去氧胆酸钠	Taurochenodeoxycholic acid
110847	乙氧基白屈菜红碱	Ethoxychelerythrine
110848	氯化两面针碱	Nitidine Chloride
110849	木香挥发油	Costusroot essential oils
110850	杜鹃素	Farrerol
110851	β－谷甾醇	β－Sitosterol
110852	隐丹参酮	Cryptonshinone
110853	原阿片碱	Protopine
110854	脱水穿心莲内酯	Dehydroandrographolide
110855	丹参素钠	Sodium Danshensu
110856	水飞蓟宾	Silymarin
110857	五味子醇甲	Schisandrin
110858	虫草素	Cordycepin
110859	湖贝甲素	Hupehenine
110860	异鼠李素	Isorhanetin
110861	山柰酚（山柰素）	Kaempferol
110862	银杏内酯 A	Ginkgolide A
110863	银杏内酯 B（＊）	Ginkgolide B
110864	银杏内酯 C（暂行）	Ginkgolide C
110865	白果内酯	Bilobalide

续表

编号	品种名称	英文名/拉丁名
110866	银杏叶对照提取物	Ginkgo Biloba Extract
110867	丹参酮 Ⅰ	Tanshinonel Ⅰ
110868	二氢丹参酮 Ⅰ	Dihydrotanshinone Ⅰ
110870	三七总皂苷	Sanqi tofal Saponins
110871	三七茎叶皂苷	Sanqi Stem and Leaf Saponins
110874	缬氨酸	DL – Aminovaleic Acid
110875	瓜氨酸	Citrulline
110876	亮氨酸	Leucine
110877	儿茶素	(+) – Catechin
110878	表儿茶素	(–) – Epicatechin
110879	腺苷	Adenosine
110880	土荆皮乙酸	Pseudolaric Acid
110881	龙脑	(–) – Bornol
110882	木兰脂素	Magnoshinin
110883	葫芦巴碱	Trigonelline
110884	大叶茜草素	Mollugin
110885	咖啡酸	Caffeic Acid
110886	腺嘌呤	Adenine
110887	尿苷	Uridine
110888	环维黄杨星 D	Cycloyirobuxinum D
110889	苏氨酸	Threomine
110890	组氨酸	Histidine
110891	黄山药皂苷提取物	Huangshanyao Saponins Extract
110892	积雪草苷	Asiaticoside
110893	羟基积雪草苷	Madecassicside
110894	甜菜碱	Betaine
110895	雪上一枝蒿甲素	Bullatine A
110896	琥珀酸	Succinic Acide
110897	α – 蒎烯	α – Pinene
110898	γ – 亚麻酸甲酯	Methyl γ – Linolenadte
110899	二十八烷醇	1 – Octacosanol
110900	祖师麻甲素（曾用名：瑞香素）	Daphnetin
111501	尿囊素	Allantoin
111502	大豆苷元	Daidzein
111503	芳樟醇	Linalool
111504	D – 果糖	D – Fructose
111506	D (–) 阿拉伯糖	D (–) Arabinose
111507	蔗糖	Sucrose

续表

编号	品种名称	英文名/拉丁名
111508	D－木糖	D－Xylose
111509	三十烷醇	1－triacontanol
111510	愈创木酚	Guaiacul
111511	滨蒿内酯	Scoparone
111512	异龙脑	（±）－Isoborneol
111513	7－甲氧基香豆素	7－methoxy coumarin
111514	汉黄芩素	Wogonin
111515	甜菊苷	Stevioside
111517	棉酚	Gossypol
111518	雪胆素甲	Cucurbitacin
111520	木犀草素	Luteolin
111521	金丝桃苷	Hyperoside
111522	升麻素苷	Prim－o－glucosylcimifugin
111523	5－O－甲基维斯阿米醇苷	5－O－Methylvisammioside
111524	木香烃内酯	Costunolide
111525	去氢木香内酯	Dehydrocostuslactone
111528	蒙花苷	Buddleoside（Linarin）
111529	五味子酯甲	Schisantherin
111530	麦角甾苷（毛蕊花糖苷）	Acteoside（Verbascoside）
111531	毛两面针素	Toddalolatone
111532	岩白菜素	Bergenin
111533	高三尖杉酯碱	Homoharringtonine
111535	白藜芦醇	Resveratrol
111536	土贝母苷甲	Tubeimiside Ⅰ
111537	松脂醇二葡萄糖苷	Pinoresinol diglucoside
111538	槲皮苷	Quercitrin
111539	薯蓣皂苷元	Diosgenin
111541	反丁烯二酸（富马酸）	Fumaric acid
111542	荆芥油	Fineleat Schizonepeta oil
111543	生姜油	Ginger essential oil
111544	莪术油	Zedoary oil
111545	八角茴香油	Anisi oil
111546	鱼腥草油	Houttuyniae Oil
111547	牡荆油	Viticis Negundo oil
111548	小茴香油	Fennel essential oil
111549	紫苏油	Perilla essential oil
111550	肉桂油	Oleum cinnamomi
111551	薄荷素油	Peppermint oil

续表

编号	品种名称	英文名/拉丁名
111552	九里香酮	6，8，3´，4´– Tetramethoxyflavone
111553	人参茎叶皂苷	Ginserg Stem and Leaf Faponins
111554	蔓荆子黄素	Vitexicarpin
111555	石吊兰素	Lysionotin
111556	茴香醚	Anethole
111557	次野鸢尾黄素	Irisflorentin
111558	龙血素 B	Loureirin B
111559	剑叶龙血素 C	Cochinchinenin C
111560	金利油	Jinlin Oil
111561	辛夷脂素	Fargesin
111562	丹酚酸 B	Salvianolic acid B
111566	荷叶碱	Nuciferine
111567	雷公藤甲素（雷公藤内酯醇）	Triptolide
111568	乌药醚内酯	Linderane
111571	异鼠李素 –3 – O – 新橙皮苷	Isorhamnetin – 3 – O – nehesperidine
111572	远志皂苷元	Senegenin
111573	香蒲新苷	Typhaneoside
111574	紫丁香苷	Syringin
111575	虎杖苷	Polydatin
111576	L – 谷氨酸	L – Glutamic
111578	L – 羟脯氨酸	L – Hydroxyproline
111579	降香挥发油	
111580	甲基橙皮苷	Methyl Hesperidin
111581	紫菀酮	Shionone
111582	青阳参苷元	Cynanchagenin
111583	二氢欧山芹醇当归酸酯	Columbianadin
111585	平贝碱甲 A	Pingpeimine A
111588	西红花苷 – Ⅰ	Crocin – Ⅰ
111589	西红花苷 – Ⅱ	Cricin – Ⅱ
111590	重楼皂苷 Ⅰ	Chonglou Saponin Ⅰ
111591	重楼皂苷 Ⅱ	Chonglou Saponin Ⅱ
111592	重楼皂苷 Ⅵ	Chonglou Saponin Ⅵ
111593	重楼皂苷 Ⅶ	Chonglou Saponin Ⅶ
111594	总银杏酸	Total Ginkgolic acid
111595	黄芩素	Baicalein
111596	胡黄连苷 – Ⅱ	Picroside – Ⅱ
111597	雷公藤酯甲	Wilforlide A
111598	脱水穿心莲内酯琥珀酸半酯	Dehydroandrographolide Succinate

续表

编号	品种名称	英文名/拉丁名
111605	丹参酮ⅡA 磺酸钠	Sulfotanshinone Sodium
111607	芒果苷	Mangiferin
111608	金龙胆草提取物	Convza Blinii Extract
111610	甘草苷	Liquiritin
111612	硫酸亚铁铵	Ammonium Ferrous Sulfate
111613	硫酸亚铁	Ferrous sulphate
111614	硫酸铁铵	Ammonium Ferric Sulfate
111616	牛磺酸	Taurine
111617	二甲基甲酰胺	Dimethyl Fornamide
111618	胆固醇	Cholesterol
111619	氧化锌	Zine Oxide (ZnO)
111620	硒	Selenium (Se)
111621	油酸	Oleic Acid
111622	亚油酸	Linoleic Acid
111623	柯里拉京	Corilagin
111624	α-亚麻酸甲酯	α-Methyl Linolenate
111625	亚油酸甲酯	Methyl Linoleate
111626	5-羟甲基糠醛	5-Hydroxymethyl-2-Furaldehyde
111627	沙棘油	Hipp ophae Oil
111629	2″-O-没食子酰基金丝桃苷	2″-O-galloylhyperin
111630	糠酸	Furan-2-carboxylic Acide
111631	α-亚麻酸	α-Linolenic Acid
111632	射干苷	Tectoridin
111636	正十八烷	1-Octadecane
111637	羟基红花黄色素 A	Hydroxysafflor yellow A
111638	蜕皮甾酮	Ecdysterone
111640	马钱苷	Loganin
111641	正已酸	Caproic acid
111642	甲基丁香酚	Methyleugenol
111643	香叶醇	Geraniol
111645	鬼臼毒素	Podophyllotoxin
111646	D-半乳糖醛酸	D-(+)-Galacturonic Acid
111647	千金藤素	Cepharanthin
111650	苯甲醛	Benzaldehyde
111651	卡维丁	Cavidine
111652	氧化槐果碱	Oxysophocarpine
111654	白鲜碱	Dictamnine
111655	亚硫酸氢钠穿心莲内酯	Sodium Andrographolidi Hydrogen Sulfite

续表

编号	品种名称	英文名/拉丁名
111656	5－羟色胺盐酸盐	4 – Hydroxytryptamine hydrochloride
111657	烈香杜鹃油	Savoury Rhododendron Oil
111658	月见草油	Evening Primyose Oil
111660	龙血素 A	Loureirin A
111663	木栓酮	Friedelin
111664	表木栓醇	Epifriedelanol
111665	牻牛儿酮	Germacrone
111666	二氢辣椒素（二氢辣椒碱）	Dihydrocapsaicin
111667	脱水卡维丁	Dehydrocavidine
111668	牡荆素鼠李糖苷	Rhamnosylvitexin
111669	老龙皮酸（网脊衣酸）	Retigeric Acid A
111670	松果菊苷	Echinacoside
111671	醋酸辛酯	Octyl acetate
111672	焦性没食子酸	Pyrogallic acid
111673	萘	Naphthalene
111674	环已酮	Cyclohexanone
111675	正十九烷	1 – Nonadecane
111676	酪醇	Tyrosol
111677	正十五烷	1 – Penfadecane
111678	咖啡酸乙酯	Caffeoyl efhylesfer
111679	柠檬酸	Cifric acid
111681	硫酸钾	Potassium Sulfate
111682	对二氯苯	1，4 – dichlorobenzene
111683	鼠李糖	Rhamnose
111684	氢溴酸槟榔碱	Areciline Hydrochloride
111685	川续断皂苷 Ⅵ（木通皂苷 D）	Asperosaponin Ⅵ（Abeboside D）
111686	人参皂苷 Rb3	Ginsenoside Rb3
111687	牡荆素（牡荆苷）	Vitexin
111688	天然冰片（右旋龙脑）	（+） – Borneol
111689	β，β－二甲基丙烯酰阿卡宁	β，β – Dimethylacrylackannin
111690	白果新酸	Ginkgoneolic acid
111691	香荆芥酚	Carvacrol
111692	甘油三油酸酯	Olein
111693	甘油三亚油酸酯	Linolein
111694	十七碳酸甲酯	Heptadecanoic acid methylester
111695	槐角苷	Sophoricoside
111696	莲心碱高氯酸盐	Liensinine perchlorafe
111697	鸭脚树叶碱	Picrinine

续表

编号	品种名称	英文名/拉丁名
111698	异阿魏酸	Isoferulic acid
111699	高良姜素	Galangin
111700	梣酮	Fraxinellon
111701	白杨素	Chrysin
111702	芥子碱硫氰酸盐	Sinapine cyanide sulfonafe
111703	芒柄花素	Formononetin
111704	染料木素	Genistein
111705	(－) －薄荷酮	(－) －Menthone
111706	胡薄荷酮	Pulegone
111707	薯蓣皂苷	Dioscin
111708	鹰嘴豆芽素 A	Biochanin A
111709	染料木苷	Genistin
111710	升麻素	Cimifugin
111711	白花前胡甲素	Praeruptorin
111712	竹节香附素 A	Raddeanin A
111713	刺五加苷 E	Eleutheroside E
111714	亥茅酚苷	Sec－O－glucosylhamaudol
111715	人参皂苷 Rb2	Ginsenoside Rb2
111716	穿龙薯蓣皂苷提取物	Dioscorea Nipponica Saponin Extract
111717	1，5－O－二咖啡酰奎宁酸	1，5－O－Dicaffeoylguinic acid
111718	白屈菜红碱	Chelerythrine
111719	人参皂苷 Rf	Giusenoside Rf
111720	木犀草苷	Lufeolin－7－O－glucoside
111721	冬凌草甲素	Oridonin
111723	地肤子皂苷 Ⅰc	Kochioside Ⅰc
111726	奇任醇	Kirenol
111727	胡黄莲苷 Ⅰ	Picroside Ⅰ
111728	柳穿鱼叶苷	Pectolinarin
111729	哈巴苷	Happagide
111730	哈巴俄苷	Harpagoside
111731	秦皮素	Fraxetin
111732	党参炔苷	Lobetyolin
111733	常春藤皂苷元	Hederagenin
111734	紫堇灵	Corynoline
111735	路路通酸	Liquidambaric acid
111737	异类叶升麻苷	Isozcteoside
111738	大豆苷	Daidzin
111739	7－羟基香豆素	7－Hydroxycoumarin

续表

编号	品种名称	英文名/拉丁名
111740	6，7－二甲氧基香豆素	6，7－dimethoxycoumarin
111741	6－羟基－7－甲氧基香豆素	6－hudroxy－7－methoxycoumarin
111742	当药苷	Sweroside
111743	正丁醇	n－Butanol
111744	1－羟基－3，4，5－三甲氧基山酮	1－Hydroxy－3，4，5－trimethoxyxanthone
111745	苦玄参苷 IA	Picfeltrarraenin A
111746	醋酸乙酯	Ethyl acetate
111747	20（S）－原人参二醇	20（S）－Protopanaxadiol
111748	20（S）－人参皂苷 Rh2	20（S）－Ginsenoside Rh2
111749	左旋樟脑	（－）－Camphor
111750	薏苡仁油	Coix seed oil
111751	派可林酸	Pipecolinic acid
111752	菊苣酸	Cichoric acid
111753	表告依春	Epigoitrin
111754	罗汉果苷Ⅴ	Mogroside Ⅴ
111755	20（S）－原人参三醇	20（S）－Protopanaxatriol
111757	二苯基庚烷 A	5－hydroxy－7－（4"－hydroxy－3"－methoxyphenyl）－1－phenyl－3－heptanone
111760	11－羰基－β－乙酰乳香酸	acetyl－11－keto－b－boswellic acid
111761	桃叶珊瑚苷	Aucubin
111762	银杏酸 C 15：1	Ginkgolic acid C 15：1
111763	20（S）－人参皂苷 F1	20（S）－Ginsenoside F1
111764	20（S）－人参皂苷 F2	20（S）－Ginsenoside F2
111765	5，7，3′，4′，5′－五甲氧基黄酮	5，7，3′，4′，5′－pentamethoxy flavone
111766	白头翁皂苷 B4	Pulchinenoside B4
111769	金橙Ⅱ	Orange Ⅱ
111770	金胺 O	Auramine O
111771	胭脂红	Neucoccin
111772	赤藓红	Erythrosin B
111773	酸性红 73	Acid red 73（Brilliant Croceine MOO）
111774	月桂酸	Lauric Acid
111775	山柰苷	Kaempferitrin
111776	匙羹藤皂苷 C	Sylvestroside C
111777	荭草苷	Orientin
111779	20（S）－人参皂苷 Rg2	20（S）－Ginsenoside Rg2
111780	朝藿定 C	Epimedin C
111782	3，5－二咖啡酰基奎宁酸	3，5－o－dicaffeoyl guinic acid
111783	注射用益气复脉随行对照品	Reference extract of YiQiFuMai for injection

续表

编号	品种名称	英文名/拉丁名
120901	丁公藤（光叶丁公藤）	CAULIS ERYCIBES
120902	大黄（唐古特大黄）	RADIX ET RHIZOMA RHEI TANGUTICI
120903	牛蒡子	FRUCTUS ARCII
120904	甘草（甘草）	RADIX ET RHIZOMA GLYCYRRHIZAE
120905	白芍	RADIX PAEONIAE ALBA
120906	血竭	SANGUIS DRACONIS
120907	红花	FLOS CARTHAMI
120908	连翘	FRUCTUS FORSYTHIAE
120909	吴茱萸	FRUCTUS EVODIAE
120911	荆芥	HERBA SCHIZONEPETAE
120912	益母草	HERBA LEONURI
120913	黄连（三角叶黄连）	RHIZOMA COPTIDIS
120914	紫苏叶	FOLIUM PERILLAE
120915	槟榔	SEMEN ARECAE
120916	薄荷	HERBA MENTHAE
120917	人参	RADIX ET RHIZOMA GINSENG
120918	川芎	RHIZOMA CHUANXIONG
120919	广防己	RADIX ARISTOLCHIAE FANGCHI
120920	马兜铃（北马兜铃）	FRUCTUS ARISTOLOCHIAE
120921	木香	RADIX AUCKLANDIAE
120922	五味子	FRUCTUS SCHISANDRAE CHINENSIS
120923	丹参	RADIX SALVIAE MILTIORRHIZAE
120924	平贝母	BULBUS FRATILLARIAE USSURIENSIS
120925	白术	RHIZOMA ATRACTYLODIS MACROCEPHALAE
120926	肉豆蔻	SEMEN MYRISTICAE
120927	当归	RADIX ANGELICAE SINENSIS
120928	延胡索（元胡）	RHIZOMA CORYDALIS
120929	伊贝母	BULBUS FRITILLARIAE WALUJEWII
120930	关木通（东北马兜铃）	CAULLIS ARISTOLO CHIAE MANSHURIENSISI
120931	苏合香	STYRAX
120932	苍术（茅苍术）	RHIZOMA ATRACTYLODIS
120933	佛手	FRUCTUS CITRI SARCODACTYLIS
120934	何首乌	RADIX POLYGONI MULTIFLORI
120935	羌活（羌活）	RHIZOMA ET RADIX NOTOPTERYGII
120936	枳实（酸橙）	FRUCTUS AURANTII IMMATURUS
120937	关黄柏	CORTEX PHELLODENDRI AMURENSIS
120938	蛇胆汁	FEL SERPENTIS
120939	首乌藤	CAULIS POLYGONI MULTIFLORI

续表

编号	品种名称	英文名/拉丁名
120940	独活	RADIX ANGELICAE PUBESCENTIS
120941	三七	RADIX ET RHIZOMA NOTOGINSENG
120942	干姜	RHIZOMA ZINGIBERIS
120943	广山楂	FRUCTUS MALI
120944	天麻	RHIZOMA GASTRODIAE
120945	白芷（杭白芷）	RADIX ANGELICAE DAHURICAE
120946	西青果	FRUCTUS CHEBULAE IMMATURUS
120947	防风	RADIX SAPOSHNIKOVIAE
120948	返魂草（麻叶千里光）	HERBA SENECIONIS CANNABIFOLII
120949	郁金（温郁金）	RADIX CURCUMAE
120950	茵陈（滨蒿）	HERABA ARTEMISIAE SCOPARIAE
120951	前胡（白花前胡）	RADIX PEUCEDANI
120952	降香	LIGNUM DALBERGIAE ODORIFERAE
120953	桃仁（桃）	SEMEN PERSICAE
120954	饿蚂蝗	HERBA DESMODII CAUDATI
120955	黄芩	RADIX SCUTELLARIAE
120956	紫菀	RADIX ET RHIZOMA ASTERIS
120957	罂粟壳（毒）	PERICARPIUM PAPAVERIS
120958	墨旱莲	HERBA ECLIPTAE
120959	瓦松	HERBA OROSTACHYOS
120960	相思子	SEMEN ABRI
120961	狼毒（月腺大戟）	MYRRHA
120962	湖北贝母	BULBUS FRITILARIAE HUPEHENSIS
120963	干蟾皮	CORIUM BUFONIS
120964	千里光	HERBA SENECIONIS SCANDENTIS
120965	木芙蓉叶	FOLIUM HIBISCI MUTABILIS
120966	仙鹤草	HERBA AGRIMONIAE
120967	没药（天然没药）	MTYRRH
120968	灵芝（赤芝）	GANODERMA
120969	陈皮	PERICARPIUM CITRI RETICULATAE
120970	乳香	OLIBANUM
120971	南板蓝根	RHIZOMA ET RADIX BAPHICACANTHIS CASAE
120972	浙贝母	BULBUS FRITILLARIAE THUNBERGII
120973	莪术（蓬莪术）	RHIZOMA CURCUMAE
120974	黄芪（蒙古黄芪）	RADIX ASTRAGALI
120975	黑豆	SEMEN GLYCINES NIGRAE
120976	山豆根	RADIX SOPHORAE TONKINENSIS
120977	北豆根	RHIZOMA MENISPERMI

续表

编号	品种名称	英文名/拉丁名
120978	白鲜皮	CORTEX DICTAMNI
120979	罗布麻叶	FOLIUM APOCYNI VENETI
120980	虎杖	RHIZOMA ET RADIX POLYGONI CUSPIDATI
120981	枳壳（酸橙）	FRUCTUS AURANTII
120982	麝香	MOS CHUS
120983	苍术（北苍术）	RHIZOMA ATRACTYLODIS
120984	大黄（药用大黄）	RADIX ET RHIZOMA RHEI
120985	砂仁（阳春砂）	FRUCTUS AMOMI
120986	栀子	FRUCTUS GARDENIAE
120987	地龙	PHERETIMA
120988	龙胆（坚龙胆）	RADIX GENTIANAE
120989	远志	RADIX POLYGALAE
120990	苦地丁	HERBA CORYDALIS BUNGEANAE
120991	刺五加	RADIX ET RHIZOMA SEU CAULIS ACANTHOPANACIS SENTICOSI
120992	柴胡	RADIX BUPLEURI
120993	夏枯草	SPICA PRUNELLAE
120994	射干	RHIZOMA BELAMCANDAE
120995	野菊花	FLOS CHRYSANTHEMI INDICI
120996	番泻叶（狭叶番泻）	FOLIUM SENNAE
120997	西洋参	RADIX PANACIS QUINGUEFLOLII
120998	黄精（滇黄精）	RHIZOMA POLYGONATI KINGIANI
120999	八角茴香	FRUCTUS ANISI STELLATI
121000	川贝母	BULBUS FRITILLARE UNIBRACTEATAE
121001	小檗皮	CORTEX BERBERIDIS
121002	马鞭草	HERBA VERBENAE
121003	木瓜	FRUCTUS CHAENOMELIS
121004	太子参	RADIX PSEUDOSTELLARIAE
121005	止泻木子	SEMEN HOLARRHENA ANTIDYSENTENCAE
121006	片姜黄	RHIZOMA WENYUJIN CONCISA
121007	节裂角小茴香	HERBA HYPECOE LEPTOCARPE
121008	玄参	RADIX SCROPHILABIAE
121009	西红花	STIGMA CROCI
121010	合欢花	FLOS ALBIZIAE
121011	决明子（决明）	SEMEN CASSIAE
121012	红豆蔻	FRUCTUS GALANGAE
121013	麦冬	RADIX OPHIOPOGONIS
121014	两面针	RADIX ZANTHOXYLI
121015	诃子（诃子）	FRUCTUS CHEBULAE

续表

编号	品种名称	英文名/拉丁名
121016	青蒿	HERBA ARTEMISIAE ANNUAE
121017	苦木	CAULIS PICRASMAE
121018	苦玄参	HERBA PICRIAE
121019	苦参	RADIX SOPHORAE FLAVESCENTIS
121020	罗汉果	FRUCTUS MOMORDICAE
121021	委陵菜	HERBA POTENTILLAE CHINENSIS
121022	珍珠（皱纹冠蚌）	MARGARITA
121023	荜茇	FRUCTUS PIPERIS LONGI
121024	牵牛子	SEMEN PHARBITIDIS
121025	香加皮	CORTEX PERIPLOCAE
121026	独一味	RADIX LAMIOPHLOMIS
121027	穿山甲	SQUAMA MANIS
121028	桔梗	RADIX PLATYCODONIS
121029	益智	FUCTUS ALPINIAE OXYPHYLLAE
121030	蛇床子	FRUCTUS CNIDII
121031	鹿茸（梅花鹿）	COENU CERVI PANTOTRICHUN
121032	淫羊藿（朝鲜淫羊藿）	HERBA EPIMEDII
121033	续断	RADIX DIPSACI
121034	绵马贯众	RHIZOMA DRYOPTERIS CRASSIRHIZOMAE
121035	满山红（兴安杜鹃）	FOLIUM RHODODENDRI DAURICI
121036	漏芦（祁州漏芦）	RADIX RHAPONTICI
121038	槲寄生	HERBA VISCI
121039	丁香	FLOS CARYOPHYLLI
121040	大枣	FRUCTUS JUJUBAE
121041	女贞子	FRUCTUS LIGUSTRI LUCIDI
121042	甘遂	RADIX KANSUI
121043	石榴皮	PERICARPIUM GRANATI
121044	全蝎	SORPIO
121045	红参	RADIX ET RHIZOMA GINSENG RUBRA
121046	鱼腥草	HERBA HOUTTUYNIAE
121047	金樱子	FRUCTUS ROSAE LAEVIGATAE
121048	肿节风	HERBA SARCANDRAE
121049	茜草	RADIX ET RHIZOMA RUBIAE
121050	桂皮	CORTEX CINNAMOMI CASSIAE
121051	麻黄（草麻黄）	HERBA EPHEDRAE
121052	紫草茸	LACCA
121053	鹅不食草	HERBA CENTIPEDAE
121054	当归尾	RADIX ANGELICAE SINENSIS

续表

编号	品种名称	英文名/拉丁名
121055	南山楂	FRUCTUS CRATAEGI CUNEATAE
121056	补骨脂	FRUCTUS PSORALEAE
121057	党参（党参）	RADIX CODONOPSIS PILOSULAE
121058	洋金花	FLOS DATURAE
121059	香附	RHIZOMA CYPERI
121060	金银花	FLOS LONICERAE JAPONIAE
121061	水蛭（蚂蟥）	HIRUDO
121062	芫花	FLOS GENKWA
121063	槐花	FLOS SOPHORAE
121064	羚羊角	CORNU SALGAE TATARICAE
121065	川牛膝	RADIX CYATHULAE
121066	牛膝	RADIX ACHYRANTHES BIDENTATAE
121067	苏木	LIGNUM SAPPAN
121068	杜仲叶	FOLIUM EUCOMMIAE
121069	忍冬藤	CAULIS LONICERAE JAPONICAE
121070	知母	RHIZOMA ANEMARRHENAE
121071	狗脊	RHIZOMA CIBOTII
121072	枸杞子	FRUTUS LYCII
121073	胡黄连	RHIZOMA PICRORHIZAE
121074	莱菔子	SEMEN SAPHANI
121075	桑寄生	HERBA TAXILLI
121076	救必应	CORTEX LLICIS ROTUNDAE
121077	积雪草	HERBA CENTELLAE
121078	五倍子	GALLA CHINENSIS
121079	辛夷（望春花）	FLOS MAGNOLIAE
121080	阿魏	RESINA FERULAE
121081	泽泻	RHIZOMA ALISMATIS
121082	穿心莲	HERBA ANDROGRAPHIS
121083	棉花根	RADIX GOSSYPII HIRSUTI
121084	藏菖蒲	RHIZOMA ACORI CALAMI
121085	芫花条	CAULIS GENKWA
121086	鸡蛋花	FLOS PLUMERIAE ACUTIFOLIAE
121087	地骨皮（枸杞）	CORTEX LYCII
121088	山芝麻	RADIX HELICTERIS
121089	金莲花	FLOS TROLLII
121090	土木香	RADIX INULAE
121091	川木香（川木香）	RADIX VIADIMIRIAE
121092	赤芍（川赤芍）	RADIX PAEONIAE VEITCHII

续表

编号	品种名称	英文名/拉丁名
121093	赤芍（芍药）	RADIX PAEONIAE RUBRA
121094	王不留行	SEMEN VACCARIAE
121095	牛胆粉	NIUDAN FEN
121096	乌药	RADIX LINDERAE
121097	火麻仁	FRUCTUS CANNABIS
121098	石菖蒲	RHIZOMA ACORI TATARINOWII
121099	土荆皮（金钱松）	CORTEX PSEUDOLARICIS
121100	百合	RULBUSLILII
121101	肉苁蓉	HERBA CISTANCHES
121102	红大戟	RADIX KNOXIAE
121103	红芪	RADIX HEDYSARI
121104	卷柏（垫状卷柏）	HERBA SELAGINELLAE
121105	麦芽	FRUCTUS HORDEI GERMINATUS
121106	花椒	PERICARPIUM ZANTHOXYLI
121107	芦根	RHIZOMA PHRAGMITIS
121108	扶芳藤	HERBA EUONYMI
121109	伸筋草	HERBA LYCOPODII
121110	鸡冠花	FLOS CELOSIAE CRISTATAE
121111	苦楝皮（楝）	CORTEX MELIAE
121112	明党参	RADIX CHANGII
121113	佩兰	HERBA EUPATORII
121114	金荞麦	RHIZOMA FAGOPYRI DIBOTRYIS
121115	金樱根	RADIX ROSAE LAEVIGATAE
121116	卷柏（卷柏）	HERBA SELAGINELLAE
121117	茯苓	PORIA
121118	南五味子	FRUCTUS SCHISANDRAE SPHENNANTHERAE
121119	南鹤虱	FRUCTUS CAROTAE
121120	香橼	FRUCTUS CITRI
121121	莲子	SEMEN NELUMBINIS
121122	凌霄花	FLOS CAMPSIS
121123	桑叶	FOLIUM MORI
121124	桑白皮	CORTEX MORI
121125	旋复花（旋复花）	FLOS LNULAE
121126	地蜈蚣	RHIZOMA ARTHROMERIS MAIREIS
121127	锦灯笼	CALYX SEU FRUCTUS PHYSALIS
121128	藁本（藁本）	RHIZOMA ET RADIX LIGUSTICI
121129	藁本（辽藁本）	RHIZOMA LIGUSTICI
121130	薤白（小根蒜）	BULBUS ALII MACROSTEMONIS

续表

编号	品种名称	英文名/拉丁名
121131	鹤虱	FRUCTUS CARPESII
121132	蟾酥	VENENUM BUFONIS
121133	松叶	FOILIUM PINI MASSONIANAE
121134	人参芦头	RHIZOMA GINSENG
121135	广藿香	HERBA POGOSTEMONIS
121136	山麦冬	RADIX LIRIOPES
121137	山药	RHIZOMA DIOSCOREAE
121138	山楂（山里红）	FRUCTUS CRATAEGI
121139	天冬	RADIX ASPARAGI
121140	毛冬青	RADIX ILICIS PUBESCENTIS
121141	巴豆	FRUCTUS CROTONIS
121142	半边莲	HERBA LOBELIAE CHINENSIS
121143	白屈菜	HERBA CHELIDONII
121144	白果	SEMEN GINKGO
121145	白茅根	RHIZOMA LMPERATAE
121146	江南卷柏	HERBA SELAGINLLAE MOELLENDORFII
121147	地胆草	HERBA ELEPHANTOPI
121148	地肤子	FRUCTUS KOCHIAE
121149	芦荟（好望角芦荟）	ALOE
121150	芥子（芥）	SEMEN SINAPIS
121151	花锚（椭圆叶花锚）	HERBA HALENIAE
121152	岗梅	RADIX ILICIS ASPRELLAE
121153	鸡内金	ENDOTHLIUM CORNEUM GIGERIAE GALLI
121154	芦竹根	RHIZOMA ARUNDINIS
121155	青皮	PERICARPIUM CITRI RETICULATAE VIRIDE
121156	白附子（独角莲）	RHIZOMA TYPHONII
121157	重楼（云南重楼）	RHIZOMA PARIDIS
121158	桑椹	FRUCTUS MORI
121159	粉萆薢	RHIZOMA DIOSCOREAE HYPOGLAUCAE
121160	银杏叶	FOLIUM GINKGO
121161	紫荆皮	CORTEX KADSURAE RADICIS
121162	翻白草	HERBA POTENTILLAE DISCOLORIS
121163	巴戟天	RADIX MORINDAE OFFICINALIS
121164	马钱子	SEMEN STRYCHNI
121165	化橘红（柚）	EXOCARPIUM CITRI GRANDIS
121166	百蕊草	HERBA THESII
121167	地锦草	HERBA EUPHORBIAE HUMIFUSAE
121168	苍耳子	FRUCTUS XANTHII

续表

编号	品种名称	英文名/拉丁名
121169	骨碎补	RHIZOMA DRYNARIAE
121170	青黛	INDIGO NA TURALIS
121171	猪牙皂	FRUCTUS GLESITDIAE ABNORMALIS
121172	紫苏梗	CAULIS PERILLAE
121173	鸡血藤	CAULIS SPATHOLOBI
121174	闹洋花	FLOS RHODOENDRI MOLLIS
121175	葛根（甘葛藤）	RADIX PUERARIAE
121176	爵床	HERBA ROATELLULARIAE
121177	板兰根	RADIX ISATIDIS
121178	甜瓜蒂	PEDICELLUS MELO
121179	蜘蛛香	RHIZOMA VALERIANAE JATAMANSI
121180	地黄（生地黄）	RADIX REHMANNIAE
121181	红杜仲	CORTEX PARABARII
121182	升麻	RHIZOMA CIMICIFUGAE DAHURICAE
121183	白花蛇舌草	HERABA HEDYOTIDIS
121184	瓜蒌皮（栝楼）	PERICARPIUM TRICHOSANTHIS
121185	瓜蒌皮（双边栝楼）	PERICARPIUM TRICHOSANTHIS ROSTHOMII
121186	安息香	BENZOINUM
121187	金钱草	HERBA LYSIMACHIAE
121188	姜黄	RHIZOMA CURCUMAE LONGAE
121189	威灵仙	RADIX CLEMATIDIS
121190	钩藤	RAMULUS UNCARIAE CUMUNCIS
121191	桂枝	RAMULUS CINNAMOMI
121192	夏天无	RHIZOMA CORYDALIS DECUMBENTIS
121193	钻山风	RADIX ET CAULIS FISSISTIGMAE
121194	紫金龙	RADIX DACTYLICAPNI
121195	蒲公英	HERBA TARAXACI
121196	熟地黄	RADIX REHMANNIAE PREPARATA
121197	人工牛黄	CALCUCLUS BOVIS ARTIFACTUS
121198	小茴香	FRUCTUS FOENICULI
121199	秦艽（小秦艽）	RADIX GENTIANAE DAHURICAE
121200	大叶紫珠	FOLIUM CALLICARPAE MACROPHYLLAE
121201	冬虫夏草	CORDYCEPS
121202	杜仲	CORTEX EUCOMMIAE
121203	昆明山海棠	RADIX TRIOTERYGII HYPOGLAUCI
121204	细辛	RADIX RHIZOMA ASARI
121205	雪莲花（天山雪莲花）	HERBA SAUSSUREAE INVOLUCRETAE
121206	毛诃子	FRUCTUS TEMINALIAE BILLARICAE

续表

编号	品种名称	英文名/拉丁名
121207	水翁花	FLOS CLEISTOCALYCIS
121208	乌梅	FRUCRUS MUME
121209	牛大力	RADIX MILLETIAE SPECIOSAE
121210	皂角刺	SPINA GLEDITSIAE
121211	鹿衔草	HERBA PYROLAE
121212	番石榴叶	FOLIUM PSIDII
121213	矮地茶	HERBA ARDISIAE JAPONICAE
121214	槐角	FRUCTUS SOPHORAE
121215	藤黄	GUTII COMBOGIA
121216	八角麻	HERBA BOEHMERIAE PLATANIFOLIAE
121217	牛白藤	HERBA HEDYOTIDEAE
121218	布渣叶	FOLIUM MICROCOTIS
121219	松塔	STROBILUS PINI
121220	葶苈子（播娘蒿）	SEMEN DESCURAINIAE
121221	百部（对叶百部）	RADIX STEMONAE
121222	沉香	LIGNUM AQUILARIAE RESINATUM
121223	岗松	FOLIUM BAECKEAE
121224	野木瓜	CAULIS ET FOLIUM STAUNTONIAE
121225	蒲黄	POLLEN TYPHAE
121226	黑蚂蚁	FORMICA NIGRA
121227	路边青	HERBA CLERODENDRI CYRTOPHYLLI
121228	槲叶	FOLIUM QUERCIDENTAATAE
121229	山橿根	RADIX LINDERAE REFLEXAE
121230	山香圆叶	FOLIUM TURPINIAE
121231	臭灵丹	HERBA LAGGERAE
121233	波棱瓜子	SEMEN HERTOSPERMI
121234	夜香牛	HERBA VERNONIAE CINEREAE
121235	山风	HERBA BLUMEAE AROMATICAE
121236	船形乌头	HERBA ACONITI NAVICULARIS
121237	柘木	LIGNUM RADIX CUDRANIAE
121238	甜叶菊	FOLIUM STEVIAE
121239	地稔	HERBA MELASTOMATIS DODECANDRI
121240	檀香	LIGNUM SANTALIALBI
121241	毛大丁草	HERBA GERBERAE PILOSELLOIDIS
121242	兔耳草	HERBA LAGOTIS
121243	祖师麻	HERBA LAGOTIS
121244	蜜环菌粉	ARMILLARIA MELLEA
121245	红穿破石	RADIX ET CAULIS VENTILAGINIS LEIOCARPAE

续表

编号	品种名称	英文名/拉丁名
121246	海星	ASTERIAS
121247	山绿茶	FOLIUM ILICIS HAINANENSIS
121248	广金钱草	HERBA DESMODII STYRACIFOLII
121249	大黄（掌叶大黄）	RHUBARB
121250	没药（胶质没药）	MYRRHA
121251	青风藤	CAULIS SINNOMENII
121252	龙血竭	RESINA DRACONIS
121253	丁香叶	FOLIUM SYRINGAE
121254	薏苡仁	SEMEN COICIS
121255	刺玫果	FRUCTUS ROSAE DAVURICAE
121256	鸡矢藤	HERHA PAEDERIAE
121257	紫金莲	RADIX CERATOSTIGMAE
121258	芦笋	HERBAASPARAGI
121259	灯台叶	FOLIUM ALSTONIAE SCHOLARIS
121260	买麻藤（买麻藤）	CAULIS GNETI
121261	枇杷叶	FOLIUM ERIOBOTRYAE
121262	白及	RHIZOMA BLETILLAE
121263	高良姜	RHIZOMAALPINIAE OFFICINARUM
121264	芭蕉根	RHIZOMA MUSAE
121265	蜂房	NIDUS VESPAE
121266	了哥王	RADIX WIKSTROEMIAE INDICAE
121267	博落回	HERBA MACIEAYA CORDATA
121269	灯盏细辛	HERBA ERIGERONTIS
121270	槐米	FLOS SOPHORAE
121272	半夏	RHIZOMA PINELLIAE
121274	阿胶	COLLA CORII ASINI
121275	沙苑子	SEMEN ASTRAGALI COMPLANTI
121276	肉苁蓉（管花肉苁蓉）	HERBA CISTANCHES
121277	黄荆子	FRUCTUS VITICIS NEGUNDO
121279	防己	RADIX STEPHANIAE TETRANDRAE
121280	小叶榕	FOLIUM FICI
121281	土槿皮	COETEX CLEISTOCALYCIS OPERCULATI
121282	头花蓼	HERBA POLYGONI CAPITATI
121283	仙人掌	HERBA OPUNTIAE
121284	玳瑁	CARAPAX ERETMOCHELYDIS
121285	厚朴	CORTEX MAGNOLIAE OFFICINALIS
121286	地榆（地榆）	RADIX SANGUISOBAE
121287	胖大海	SEMEN STERCULIAE LYCHNOPHORAE

续表

编号	品种名称	英文名/拉丁名
121288	走马胎	RADIX CINNAMOMI CAMPHORI
121289	余甘子	FRUCTUS PHYLLANTHI
121290	赤胫散	RHIZOMA POLYGONI RUNCINATI
121291	土大黄（皱叶酸模）	RADIX RUMICIS CRISPI
121292	透骨香	RADIX GAULTHERIAE
121293	半枝莲	HERBA SCUTELLARIAE BARBATAE
121294	石椒草	HERBA BOENNINGHAUSENIAE
121295	薯莨	RHIZOMADIOSCOREAE
121296	蒺藜	FRUCTUS TRIBULI
121297	石吊兰	HERBA LYSIONTI
121298	隔山消	RADIX CYNANCHI
121300	大果木姜子	FRUCTUS CINNAMOII
121301	羊奶奶叶	FOLIUM ELAEAGNI
121302	见血飞	RADIX TODDALAE
121303	甘草（胀果甘草）	RADIX ET RHIZOMA GLYCYRRHIZAE
121304	莪术（温郁金香）	RHIZOMA CUROCUMAE WENYUJIN
121305	结石草	HERBA INCARVLLER
121306	紫色姜	RHZOMA ZINGIBERIS PURRUREI
121307	宽叶缬草	RADIX VALERIANAE LATIFOLIA
121308	薄芝菌丝体粉	GANDERMA CAPENSE
121309	马兰草	HERBA KALIMERIDIS
121310	紫檀香	LIGNUM PTEROCARRI
121311	绞股蓝	HERBA GYNOSTEMMAE
121312	凤尾草	HERBA PTERIDIS NERVOSAE
121313	铁筷子	RADIX CHIMONANTHUS
121314	吉祥草	HERBA REINECKEAE
121315	地瓜藤	HERBA FICI
121316	白英	HERBA SOLANI LYRATI
121317	苦莱子	SEMEN INTEGRIFOLIAE
121318	桃金娘根	RADIX RHODOMYRTI
121319	珠子草	HERBA PHYLIANTHI NIRURI
121320	乌贼墨	VESICA FUSCA SEPIAE
121321	黄芫花	FOLIUM FLOS WKSTROEMAE CHAMAEDAPHNIS
121322	荷叶	FOLIUM NELUMBINIS
121323	盘龙参	HERBA SPIRANTHIS LANCEAE
121324	蜂胶	PROPOLIS
121325	冬凌草	HERBA RABDOSIAE RUBESCENTIS
121326	肾茶	HERBA CLERODENDRANTHI

续表

编号	品种名称	英文名/拉丁名
121327	金铁锁	RADIX PSAMMOSILENES
121328	牛黄	CALCULUS BOVIS
121329	八角枫	RADIX ALANGIL
121331	狼毒（狼毒大戟）	RADIX EUPHORBIAE EBRACTEOLATAE
121332	塞隆骨	OS MYOSPALACIS BALEYI
121334	广枣	FRUCTUS CHOEROSPONDIATIS
121335	鹧鸪菜	FRONS CALOGLOSSAE LEPRIEURII
121336	胆木	LIGNUM ET RADIX NAUCLEAE
121337	珊瑚姜	RHIZOMA ZINGIBERIS
121338	草乌	RIDIX ACONITI KUSNEZOFFII
121339	黑芝麻	SEMEN SESAMI NIGRUM
121340	山楂叶（山里红）	FOLIUM CRATAEGI
121341	黄精（黄精）	RHIZOMA POLYGONATI
121342	白土苓（华南肖菝葜）	HERBA ACONITI NAVICULARIS
121343	竹叶柴胡	HERBA BUPLEURI MARGINATI
121344	绿萍	HERBA AZOLLAEIMBRICATAE
121345	艾叶	FOLIUM ARTEMISIAE ARGYI
121346	鸦胆子	FRUCTUS BRUCEAE
121347	杏叶防风	HERBA PIMPINELLAE
121348	五灵脂	FAECES TROGOPTERORUM
121349	水防风	RADIX LIBONOTIDIS
121350	固公果根	RADIX ROSAE GIGANTEAE
121352	膏桐	CORTEX JATROPHAE
121353	大血藤	CAULIS SARGENTODOXAE
121354	川西獐牙菜	HERBA SWERTIAE MUSSOTII
121355	刺梨叶	FOLINM ROSAE ROXBURGNIAE
121356	刺梨果	FRUCTUS ROSAE ROXBURGNIAE
121357	柏子仁	SEMEN PLATYCLADI
121358	韭菜子	SEMEN ALLII TUBEROSI
121359	一点红	HERBA EMILIAE
121360	落花生枝叶	RAMULUS ET FOLIUM ARACHIDIS HYPOGAEAE
121361	天花粉	RADIX TRICHOSANTHIS
121363	肉桂	CORTEX CINNAMOMI
121364	鸡眼睛	CACUMEN EUSCAPHIS
121365	洗碗叶	RAMULUS SOLANI VERBASCIFOLII
121366	瓜子金	HERBA POLYGALAE JAPONICAE
121367	大青叶	FOLIUM ISATIDIS
121368	草玉梅	RADIX RIVULARIS RIVULARE

续表

编号	品种名称	英文名/拉丁名
121369	巢脾	NIDUS APIS
121370	白花丹	HERBA PLUMBAGINIS ZEYLANICAE
121371	绿包藤	TINOSPORAE CRISPAE
121372	甜茶	FOLIUM RUBI SUAVISSIMI
121373	万丈深	RADIX CREPIDIS LIGNEAE
121374	叶下珠	HERBA PHYLIANTHI URINARAE
121375	华佩兰	HERBA EUPATORII CHINANSIS
121377	东风桔	ATTALANTEAE BUXIFOLIAE
121378	穿山龙	RHIZOMA DISCOREAE NIPPONICAE
121379	云实皮	CORTEX CAESALPINIAE RADICIS
121380	蓝布正	HERBA GEI
121381	楤木	RADIX ET CORTEX ARALIAE
121382	水金凤	HERBA IMPATIENTIS CRASSILOBAE
121384	菊花	FLOS CHRYSANTHEMI
121386	连钱草	HERBA GLECHOMAE LONGITUBAE
121387	车前草（平车前）	HERBA PLANTAGINIS
121388	菊苣（毛菊苣）	HERBA CICHORII
121389	沙棘膏	FRUCTUS HIPPOPHAIS
121390	槟榔花	FLOS ARECAE
121391	宽筋藤	CAULIS TINOSPORAE SINENSIS
121392	莲须	STAMEN NELUMBINIS
121393	锁阳	HERBA CYNOMORII
121394	烈香杜鹃	FLOS RHODODENDRI ANTHOPGONOIDI
121395	喜马拉雅紫茉莉	RADIX MIRABILIS HIMALAICAE
121396	侧柏叶	CACUMEN PLATYCLADI
121397	儿茶	CATECHU
121398	大红袍	RADIX CAMPYLOTROPIS HIRTELLAE
121399	马尿泡	RADIX PRZEWALSKIAE TANGUTICAE
121400	箭根薯	RHIZOMA TACCAE
121402	甘松（甘松）	RADIX ET RHIZOMA NARDOSTACHYOS
121403	买麻藤（小叶买麻藤）	CAULIS GIVETI PARVIFOLII
121404	玉叶金花	RAMULUS ET RADIX MUSSAENDAE
121405	羌活（宽叶羌活）	RHIZOMA ET RADIX NOTOPTERYGII
121406	前胡（紫花前胡）	RADIX PEUCEDANI
121407	螃蟹甲	RADIX PHLOMII
121409	川木通	CAULIS CLEMATIDIS ARMANDII
121410	飞龙掌血根皮	CORTEX TODDALIAE
121412	红景天（大花红景天）	RADIX ET RHIZOMA RHODIOLAE

续表

编号	品种名称	英文名/拉丁名
121413	披麻草	DADIX VERATRI
121414	绿绒蒿（全缘绿绒蒿）	HERBA MECONOPSIS
121415	秦皮	CORTEX FRAXINI
121416	岩黄连（石生黄堇）	HERBA CORYDALIS SAXICOLAE
121417	马勃（脱皮马勃）	LASIOSPHAERA SEU CALVARIA
121418	木鳖子	SEMEN MOMORDICAE
121419	蚕砂	FAECES BOMBYCIS
121421	芡实	SEMSN EURYALES
121423	莲子心	NELUMBO NUCIFERA GAERTN
121424	荆芥穗	HERBA SCHIZONEPETAE
121425	漆姑草	HERBA SAGINAE JAPONICAE
121426	野牡丹	RADIX MELASTOMATIS CANDIDI
121427	桑枝	RAMULUS MORI
121428	黑种草子	SEMEN NIGELLAE
121429	紫花地丁	HERBA VIOLAE
121430	紫草（新疆紫草）	RADIX ARNEBIAE
121431	石榴子	SEMEN GRANATI
121432	贝母花	FLOS FRITILLARIAE THUNBERGII
121433	一枝黄花	HERBA SOLIDAGINIS
121434	垂盆草	HERBA SEDI
121435	牛至	HERBA ORIGANI
121436	小蓟	HERBA CIRSII
121437	肉桂叶	FOLIUM CINNAMOMI
121438	黑老虎	RADIX KADSUREA COCCINEAE
121439	土茯苓	RHIZOMA SMILACIS GLABRAE
121440	胡椒（黑胡椒）	FRUCTUS PIPERIS
121441	胡椒（白胡椒）	FRUCTUS PIPERIS
121442	白前（柳叶白前）	RHIZOMA CYNANCHI STAUNTONII
121443	甘木通	FOLIUM CIEMATIS
121444	野马追	HERBA EUPATORII LINDLEYANI
121445	大叶骨碎朴	RHIZOMA DAVALLIAE
121446	盾叶薯蓣	RHIZOMA DIOSCOREAE ZINGIBERENSIS
121447	水杨梅根	RADIX ADINAE RUBELLAE
121448	土荆芥	HERBA CHENOPODII AMBROSIOIDIS
121449	款冬花	FLOS FARFARAE
121450	绵大戟	RADIX STELLERAE CHAMAEJASMES
121453	橙皮	AURANTII CORTEX

续表

编号	品种名称	英文名/拉丁名
121454	制何首乌	RADIX POLYGONI MULTIFLORI PREPARATACUM SUCCO GLYCINES SOTAE
121456	香薷	HERBA MOSLAE
121457	雄蚕蛾（家蚕）	BOMBYX MORI MASCULUS
121458	大风子	SEMEN HYDNOCARPI
121459	梧桐子	SEMEN FIRMIANAE
121460	满山白	FOLIUM SEU RAMULUS RHODODENDRI SENIAVINII
121461	功劳木	CAULIS MAHONIAE
121462	黄芪（膜荚黄芪）	RADIX ASTRAGALI
121463	灯心草	MEDULLA JUNCT
121464	川楝子	FRUCTUS TOOSENDAN
121465	匙羹藤叶	FOLIUM GYMNEMAE
121466	菝葜（金刚藤）	RHIZOMA SMILACIS CHINAE
121467	玉竹	RHIZOMA POLYGONATI ODORATI
121468	地耳草	HERBA HYPERICI JAPONICI
121469	飞龙掌血叶	FOLIUM TODDALLIAE
121470	朱砂根	RADIX ARDISIAE CRENATAE
121471	桃金娘果	FRUCTUS RHODOMYRTI
121472	豨莶草	HERBA SIEGESBECKIAE
121473	篱栏网	HERBA MERREMIAE
121474	金果榄	RADIX TINOSPORAE
121475	板栗壳	INVOLUCRUM CASTANEAE
121476	九里香（九里香）	FOLIUM ET CACUMEN MURRAYAE
121477	火炭母	HERBA POLYGONI CHINENSIS
121478	广天仙子	SEMEN HYGROPHILAE MEGALANTHAE
121479	蒲葵子	FRUCTUS LIVISTONAE
121480	铁扫帚	HERBA LESPEDEZAE CUNEATAE
121481	椿皮	CORTEX ALLANTHI
121483	龙胆花（黄花龙胆）	FLOS GENTIANA ALGIDAE
121484	蛤蟆油	OVIDUCTUS RANAE
121485	海龙（尖海龙）	SYNGNATHUS
121486	五指毛桃	RADIX FICI SIMPLICISSIMAE
121487	鹿角（马鹿）	CORNU CERVI
121488	溪黄草（浅纹香茶菜）	HERBA ISODONIS LOPHANTHOIDIS
121489	土鳖虫（冀地鳖）	EUPOLYPHAGA SEU STELEOPHAGA
121490	牡丹皮	CORTEX MOUTAN
121491	花生红衣	TESTA ARACHIS
121492	预知子（三叶木通）	FRUCTUS AKEBIAE

续表

编号	品种名称	英文名/拉丁名
121493	全叶青兰	HERBA DRCOCEPHALI INTEGRIFOLII
121494	龟甲（腹甲）	CARAPAX ET PLASTRUDINIS
121495	山茱萸	FRUCTUS CORNI
121496	五指柑（黄荆）	HERBA VITICIS
121497	广山楂叶	FOLIUM MALI
121498	白蔹	RADIX AMPELOPSIS
121499	南沙参（沙参）	RADIX ADENOPHORAE
121500	珍珠母（马氏珍珠贝）	CONCHA MARGARITIFERA
121501	石斛（铁皮石斛）	HERBA DENDROBII
121502	千斤拔	RADIX FLEMINGIAE
121503	三白草	HERBA SAURURI
121504	山柰	RHIZOMA KAEMPFERIAE
121505	仙茅	RHIZOMA CURCULIGINIS
121506	贯叶金丝桃	HERBA HYPERICI PERFORATI
121507	芒果叶	FOLIUM MANGIFERAE
121508	玫瑰花	FLOS ROSAE RUGOSAE
121509	密蒙花	FLOS BUDDLEJAE
121510	黄柏	CORTEX PHELLODENDRI CHINENSIS
121511	绣线菊（粉花绣线菊）	HERBA SPIRAEAE JAPONICAE
121512	金盏银盘	HERBA BIDENS
121513	猪殃殃	HERBA GALII APARINIS
121514	徐长卿	RADIX CYNANCHI PANICULATI
121515	雪上一枝蒿	RADIX ACONITI BRACHYPODI
121517	酸枣仁	SEMEN ZIZIPHI SPINOSAE
121518	白薇（白薇）	RADIX ET RHIZOMA CYNANCHI ATRATI
121519	沙棘	FRUCTUS HIPPOPHAE
121520	红参芦	RHIZOMA GINSENG RUBRA
121521	三棱	RHIZOMA SPARGANII
121522	通关藤	CAULIS MARSDENIAE TENACISSIMAE
121523	五加皮	CORTEX ACANTHOPANACIS
121524	羊胆粉	FEL CAPRA SEU OVIS
121527	西藏棱子芹	RADIX PLEUROSPERMI TIBETANICI
121528	茅膏菜	HERBA DROSERAE LUNATAE
121529	甘青青兰	HERBA DRACOCEPHALI TANGUTICI
121530	龙胆（龙胆）	RADIX ET RHIZOMA GENTIANAE
121531	母丁香	FRUCTUS CARYOPHYLLI
121532	荜澄茄	FRUCTUS LITSEAE
121533	土鳖虫（地鳖）	EUPOLYPHAGA SEU STELEOPHAGA

续表

编号	品种名称	英文名/拉丁名
121534	虎仗叶	FOLIUM POLYGONI CUSPIDATI
121535	高丽红参	RADIX GINSENS RUBRA
121536	人工虎骨	OS TIGRIS ARTIFACTUS
121537	白土苓（短柱肖菝葜）	RHIZOMA HETEROSMILACIS
121538	山蜡梅叶	FOLIUM CHIMONANTHI NITENTIS
121539	龙芽楤木	CORTEX ARALTAE
121540	弗朗鼠李皮	CORTEX FRANGULAE
121542	猴枣	CALCULUS MACACAE
121543	车前草（车前）	SEMEN PLANTAGINIS
121544	决明子（小决明）	SEMEN CASSIAE
121545	绵萆薢	RHIZOMA DIOSCOREAE SEPTEMLOBAE
121546	黄根	RADIX PRISMATOMERIS CONNATAE
121547	藤合欢	FRUCTUS CELASTRI ORBICULATI
121548	川射干	RHIAOMA IRIDIS TECTORI
121549	合欢皮	CORTEX ALBIZIAE
121550	草果	FRUCTUS TSAOKO
121551	葛根	RADIX PUERARIAE LOBATAE
121552	地锦草（斑地锦）	HERBA EUPHORBIAE HUMIFUSAE
121554	苦杏仁（东北杏）	SEMEN ARMENIACAE AMARUM
121556	橘叶	FOLIUM CITRI RETICULATAE
121557	老鹳草	HERBA GERANII
121560	桃仁（山桃）	SEMEN PERSICAE
121564	战骨	CAULIS PREMNAE FULVAE
121565	蚂蚁（棕褐沙林蚁）	TORMICA
121572	豨莶草（豨莶）	HERBA SLEGESBECKIAE
121573	五倍子（青麸杨）	GALLA CHINENSIS
121581	印度樟牙菜	HERBA SWERTIAE CHIRAYITAE
130303	氯霉素	Chloramphenicol
130305	土霉素	Oxytetracycline
130306	四环素	Tetracycline
130307	红霉素	Erythromycin
130308	链霉素	Streptomycin
130309	新霉素	Neomycin
130313	多粘菌素 B	Kanamycin
130319	卡那霉素	Kanamycin
130320	杆菌肽	Bacitracin
130326	庆大霉素	Gentamycin
130327	粘菌素	Colistin

续表

编号	品种名称	英文名/拉丁名
130333	利福霉素 SV	Rifamycin SV
130335	阿米卡星	Amikacin
130337	麦迪霉素	Midecamycin
130338	去甲万古霉素	Norvancomycin
130339	卷曲霉素	Capreomycin
130340	妥布霉素	Tobramycin
130341	麦白霉素	Meleumycin
130342	小诺霉素	Micronomycin
130344	制霉素	Nysfungin
130347	乙酰螺旋霉素	Acetylspiramycin
130348	核糖霉素	Ribostamycin
130350	磷霉素	Fosfomycin
130351	罗红霉素	Roxithromycin
130352	阿奇霉素	Azithromycin
130353	西梭米星	Sisomicin
130354	大观霉素	Spectinomycin
130355	奈替米星	Neltimicin
130356	克拉霉素	Clarithromycin
130357	吉它霉素	Kitasamycin
130359	交沙霉素	Josamycin
130360	万古霉素	Vancomycin
130361	丙酸交沙霉素	Josamycin propionate
130362	醋酸麦迪霉素	Acythylmedecamycin
130365	依替米星	Eitimicin
130371	巴龙霉素	Paromomycin
130372	乙酰吉它霉素	Acetylkitasamycin
130374	替考拉宁	Teicoplanin
130375	制霉菌素	Nystatin
130401	4－差向四环素	4－Epitetracycline
130402	脱水四环素	Anhydrotetracycline
130403	脱水差向四环素	4－Epianhydrotetracycline
130404	4－差向金霉素	4－Epichlotetracycline
130405	β－多西环素	β－Doxycycline
130407	头孢噻吩	Cefalotin
130408	头孢氨苄	Cefalexin
130409	阿莫西林	Amoxicillin
130410	氨苄西林	Ampicillin
130411	新霉胺	Neoamine

续表

编号	品种名称	英文名/拉丁名
130412	头孢哌酮S异构体	Cefoperazone S isomer
130413	醌式利福平	Rifampicin Quinone
130414	3-甲基利福霉素 SV	3 - Formylrifampicin SV
130415	α-苯甘氨酸	α - Phenylglycine
130416	7-氨基去乙酰氧基头孢烷酸	7 - Aminodesacetoxy cephalos poranic acid (7 - ADCA)
130417	无味氯霉素A晶型	Chloramphenicol Palmitate - (A)
130418	无味氯霉素B晶型	Chloramphenicol Palmitate - (B)
130419	哌拉西林	Piperacillin
130420	头孢哌酮	Cefoperazone
130421	头孢唑啉	Cefazoline
130422	克林霉素	Clindamycin
130423	氯唑西林	Cloxacillin
130424	平阳霉素	Bleomycin A5
130425	琥乙红霉素	Erythromycin Ethylsuccinate
130426	灰黄霉素	Griseofulvin
130427	头孢拉定	Cefradine
130428	头孢哌酮杂质 A	Cefoperazone B
130429	克拉维酸	Clavulanate
130430	舒巴坦	Sulbactam
130431	头孢羟氨苄	Cefadroxil
130432	林可霉素	Lincomycin
130433	甲砜霉素	Thiamphenicol
130434	双氢苯甘氨酸	Dihydrophenlglycine
130435	α-对羟基苯甘氨酸	α - p - hydroxyphenylglycine
130436	氯霉素二醇物	1 - p - nitropheny - 2 - amino1. 3 - propanediol
130437	青霉素	Benzylpenicillin
130438	丝裂霉素	Mitomycin
130440	乙酰苯胺	Acetanilide
130441	青霉素酶	Penicillinase
130442	咪唑试剂	Imidazole
130443	对乙酰氨基苯甲醚	P - Acetamidoanisole
130444	庚烷磺酸钠	Sodium Heptanesulfonate
130445	戊烷磺酸钠	Sodium Pentanesulfonate
130446	己烷磺酸钠	Sodium Hexanesulfonate
130447	3-乙氧基-4-羟基苯甲醛	3 - Ethoxy - 4 - hydroxybenzaldehye
130448	2-苯乙酰胺	2 - Phenylacetamide
130449	辛烷磺酸钠	Sodium Octanesulfonate
130450	诺氟沙星	Norfloxacin

续表

编号	品种名称	英文名/拉丁名
130451	环丙沙星	Ciprofloxacin
130452	洛美沙星	Lomefloxacin
130453	依诺沙星	Enoxacin
130454	氧氟沙星	Ofloxacin
130455	左氧氟沙星	Levofloxacin
130458	氟罗沙星	Fleroxacin
130459	培氟沙星	Pefloxacin
130460	帕珠沙星	Pazufloxacin
130461	司帕沙星	Sparfloxacin
130480	头孢曲松	Ceftriaxone
130481	头孢克洛	Cefaclor
130482	苯唑西林	Oxacillin
130483	头孢噻肟	Cefotaxime
130484	头孢他啶	Ceftazidime
130485	多西环素	Doxycycline
130486	克林霉素磷酸酯	Clindamycin Phosphate
130487	土霉素	Oxytetracycline
130488	盐酸四环素	Tetracycline Hydrochloride
130489	盐酸金霉素	Chlortetracycline Hydrochloride
130490	青霉素V	Phenoxy methylpenicillin
130491	舒他西林	Sultamicillin
130492	头孢呋辛酯	Cefuroxime Axetil
130493	头孢呋辛	Cefuroxime
130494	头孢克洛δ-3异构体	delta-3-Cefaclor
130495	环孢素	Cyclosporin
130496	利福平	Rifampin
130497	四环类杂质化学对照品	
130498	青霉胺	Penicillamine
130499	美他环素	Metacycline
130501	头孢呋辛酯	Cefuroxime Axetil
130502	头孢地尼	Cefdinir
130503	头孢克肟	Cefixime
130504	头孢唑肟	Ceftizoxime
130506	美罗培南	Meropenem
130507	氨曲南	Aztrenom
130508	头孢米诺	Cefminox
130509	盐酸阿霉素	Doxorubicin Hydrochloride
130511	他唑巴坦	Tazobactam

续表

编号	品种名称	英文名/拉丁名
130512	头孢他美酯	Cefetamet Pivoxile
130514	米诺环素	Minocycline
130515	庆大霉素 C1a	Gentamycin C1a
130516	地红霉素	Dirithromycin
130517	头孢泊肟酯	Cefpodoxime proxetil
130518	加替沙星	Gatifloxacin
130519	美洛西林	Mezlocillin
130520	头孢地嗪	Cefodizime
130522	N－氧化利福平	N－oxid rifampicin
130523	头孢硫脒	Cephathiamidine
130524	头孢吡肟	Cefepime
130526	麦迪霉素	Midecamycin
130527	妥布霉素	Tobramycin
130529	氟氯西林	Flucloxacillin
130531	加替沙星·$3/2H_2O$	Gatifloxacin·$3/2H_2O$
130534	仑氨西林	Lenampicillin
130535	克拉维酸钾	Clavulanate potassium
130536	甲磺酸加替沙星	Gatifloxacin Mesylate
130537	盐酸左氧氟沙星	Levofloxacin Hydrochloride
130538	7－氨基头孢烷酸	7－ACA
130539	利福霉素 S	Rifamycin S
130540	利福霉素 B	Rifamycin B
130541	利福喷丁	Rifapentinum
130542	利福昔明	Rifaximin
130546	盐酸加替沙星	Gatifloxacin Hydrochloride
130548	卡那霉素 B	Kanamycin B
130549	美洛西林钠	Mezlocillin Sidium
130551	依替米星	Etimicin
130552	磷霉素氨丁三醇	Fosfomycin Trometamol
130553	阿米卡星杂质 A（阿米卡星 K29）	Amikacin K29
130554	氟喹啉酸	Fluoroquinolonic acid
130555	氯霉素	Chloramphenicol
130556	卡那霉素	Kanamycin
130557	罗红霉素	Roxithromycin
130558	克拉霉素	Clarithromycin
130559	柔红霉素	Daunorubicin
130560	盐酸表柔比星	Epirubicin Hydrochloride
130561	2－乙基己酸	2－Ethylhexanoic Acid

续表

编号	品种名称	英文名/拉丁名
130562	对硝基苯甲醛	4 - Nitrobenzaldehyde
130565	头孢替安	Cefotiam
130566	阿洛西林	Azlocillin
130567	头孢丙烯	Cefprozil
130568	莫匹罗星	Mupirocin
130569	替卡西林	Ticarcillin
130570	磷霉素钠	Fosfamycin Sodium
130572	头孢西丁	Cefoxitin
140601	酪蛋白	Casein
140602	可溶性淀粉	Soluble starch
140603	玻璃酸酶	Hyaluronidase
140604	尿激酶	Urokinase
140605	凝血酶（牛血）	Thrombin（bovine）
140606	纤维蛋白溶酶原（牛血）	Plasminogen（Bovine）
140607	牛纤维蛋白原	Fibrinogen
140608	牛血红蛋白	Hemoglobin
140609	酪氨酸	Tyrosine
140610	溶酶小球菌底物	Lysomicyococcus substyation
140611	辅酶 Q10	Coenzyme Q10
140612	牛胆盐	Bile Salt（bovine）
140613	磷酸转乙酰化酶	Phosphotrans Acetylase
140614	乙酰磷酸二锂盐	Acetyl phosphate Dilithium
140615	胰蛋白酶	Trypsin
140616	刚果红弹性蛋白	Elastin - CongoRed
140618	蛋白低分子量标准（SDS 法）	Protein Molecular Weight Standards
140619	血清白蛋白（牛）	Serum Albumin（bovine）
140620	降纤酶	Defibrase
140621	胰激肽原酶（猪胰激肽释放酶）	Pancreatic kininogenase
140622	肠膜状明串珠菌	Leuconotoc mesenteroides
140623	粪肠球菌	Enterococcus faecalis
140624	十八种氨基酸（套）	Amino Acid（18AA）
140625	凝血酶	Thrombin（bovine）
140626	纤维蛋白原（牛血）	Fibrinogen（bovine）
140629	利巴韦林	Riivirin
140630	阿昔洛韦	Aciclovir
140631	鸟嘌呤	Guanine
140632	胱氨酸	Cystine
140633	重组人胰岛素	Human Insulin

续表

编号	品种名称	英文名/拉丁名
140634	重组人胰岛素单体－二聚体	Recombinant Human Insulin monomer – dimer
140635	重组人生长激素	Recombinant Human Srowth Hormone
140636	重组人生长激素单体－二聚体	rhGH monomer – dimer
140637	右旋糖酐分子量标准（10 种）	Dextran Standards kit
140647	低分子肝素	LMW Heparin
140648	D－葡萄糖醛酸	D – Glucuronic acid
140649	D－盐酸氨基葡萄糖	D – Glucosamine Hydrochloride
140650	蚓激酶	Lumberokinase
140651	D－甘露糖	D – Mannose
140652	甘露聚糖肽	Mannatide
140653	核糖核酸酶 A	Ribonuclease A
140654	人胰岛素	Insulin
140655	胸腺肽 α1	Thymosin α1
140656	人生长激素释放抑制因子	Somatostatin
140657	甲酰化人生长激素	Methionic Human Grwuth Hormor
140658	腺苷钴胺	Cobamamide
140659	前列地尔	Alprostadil
140660	氟尿苷	Floxuridine
140661	次黄嘌呤	Hypoxanthine
140662	黄嘌呤	Xanthine
140664	科博肽	Cobratide
140665	鲑降钙素	Calcitonin (Salmon)
140666	辅酶 A	Coenzyme A
140667	醋酸丙氨瑞林	Alarelin Acetate
140668	D－核糖	D – ribose
140669	肌苷	Inosine
140670	细胞色素 C	Cytochrome C
140671	乙酰半胱氨酸	Acetylcysteine
140672	N－乙酰－L－酪氨酸	N – Acetyl – L – Tyrosine
140673	L－盐酸赖氨酸	L – Lysine Hydrochloride
140674	三磷酸腺苷二钠	Adenosine Disodium Triphosphate
140675	胞磷胆碱钠	Citicoline Sodium
140677	L－脯氨酸	L – Proline
140681	缬氨酸	Valine
140682	苏氨酸	Threonine
140683	异亮氨酸	Isoleucine
140684	甲硫氨酸	Methionine
140685	精氨酸	Aryginine

续表

编号	品种名称	英文名/拉丁名
140686	色氨酸	Tryptophan
140687	亮氨酸	Leucine
140688	丝氨酸	Serine
140689	甘氨酸	Glycine
140690	L-谷氨酸	L-Glutamic acid
140691	门冬氨酸	Aspartic Acid
140692	云芝胞内糖肽	Polystictus Glycopeptide
140693	盐酸组氨酸	Histidine Hydrochloride
140697	脑蛋白水解物	Cerebroprotein Hydrolysate
140700	舍雷肽酶	Serrapeptase
140701	甘精胰岛素	Insulin Glargine
140702	N-（2）-L-丙氨酰-L-谷氨酰胺	N（2）-L-alanyl-L-glutamine
140703	去羟肌苷	Didanosine
140704	琥珀酰明胶	Succinylateol Gelatin
140705	L-谷氨酰胺	L-Glutamine
140706	还原型谷胱甘肽	Reduced Glutathione
140708	胸腺嘧啶	Thymine
140709	环磷腺苷	Adenosine Cyclophosphate
140710	单磷酸阿糖腺苷	Vidarbine Monphosphate
140711	生长抑素	Somatostatin
140713	抗眼镜蛇毒原血浆（马源）	Sodium deoxyribose cytidylic acid
140715	脱氧核糖胞嘧啶核苷酸钠	Deoxyribose Cytidylic acid sodium (dCMP-Na)
140716	脱氧核糖腺嘌呤核苷酸钠	Deoxyribose adennylic zcid sodium (d AMP-Na)
140717	脱氧核糖胸腺嘧啶核苷酸钠	Deoxyribose Thymidylic acid sodium (d TMP-Na)
140718	脱氧核糖鸟嘌呤核苷酸钠	Deoxyribose guarylic acid sodium (d GMP-Na)
140719	一磷酸腺苷钠	Adenosine5′Monophosphate Sodium salt (AMP)
140721	角鲨烯	Squalene
140723	γ-氨酪酸	γ-Aminobutyric Acid
140728	胸腺五肽	Thymopentin
140729	赖脯胰岛素	Insulin Lispro
140730	醋酸奥曲肽	Octreotide Acetate
140731	尤瑞克林	Urinary Kallidinogenase
140732	门冬酰胺酶（大肠杆菌）	Asparaginase (E. Coli)
140733	门冬酰胺酶（欧文菌）	Asparaginase (Owenism)
140734	鲑降钙素	Calcitonin (Salmon)
140735	5′-胞苷酸	Cytidine-5′-monophosphate
140736	4′-羟基苯乙酸	4′-Hydroxy phenylacetic acid
140737	5′-羟基吲哚乙酸	5′-Hydroxyindole-3-axetic acid

续表

编号	品种名称	英文名/拉丁名
140738	马尿酸	Hippuric acid
140739	苯乙酰谷氨酰胺	Phenylacetyl Glutamine
140742	酪丝亮肽	Tyroserleutide
140746	氧化型谷胱甘肽	Glutathione Oxidized
140750	普罗瑞林	Protirelin
140751	尖吻蝮蛇血凝酶	Haemocoagulase Agkistrodon
140752	角鲨烷	Squalane
140754	戈那瑞林	Digitalis
140756	门冬氨酸镁	Magnesium Aspartate
140757	门冬氨酸钾	Potassium Aspartate
140770	胰激肽原酶	Pancreatic Kininogenase
140783	β－丙氨酸	β－Alanine
150001	游离甲状腺素	Free Thyroxine（FT_4）
150002	游离三碘甲状腺原氨酸	Free Triiodothyronine（FT_3）
150501	洋地黄	Digitalis
150502	垂体后叶	Posterior Pitutery
150504	胰岛素	Insulin，Porcine
150505	猪胰岛素（高纯）	Insulin，Porcine（High pure）
150506	葡萄糖酸锑钠	Sodium Stibogluconate
150509	肝素	Heparin Sodium，Porcine Mucosal
150510	磷酸组胺	Histamine Diphosphate
150513	绒促性素	Chorionic Gonadotrophin，Human
150514	毒毛旋花子苷 G	Ouabain
150519	人胰岛素	Human Insutin（h－INS）
150521	硫酸鱼精蛋白	Protamine Sulphate
150523	猪胰岛素原	Porcine Proinsulin（P－INS）
150524	尿促性素（HMG）	Menotropin
150526	人胰岛素	Insulin，Human
150529	缩宫素（合成）	Oxytocin，Synthetic
150530	促甲状腺激素	Thyroid Stimulating Hormone（TSH）
150531	促黄体生成激素	Luteinijing Hormone（LH）
150532	泌乳素	Prolactin（PRL）
150533	促卵泡生成激素	Follicl Stimulating Hormone（FSH）
150534	生长激素	Growth Hormone（GH）
150535	人绒毛膜促性腺激素 β 亚单位	Human Chorionic Gonadotrophin βsubunit（β－HCG）
150536	人胎盘泌乳素	Human Placental Lactogen（HPL）
150540	铁蛋白	Ferritin（Fer）
150541	癌胚抗原	Carcinoembryonic Antigen（CEA）

续表

编号	品种名称	英文名/拉丁名
150542	甲胎蛋白	Aipha Fatoprotein（AFP）
150543	前列腺特异抗原	Prostate Specific Antigen（PSA）
150544	游离前列腺特异性抗原	Prostate – Specific Antigen，free
150550	三碘甲腺原氨酸	3，5，3′– triiodo – thyronine（T3）
150551	甲状腺素	Thyroxine（T4）
150552	反三碘甲腺原氨酸	Reverse – teiiodo – thyronine（rT3）
150553	人胰岛素 C – 肽	C – Peptide of Human Insulin（C – P）
150554	胰高血糖素	Glucagon（GLU）
150555	人绒毛膜促性腺激素	Human Chorionic Gonadoerophin（Gonadotriphinum Chorionicum）
150556	抗甲状腺球蛋白抗体	Anti – thyioglobulin antigody，Anti – Tg – Ab
150600	细菌内毒素	National Standard Endotoxins
150601	细菌内毒素（工作）	Bacterial Endotoxins
150602	细菌内毒素（精品）	Bacterial Endotoxins
171201	吗啡（毒）	Morphine
171202	盐酸地芬诺酯	Diphenoxylate Hydrochloride
171203	磷酸可待因	Codeine Phosphate
171204	枸橼酸芬太尼	Fentanyl Citrate
171205	福尔可定（毒）	Pholcodine
171206	盐酸海洛因	Heroine Hydrochloride
171207	O^6 – 单乙酰吗啡盐酸盐	O^6 – Monoacetylmorphine Hydrochloride
171208	O^3 – 单乙酰吗啡氨基磺酸盐	O^3 – Monoacetylmorphine Sulfamate
171209	乙酰可待因	Acetylcodeine
171210	盐酸可卡因	Cocaine Hydrochloride
171211	硫酸安非他明	Amphetamine Sulfate
171212	盐酸甲基安非它明	Methamphetamine Hydrochloride
171213	盐酸哌替啶	Pethidine Hydrochloride
171214	盐酸罂粟碱	Papaverine Hydrochloride
171215	咖啡因（毒）	Caffeine
171216	蒂巴因（毒）	Thebaine
171217	硝西泮（毒）	Nitrazepam
171218	阿普唑仑（毒）	Alprazolam
171219	艾司唑仑（毒）	Estazolam
171220	巴比妥（毒）	Barbital
171221	异戊巴比妥（毒）	Amobarbital
171222	苯巴比妥（毒）	Phenobarbital
171223	司可巴比妥钠	Secobarbital Sodium
171224	那可丁	Noscapine
171225	地西泮（毒）	Diazepam

续表

编号	品种名称	英文名/拉丁名
171227	氯硝西泮（毒）	Clonazepam
171228	2－氨基－2′－氯－5－硝基二苯酮	2－Amino－2′－chloro－5－nitrobenzophenone
171229	奥沙西泮（毒）	Oxazepam
171230	三唑仑（毒）	Triazolam
171231	盐酸爱康宁	Ecgonine Hydrochloride
171232	盐酸甲基爱康宁	Methylecgonine Hydrochloride
171233	苯甲酰爱康宁	Benzoylecgonine
171234	大麻酚溶液（1mg/ml）	Cannabinol
171235	大麻二酚溶液（1mg/ml）	Cannabidiol
171236	$\triangle^9$－四氢大麻酚	$\triangle^9$－Tetrahydrocannabinol
171237	盐酸伪麻黄碱	Pseudoephedrine Hydrochloride
171238	硫酸吗啡	Morphine Sulfate
171239	盐酸纳洛酮	Naloxone Hydrochloride
171240	（－） －4，5－α－环氧基－3，14－二羟基吗啡喃－6－酮	（－） －4，5－α－Epoxy－3，14－dihydroxy morphinan－6－one
171241	盐酸麻黄碱	Ephedrine Hydrochlorjide
171242	盐酸曲马多	Tramadol Hydrochloride
171243	盐酸美沙酮	Methadone Hydrochloride
171244	盐酸丁丙诺啡	Buprenorphine Hydrochloride
171246	盐酸洛非西定	Lofexidine Hydrochloride
171247	盐酸甲基麻黄碱	Methlephedrine Hydrochloride
171248	氯氮䓬（毒）	Chlordiazepoxide
171249	盐酸纳曲酮	Naltrexone Hydrochloride
171250	马来酸咪达唑仑	Midazolam Maleate
171251	盐酸二氢埃托啡	Dihydroetorphine Hydrochloride
171252	酒石酸双氢可待因	Dihydrocodeine Tartrate
171253	劳拉西泮（毒）	Lorazepam
171254	2－氨基－2′，5－二氯二苯甲酮（劳拉西泮杂质 B）	2－Amino－25－dichlorobenzophenone
171255	顺式盐酸曲马多	Cis－Isomer of Tramadol Hydrochloride
171256	盐酸吗啡	Morphine Hydrochloride
171257	盐酸氯胺酮	Ketamine Hydrochloride
171258	酒石酸唑吡坦	Zolpidem Tartvate
171259	枸橼酸舒芬太尼	Sufentanil citrate
171260	盐酸瑞芬太尼	Remifentanil Hydrochloride
171262	酒石酸氢可酮	Hydrocodone Tartrate
210002	A 群脑膜炎奈瑟氏菌诊断血清国家参考品	National Reference of Diagnostic Sera for Neisseria Meningitidis Group A
210003	B 群脑膜炎奈瑟氏菌诊断血清国家参考品	National Reference of Diagnostic Sera for Neisseria Meningitidis Group B
210004	C 群脑膜炎奈瑟氏菌诊断血清国家参考品	National Reference of Diagnostic Sera for Neisseria Meningitidis Group C

续表

编号	品种名称	英文名/拉丁名
210005	Y 群脑膜炎奈瑟氏菌诊断血清国家参考品	National Reference of Diagnostic Sera for Neisseria Meningitidis Group Y
210006	W135 群脑膜炎奈瑟氏菌诊断血清国家参考品	National Reference of Diagnostic Sera for Neisseria Meningitidis Group W135
210007	H 群脑膜炎奈瑟氏菌诊断血清国家参考品	National Reference of Diagnostic Sera for Neisseria Meningitidis Group H
210008	29E 群脑膜炎奈瑟氏菌诊断血清国家参考品	National Reference of Diagnostic Sera for Neisseria Meningitidis Group 29E
210009	X 群脑膜炎奈瑟氏菌诊断血清国家参考品	National Reference of Diagnostic Sera for Neisseria Meningitidis Group X
210010	I 群脑膜炎奈瑟氏菌诊断血清国家参考品	National Reference of Diagnostic Sera for Neisseria Meningitidis Group I
210011	K 群脑膜炎奈瑟氏菌诊断血清国家参考品	National Reference of Diagnostic Sera for Neisseria Meningitidis Group K
210012	多价Ⅰ（A，B，C 群）脑膜炎奈瑟氏菌诊断血清国家参考品	National Reference of Multi – valent Diagnostic Sera for Neisseria Meningitidis Group A，B，C
210013	多价Ⅱ（Y，H，29E，W135 群）脑膜炎奈瑟氏菌诊断血清国家参考品	National Reference of Multi – valent Diagnostic Sera for Neisseria Meningitidis Group Y，H，29E，W135
210014	多价Ⅲ（X，I，K 群）脑膜炎奈瑟氏菌诊断血清国家参考品	National Reference of Multi – valent Diagnostic Sera for Neisseria Meningitidis Group X，I，K
210015	淋球菌 PCR 诊断试剂盒质控国家参考品	Reference strain panel of Neisseria gonorrhoeae in vitro diagnostic kit（PCR）
220003	抗 HTLV 抗体国家参考品	National Reference for Anti – HTLV assay
220009	HIV 抗体国家参考品	National Reference for Anti – HIV assay（EIA）
220010	SARS 病毒抗体 IgM 国家参考品	National Reference of IgM for anti – SARS virus
220011	SARS 病毒抗体（总抗体或 IgG）国家参考品	National Reference of antibody of Anti – SARS virus（total antibody or IgG）
220012	SARS 核酸检测用国家参考品	National Reference for SARS RNA Assay
220013	HIV 抗体胶体金类诊断试剂用国家参考品	National Reference for Anti – HIV assay（rapid assay）
220014	人类免疫缺陷病毒（HIV）核酸血筛国家参考品	National Reference for HIV RNA blood screen assay
220015	HIV – 1 P24 抗原国家参考品	National Reference for HIV – 1 p24 antigen assay
220016	HIV 抗体确证试剂国家参考品	National Reference for Anti – HIV Confirmatory reagent
220017	HIV – 1RNA 国家参考品	National Reference for HIV – 1 RNA quantitation assay
220018	HIV – 1 耐药性分析国家参考品	National Reference for HIV – 1 Genotypic Resistance Assay
230007	分枝杆菌分型噬菌体（10 种）国家参考试剂	National reference of Mycobacteria phage，for determination type
230008	分枝杆菌诊断血清（9 种）国家参考试剂	National reference for Mycobacteria Diagnostic Sera
230009	结核分枝杆菌国家参考品	National reference for Mycobacterium tuberculosis
230010	钩端螺旋体诊断抗原国家参考品	National reference for Leptospiral Diagnostic Antigen
230011	钩端螺旋体诊断血清国家参考品	National reference for Leptospiral Diagnostic Sera
230012	分枝杆菌胞内菌纯蛋白衍生物（冻干）国家标准品	National standard for Lyophilized Purified Protein Derivative of Mycobacterium intracellulare
230013	分枝杆菌胞内菌纯蛋白衍生物（液体）国家标准品	National standard for Liquid Purified Protein Derivative of Mycobacterium intracellulare
230014	卡介苗纯蛋白衍生物（冻干）国家标准品	National standard for Lyophilized Purified Protein Derivative of BCG
230015	卡介苗纯蛋白衍生物（液体）国家标准品	National standard for Liquid Purified Protein Derivative of BCG

续表

编号	品种名称	英文名/拉丁名
230016	结核菌素纯蛋白衍生物（冻干）国家标准品	National standard for Lyophilized Purified Protein Derivative of Tuberculin
230017	结核菌素纯蛋白衍生物（液体）国家标准品	National standard for Liquid Purified Protein Derivative of Tuberculin
230018	布氏菌纯蛋白衍生物国家参考品	National reference for Purified Protein Derivative of Brucella
230019	血吸虫病诊断试剂 IgG 抗体冻干免疫血清国家参考品	National reference for Lyophilized Diagnostic IgG Sera of Schistosomiasis
230020	钩端螺旋体疫苗鉴别试验用免疫血清国家参考品	National reference Antiserum for differently test of Leptospiral vaccine
230021	国家细菌浊度标准	National Standard for Becteril turbidity
230022	结核抗体检测试剂盒用血清参考品	Serum reference for the control of Tuberculosis antibody test kits
240002	伤寒 Vi 疫苗菌种鉴定用血清国家参考品	National Reference for Anti – Vi polysaccharide typhoid vaccine serum , for identification of bacterial strains , rabbit
240008	霍乱小川型血清国家参考品	National Reference of Anti – Inaba serotype, Vibrio cholerae serum, for identification, rabbit
240009	霍乱稻叶型血清国家参考品	National Reference of Anti – Ogawa serotype, Vibrio cholerae serum, for identification, rabbit
240010	霍乱 O 多价血清国家参考品	National Reference of Anti – Vibrio cholerae O polyvalent serum , for identification, rabbit
240012	O139 霍乱血清国家参考品	National Reference of Anti – Vibrio cholerae O139 serogroups serum , for identification, rabbit
240013	梅毒诊断试剂国家参考品（特异性）	National Reference of Syphilism, for diagnosis kit (specificity)
240014	梅毒诊断试剂国家参考品（非特异性）	National Reference of Syphilism, for diagnosis kit (non – specificity)
240015	霍乱毒素 B 亚单位抗体参考品	National Reference of Anti – cholera toxin B submit serum, rabbit
240016	霍乱毒素 B 亚单位国家参考品	National Reference of Recombinant cholera toxin B submit (rCTB)
250004	乙型脑炎减毒活疫苗病毒滴度国家参考品	National Reference for Japanese encephalitis (JE) attenuated live vaccine
250008	乙型脑炎病毒免疫血清国家参考试剂（阳性）	National Reference for Anti – Japanese encephalitis (JE) virus serum (Positive)
250009	人用狂犬病疫苗国家标准品	National Standard for Rabies vaccine
250010	乙型脑炎病毒灭活疫苗效力试验国家参考品	National Reference for Japanese encephalitis (JE) inactivated vaccine for potency test
250011	狂犬病人免疫球蛋白国家标准品	National Standard for Anti – rabies Immunoglobulin, Human
250012	乙型脑炎病毒免疫血清国家参考试剂（阴性）	National Reference for Anti – Japanese encephalitis (JE) virus serum (Negative)
260008	百日咳疫苗效力国家标准品（第五代）	National Standard for Pertussis vaccine (For potency test)
260010	人破伤风免疫球蛋白国家标准品（效力）	National Standard for Anti – tetanus Immunoglobulin (For potency test)
260012	吸附白喉类毒素国家标准品	National Standard for Diphtheria toxoid, Absorbed (For potency test)
260014	破伤风抗毒素国家标准品（絮状反应用）	National Standard for Tetanus antitoxin, equine (For flocculation test)
260015	白喉抗毒素国家标准品（絮状反应用）	National Standard for Diphtheria antitoxin, equine (For flocculation test)
260016	肉毒 A 型抗毒素国家标准品	National Standard for Clostridium botulinum antitoxin, type A, equine
260017	肉毒 B 型抗毒素国家标准品	National Standard for Clostridium botulinum antitoxin, type B, equine

续表

编号	品种名称	英文名/拉丁名
260018	肉毒 E 型抗毒素国家标准品	National Standard for Clostridium botulinum antitoxin, type E, equine
260019	肉毒 F 型抗毒素国家标准品	National Standard for Clostridium botulinum antitoxin, type F, equine
260020	气性坏疽（威士）抗毒素国家标准品	National Standard for Gas – ganrene antitoxin (Clostridium Welchii), equine
260021	气性坏疽（水肿）抗毒素国家标准品	National Standard for Gas – ganrene antitoxin (Clostridium Noyvi), equine
260022	气性坏疽（溶组织）抗毒素国家标准品	National Standard for Gas – ganrene antitoxin (Clostridium Histolyticum), equine
260023	气性坏疽（脓毒）抗毒素国家标准品	National Standard for Gas – ganrene antitoxin (Clostridium Septicum), equine
260024	葡萄球菌 α 抗毒素国家标准品	National Standard for Staphylococcus alpha antitoxin, equine
260025	抗眼镜蛇毒血清国家标准品	National Standard for Naja antivenin, equine
260026	抗五步蛇毒血清国家参考品	National Standard for Agkistrodom Acutus antivenin, equine
260027	抗蝮蛇毒血清国家参考品	National Standard for Agkitrodom Halys antivenin, equine
260028	百日咳杆菌分型血清 1、2、3 国家参考品	National Reference for Pertussis serotype 2、3, typeing sera
260029	胃蛋白酶国家参考品	National Reference for Pepsin (For content test)
260030	无细胞百白破疫苗毒性国家标准品	National Standard for Acellular DTP vaccine (For toxicity test)
270007	重组葡激酶活性测定国家参考品	National Reference for Staphylokinase, recombinant
270008	重组人白细胞介素 – 2 活性测定国家标准品	National Standard for Interleukin 2, human, recombinant
270009	蛋白含量测定国家标准品（第五批）	National Standard for protein Content Determination
270011	重组人干扰素 α1b 活性国家标准品	National Standard for Interferonα1b, human, recombinant
270012	大肠杆菌菌体蛋白含量测定国家参考品	National reference preparation for Ecoli host cell protein resid
270013	重组人表皮生长因子活性测定国家标准品	National Standard for Epidermal growth factor, human, recombinant
270014	重组链激酶活性测定国家标准品	National Standard for Streptokinase, recombinant
270015	重组人粒细胞集落刺激因子活性测定国家标准品	National Standard for Granulocyte colony stimulating factor, human, recombinant
270016	重组人粒细胞巨噬细胞集落刺激因子活性测定国家标准品	National Standard for Granulocyte – macrophage colony stimulating factor, human, recombinant
270017	重组牛碱性成纤维细胞生长因子国家标准品	National Standard for Basic fibroblast growth factor, bovine, recombinant
270018	重组人肿瘤坏死因子 α 国家标准品	National Standard for Tumor necrosis factor α, human, recombinant
270019	重组人碱性成纤维细胞生长因子国家标准品	National Standard for Basic fibroblast growth factor, human, recombinant
270020	重组干扰素 β 1b 活性测定国家标准品	National Standard for Recombinant Human Interferon β1b
270021	重组人白细胞介素 11 蛋白含量测定国家标准品	National Standard for Protein Content Determination of Recombinant Human Interleukin 11 (rHuIL – 11)
270022	重组干扰素 α 2a 活性测定国家标准品	National Standard for Recombinant Human Interferon α2a
280005	血浆鉴别试剂盒（含抗人、抗马、抗猪、抗牛、抗羊血浆）	National Standard for Identity kit for plasma (containing anti – human, equine, porcine, cattle, sheep plasma)
280010	人甲胎蛋白国家标准品	National Standard for Alphafetoprotein, human
280011	前激肽释放酶激活剂国家标准品	National Standard for Prekallikrein activator
280012	正常人血清免疫球蛋白国家标准品	National Standard for Human immunoglobulins G

续表

编号	品种名称	英文名/拉丁名
280013	冻干人凝血酶国家标准品	National Standard for Thrombin, human,
280014	rHuEPO 国家标准品	National Standard for Recombinant human Erythropoietin
280015	人免疫球蛋白白喉抗体国家标准品	National Standard for Anti - diphtheria immunoglobulins , human
280016	人凝血因子Ⅷ国家标准品	National Standard for Blood coagulation factor VIII, human
280017	人凝血因子Ⅱ、Ⅶ、Ⅸ和Ⅹ国家标准品	National Standard for Blood coagulation factors II, VII, IX, X, human
280018	乙肝表面（HBs）抗体血浆国家标准品	National Standard for Anti - HBs, Plasma
280019	乙肝表面（HBs）抗体免疫球蛋白国家标准品	National Standard for Anti - HBs, immunoglobulins
300001	甲型肝炎病毒 IgM 抗体国家参考品	National Reference for Anti - Hepatitis A IgM (HAV IgM)
300002	甲型肝炎病毒总抗体国家参考品	National Reference for Anti - Hepatitis A
300003	乙型肝炎病毒表面抗原（HBsAg）国家参考品	National Reference for Hepatitis B Surface Antigen (HBsAg), Human
300004	乙型肝炎病毒表面抗体（Anti - HBs）国家参考品（定性检测）	National Reference for Anti - Hepatitis B Surface Antigen (Anti - HBs), Human (Qualitation)
300005	乙型肝炎病毒 e 抗原（HBeAg）国家参考品	National Reference for Hepatitis B e Antigen (HBeAg) Human
300006	乙型肝炎病毒 e 抗体（HBeAb）国家参考品	National Reference for Anti - Hepatitis B e Antigen (Anti - HBe) Human
300007	乙型肝炎病毒核心抗体（HBcAb）国家参考品	National Reference for Anti - Hepatitis B core Antigen (Anti - HBc), Human
300009	乙型肝炎病毒核酸（HBV DNA）定性及定量国家参考品	National Reference of Hepatitis B Virus for Nucleic Acid amplification (HBV DNA), Quantitation and Qualitation
300010	抗 HCV 诊断试剂国家参考品	National Reference for Anti - Hepatitis C Virus (Anti - HCV) diagnostic
300011	戊型肝炎病毒 IgM 抗体国家参考品	National Reference for , Anti - Hepatitis E IgM (HEV IgM) Human
300012	第二代 HCV RNA 国家参考品	National Reference for Hepatitis C Virus RNA (HCV RNA), (second generation
300013	丙型肝炎病毒抗体快速检测试剂国家参考品	National Reference for Anti - Hepatitis C Virus (Anti - HCV) Rapid Test
300014	戊型肝炎病毒 IgG 抗体国家参考品	National Reference for Anti - Hepatitis E IgG (HEV IgG) , Human
300015	乙型肝炎病毒表面抗体（Anti - HBs）国家定量参考品	National Reference for Anti - Hepatitis B Surface Antigen (Anti - HBs), Human, Quantitation
310002	脊髓灰质炎疫苗Ⅱ型滴定参考品	Poliomyelitis vaccine reference, type Ⅱ, for virus titration
310003	水痘带状疱疹病毒滴定国家参考品	Varicella - zoster virus (VZV) vaccine reference, for virus titration
310006	抗风疹病毒免疫血清国家参考品	Anti - rubella serum, for identification, rabbit
310007	抗麻疹病毒免疫血清国家参考品	Anti - measles serum, for identification, rabbit
310008	抗脊灰病毒Ⅲ型免疫血清国家参考品	Anti - poliovirus serum, type Ⅲ, for identification, rabbit
310009	抗脊灰病毒Ⅱ型免疫血清国家参考品	Anti - poliovirus serum, type Ⅱ, for identification, rabbit
310010	抗脊灰病毒Ⅰ型免疫血清国家参考品	Anti - poliovirus serum, type Ⅰ, for identification, rabbit
310011	脊髓灰质炎疫苗Ⅰ型滴定国家参考品	Poliomyelitis vaccine , type I, for virus titration
310013	麻疹减毒活疫苗病毒滴定国家参考品	National Reference of Live Measles Vaccine

